조선의 숲은 왜 사라졌는가

조선의 숲은 왜 사라졌는가

1판 1쇄 인쇄 2022년 11월 14일
1판 1쇄 발행 2022년 11월 18일

지은이 · 전영우
발행인 · 정지현
편집인 · 박주혜

대표 · 남배현
본부장 · 모지희
편집 · 손소전, 주성원
디자인 · 정면
마케팅 · 조동규, 서영주, 김관영, 조용
관리 · 김지현
구입문의 · 불교전문서점 향전(www.jbbook.co.kr) 02-2031-2070

펴낸곳　조계종출판사
서울 종로구 삼봉로 81 두산위브파빌리온 831호
전화 02-720-6107 | 팩스 02-733-6708
이메일 jogyebooks@naver.com
출판등록 제300-2007-78호(2007. 04. 27.)

ISBN 979-11-5580-194-9　03300

· (주)조계종출판사의 수익금은 포교·교육 기금으로 활용됩니다.
· 이도서는 한국출판문화산업진흥원의 '2022년 중소출판사 출판콘텐츠 창작 지원 사업'의 일환으로 국민체육진흥기금을 지원받아 제작되었습니다.

조계종 출판사　지혜와 자비의 눈으로 세상을 바라봅니다.

조선의 숲은 / 왜 사라졌는가

조 선 후 기 산 림 황 폐 사

전영우 지음

조계종 출판사

머리말 /

조선 시대 소나무 양묘 기술이 없어서 헐벗은 산림을 제대로 복구하지 못했다면 믿을 수 있을까? 18세기 조악한 톱이 솔숲을 고갈시켰고, 온돌 난방용 땔감의 소비 증가로 중·남부 지방의 숲이 사라졌다면 사람들은 어떻게 생각할까? 19세기 서유구가 농업 백과전서 『임원경제지』(1854)를 펴내면서 1,000여 종류의 조선 수목 중에 왜 60여 종류만 수록하였을까?

앞에 열거한 이런 언뜻 사소해 보이는 요인들이 조선 후기의 산림 황폐에 직·간접적으로 영향을 끼쳤지만, 산림학자나 역사학자들은 이러한 사실을 간과했다. 학자들은 오늘날 익히 알려진 양묘 기술과 흔한 목공 도구가 조선 시대에도 당연히 존재했을 것이라고 지레짐작했거나 땔감보다 재목을 수십 배나 더 많이 사용하는 현재의 소비 형태 때문에 난방용 땔감 소비를 주요하게 고려하지 못했을 수도 있다. 19세기 중반에 조선에서 출간된 백과사전류에 수록된 수목의 종류가 60여 종이었던 반면, 그 당시 산림 조성 기술이 널리 보급된 일본은 삽화까지 수록된 600여 종의 수목도감을 출판 보급하고 있었다. 이 큰 격차는 무엇 때문에 생겨났던 것일까? 이 책은 현재의 관점에서 보면 소소해 보이지만, 당시로서는 가장 중요했던 이런 요인에 초점을 맞추어 지금까지 간과했던 조선 후기의 산림 황폐화 이면을 8부로 나누어 파헤친다. 또한 조선이 채택한 임업 기술과 그 당시 다른 나라의 임업 기술과 임산물 생산 체계를 비교 분석하여 산림 황폐의 원인을 추적한다.

내가 조선 후기의 산림 황폐 과정에 관심을 가진 계기는 『난중일기』(1595)와 『송정사의(松政私議)』(1804)의 소나무 기사 덕분이다. 이순신 장군은 임진왜란 와중에 전라좌수영에서 부족한 전력을 보완하고자 단시일에 40여 척의 군선을 건조했다고 『난중일기』에 쓰고, 정약전은 솔숲이 헐벗은 탓에 가난한 백성들이 400~500냥에 달하는 비싼 관재(棺材) 값을 감당하지 못해 짚과 이엉으로 시신을 싸서 초장(草葬)을 치른다고 『송정사의』에 밝힌다.

200년의 시차를 두고 『난중일기』와 『송정사의』에 기록된 산림 관련 내용은 조선 후기 산림 황폐에 대한 나의 호기심에 불을 댕겼다. 단시일에 수십 척의 군선을 축조할 수 있었던 남부 지방의 울창한 소나무 숲이 왜 200여 년 만에 사라졌을까? 쉬 조성할 수도 없지만 쉬 사라지지도 않는 것이 농경사회의 산림인데, 도대체 우리 숲에 어떤 일이 있었기에 주자가례를 특히 중시했던 조선에서 짚과 이엉으로 장례를 치를 수밖에 없는 지경이 되었을까?

의문은 단순했지만, 답을 찾기란 쉽지 않았다. 숲을 육성하고 이용한 조선 시대의 기록이 드문 형편에서는 더욱 그랬다. 산림 황폐의 부작용은 목재값 폭등으로 나타났고, 다행히도 그 내용은 기록으로 남았다. 영조의 지시로 공납의 부조리를 집대성한 『공폐』(1753)에는 산림 황폐로 수십 년 사이에 서나 배나 오른 목재값을 무시하고 조정이 예전 가격으로 목재값을 지불하는 부당한 처사가 기록되어 있다. 그로부터 50여 년이 지난 1804년에 정약전은 목재값이 20년 사이에 서너 배나 올랐다고 『송정사의』에 다시 밝힌다. 영·정조 시대(1724~1800)에 목재값이 대여섯 배나 급등한 이유는 무엇일까? 조선의 르네상스라고 일컫던 그 빛나던 시기에 영조와 정조가 산림 고갈에 적극적으로 대처하지 못한 이유는 무엇일까?

2부는 이러한 의문을 조선의 산림 정책으로 고찰한다. 조선의 산림 정책은 군선과 조운선 건조와 수리에 필요한 소나무 조선재(造船材)의 안정적 수급에 중점을 두었다. 해안 방비용 군선과 재정 확보용 세곡선의 유지와 관리는 국정의 요체였기에 연해(沿海)의 솔숲은 엄격한 금령[송금, 松禁]으로 지켰다. 하지만 조선 조정이 일관되게 시행한 송금 정책은 조선 후기에 왕실과 권세가가 자행한 사익 추구의 도전에 직면한다. 인구가 늘어남에 따라 대체제가 없는 소금 수요도 함께 늘어났고, 식염의 수요 증대에 편승하여 사익을 추구하고자 왕실과 권세가는 판매용 소금 생산을 늘렸다. 그 결과 연해의 솔숲은 국가 운영에 필요한 조선재의 안정적 조달과 지배층의 사익 추구에 필요한 소금가마용 땔감 조달을 위한 각축장이 되었다. 설상가상으로 임진왜란 이후에 왕실과 관아와 군영과 권세가들은 국가 재정의 부족분을 보충하고자 지방 곳곳의 산림을 개간하거나 땔감 채취장으로 과점한다. 왕실과 권세가들이 공공연하게 자행한 국가 관리 산림의 사적 점유, 부족한 국가 재정 사정으로 인해 파생된 수군의 탐학, 소나무 중심의 잘못된 산림 정책이 조선 후기의 연해 솔숲 황폐에 직접적으로 영향을 끼쳤음이 밝혀졌다.

3부는 조선의 낙후된 조림·양묘 기술을 논증한다. 산림은 재생 가능한 자연자원이지만, 벌채 후 다시 나무를 심고 가꾸어야 계속 이용할 수 있다. 벌채 후 재조림(再造林)은 그래서 중요하다. 조선의 산림 조성에 관해 알려진 기록은 정조가 11년 동안(1789~1799) 현륭원에 나무를 심은 기록과 19세기 중반 강원도 관찰사와 충청 수영 절도사의 식재 보고서뿐이다. 이들 식목 기록과는 별개로 1796년부터 1894년까지 99년 동안 도성 사산인 외(外) 남산에 심은 나무의 생육 상황을 매년 점검한 내용이 『승정원일기』에 남아 있다.

이들 기록은 그 당시 조선에는 묘목 양성 기술이 없었다고 증언한다. 하지만, 산림학계나 역사학계는 정조가 현륭원에 심은 1,200만 그루의 물량에만 주목했을 뿐 양묘 기술이 없어서 식재지 인근에서 어린나무를 캐다가 옮겨 심어야 했고, 활착 성공률이 20% 내외였기에 서너 배나 더 많이 심었던 사실은 간과했다. 100여 년 동안 계속된 외 남산의 산림 점검 역시 그 당시 도성의 생명줄과 다름없는 남산의 산림을 도벌꾼으로부터 지켜내기 위한 고육책이었을 뿐 구체적 산림 조성 기술은 찾을 수 없다.

조선 후기 산림 조성이 이처럼 어려웠음에도 오늘날의 연구자들은 소수의 식재 사례를 확대하여 해석하거나 잘못 해석하여 산림 조성이 쉬웠을 것으로 치부한다. 양묘장은 1907년에야 생겼고, 인공 조림도 그때 처음 실행되었다. 이는 조선 시대 500년 동안 숲을 조성하는 데 필요한 제대로 된 조림·양묘 기술이 없었음을 보여준다.

4부는 산림 황폐에 대처한 민간의 산림 육성 및 보호 활동을 논증한다. 조선 후기 국가가 관리하던 산림이 사라질 때, 개인과 공동체는 산림을 적극적으로 육성했다. 정조 시대의 무신이었던 노상추(盧尙樞, 1746~1829)는 조상의 묘지 주변에 나무를 심고 육성하여 벌채 이용한 과정을 67년 동안 쓴 일기에 남겼다. 그의 일기 덕분에 18~19세기 조선의 민간 임업 기술 수준을 확인하는 한편, 송계(松契)의 결성과 운영 과정도 구체적으로 파악할 수 있었다. 노상추는 열심히 나무를 심고 숲을 가꾸어 가사(家事)에 필요한 목재를 스스로 충당했으며, 잉여 목재와 꼴과 땔감을 판매하여 수입도 얻었다. 그는 면민(面民)을 규합하여 향교와 권세가가 수탈하던 공유 산지를 국가 관리 봉산으로 획정시켜 숲을 지켜냈다. 노상추의 산림 육성 기술은 그 시대 다른 나라의 임업 기술과 비교하면 단순했지만, 그의 산림 육성과 송계 활동은 산림의 조성과 보호에 민간의 참여가 얼마나 중요한지 증언한다.

17세기 말 조선 조정은 호서 지방의 국가 관리 산림을 마을의 송계가 관리하도록 10년간 시범 사업을 실시했지만, 어떤 연유인지 송계 시범 사업은 더 이상 계속되지 못하고 사장된다. 만일 숙종이 송계를 나라 전역에 보급·운영하였더라면 조선의 산림은 18~19세기에 그처럼 심하게 고갈되지 않았을 것이다.

임진왜란 이후 조선과 일본의 산림은 황폐해졌다. 하지만 일본은 민간의 적극적 참여로 산림을 복구했지만, 조선은 민간을 배제하여 산림을 복구할 수 없었다. 민간의 참여가 이처럼 중요함에도 조선 왕조가 산림 육성에 민간 참여를 배제한 이유는 무엇일까? 궁방(宮房)* 재정의 많은 부분을 국유 산림을 사점해 충당하였던 관행이 혁파되는 것을 두려워한 때문은 아니었을까?

18세기 중반부터 산림 황폐로 삼남의 각 읍이 위패 제작용 밤나무 목재를 더 이상 공납하지 못하자 대안으로 조선 왕실은 남부 지방의 사찰림을 율목봉산(栗木封山)으로 지정하여 부족한 목재를 충당한다. 조선 왕실이 사찰림을 활용한 사례는 그 이후에도 계속된다. 선대 왕릉의 능역 관리 경비를 한양 인근의 향탄산(香炭山)에서 충당하던 관례는 산림 황폐가 심화한 18세기 후반부터 남부 지방의 사찰림으로 바뀐다. 조선 후기에 국가 관리 산림이 헐벗었을 때, 사찰이 소유한 산림은 울창하였음을 나타내는 이러한 사례는 산림 보호에 민간의 참여 못지않게 사찰도 기여하였음을 증언한다.

5부는 조선 후기에 발생한 산림 황폐화에는 영세한 목재 상인의 불법적 벌목 활동도 한몫했음을 밝힌다. 목재 상인의 산림 이용 형태는 왕실과 관리와 결탁하여 국가 산림에 대한 벌채 허가권을 탈

* 조선 시대 왕실의 일부였던 궁실과 왕실에서 분가, 독립한 궁가(대군 ·군 ·공주 ·옹주 등)의 통칭.

법적으로 확보하고, 발부된 허가권을 악용하여 허가받은 양보다 더 많이 벌채하며, 납부해야 할 세금은 회피하여 최대한 이익을 얻는 방식이었다. 벌채지에 대한 강제 조림 의무가 없는 이들의 산림 이용 형태는 전형적인 약탈적 방식이었다.

한편 목재 상인과 달리 공인은 산지에서 목재를 구입한 가격보다 더 싼 값으로 관에 납품해야 했고, 물길로 운송 중인 목재의 절반 정도를 부패한 관리에게 상납해야 했다. 목재 납품과 관련된 잘못된 관행이 지속됨에 따라 공인은 더 이상 목재 상인과 공정하게 경쟁할 수 없는 지경에 이르러 18세기 후반에는 공적인 목재 납품 제도는 붕괴한다.

한양에서 소비된 대부분의 목재는 강원도와 연해에서 벌목하여 강과 해상으로 운송하여 유통된 것이었지만 임산 자원이 고갈된 조선 후기에는 주로 국가 관리 산림에서 불법 유통된 것이 많았다. 산림이 풍부한 북부 지방의 목재는 도로 설비의 미비와 조악한 수레 때문에 이용할 수 없었다. 목재 유통을 가로막은 또 다른 제약은 목재를 켜는 부실한 잉거(引鋸) 톱** 제작 기술과 보급 미비였다. 부실한 잉거 톱 제작 기술은 물레방아 동력 제재 톱으로 발전하지 못했고, 동력톱이 없었기에 재질이 단단한 참나무와 같은 활엽수 목재는 재목으로 이용하지 못했다. 따라서 목재 이용은 판재 가공이 어려운 단단한 활엽수재 대신에 도끼로 쉬 짜개고, 자귀로 쉽게 다듬을 수 있는 소나무에 집중되었다. 소나무에 집중된 목재 이용 형태의 부작

** 한자음으로는 인거톱이지만, 민간에서는 잉거톱, 잉걸톱이라는 명칭으로 두루 쓰였다.

용은 소나무 자원 고갈과 19세기 관재 값 급등으로 나타났다.

6부는 조선 후기에 발생한 산림 황폐화가 인구 증가로 늘어난 목재 소비 때문인지 아니면 수공업의 발달로 늘어난 임산 연료 소비 때문인지를 논증한다. 18세기에 악화한 산림 황폐의 주된 원인을 찾기 위해서 건축재와 조선재로 사용된 목재의 양과 가사(家事)와 수공업(소금, 철, 유기, 사기)에 사용된 임산 연료의 사용량을 추정하였다. 임산물 이용에 관한 기본 정보가 없는 상황에서 조선 후기의 소비 주체별 임산물 소비량을 추정하는 일은 쉽지 않았지만, 관련 자료를 최대한 취합하여 1인당 목재와 임산 연료의 사용량을 추계하였다. 그 결과, 18~19세기에 발생한 산림 황폐에 가장 큰 영향을 끼친 요인은 인구 증가로 수요가 늘어난 목재(건축재와 조선재)나 수공업용 임산 연료(장작, 숯 등)가 아니라 가사용 땔감이었음을 확인할 수 있었다. 가사용 땔감의 수요 증대는 17~18세기에 있었던 소빙기의 추위를 극복하기 위해 나라 전역에 보급된 난방용 온돌에 기인하였다.

7부는 산림의 지속 가능성에 초점을 맞추어 조선의 산림 황폐 과정을 조망한다. 조선 시대 500년을 한눈에 조망하면, 인구는 3배 이상 늘어났고, 그에 반비례하여 1인당 산림 면적과 임목 축적은 감소하였다. 매년 자라는 임목 축적량(한 해 생장량)보다 매년 벌채 이용하는 양이 더 많으면 산림의 지속 가능성은 훼손된다. 이런 상황에서 재조림이 없으면 산림은 헐벗고 종국에는 임산 자원이 고갈되지만, 그 정확한 시기를 파악한 연구는 없었다. 조선 시대의 산림 상황을 추정할 수 있는 정보가 적은 여건에서 시대별 임목 생장량과 임목 소비량을 추정하기 위해서는 생태학적 상상력이 필요했다. 생태학적 상상력을 빌려 도출한 결론은 조선에서 산림의 지속 가능성이 훼손된 시기는 18세기 전반으로 『조선왕조실록』에 빈번하게 산림 황폐 기사가 나타난 시기와 대체로 일치했다.

숙종 대에 시작된 산림 황폐의 부작용은 그 후 200년 동안 임산자원 고갈을 불러와 목재와 땔감 가격 폭등으로 백성들을 괴롭혔다. 하지만 우리들이 개혁 군주라고 알고 있는 영·정조는 산림 자원 고갈 문제에 무능했다. 특히 현륭원에 11년 동안 1,200만 주의 나무를 심어서 조선의 식목 군주로 알려진 정조는 나라 전역의 산림 황폐에는 별다른 대책을 강구하지 못했다. 아버지 사도세자를 위한 현륭원 조성에는 1,200만 주의 나무를 심은 정조가 산림 자원 육성에는 왜 별다른 성과를 얻지 못한 것일까? 산림 조성에 관한 정조의 이중적 태도는 나의 호기심을 조선 지배층의 산림 인식으로까지 확장하게 만들었다. 관련 기록이라곤 없는 상태에서 조선 지배층의 산림 인식을 확인할 방법은 무엇일까? 궁리 끝에 떠오른 생각이 조선 시대 기록물에 수록된 나무 이름 탐색이었다.

8부는 조선 사회와 지배층의 산림에 대한 인식 수준을 수목명(樹木名)을 토대로 파악한다. 한 사물에 이름을 부여하는 일은 모든 것의 시작이라 할 수 있다. 정확한 이름이 부여되어야 한 사회에서 통용할 수 있으며, 제대로 육성하며 이용·유통할 수 있기 때문이다.

그래서 조선 시대 조정과 민간의 기록물에 수록된 나무 이름을 조사하였다. 조사에는 장시간이 소요되었지만, 결과는 기대와 달리 소략했다. 이 땅에 자생하는 1천여 종류의 수목 중에 60~100여 종류만이 제 이름을 가졌고, 그 대부분은 공납 대상이었던 재배 수종(뽕나무, 닥나무, 옻나무, 과수 등)과 약재 수종이었고, 재목으로 쓸 산림 수종은 10여 종 내외(소나무, 피나무, 잣나무, 가래나무, 느티나무, 물푸레나무, 자작나무, 사시나무, 오리나무, 전나무)였다. 이러한 결과는 조선 조정이나 지배층이 산림 자원에 무지하고 무관심했음을 의미한다. 조선이 왜 산림 황폐와 자원 고갈에 제대로 대처하지 못했는지 궁금하여 찾고자 하던 답이었다.

결국 조선의 산림 황폐는 산림 정책 부재, 조림·양묘 기술 미비, 민간 참여 배제, 권력층의 부패, 목재 및 땔감 생산 체계 부재와 온돌의 전국적 보급이 결합한 결과였다. 산림 황폐에 부정적 영향을 끼친 이 모든 원인은 산림 자원의 가치와 중요성에 무지하고 무관심했던 조선 사회와 그 당시 지배층의 잘못된 산림 인식 탓이었다.

코비드 19가 기승을 부린 지난 몇 년간은 시간에 쫓기지 않고 평소 내가 하고 싶던 일에 천착하기 좋은 시기였다. 그래서 구상만 하던 조선 후기 산림 황폐 과정을 진득하게 파고들 수 있었다. 조선 후기의 산림 황폐화 연구는 관심을 둔 연구자도 드물고 관련 자료조차 구하기 쉽지 않기에 시간적 여유가 있는 칠순의 산림학자가 도전하기 좋은 과제였다. 동기가 부여되자 무신 노상추가 쓴 67년간의 일기는 물론이고 조선 조정의 공식 기록과 사대부의 문집까지 섭렵하며 몰입했고, 그 덕분에 조선 후기 산림 황폐사의 부족분을 일부 채울 수 있었다.

퇴고를 거듭하여 어렵게 완성한 원고를 몇몇 출판사에 보냈지만, 돌아온 회신들은 정중한 거절뿐이었다. 출판 거절로 의기소침해하고 있을 때, 조계종출판사 모지희 본부장은 한순간의 망설임도 없이 출간을 수락했고, 그 호의는 출판 콘텐츠 창작 지원작 선정으로 이어졌다. 이 책을 세상에 내보일 기회를 준 출판사와 창작 지원 선정위원 여러분께 거듭 감사의 마음을 전한다.

PREFACE

/

Can you believe that the deforestation of the late Joseon Dynasty (JD) was caused by not knowing how to cultivate pine seedlings? What would people think if crude carts and rustic saws of the 18th century had been used to deplete the pine forests, and the forest disappeared, in part, by cutting trees to produce firewood for heating ondol? Why did Seo Yu-gu in the 19th century include only about 60 of the more than 1,000 species of trees in the Korean peninsula in *Imwon Gyeongjeji*, Agriculture Encyclopedia (1854)? Although the factors listed above seem trivial, they directly or indirectly influenced the deforestation of Korea in the 17~19th century, and most researchers have overlooked them. Modern scholars have made deforestation estimates based on the assumption that nursery techniques and common woodworking tools that are well known today existed in the JD. They may also have overlooked the volume of firewood used during JD, which seems to be far less than the timber volume consumed these days. In the mid-19th century, the encyclopedia published on the trees of Joseon contained about 60 trees species, whereas an encyclopedia of trees in Japan, where forestry technology was widely distributed at that time, contained 600 species, including illustrations.

This book focuses on the factors mentioned above and digs into the dark side of deforestation in the late JD that has been overlooked. In addition, the cause of deforestation is evaluated by comparing and analyzing forestry technology adopted during the JD and the actual usage of wood and the forestry technology and forest production system of other countries at that time.

The reason I became interested in the process of deforestation in the late JD was because of articles on pine trees in *NanjungIlgi* (亂中日記, Yi Sun-sin's diary written during Imjin war) (1595) and *Songjeongsaui* (松政私議, Personal opinion on the government's pine policy) (1804). Admiral Yi Sun-shin's *NanjungIlgi* stated that about 40 military ships were built in a short period to compensate for the lack of naval power at the Jeolla Jwasuyeong naval base during the Imjin War. Jeong Yak-jeon's *Songjeongsaui* tells the story of poor people who held funerals with coffins made of straw because they could not afford pine coffins which were too expensive because extensive deforestation had resulted in drastically increased cost of pine coffins.

Information reported by *NanjungIlgi* and *Songjeongsaui*, which spans about 200 years, sparked my curiosity about the devastation of forests in the late JD. What was the reason that the dense pine forest in the southern region, where dozens of military ships were built in a short period of time, disappeared over 200 years? Forests in an agricultural society are not easily created in a short period of time, but they cannot easily be destroyed in a short period of time. What happened to the forests during the JD that forced people to have a funeral ceremony using straw and thatch coffins in a time when special emphasis was placed on Confucian ritualism, which required a proper wooden coffin?

The question was simple, but it was not easy to find the answer. This was even more so in the context of the rare records from the JD about forest cultivation and use. A side effect of deforestation was a surge in timber prices. Fortunately, King Yeongjo recorded timber prices in *Gongpyeo* (1753, a book that summarizes the bad habits of the operation of the tribute system in the late JD). *Gongpyeo* documented complaints about unfair treatment of JD government who only paid old price to purchase timbers when the price has been tripled due to deforestation. In 1804, 50 years later, Jeong Yak-jeon noted in *Songjeongsaui* that the price of timber from growers had increased three to four times in 20 years. Why did wood prices soar five or six times during the rule of Yeongjo through Jeongjo (1724~1800)? What was the reason that Kings Yeongjo and Jeongjo could not actively cope with deforestation in the splendid period called the JD Renaissance? Doubts continued with and one question led to another.

To answer such a question, the first thing I looked at was the JD's forest policy in Chapter 2. It focused on the stable supply of pine for shipbuilding materials needed for the construction and repair of military and cargo ships. The maintenance and management of military ships for coastal defense and grain-carrying vessels to secure national finances were a key to state affairs, so harvesting pine forests along the coast was strictly controlled during the JD for over 500 years. That control, however, conflicted with private interests of the royal family and other persons in power in the late JD. Also, as the country's population increased, the demand for salt, for which there was no substitute, also increased. As a result, the pine forest along the coast became a battleground for the stable procurement of shipbuilding materials needed for the operation of the country and the procurement of firewood for the salt kilns needed for the private interests of the ruling class. To make matters worse, after the Japanese Invasion of Korea in the 16th century, the royal family, government officials, military officers, and a power group monopolized coastal forests to produce fire wood to make up for the short fall in the national finances. The encroachment of coastal forests publicly carried out by the royal family and other powers, the extortion of residents by naval forces to supplement insufficient national finances, and a forest policy centered on protecting only pine trees directly affected the devastation of coastal pine forests in the late JD.

Forests are renewable natural resources, but they can only be renewed after harvesting by planting and cultivating trees on the area or waiting until natural succession creates a forest, which can take many years. Therefore, reforestation after harvesting is important. In Chapter 3, I searched for afforestation records during the JD, but there were only records of King Jeongjo planting trees in Hyeonryungwon (Tomb area of Jeongjo's father) for 11 years (1789~1799), and planting reports of the Gangwon-do Governor and Chungcheong-do Naval Commander during the mid-19th century. In addition to these records, the annual report on the growth of trees planted in the Mount Namsan forest, one of four Mountain forests in the capital city, for 99 years from 1796 to 1894, recorded in *Seungjeongwon Ilgi* (承政院日記, the Diaries of the Royal Secretariat) is the only other source of information about forest tending in Korea.

These records indicate that there was no seedling production technology available during the JD. However, recent forestry scientists and historians have only paid attention to the number of seedlings, 12 million that King Jeongjo planted in Hyeonrungwon. They overlooked the fact that in those days there was no method of producing pine seedlings, except for digging up naturally established one. Therefore, young pine trees were dug up, transported to the area to be planted, and then transplanted, and assuming a survival rate of about 20%. The 99-year-long forest report of Mount Namsan indicated the government's struggle to protect the Namsan forest, which was the lifeline of the capital at that time, from illegal loggers, but there was no concrete way to regenerate the forest.

Although forest regeneration was likely difficult to achieve during the JD, recent studies regarded it as easy to create forests by expanding or misinterpreting a small number of planting cases. The first forest nursery in Korea was established in 1907, and artificial afforestation was first implemented at that time, so there was no proper afforestation and nursery technology available to create a forest during the 500 years of the JD.

Chapter 4 deals with the fact that when forests managed by the state in the late JD were in ruins, individuals, communities, and Buddhist temples were active in forest cultivation. Noh Sang-chu (1746~1829), a military officer during the reign of King Jeongjo, planted and nurtured trees in the mountains around the graves of his ancestors and noted his efforts in his diary for 67 years. Thanks to his diary, it was possible to confirm the level of private forestry technology in JD during the 18th and 19th centuries, while also understanding the formation and functioning of Songgye (community forest group) in detail. By diligently planting trees and caring for the forest, Noh Sang-chu supplied the timber needed for his household and earned income by selling surplus timber, fodder, and firewood. Noh Sang-chu organized the people of the common mountain area, which was indiscriminately exploited by the hyanggyo (the Confucian temple and school to teach local students about the JD) and powerful interests, and he classified the local forest as the Bongsan forest and restricted it to state use only, restricting harvesting. Although Noh's forestry technology was simple compared to that of other countries at the time, his forest development and Songgye activities indicated how important the private sector's participation in forest creation and protection was. At the end of the 17th century, the Joseon government attempted to develop the state-managed forest as a Songgye, but for some reason the plan to utilize the Songgye was not adopted. If Songgye had been distributed and operated throughout the country during the reign of King Sukjong, the forests of the JD would not have been so severely depleted in the 18th and 19th centuries.

After the Imjin War, the forests of Korea and Japan were devastated, but Japan restored its forests with the active participation of the private sector, whereas the JD was unable to restore the forests, possibly because it excluded the private sector. Although private participation could have been important, why did the JD exclude private participation in forest development? Was it because they were afraid of breaking the practice of providing a large portion of their support to the royal family with profits from harvesting? Various reasons can be inferred, but that is a task for the academic community to solve in the future.

Starting in the mid-18th century, towns in the southern region were no longer able to supply chestnut wood to the government for ancestral tablets due to deforestation and forest degradation. As an alternative, the Joseon government designated the temple forest in the southern region as a government-designated chestnut production forest (Yulmokbongsan). The case of the Joseon government using the temple forests continued. The custom of paying for the expenses of the deceased king and queen by government-designated charcoal-producing forests (Hyangtanbongsan) near the capital was changed to a local temple forest during the late 18th century when deforestation became more common. When the country's forests were almost completely depleted in the late JD, the dense temple forests demonstrated the importance of the role of Buddhist temples in forest protection as well as the participation of the private sector.

Chapter 5 deals with deforestation that occurred in the late JD.

Illegal logging and distribution of wood by timber merchants contributed to the deforestation. Timber merchants colluded with the royal family and government officials to illegally secure logging permits for the national forests, abuse the permits to harvest more than originally permitted, and avoid paying taxes to maximize profits. Their use of forests was typical of predatory practices that did not obligate them to reforest the harvested land.

As the depletion of forest products in the late JD worsened, official merchants licensed by the government, unlike the lumber merchants who made full use of illegal means to increase their profits, had to deliver timber to the government at a price lower than the price they purchased it for from the production areas, and about half of that price had to be paid back to corrupt officials. Persistent bad practices related to the supply of timber led to the point when official merchants could no longer compete with timber merchants, leading to the collapse of the public timber supply system in the late 18th century.

Most of the timber consumed in Hanyang was harvested in Gangwon-do and coastal areas and transported by rivers and sea routes, but in the late JD, when forest resources were depleted, most of them were illegally distributed in state-managed forests. Wood in the forest-rich northern regions was unavailable due to poor road conditions and poor carts.

Another constraint that blocked the distribution of timber was the lack of production and distribution of high-quality rip saws. Poor rip saw manufacturing technology did not develop into a waterwheel powered saw, and hardwood, such as oak, could not be used as lumber because there was no power saw. Therefore, the production of boards focused on pine wood, which can be easily split with an ax and trimmed with an adze instead of hardwoods, which are difficult to process into boards. The side effects of concentrating on pine trees were the depletion of pine resources and the sharp rise in the price of coffin lumber in the 19th century.

Chapter 6 deals with whether the deforestation in the late JD increased because of increased consumption of wood due to population growth or increased consumption of forest fuel due to the development of handicrafts. To find the main cause of deforestation which worsened in the 18th century, it was necessary to estimate the amount of wood used for building and shipbuilding and the amount of forest fuel used for housework and handicrafts (salt, iron, brass, porcelain). In the absence of basic information on the use of forest products, it was difficult to estimate the consumption of forest products by consumers in the late JD; however, per capita consumption of wood and forest fuel was estimated by collecting relevant data as much as possible. The factor that had the greatest impact on deforestation that occurred in the 18th and 19th centuries was not wood (building and shipbuilding materials) or forest fuels for handicrafts (firewood, charcoal, etc.), both of which increased due to population growth, but firewood for household use. The increase in demand for firewood for household use was attributable to the heating ondol, which was distributed throughout the country to overcome the cold of the Little Ice Age in the 17th and 18th centuries. Looking briefly at the 500 years of the JD, the population more than tripled, and the forest area per capita decreased in inverse proportion to the population increase. Sustainability of forests is achieved when the volume of annual harvesting is less than or equal to the volume of annual tree growth. Thus, if the reforestation stops, the forest would be eliminated eventually, but there has been no study to pinpoint when that occurred. Chapter 7 deals with how ecological imagination was needed to estimate the amount of forest growth and consumption by era in the context of little information available to estimate the forest conditions of the JD. The conclusion drawn from this work is that the period when the sustainability of forests in Joseon was undermined was in the first half of the 18th century, and it largely coincided with the period of frequent reports of deforestation in The *Annals of the Joseon Dynasty*

The side effects of deforestation that began in the mid-17th century led to the depletion of forest resources during the following 200 years, afflicting the people with skyrocketing prices for wood and firewood. Unfortunately, Kings Yeongjo and Jeongjo, whom we know as reform monarchs, were incompetent in dealing with the problem of forest resources depletion. King Jeongjo, who was known as the tree planting monarch of Joseon for planting about 12 million trees in the Hyeonrungwon over 11 years, did not take any special measures against the devastation of forests in the rest of the country. Why did King Jeongjo, who planted many trees to create the Hyeonryungwon for his father, Crown Prince Sado, not achieve much in nurturing forest resources? Jeongjo's dual attitude toward forest creation encouraged my curiosity about the perception of forests by the ruling class in Joseon. In the absence of any related records, how can we understand the attitude of the ruling class in Joseon towards forests? The idea that came to mind, discussed in Chapter 8, was to search for the names of trees in the official records of the JD.

Giving a name to a "thing" is the beginning of making that "thing" important. This is because before a thing can be used in a society, it needs a distinct name which will help the thing be properly nurtured and used and distributed. Therefore, the names of trees recorded in the records of the government and civilians during the JD was investigated. The investigation took a long time, but the results were not as expected. Of the 1,000 species of trees that are native to the Korean peninsula, only about 60 to 100 had names, and most of them were for cultivated species (mulberry, sumac tree, fruit trees, etc.) and medicinal tree species that were subject to public offering. There were 10 named forest tree species that were used for timber: Pine, lime tree, Korean white pine, Manchurian walnut, zelkova, ash, birch, aspen, alder, and Korean fir. This implies that the Joseon government and ruling classes were ignorant and indifferent to forest resources.

In the end, the deforestation of the JD was the result of a combination of the lack of forestry policy, insufficient afforestation technology, corruption, the exclusion of private participation, the absence of a timber and forest fuel production system, and the nationwide distribution of ondol. All these causes that had a negative impact on deforestation were the responsibility of the Joseon society, and the ruling class who were ignorant and indifferent to the value and importance of forest resources.

The English preface of this book was refined by my old friend, Professor Carl W. Mize. It has been 35 years since we published a paper in a scientific journal in 1987 as co-author, and I am very pleased that the English preface was written with his help.

The unusual period created by the Covid-19 outbreak was a good time for me to focus on something I was interested in investigating without being pressed for time. So, I was able to delve deeply into the process of deforestation in the late JD, which I had only imagined doing. Research on deforestation in the late JD was a good challenge for a forest scientist in his seventies who had time to spare because less than a handful number of scholars have been interested in the topic and it was not easy to obtain even relevant data. Motivation and complete immersion allowed me to read not only the diary written by Noh Sang-chu during 67 years of his life, but also many official records of the Joseon government and the writings of nobleman, which helped me to partially fill gaps in the history of deforestation in the late JD.

I submitted the manuscript to several publishers, but the only received polite refusals. Although I was disheartened by the rejections, General Manager Mo Ji-hee accepted the publication without a moment's hesitation, and her favor led to the selection of Publication Contents Committeesupport. I would like to express my gratitude to the publishers and the selection committee for creative support for giving me the opportunity to show this book to the world.

차례

3부
18~19세기 조선의 조악한 조림 기술과 산림 황폐화

4부
조선 후기 민간의 산림 황폐화 대처

차례

5부
조선 후기 목재 유통 체계의 미비와 산림 황폐화

6부
조선 후기 분야별 임산물 소비량과 산림 황폐화

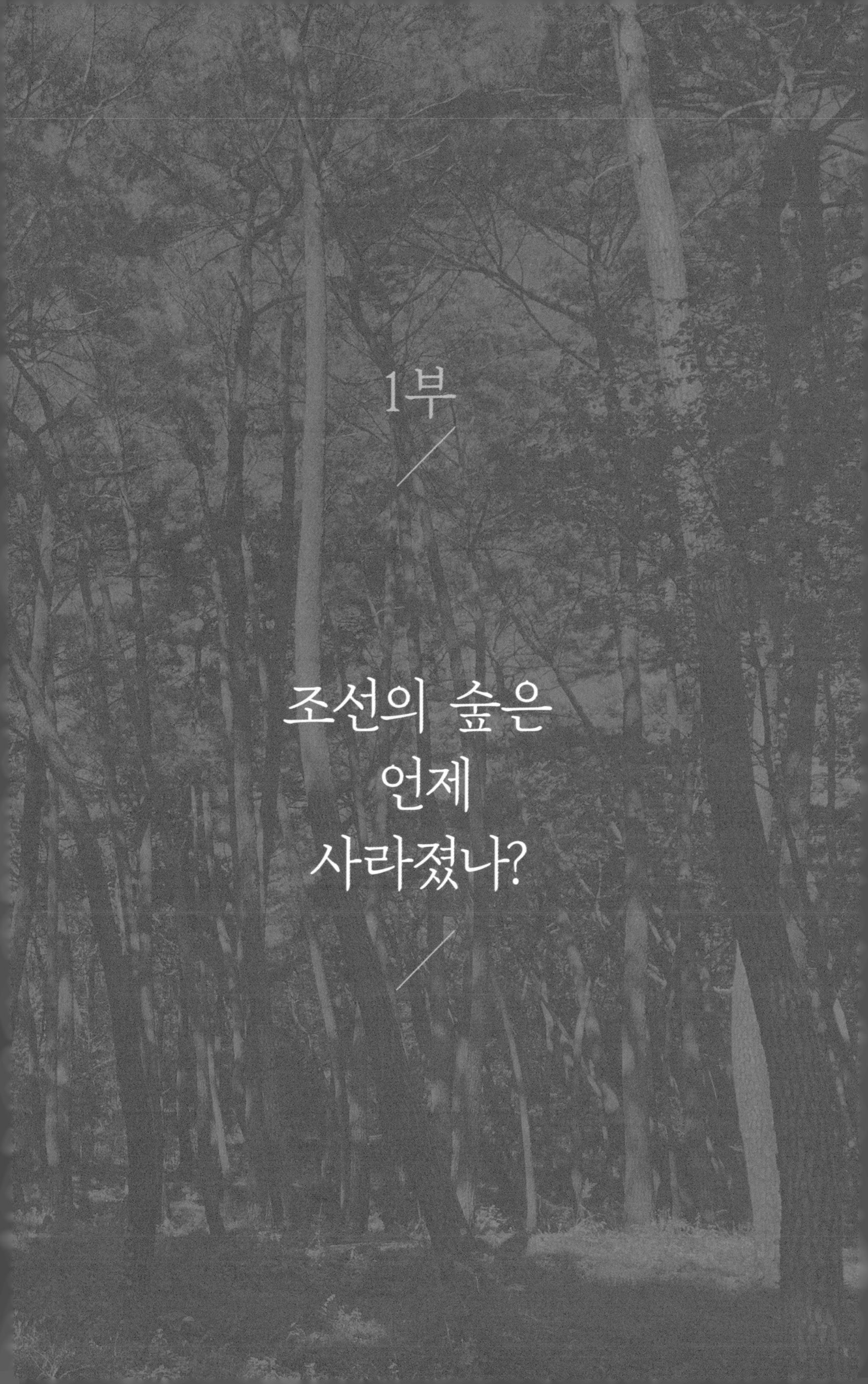

1부

조선의 숲은 언제 사라졌나?

세계에서 단위 면적당 산림 축적 증가율이 가장 빠른 나라[1]가 된 오늘날도 우리 산림의 헐벗었던 모습을 기억하고 있는 이는 적지 않다. 많은 이들이 일제 강점기와 6.25 전쟁 이후에 경험했던 헐벗은 산림은 일제의 산림 수탈 탓으로 지레짐작하지만, 근래 역사학계와 산림학계는 지난 한 세기 동안 우리들이 겪은 산림 황폐는 조선의 잘못된 산림 정책에 기인하였다고 밝히고 있다. 일제가 압록강과 두만강 일대의 원시림과 남한 오지의 산림을 수탈한 것도 사실이지만, 그것은 일부일 뿐, 나라 전역의 산림 파괴는 17세기 후반부터 이미 진행되었다는 것이 학계의 중론이다.

조선 말의 헐벗은 산림은 19세기 말과 20세기 초에 조선을 다녀간 외국인의 저술과 사진에 생생하게 담겨 있다. 1894년 조선을 방문한 여행 작가 오스트리아인 에른스트 폰 헤세-바르텍(Ernst von Hesse-Wartegg)[2]과 영국인 이사벨라 버드 비숍(Isabella Bird Bishop)의 여행기[3]에는 헐벗은 산하의 모습이 곳곳에 등장한다. 1903년 영국 사진작가 허버트 폰팅(Herbert Ponting)*과 독일의 지질학자가 찍은 무악재 부근 장작을 진 나무꾼 사진** 속에는 나무라곤 찾을 수 없는 민둥산의 모습이 그대로 담겨 있다. 1904년 오스트레일리아 사진작가 조지 로스(George Ross)가 한양 성곽 위에서 찍은 사진*** 속에도

* 허버트 폰팅의 사진은 엘리자베스 키스(Elizabeth Keith)의 『OLD KOREA: The Land Of Morning Calm』. (Hutchinson & Co, 1946)에 실렸다

** 이 사진은 2008년 11월 27일부터 12월 7일까지 덕수궁에서 개최된 '韓-獨 수교 125주년 기념 사진전'에 전시된 125점 중의 한 점으로, 1903년 6명의 독일 지질학자가 방한하여 의주로 가면서 찍은 유리 원판 사진의 하나였다(문화일보 2008. 11. 22.).

*** George Rose의 1904년 사진은 오스트레일리아 빅토리아 주립도서관(State Library Victoria)에 소장되어 있다.

허버트 폰팅(좌)과 독일 지질학자(우)가 촬영한 1903년의 무악재 주변의 모습

한양 도성 속의 헐벗은 인왕산과 북한산 자락(조지 로스의 1904년 사진, 부분)

저 멀리 인왕산과 북한산 줄기의 헐벗은 모습이 눈에 들어온다.

1906년 일본 중의원(衆議院) 아라카와 고로(荒川五郎)가 조선을 방문한 후 펴낸 책에는 "조선의 산이라는 산은 거의 민둥산이기 때문에 조선에는 산이 없다고 해도 과언이 아니다."라고 그 당시의 헐벗은 산림을 묘사하고 있다.[4]

조선말의 헐벗은 산림

조선 조정이 나라 전역 산림에 대한 기초 정보를 최초로 파악한 시기는 1910년이었고, 정확한 조사 통계 정보를 확보한 시기는 1927년[5]이었다. 다시 말해 조선 시대 내내 나라 전체의 산림 면적이 얼마나 되는지, 누가 그 산림을 소유하고 있는지는 물론이고, 어떤 종류의 나무들이 얼마나 자라는지도 알지 못했다. 국가가 소유한 산림 면적조차 알 수 없었으니 개인이 소유한 산림에 대한 구체적 정보가 없는 것은 오히려 당연했다.

일제는 식민지 경영에 필요한 산림 수탈을 목적으로, 가장 먼저 산림 소유 구분에 대한 정보를 구축하길 원했다.[6] 조선 총독부는 소유 구분이 불분명한 산림, 특히 압록강과 두만강 유역을 비롯하여 오지의 산림을 가능한 한 많이 국유화해서 국유림의 벌채 수익을 확보하고자 했기 때문이다. 그래서 조선 전체 임야를 소유자 별로 파악하고자 1910년 3월부터 산림 소유 구분 조사(林籍 조사)를 시행하였다.

산림 소유 구분 조사는 일본인 14명, 지리에 밝은 조선인 14명으로 구성된 조사원이 경비 2만 원을 들여 불과 5개월 만에 완료되었다. 2인 1조의 소수 조사원이 최소 경비를 들여 하루에 적게는 1만 6,000㏊, 많게는 2만 2,400㏊의 임야를 조사했기에 정밀성을 요구하는 것은 애초부터 무리였다. 이런 약점에도 불구하고 5개월 만에 조선 임야 상태와 개략적 소유 현황을 파악하게 되었고, 그 내용이 수록된 〈조선임야분포도〉(朝鮮林野分布圖)[7]를 작성할 수 있었다. 1910년 봄에 산림 소유 구분 조사사업으로 얻은 이 정보는 110여 년이 지난 오늘날도 조선말의 기초 산림 정보로 대단히 유용하다.

산림 소유 구분 조사로 제작된 〈조선임야분포도〉는 종전에 관유림(官有林)이었던 임야(봉산·목장), 공유 산림과 함께 사유림 구역도 20만분의 1 축적 지도에 표시하는 한편 하천, 도로, 도시, 마을, 단·묘·능·원·묘(명칭도 기재), 주요한 산악, 도(道) 경계, 농경지 구역 등도 함께 표시했다. 또한 산지를 숲이 무성한 임지[성림지, 成林地], 어린나무들이 자라고 있는 임지[치수발생지, 稚樹發生地], 자라는 나무들이 없는 임지[무입목지, 無立木地]로 분류하고, 수종도 침엽수(소나무, 기타 침엽수)와 활엽수의 3종류로 표시하였다.

1910년의 산림 소유 구분 조사 결과, 한일 병탄 직전 조선은 전체 산림 면적(15,849,619정보)* 뿐만 아니라 국유림(8,303,374정보)과 사유림(7,380,843정보) 면적도 개략적으로 파악할 수 있었다.[8] 조사 당시 임목 축적**은 파악할 수 없었지만, 전체 산림의 32.3%만이 무성한 숲이고, 41.8%가 어린나무로 구성된 숲이며, 나무가 없는 헐벗은 곳이 25.9%로 나타났다. 한편 무성한 숲은 북부 지방에 더 많이 분포했고, 어린나무로 구성된 숲과 헐벗은 산지는 남부 지방에 더 많이 분포하여 산림 황폐는 인구밀도가 높았던 남부 지방에서 더 심하게 발생한 것으로 나타났다.

1910년에 실시한 산림 소유 구분 조사 결과를 정리하면, 한일 병탄 직전 조선 산림은 백두산과 개마고원 일대, 그리고 태백산맥

* 산림 넓이를 나타내는 단위이며, 1정보는 3,000평으로 약 9,917.4㎡에 해당한다. 오늘날은 산림 넓이는 ha 단위(10,000㎡)를 주로 사용한다. 산림 면적 단위로 ha와 정보를 통용하여 사용하기도 한다.

** 산림의 울창함은 흔히 단위 면적당 서 있는 나무(立木)의 재적으로 나타낸다.

과 소백산맥 등의 산간 지역에만 숲이 무성했으며, 나머지 대부분 지역은 어린나무 숲이거나 나무가 전혀 없는 민둥산이었음을 증언한다. 17세기 후반에 시작된 산림 파괴 실상은 200여 년이나 지난 1910년 통감부의 산림 소유 구분 조사로 보다 분명해졌다.

『조선왕조실록』에 나타난 조선 후기의 산림 황폐

조선의 산림은 언제 어디에서 어떻게 헐벗게 되었을까? 나라 산림을 그나마 개괄적으로 파악한 시기가 1910년 봄이었으니, 그에 관한 자료는 당연히 존재하지 않는다. 대신에 『조선왕조실록』은 산림 황폐와 민둥산 상태를 그때그때 반영하고 있다. 『조선왕조실록』에 민둥산[동탁, 童濯*] 기사는 일찍이 성종 때부터 나타나지만 소수였고 그 대상지는 국소적이었다.

표 1. 조선 시대 시기별 민둥산과 동탁 출현 빈도

시기	민둥산	동탁(童濯)	합계
1392~1450			
1451~1500	1		1
1501~1550	2		2
1551~1600			
1601~1650	4		4
1651~1700	5		5
1701~1750	6	3	9
1751~1800	11	26	37
1801~1850	2	4	6
1851~1910	6	15	21

* 동탁은 산에 수풀이 전혀 없는 상태를 의미한다.

민둥산 기사가 본격적으로 나타난 때는 숙종 때부터였으며, 영·정조 때 정점을 찍고 19세기 말까지 지속한다(표 1 참조). 산림 황폐 기사가 숙종 때부터 실록에 많이 나타난 이유는 17세기에 도래한 소빙기 기후로 인해 온돌이 널리 보급되었고, 그에 비례하여 난방용 땔감 채취량이 증가하여 남부 지방 곳곳의 산림이 황폐해졌기 때문이다.

산림 황폐화는 임진왜란이 끝난 이후 거주 인구가 많은 도성 주변에서 시작되었다. 1611년의 실록은 벌목으로 인해 도성 안팎의 산들이 민둥산[9]으로 변한 책임을 한성부 당상에게 묻고 있다. 나라에서 금령을 엄히 다스려도 "도성 사방에 있는 산들이 볼품없이 벌거숭이가 되어 이미 민둥산이 되어 버렸다."는 1621년 기사[10]는 산림 파괴의 심각성을 증언한다. 18세기에 이르러 헐벗은 한양의 사산(四山)[**]에서 유출된 토사가 청계천의 하천 바닥을 높여 도성에 물난리(1752. 1. 27.)[11]가 발생하고, 종국에는 청계천 준설(1760)[12]로 이어져 도성 주변이 모두 헐벗었음을 전한다.

실록은 산림 황폐로 각지의 산림이 민둥산으로 바뀐 상황도 전하고 있다. 먼저 한양과 가까운 황해도 영변이 화전으로 민둥산(1680. 1. 6.)으로 변하고, 강원도에까지 확산(1697. 2. 11.)하여, 왕실에 관곽재를 공급하던 황장금산까지도 향리와 결탁한 목상들이 자행한 남벌로 사라졌다고 밝힌다.(1699. 8. 30.) 그 후에도 산림 황폐는 각지로 확산하여 도벌꾼들이 관재로 쓰기 위해 경상도 조령 주변

** 한양 도성의 사산은 백(북)악산, 인왕산, 목멱(남)산, 타락(낙)산을 말한다.

산림을 결딴낸 소식을 전한다.(1719. 6. 5.)

표 2. 『조선왕조실록』에 수록된 산림 황폐화 관련 기사

산림 황폐지	출현 시기
도성 사산	1611년(광해 3년): 임진왜란 이후 도성 내외 산림이 민둥산 1621년(광해 13년): 도성 사방의 산들이 민둥산 1710년(숙종 36년): 도성 사산이 민둥산으로 변해 산사태 발생 1752년(영조 24년): 도성 사산에서 유출된 토사로 청계천 물난리 발생 1760년(영조 36년): 도성의 헐벗은 사산에서 유출된 토사 퇴적으로 청계천 준설
연해 금(봉)산	1600년(선조 33년): 이항복의 영호남 도서지방 선재 고갈 가능성 보고 1673년(현종 14년): 선재 조사를 위해 30년 만에 선재적간어사 파견 논의 1706년(숙종 32년): 선재봉산을 민둥산으로 만든 전라 수사의 불법 벌채 처벌 1781년(정조 5년): 각처 송산이 벌거숭이로 변했다. 1797년(정조 21년): 삼남의 연해 솔숲이 민둥산으로 변했다. 1800년(정조 24년): 연해 솔숲의 황폐화로 선박 보수 연한 연장 논의
황장 금(봉)산	1699년(숙종 25년): 강원도 관동지방 외의 황장금산은 민둥산으로 변했다. 1753년(영조 29년): 관동과 영남의 봉산이 모두 민둥산
관방 금(봉)산	1680년(숙종 6년): 황해도 동선의 산림이 화전으로 민둥산 1719년(숙종 45년): 경상도 조령 산림이 관재 도벌로 민둥산으로 변했다. 1727년(영조 3년): 평안도 삼협이 민둥산 1753년(영조 29년): 삼척, 강릉, 양양, 고성, 인재의 봉산이 모두 민둥산 1786년(정조 10년): 경기도의 산들이 특히 더 심하게 벌거숭이가 되었다.

산림 황폐 기사는 개혁 군주라 일컫는 영·정조 대에도 급증한다. 평안도 위원 군수가 수천 주를 베어서 삼협이 모두 민둥산이 되었다(1727. 12. 25.)는 보고에 이어 관방의 목적으로 수목이 울창했던 황해도 동선령(1743. 4. 20.)도 민둥산으로 변해 수목 배양이 필요하다고 피력하고 있다.[13] 강원도 봉산(삼척, 강릉, 양양, 고성, 인재)도 모두 민둥산으로 변해서 봉산 구역 밖과 개인이 소유한 산[사양산, 私養山]까

지도 소나무 벌채를 금지(1753. 2. 5.)하고 있다.

18세기 말에는 산림 황폐화 기사 내용이 연해 솔숲으로까지 확산한다. 실록은 충청도와 전라도 연해 각처에 국가에서 조선재 생산을 위해 지정한 소나무 숲이 헐벗어서(1781. 4. 5.), 새로 만든 조운선을 5년 만에 보수하고 10년 만에 새로 만들던 규정을 지키기 어렵다(1781. 9. 24.)고 밝힌다.

조선재를 조달하던 연해 소나무 숲뿐만 아니라 내륙 지방 산림도 헐벗어서 수재가 발생한다는 기사도 실록에 등장한다. 영남 지방은 "숲은 드문드문 있고, 민둥산의 흙은 모두 모래로 되어 있는 탓에 비가 오거나 바람이 갑작스럽거나 급하게 닥쳐오면 높은 곳은 무너져 내릴 형세"(1781. 10. 22.)라고 호소한다. 이어서 강원도 봉산(1785)과 경기도 산들(1786)은 헐벗었고,[14] 평안도와 황해도와 호남 지방 평야 주변 산마저 벌거숭이(1789)로 변한 산림 황폐 참상을 계속하여 전한다.

산림 황폐는 19세기에도 계속된다. 화전으로 군사적 요충지인 관방(關防)의 숲까지도 남벌하여 민둥산이 되었고(1842),[15] 설상가상으로 감히 넘보지 못하던 능역의 산림[16,17]까지도 나무꾼의 도끼날을 피하지 못한다.*

정리하면 『조선왕조실록』은 17세기 초반에 한양 도성 주변에서 시작된 산림 황폐[18]가 황해도에서 강원도로, 18세기 초에는 마침내

* 능원의 도벌은 "영릉(英陵, 세종과 소헌왕후의 합장릉)·영릉(寧陵, 효종과 인선왕후의 무덤)의 두 능에 도벌이 낭자하여 국내를 전부 민둥산으로 만들었다"는 『철종실록』 8년(1857) 2월 28일 기사와 『고종실록』 23년(1886) 12월 25일 기사로 확인된다.

관방을 위해 지켜왔던 경상도 최북단 조령으로, 19세기는 남부 지방 전역으로 확산하였음을 증언한다. 결국 조선에서 진행된 산림 황폐화는 17세기 후반부터 20세기 초까지 약 250년 동안 진행되었음을 알 수 있다.

무엇이 산림 황폐를 불러왔나?

『조선왕조실록』은 조선에서 진행된 산림 황폐는 17세기 후반부터(언제) 시작되어, 서울 인근에서 황해도와 평안도로, 다시 남부 지방으로 확산(어디서)하였음을 증언한다. 산림 황폐화 발생 시기와 발생 장소에 대한 개략적인 정보를 얻었으니, 무엇이 조선의 산림 황폐화를 불러왔는지 살펴보자.

조선의 산림 황폐를 보는 시각은 다양했다. 정약전은 1804년에 저술한 『송정사의』[19]를 통해서 나무를 심지 않고, 자랄 틈이 없이 어린나무를 연료로 사용하며, 무분별하게 화전과 개간을 일삼는 행위 등을 산림 황폐의 원인으로 제시한다. 산림 황폐 원인을 경제사적인 관점에서 식수와 육림 없는 남벌, 즉 '전형적인 과소 투자와 과대 소비의 결과'[20]라는 주장도 있다.

국가는 봉산 관리를 책임진 기관을 앞세워 벌채 금지만 강제하였을 뿐, 적절한 산림 조성 대책을 마련하지 못했고, 또 사유림에 대해 개인의 소유권을 인정하지 않고 오직 이용권만 인정해 주었던 행정 및 사법 제도적 결함이 산림 황폐를 악화시켰다는 것이다. 이들과 달리, 조선 후기의 농업생산력 증대와 화폐경제의 발달이 다양한 분야에서 목재 수요를 촉진했고, 목재 공급이 부족한 여건에서 그 수요를 충족시키고자 목상들은 관리들과 결탁하여 불법적으로 봉산 소나무를 남벌함으로 산림 황폐화가 심화하였다는 주장도 있다.[21]

이와 상이한 주장은 아시아 2개국(일본과 중국 링난)과 유럽 2개국(영국과 프랑스)에 대한 1인당 시대별 산림 면적 변화 추이와 산림 황폐화에 대한 연구에서 찾을 수 있다.[22] 사이토 오사무(斎藤 修)는 1인당 산림 면적의 감소 추세는 일본은 1.6㏊(1600년대)에서 0.8㏊(1800년대)와 0.6㏊(1900년대)로, 프랑스도 같은 시기에 0.4㏊에서 0.3㏊로 줄어든 대신에, 영국은 0,2㏊(1600년대)에서 0.02㏊(1800년대)로, 링난(중국)은 1.6㏊(1600년대)에서 0.06㏊(1900년대)로 급격하게 줄어든 사례를 제시하며, 17~19세기 중국, 영국에서 심화한 산림 황폐화와 달리 프랑스와 일본은 인공 조림 기술과 목재 유통업의 발달 덕분에 산림 자원을 지킬 수 있었다고 주장한다.

일본과 조선(또는 남부 지방)의 1인당 산림 면적은 두 나라 사이에 큰 차이를 발견할 수 없다.* 1인당 산림 면적에 큰 차이가 없지만, 조선과 일본의 산림 상황은 달랐다. 임진왜란 이후 조선 산림은 황폐해졌고, 일본 산림은 울창해졌다. 양국 간에 무엇이 이런 차이를 발생시켰을까? 일본 역시 1570~1670년 동안 인구 증가와 도시 건

* 조선의 추정치는 1910년에 실시한 임야조사사업으로 밝혀진 전체 산림 면적 1,585만㏊를 각 시기의 인구수에 대입한 수치이고, 무입목지(전체의 25.9%)를 산림 면적에서 제외하지 않았다. 조선의 1인당 산림 면적 변화 추이를 이들 4개국과 비교하기 위해 사이토의 연구 결과에 대입하면 조선의 1인당 산림 면적은 1.4㏊(1600년대), 0.9㏊(1800년대), 0.9㏊(1900년대)이며, 남부 지방(5도)은 1.0㏊(1600년대), 0.5㏊(1800년대), 0.5㏊(1900년대)로 추정되었다. 조선은 1910년대에 조사된 무입목지를 전체 산림 면적에서 제외하면 1인당 산림 면적은 더 줄어들겠지만, 영국이나 중국처럼 1/10이나 1/20로 줄어들지는 않는다.

설로 건축용 목재 수요가 폭증하였고, 그 결과 이용할 수 있는 인접 산림 10곳 중 8곳이 민둥산으로 변했다.[23] 헐벗은 산림으로 인해 발생하는 산사태와 홍수 피해를 방지하기 위해 일본 역시 조선과 유사하게 17세기 후반에 칙령과 조례로 목재 이용을 강력하게 통제하는 한편, 민간의 산림 조성을 적극적으로 장려함으로써 산림 자원을 육성할 수 있었다.[24]

17세기 후반에 민간에 정착된 일본의 조림 양묘 기술은 식재 후 20~30년 동안 길러서 벌목한 목재를 유통함으로써 생산자(산촌의 개인 및 마을), 유통업자(목상), 소비자(도시 목재 이용자), 지방정부 및 중앙정부(목물 세금) 모두에게 이익을 안겨 주었고, 조림 육성과 목재 생산 및 유통 간에 맺어진 상호 연대는 임업 체계로 구축되었다. 그 결과는 임업의 진흥과 목재 유통업 발달과 함께 산림 복구로 귀결되었다.[25] 결국 조선과 일본은 1인당 산림 면적에 큰 차이는 없었지만 조림 기술과 목재 유통업의 발달 여부가 산림 자원의 육성을 촉진하거나 산림 황폐화에 부정적 영향을 끼쳤던 셈이다.

영·정조 시대(1724~1800)는 흔히 조선의 르네상스 시기였다고 일컫는다. 문화 예술은 물론이고 상공업이 발달하고, 실학이 꽃피웠던 시기에 나라를 부유하게 살찌울 산림은 방치되었다. 도대체 우리 산림에 무슨 일이 있었던 것일까?

17~19세기 조선의 산림 황폐와 관련한 의문을 해소하기 위해서 2부에서는 1) 소나무 벌채 금지 중심으로 전개된 산림 정책, 2) 조선의 산림 조성 및 관리 방법, 3) 개인과 주민이 송계를 활용한 산림 육성 실태, 4) 조선 후기 목재 유통 체계, 5) 가정용 및 수공업용

목재 및 땔감 소비 증대의 영향, 6) 산림의 지속 가능성 훼손 시기, 7) 조선 지배층의 산림 인식을 차례로 살펴보고자 한다.

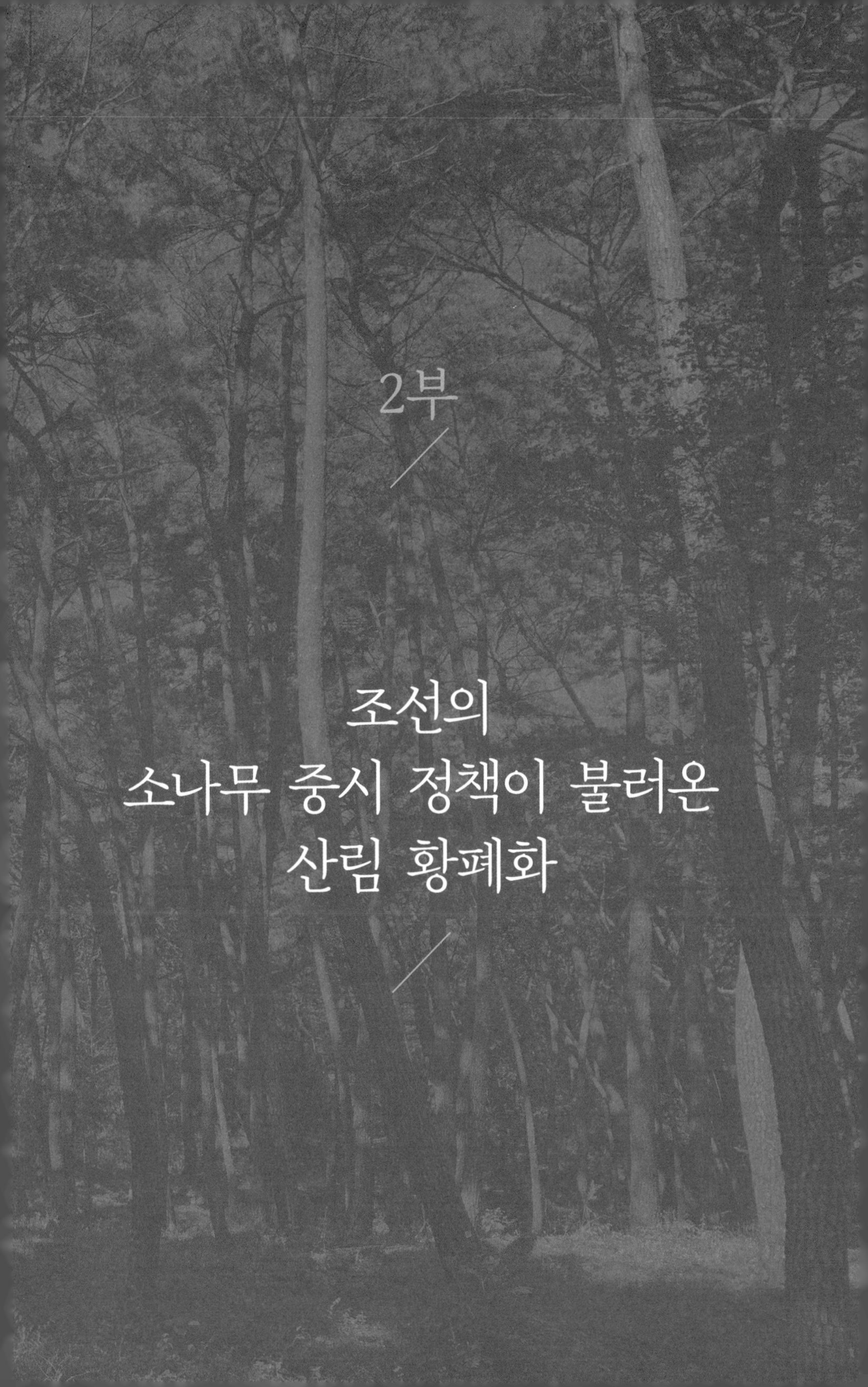

2부

조선의 소나무 중시 정책이 불러온 산림 황폐화

1장 조선의 송금 정책

소나무는 국가가 공인한 유일한 산림 수종이었다. 조선 초기에 제정된 『경국대전』(1476) 재식 조에 육성을 규정한 산림 수종도 소나무였고, 조선 조정이 500년 동안 지속하여 심고 지킨 나무도 소나무였다. 그래서일까. 그 당시의 선비와 오늘날의 학자들은 조선 산림 정책의 가장 큰 실패 원인으로 소나무 정책 즉, 송정(松政)을 지목하길 주저하지 않는다. 도대체 소나무는 어떤 나무이고, 소나무 정책은 어떻게 전개되었기에 이런 취급을 받는 것일까?

소나무의 용도

농경사회에 뿌리내린 소나무의 물질적 유용성은 크고 다양했다.

소나무는 왕실의 관곽재(棺槨材)였고, 나라를 지키는 군선과 조운선의 조선재였으며 궁궐과 성곽의 건축재였다. 소나무는 왕실용 사기를 굽는 분원의 연료였고, 대체제가 없는 소금 생산에 필요한 연료였다. 백성의 입장에서도 소나무는 흉년 굶주림을 구제하는 구황이었고, 이승을 하직하는 장례용 관재였다.[26] 소나무는 건축재, 관재, 수공업용 임산 연료, 온돌 난방용 장작 등으로 다양하게 사용되었지만, 무엇보다도 중요한 용도는 조선재였다.

우리 조상은 언제부터 소나무를 조선재로 이용했을까? 그 첫 흔적은 2005년 창녕 비봉리 패총 아래에서 발굴된 8,000년 전 소나무 통나무배에서 찾을 수 있다.[27] 오늘날과 형태가 유사한 배는 1975년 안압지에서 출토한 세 개의 소나무를 통째로 잇대 만든 통일신라시대 배다. 밑바닥은 길쭉한 통나무 양편에 ㄴ과 ㄱ형 바깥 판을 붙인 형태로, 고려나 조선 시대의 전통 선박[韓船] 조립 방식과 유사하다.

소나무가 조선재로 본격적으로 사용된 시기는 고려 시대였고, 서해안에서 차례로 발굴된 고려 시대의 배들이 그것을 증명한다.* 최근에 발굴된 조선 시대 배 마도 4호선(15세기)까지 모든 선박의 밑바닥, 외판, 선수재, 선미재는 대부분 소나무로 밝혀졌다.[28]

조선 조정은 건국과 더불어 해안 방비용 군함 건조에 필요한 조선재를 확보하기 위해 송목양성병선수호조건(松木養盛兵船守護條件,

* 고려 시대의 배는 발굴된 순서에 따라 완도선(12세기), 달리도선(13~14세기), 십이동파선(11~12세기)을 비롯하여 안좌선(14세기), 대부도 1호선(12~13세기), 태안선(12세기), 마도 1호선(13세기), 마도 2호선(12~13세기), 마도 3호선(13세기 중반), 대부도 2호선(12~13세기) 등이 있다.

1424)을 제정하여 각 도의 감사와 수사에게 연해 소나무 관리를 맡긴다. 16세기 초 경상도 남해안에 거주하던 왜인들이 일으킨 삼포왜란(1510)과 사량왜변(1544)과 을묘왜변(1555)을 겪은 조선 조정은 해안 방비의 중요성을 재확인하고, 규모가 큰 전선을 축조하기에 이른다. 바로 임진왜란 당시 혁혁한 전공을 세운 판옥선이다.[29]

소나무가 국정의 주요 현안이 된 까닭

소나무의 사용처는 국가에서 백성에 이르기까지 이처럼 광범하였지만, 소나무재의 공급은 충분하지 못했다. 일찍이 고려 시대부터 소나무 조선재의 고갈 문제가 제기되었고, 수요를 충족시킬 수 없는 일이 일상화된 조선 후기에 이르러서는 해안 방비와 물자 수송에 필요한 소나무 조선재 확보는 한시도 도외시할 수 없었다. 그 단적인 사례는 임진왜란을 겪은 조선 조정이 호남과 영남 도서 지방의 소나무 조선재 고갈 가능성을 암행어사 이항복에게 확인하는 다음 내용으로 알 수 있다.[30]

> 상이 이르기를, "배 만들 목재는 바닷가의 모든 섬에 무한히 있는가?" 하니, 항복이 아뢰기를, "선재는 이제 머지않아 죄다 없어질 형편입니다." 하였다. 상이 이르기를, "이것은 작은 일이 아니다." 하니, 항복이 아뢰기를, "전죽(箭竹) 닥나무와 같아서 벨수록 무성하여지지만, 선재(船材)는 50~60년이 아니면 성장하지 않습니다." 하였다.

이처럼 소나무가 국정의 주요 현안이 된 까닭은 소나무가 다른 수종으로 대체할 수 없는 조선재였기 때문이다. 소나무의 어떤 특성이 조선재로 유용했을까? 소나무는 물리적 특성은 강하지만 굴곡 탄성계수가 높은 수종이다. 굴곡 탄성계수가 높다는 것은 목재를 쉽게 굽힐 수 없다는 의미이며, 따라서 유선형으로 만들어야 할 선박용 조선재로는 썩 좋은 조건은 아니다. 게다가 소나무는 곧지 않고 옹이가 많아서 얇게 판재로 켜기도 쉽지 않다.

이처럼 소나무의 재질 특성이 조선재로 썩 양호하지 않지만 그래도 널리 사용된 이유는 주변에서 손쉽게 구할 수 있는 데다 조선소 인근 해안가에서도 60년 내외의 짧은 기간에 재목으로 쓸 수 있을 만큼 잘 자라는 나무였기 때문이다. 또한 소나무는 송진 성분이 많아서 물속에서도 잘 썩지 않는 비교적 강한 재질 특성이 있었다. 조선재로 사용할 만한 마땅한 대체 수종이 없는 상황에서 이런 특성들로 인해 소나무는 조선재로 선택되었다.

소나무로 건조된 전선과 병선의 장점은 임진왜란을 통해서도 확인되었다. 일본의 배 아타케부네(안택선, 安宅船)는 외판의 접점끼리 쇠못으로 이어 붙이는 방식으로 건조되었기에 표면은 평활하나 충격에는 약했다. 판옥선의 속도는 아타케부네에 비해 느렸지만, 방향 전환이 빨라 선박 좌우에서 함포를 교대로 발사할 수 있었다. 판옥선은 배 밑바닥이 펀펀한 평저선이어서 얕은 곳에서도 운항할 수 있었지만, 아타케부네는 밑바닥이 뾰족한 첨저선으로 방향 전환도 느렸고, 얕은 곳에서는 항해할 수 없었다.

조선과 일본 두 나라 선박의 내구성 차이는 화포 설치에도 영향을 주었다. 판옥선은 20여 문의 함포를 설치할 수 있었던 반면, 아타케부네는 화포를 1~2문만 두어야 할 정도로 내구성이 약했다. 판옥선은 소나무 통나무를 사용하여 화포의 반발력을 견뎌낼 수 있었지만, 아타케부네는 얇은 삼나무 판자를 사용하여 화포의 반발력을 견딜 수 없었기 때문이다.[31] 우리 전선의 내구성은 조선재로 사용한 소나무와 곰솔에서도 나타난다.[32] 곰솔은 종 압축강도, 종 인장강도, 전단강도, 휨강도에서 모두 삼나무보다 더 강하고 소나무는 종 인장강도는 삼나무보다 약하지만, 종 압축강도, 휨강도에서 더 강하다.

표 3. 수종별 물리적 강도(단위 : MPa=1N/㎟=10.2㎏/㎠)[33,34]

종류	종 압축강도	종 인장강도	휨강도	전단강도	
				방사	접선
곰솔	56.0	111.7	99.5	12.9	13.4
소나무	42.2	86.8	73.2	9.5	10.2
삼나무	37.4	96.3	61.2	10.4	11.1

그 당시 다른 나라의 목재 이용 실태를 살펴보면 조선이 조선재 소나무 확보를 국정의 최대 현안으로 여겼던 이유를 알 수 있다. 가까운 일본은 건축재와 조선재로 삼나무와 편백을 주로 사용하였지만, 그 이외에도 다른 수종들도 용재로 사용하였다. 에도 막부(1603~1868)가 기후현 기소 지방에서 적극적으로 육성한 화백, 나한백, 금송, 편백, 측백나무가 그 좋은 사례이다.*

* 에도 막부가 기소 지방에서 벌채를 금지한 5 수종을 '기소 오목(木曾五木)'으로 일컫는다.

프랑스는 참나무와 너도밤나무를 조선재로,[35] 소나무, 가문비나무, 전나무 등을 재목으로 사용하였고, 독일 역시 가문비나무, 소나무, 너도밤나무, 참나무 등을 재목과 조선재로 이용하였지만, 조선은 소나무 외에는 딱히 대체 수종이 없었다.[36]

그래서 조선 조정이 중점적으로 전개한 산림 정책은 벌채 금지로 소나무를 지키는 송금 정책[송금]이었다. 다산 정약용도 "우리나라의 산림 정책은 오직 송금 한 조목만 있을 뿐, 전나무, 잣나무, 단풍나무, 비자나무에 대해서는 하나도 문제 삼지 않았다."[37]고 밝히듯이 송금은 조선 왕조의 일관된 산림 정책이었다.

소나무 보호를 위한 송금, 금송, 송정의 출현 및 운용 시기

소나무가 국정의 현안으로 대두함으로써 조선의 소나무 벌채 금지 정책은 송금(松禁), 금송(禁松), 송정(松政)이란 이름으로 수행되었다. 이들 용어의 의미부터 살펴보자.

> '송금(松禁, 松木禁伐)'은 '소나무 벌채 금령'으로 조선 시대 소나무 보호 정책의 핵심이었다.
> '금송(禁松, 禁伐松木)'은 송금 대상인 '벌채가 금지된 솔숲'으로, 역시 조선 시대 소나무 정책의 근간이었다.
> '송정(松政)'은 송금과 금송 정책을 일컫는 용어로 조선 후기에 사용되었다.

송금, 금송, 송정이란 용어는 언제부터 사용되었을까? 『조선왕조실록』*에 금송과 송정이 최초로 등장한 시기는 15세기 초중반이었고, 송정은 18세기 초반이다. '금송'이 처음 나타난 시기는 1427년(세종 9)이었으며, 1462년(세조 8) 이후 140여 년 동안 나타나지 않다가 1603년 이후부터는 계속 사용되었다. 금송이 임진왜란 이후의 실록에 지속해서 등장한 이유는 소나무 자원이 비교적 풍부했던 조선 전기와 달리 조선 후기에는 이용할 수 있는 소나무 숲이 상대적으로 줄어든 반면, 국용재(國用材) 조달을 위해 벌채를 금지한 소나무 숲은 더 확대되었고, 금령으로 벌채를 금지한 숲에서 불법 행위가 빈번하게 발생했기 때문이었다. 특히 '송정'은 조선 후기 정조대의 실록에 주로 등장하고, 조선말인 순조와 고종대까지 나타났다.

실록에 '송금'은 금송보다는 24년 후인 1451년 기사에 처음 등장하지만, '송목금기작벌(松木禁其斫伐, 1423)', '송목금벌법(松木禁伐法, 1437)', '소나무 작벌 금지 법전(〈속전등록〉과 〈육전〉, 1439)' 등의 기사로 미루어볼 때, 송금은 조선 개국 때부터 전개하여 고종 때까지 시행한 산림 정책이라 할 수 있다.

『조선왕조실록』에 등장하는 송금과 금송과 송정 용례는 조선 전기보다 후기에 더 많이 나타난다. 조선 전·후기별 실록에 출현한 빈도를 비교하면, 금송 8회 대 60회, 송금 3회 대 47회, 송정 0회 대 30회로 대부분 조선 전기보다 후기에 더 빈번하게 출현한다. 조선

* 조선 시대의 조정 기록물은 『승정원일기』나 『비변사등록』 등도 있으나 조선 왕조 전체 기록을 온전히 담고 있는 것은 실록뿐이고, 국역이 완료된 자료 역시 실록뿐이다. 참고로 『비변사등록』은 1617년(광해군 9년)에서 1892년(고종 29년)까지의 280여 년간 기록이고, 『승정원일기』는 인조 1년(1623)에서 순조 4년(1910)까지의 기록이다.

후기에 이들 용어가 실록에 더 빈번하게 등장한 이유는 산림 황폐로 발생할 소나무 고갈을 대비할 목적 때문이었다.

금송과 송금과 송정이 시행된 주 대상지는 금산(禁山)과 봉산(封山)이었다. 『조선왕조실록』에 등장하는 금송, 송금, 송정을 금산과 봉산의 용례와 교차 분석하면, 조선 전기의 금산 운용은 도성 사산(四山)의 소나무 보호와 연해의 소나무 조선재 확보에 중점을 둔 시책이었음을 알 수 있다. 금산제도는 조선의 건국과 함께 시행한 조선 전기의 주된 산림 시책이었지만 조선 후기에도 금산 기사는 실록에 계속 등장한다. 따라서 금산제도는 봉산제도와 함께 조선 후기에도 계속 운용되었음을 알 수 있다.

조선 후기의 봉산제도는 소나무 조선재를 원활하게 조달하고자 숙종 대에 도입한 산림 시책이었지만 그 성과는 기대에 미치지 못했다. 그밖에 의송산과 송전도 조선 후기에 봉산(금산)제도와 함께 계속 운용되었다.

송금 대상 솔숲[금송 禁松]의 변천 과정

소나무 벌채 금령(송금, 松禁)의 대상인 벌채가 금지된 소나무 숲[금송, 禁松]은 시대에 따라 의송지지(宜松之地), 금산(禁山), 연해금산(沿海禁山), 의송산(宜松山), 송전(松田), 봉산(封山)과 같은 다양한 명칭으로 조정 기록에 나타난다. 조선 조정이 건국 후 32년 만에 산림과 관련된 첫째 규정인 송목양성병선수호조건(1424)을 제정하고, 연해의 해안가, 곶, 섬에 있는 의송지지 300여 곳을 금산으로 지정(1448)한 이유는 군선과 조운선 축조에 필요한 조선재를 원활하게 조달하기 위한 자구책이었다. '소나무 기를 적격지'를 의미하는 의송지지는 1448년의 실록기사에서 1856년의 『비변사등록』까지 계속 등장한다.

금산제도는 의정부에서 1448년 병조의 소나무에 관한 관리 감독 보고서를 상신함에 따라 조선 조정이 연해 지역 의송지지의 관리 체계를 구축하고, 『경국대전』 공전 식재 조에 안면곶과 변산은 해운판관이, 바다의 섬은 만호가 관리한다고 규정한다.

금산제도는 조선 전기 100여 년 동안은 산림 사점(私占) 금지와 법제 정비로 비교적 순조롭게 운용되었다. 하지만 임진왜란과 병자호란으로 국력이 쇠잔해지고, 조선 후기에 증대된 농업 생산력과 대동법 시행에 따른 화폐경제의 발달로 인해 조선재뿐만 아니라 건축재와 소금가마[염분, 鹽盆]의 땔감으로 소나무 소비가 증대되면서 기존의 금산제도만으로 국가 산림을 효과적으로 관리할 수 없는 상황이 발생하였다. 조선은 군선과 조운선의 유지 관리에 필요한 소나무 조선재의 안정적 조달을 위해 금송 정책을 시행했지만, 소금 판매로 손쉽게 사익을 얻을 수 있었던 왕실과 권세가들은 소금가마용 땔감을 금산의 소나무를 도·남벌로 확보하려 했기에 갈등이 끊이지 않았다.

조선 조정이 조선재 소나무 자원의 고갈을 막고자 금산에 대한 강력한 규제책의 일환으로 소나무의 생육 여부를 가리지 않고 호서 지방 연해 30리 지역을 일률적으로 금산으로 지정하자 많은 사회 문제가 발생하였다. 바로 17세기 효종 대(1655)에서 숙종 대(1702)에만 시행된 연해금산 제도이다.

조선은 다양한 부작용을 파생시킨 연해금산 제도의 존치 여부를 결정하기 위해 1675년[38]부터 1683년[39]까지 9년 동안 다양한 조사를 실시하고, 마침내 소나무가 무성한 장소만 봉산으로 지정하기로 한다. 수군은 이 결정에 반대했지만, 조정은 민생 안정을 위해 연해금산 제도를 폐지하고 소나무 숲을 관리하고자 봉산과 송전을 새로 도입(1684)했다.[40] 따라서 연해금산(1655~1702)이란 용어는 47년간만 조정 기록에 한시적으로 등장하고 더 나타나지 않는다. 한편 송전(1660)은 연해금산보다 5년 뒤에 조정 기록에 나타나지만, 200여 년간 공식 기록에 계속 사용된다.

조선 조정은 연해 30리 규정을 정비한 후, 후속 대책으로 1684년 제도연해송금사목(갑자사목)을 제정하여 기존의 연해 30리 기준 대신에 소나무가 무성한 의송산만을 봉산으로 지정하여 표식을 세우는 한편, 전국의 의송산은 장부에 기록하여 중앙에서 관리하였다. 이 갑자사목은 조선 후기 송금 정책의 근간이 되었으며, 이때 지정된 금산은 이후 '의송산으로 초봉(抄封)한 산'이라는 의미에서 '봉산(封山)'으로 불리게 되었다. 봉산의 대상이 된 의송산은 1683년 『승정원일기』에서 1906년 실록 기사까지 나온다.

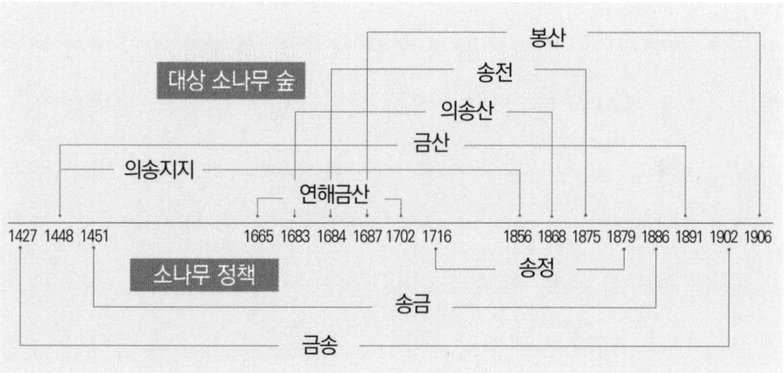

그림 1 . 조선 시대 소나무 정책과 대상 소나무 숲(금송)을 나타내는 용어의 출현 시기

국가 관리 소나무 숲은 조선 조정의 지속적인 추가 지정에 따라 1808년[41]에는 봉산 282처, 황장봉산 60처, 송전 293처 등 총 635처로 늘어났지만, 이 수치에는 정부에서 조선말까지 운용하였던 금산과 의송산은 포함되지 않았다. 그래서 국가가 관리했던 산림의 정확한 개소나 면적은 확인할 수 없다.

조선 조정의 공식 기록에 나타난 벌채를 금지한 국용재 소나무 숲은 의송지지(금산)에서 연해금산으로 불리다가 의송산(송전)으로 변하고 종국에는 봉산(황장봉산, 선재봉산)으로 불렸음을 확인할 수 있다. 물론 간과하지 말아야 할 사실은 기록물에 조선 초기의 금산은 물론이고, 조선 후기의 의송산, 송전 등도 봉산과 함께 사용된 점이다.

송금 관련 규정

금송(禁松)의 대상인 소나무 숲은 나라에서 필요한 조선재, 황장목, 영건(營建) 건축재를 조달하고자 벌채를 금지한 소나무 숲과 도성 사산의 소나무 숲으로 나눌 수 있다. 국용재 조달용 솔숲 중 영건 건축재는 조선 후기에 대동법이 시행됨에 따라 대부분 개인이 소유한 산에서 조달했고, 규격이 큰 소수의 목재만 봉산에서 조달했다. 도성 사산의 소나무는 예외적으로 벌채·이용을 금지했지만, 왕실의 관곽으로 사용할 황장목과 군선과 조운선에 필요한 지방의 금산과 봉산(의송산, 송전)의 소나무는 벌채 이용할 대상이었다. 그래서 도성 주변의 산과 황장목과 조선재(영건 건축재 포함) 소나무 숲의 송금(관리 감독) 체계는 제각각 달랐고, 조선 정부는 그에 합당한 규정을 필요할 때마다 제정하였다.

조선 정부는 건국 초기에 송금 정책을 신속하게 정착시키고자 송목양성병선수호조건(1424)과 도성내외송목금벌사목(1469)을 제정한다. 건국 초기에 제정된 이들 송금 규정은 도성 주변의 금산과 연해 지역의 금산에 초점을 맞춘 산림 시책이었다. 연해의 소나무 숲이 고갈되기 시작한 17세기 후반 이후에 조선 정부는 제도연해송금사목(1684), 변산금산사목(1691), 변산적간수본단계목(1729), 파주금산수호절목(1731), 사산송금군속군문절목(1754), 제도송금사목(1788) 등을 연속적으로 제정하여 산림 고갈에 대응하였다.

표 4. 연대별 제정된 소나무 관련 사목(절목)

연대	왕조	사목(절목) 명칭	구성	비고
1392				조선 개국
1424	세종	송목양성병선수호조건(松木養成兵船守護條件)	7조	
1439	세종	송목금벌법(松木禁伐法)		속전등록, 육전
1469	성종	도성내외송목금벌사목(都城內外松木禁伐事目)	8조	
1684	숙종	제도연해송금사목(諸島沿海松禁事目)	19조	
1691	숙종	변산금산사목(邊山禁山事目)	14조	
1710	숙종	양서양호순무사재거응행절목(兩西兩湖巡撫使齎去應行節目)		
1729	영조	변산적간수본단계목(邊山摘奸手本單啓目)	14조	
1731	영조	파주금산수호절목(坡州禁山守護節目)	8조	
1754	영조	사산송금군속군문절목(四山松禁軍屬軍門節目)	16조	
1788	정조	제도송금사목(諸島松禁事目)	29조	
1808	순조	만기요람 송정(萬機要覽 松政)		
1894	고종	상소문(奏本)		경무청 소관
1908	고종	삼림법(森林法)		농상공부

숙종 대에 송금의 대상을 금산에서 봉산으로 전환했음에도 불구하고 해이해진 국가 기강은 송금 행정의 부정부패를 심화시켰고, 해안 방비에 필요한 삼남 지방(충청도, 전라도, 경상도) 연해의 봉산까지 고갈 위기에 몰아넣는다. 설상가상으로 인구 증가와 농업 생산성 향상에 따른 경제 활동으로 급격히 늘어난 임산물(임산 연료와 목재) 수요를 충족시키기 위해 목상이 바닷물을 끓여 소금을 굽는 염한(鹽漢), 철과 사기를 생산하던 수철점(水鐵店)과 사기점(沙器店) 등과 결탁하여 연해 봉산을 불법적으로 남벌했고, 그들의 불법을 묵인해 주는 관리들(진장, 감색, 산지기 등)의 부정부패와 불법 벌채의 징벌을 금전 납부로 대신하는 제도(속전, 贖錢)가 오히려 국가가 관리하던 소나무 숲의 남벌을 부추기는 형국이었다.

정부는 조선재 조달처인 금산·봉산·의송산·송전만이라도 지키고자 『속대전』(1746)을 편찬하여 더 엄격한 벌칙을 제정하는 한편, 때로는 암행어사를 파견하여 송금 행정을 바로 세우고자 노력하였지만, 송금의 난맥상을 해결할 수 없었다. 정조대에 제도송금사목(1788)을 다시 제정한 이유도 조선재 생산의 최후 보루인 연해 도서 지방의 솔숲이라도 지키기 위한 자구책이었지만 효과가 없었다.

하나 흥미로운 점은 조선 정부가 건국 초기부터 송금을 시행한 이래 17세기 후반까지 소나무 숲에 대한 새로운 규정을 제정하지 않은 사실이다. 15세기 중반 이래 200여 년 동안이나 지속한 소나무 자원에 대한 정책적 무관심과 무대응은 17세기 후반에 이르러 갑작스럽게 변한다. 조선 정부는 1684년의 제도연해송금사목(갑자사목)을 시작으로 제도송금사목을 제정한 1788년까지 104년 동안

표 5. 조선 시대의 법전과 사목(절목) 금제조의 소나무 관련 범칙 조항*

법전	처벌 죄목	처벌 내용
송목양성병선수호조건(1424) (지방 금산)	조선재 소나무 과벌	만호, 천호, 수령을 율대로 논죄
	조선재 소나무 타용도 허비	장인, 만호, 천호, 전무를 율대로 논죄
제도연해송금사목(1684) (지방 봉산)	살아있는 소나무 도벌자	원·릉의 수목 도벌한 율(장 100, 도 3년)로 논죄
〈신보수교집록〉 (1743 이후) (지방 봉산)	변산 실화자	사형, 감관과 색리는 형률로 곤장
	봉산 실화자	사형이나 한 단계 낮추어 정배
	감관, 색리, 산지기의 병폐	형추와 곤장, 수령도 책임을 물어 장 80대
	봉산 대송 범작(犯斫) 10주 이상	사형, 9주 이하는 사형을 감한 후 정배
	봉산 중송 작벌 10주	사형
	황장봉산 생송 작벌 1주	장 100, 도 3년
	안면도 소나무 작벌	대소 불문하고 장 100
	변산 금표 내 소나무 작벌	장 100, 도 3년
	의송산 치송 도난	산지기 형추, 정배, 고을 부사는 영문에서 장을 친다.
	자염 생산용 소나무 범송	장 100, 유배 3,000리
제도송금사목(1788) (지방 봉산)	살아있는 소나무 도벌자	장 100, 도 3년
	대송 10주 이상 도벌	사형, 9주 이하 사형을 감한 후 정배
	재목 투작	1주: 장 60, 10주 이상: 장 60, 도 1년, 30주 이상 장 80, 도 2년
	감관, 산지기의 같은 벌	

소나무 자원 관리를 위한 다양한 규정을 계속 제정한다. 이는 조선 초기 260년 동안은 소나무 자원이 조선재의 수요를 감당할 수 있었음을 의미한다. 그러나 17세기 후반 소빙기가 도래하면서 혹한

* 범칙조항에는 사매군기율((私賣軍器律, 장 1백에 먼 변방의 군대에 충원). 나처(拿處, 의금부에 잡아들임), 도원릉수목률(盜園陵樹木律, 장 1백을 치고 중노동 3년에 처함), 도(徒, 중노동), 형추(刑推, 죄인을 때리며 신문) 등이 있었다.

을 이겨내기 위해 온돌이 널리 보급되고, 그에 따라 난방용 땔감 수요가 급증하기 시작한 숙종 대에 이르러서야 산림 황폐화가 불러올 조선재 고갈의 심각성을 인식하였음을 의미한다.

송금에 대한 조선 정부의 규정은 『만기요람』(1808)을 마지막으로 끝난다. 『만기요람』에 수록된 송정을 포함한 산림 관련 업무의 소관 부처는 1894년(고종 31년) 경무청으로 변경되고, 1908년 일제 통감부에 의해 최종적으로 농상공부에서 관장하기에 이른다.

조선 전기 금산의 관리 감독 체계

송금의 대상인 금송, 즉 벌채가 금지된 국용재 솔숲은 송전, 의송산, 송산, 금산, 봉산의 이름으로 전국에 걸쳐 있었다. 조선 전기에는 연해금산, 송전, 의송산 등으로 불렸고, 숙종 때는 봉산(선재봉산, 황장봉산, 봉산, 의송산)과 송전으로 지정되었지만, 여전히 금산으로 불리던 곳도 있었다.

봉산(금산) 소나무 숲은 어떻게 관리되었을까? 1424년에 제정된 송목양성병선수호조건의 7조에는 관리 감독을 위반할 경우에 "조사 논죄의 절차와 그에 따른 만호, 천호, 수령, 감사, 처치사, 절제사의 책임"을 묻고 있다.

좀 더 구체적으로 1684년에 제정된 제도연해송금사목 4조에는 육지의 소나무 숲은 지방관이, 진·포(鎭·浦)는 수군의 변장(邊將)이 관리한다고 명시하고 있다. 1788년에 제정된 제도송금사목에도 유사한 규정을 담고 있다. 소나무와 관련된 이러한 규정을 참고하면 조선 시대 전 시기를 걸쳐 소나무 숲의 관리는 일관되게 민정부서와 군정부서의 이원 체계로 관리되었음을 알 수 있다.

조선 전기에 송금이 정책으로 구현된 현장은 금산이었다. 금산은 일반 백성의 산림 이용을 제한하기 위해 지정된 산으로 도성 내외의 산, 연해의 곶, 섬 등의 의송지를 총칭한다. 금산의 실질적 관리 주체는 마을 단위에서는 산지기와 감관(監觀)이었고, 군현의 수령이 차상위의 감독자였다. 수군이 배치된 진포의 경우에는 변장(첨사와 만호)이 차상위 감독자 역할을 하였다. 도 단위에서는 각도 감영의 감사와 수영의 수사가 최상위 감독자였다.

조선 후기 봉산의 관리 감독 체계

조선 후기에 송금이 정책으로 구현된 현장은 봉산(선재봉산, 송전, 의송산)이었다. 봉산의 관리 상황은 1850년대 광양현의 사례로 알 수 있다.[42] 산지기는 매일 순산하고, 6월과 12월에 근무 평가서를 작성하여 고을(진)에 보고하면, 고을 관리가 근무 평가서의 결과를 수시 감찰하고, 1월과 10월에 감관이 식송과 파종사업의 보고서를 작성하여 수영에 보고하였다. 감관은 12월에 한 해 동안 있었던 봉산 소나무의 변동사항을 작성하여 수영에 보고하면, 수영은 점검 후, 새로운 개정안으로 확정하며, 하절기와 동절기에 불법을 저지른 사람들의 명단을 작성하여 수영에 보고하고, 바람이 많이 부는 계절에는 산불 방지를 위해 근무했던 사람들의 명단을 작성하며, 수사가 교체될 때는 의송산에 대한 인수인계서를 작성하여 허가 없이 나무를 벤 숫자, 화재, 선재 수량, 식재 파종에 관한 사항을 신임 수사에게 인계했다. 이들 점검 과정에 이상이 있으면 향색, 임장, 현감까지 처벌한 사례가 곳곳의 기록에 나타난다.

결국 전라좌수영의 의송산 관리는 전라 좌수사→전라 좌수영 관할 관·진의 수령과 만호 첨사→금송도감→금송감관→산직의 관할 체계로 운영되었음을 알 수 있다.

표 6. 사목과 절목으로 살펴본 송정의 감독 체계

연대	관련 규정	감독 체계	
		민정	군정
1424	송목양성병선수호조건	감사→수령	처치사,절제사→만호, 천호
1684	제도연해송금사목	육지 송전: 감사→수령	진·포 송전: 수사→변장
		송금의 중요 업무는 감사와 수사의 협의로 결정	
1691	변산금산사목	육지 송전: 감사→수령	진·포 송전: 수사→변장
1710	양서양호순무사재거응행절목	육지 송전: 감사→수령	진·포 송전: 수사→변장
1729	변산적간수본단계목	육지 송전: 감사→수령	진·포 송전: 수사→변장
1788	제도송금사목	육지 송전: 감사→수령	진·포 송전: 수사→변장

1872년 하동부 각 면의 솔숲 관리자 임명 대장[43]을 참고하면 국가 관리 소나무 숲의 관리 체계를 더욱 구체적으로 확인할 수 있다. 1778년에 제정된 제도송금사목에는 "의송산(宜松山)은 통영(統營) 및 각도수영(各道水營)의 관할 아래에 있으며 지방관(감사나 수령)은 이에 간여할 수 없다."고 규정하고 있다. 따라서 경상우수영에 속한 하동부의 의송전은 삼도통제사인 경상 우수사가 관장하고 있었다.

하동부의 의송전은 6개면 12개 처에 있었다. 각 면에는 1~3곳의 의송전이 있었고, 규모는 둘레 4리의 작은 것에서 80리에 이르는 큰 의송전도 있었다. 이들 의송전을 관리하기 위해 각 면에는 금송

도감(禁松都監)과 금송감관(禁松監官)을 각각 한 명씩 임명하였다. 도감의 신분은 유학자였고, 감관은 한량이었다. 의송전을 직접 지키는 임무는 산직(山直) 2명과 화막장(火幕長) 1명이 담당했다. 의송전의 규모가 작으면 산직 1인이 근무했고, 규모가 클 경우에는 3인이 근무하는 경우도 있었다. 이들 산직과 화막장은 모두 양인이었다.

하동부 각 면의 의송전 관리자 대장에는 전체 의송전에 대한 책임자로 차지별감(次知別監)과 도차지좌수(都次知座首)의 이름도 수록되어 있다. 이 자료를 바탕으로 의송전의 관리체계는 경상 우수사 → 차지별감(도차지좌수) → 금송도감(감관) → 산직 체계였음을 확인할 수 있다.

19세기 후반 광양의 봉산과 하동의 의송산에서 시행된 수군의 송금 관리 방법은 조선 왕조 전 시기에 걸쳐 시행된 국가 관리 소나무 숲의 전형적 관리 감독 체계였다고 정리할 수 있다.

민정부서와 군정부서의 송금 알력

민정부서와 군정부서가 국가 관리 소나무 숲을 관장하면서 두 부서 사이에는 근원적인 차이가 존재했다. 수영이 관할하는 연해의 섬은 조선 전기에 섬을 비우는 공도(空島) 정책으로 소나무가 육지보다 더 무성했고, 인구 증가에 의한 화전이나 개간 압력도 상대적으로 적었다. 수영이 관리하는 연해와 도서의 봉산은 낮은 산지로 이루어진 지형적 특성 덕분에 벌목이 쉽고 벌목지에서 해상까지의 육상 운송 거리가 짧았으며, 해운으로 운송이 용이하여 배를 만드는 장소[선소]에서 조선재를 용이하게 조달할 수 있는 이점이 있었다.

표7. 민정부서와 군정부서의 송금 업무 특성

육지	지역	연해(섬, 곶)
도(감사)–군현(수령)–현장(산지기 감관)	관리·감독 기관	도(수사)–진(만호)–현장(산지기・감관)
수령은 향소의 간접 적간, 가끔 직접 적간 감사는 수사와 협의하여 인사평가 감사의 송정 운영은 덜 엄격 군현이 삼도 봉산과 송전의 30% 관할	권한	만호는 월 3–4회 순시로 직접 적간 수사가 수령과 만호에 대한 인사권 수사의 송정 운영은 훨씬 엄격 수영이 삼도 봉산과 송전의 70% 관할
소나무	수종	곰솔과 소나무
소나무 무성한 정도는 중(中) 소나무 생육 조건은 연해보다 못함 인구증가로 화전 개간 압력 대(大)	생육 상태	선초 연해 송금·공도 정책으로 솔숲이 무성 곰솔 생육에 우호적 환경 인구증가로 화전・개간 압력 중(中)
높은 산지로 벌목과 운송이 난이 수운으로 운송에 시기적 제약 한성이나 선소에서 원거리 위치	이용 편리성	낮은 산지로 벌목과 운송이 용이 해운으로 운송이 비교적 용이 선소에서 근거리 위치
군현에서 원거리에 위치 관리 감독 인원이 많지 않음	관리 효율성	수영 진에서 근거리에 위치 관리 감독 인원이 풍부

반면, 군현이 담당하는 육지의 봉산은 솔숲의 무성한 정도는 도서 지방보다 덜했고, 인구 증가로 화전과 개간 압력이 높아서 솔숲이 훼손될 가능성은 컸다. 또한 소나무가 자라는 곳은 높은 산지로 벌목이 도서 지방보다는 더 힘들었고, 특히 물길을 이용할 수 있는 강까지의 육상 운송 거리가 멀어서 인력 동원에 어려움이 많았다. 물길로 운송할 경우에도 하천과 계곡의 수량이 풍부한 때를 기다

려야 하는 시기적 제약이 있었고, 한양이나 선소(船所)까지 운송에는 노력이 더 필요했다.

송금의 관리·감독에 이와 같은 차이가 존재했기에 민정부서와 군정부서 사이의 알력은 오래전부터 있었다. 조선 정부는 군정부서인 수사의 인사권을 민정부서인 감사(監司)보다 더 존중하는 태도를 보였는데 강제성을 띤 군정부서의 송금 업무가 민정부서보다는 더 효과적으로 수행되었고, 송정을 나라의 중요한 정사로 여겼기 때문이다.

송금 행정에 대한 민정과 군정부서의 알력은 『조선왕조실록』 곳곳에서 노출되고 있다. 1732년(영조 8년) 기사[44]는 감사가 연해 소나무 숲의 금양을 대수롭지 않게 여기기 때문에 지방관청에서는 관심이 없으니 지방관청에 소속하지 말고, 각 진의 변장에게 소속시키라는 의견을 제시한다. 그 이유는 수사가 각 진의 변장을 등용하거나 출척(黜陟)할 권한을 갖기 때문에 수영에 소속된 변장이 더 관심을 두고 송금에 임한다는 내용이다. 민정부서와 군정부서 사이의 알력은 조선말 고종 때까지도 계속된다. 1867년(고종 4년) 기사[45]는 군정부서의 지나친 독주 때문에 다양한 폐단이 발생하고 있으므로 송정 감독은 원래대로 민정부서에서 맡겨야 한다고 주장하고 있다.

2장 / 18세기 봉산 금양

금양(禁養)은 애초에 능역 주변의 산림에서 벌채, 분묘 설치, 개간을 금지하고, 소나무를 심고 기르는 행위를 뜻하는 용어로 사용되었다.[*] 능역 보호에 주로 사용되었던 '금양'이 산림 육성이나 소나무 배양의 대체어로 사용하기 시작한 때는 17세기 말이다.[**]

『조선왕조실록』에 금양 기사는 1713년(숙종 39년)에서 1800년(정조 24년)까지 90여 년 동안 37회나 빈번하게 등장한다. 이 시기에 조

* 선정릉지, 창릉지, 헌릉지(한국고전종합DB)의 금양 항에 "금양, 금양절목, 벌레 잡는 법, 화소, 벌초와 눈을 제거하는 법[소설]"을 규정하고 있다.

** 금양은 『숙종실록』 숙종 14년 (1688. 3. 15.) 기사를 필두로 총 54회 나온다. 실록에는 금양을 "특정 지역의 산림에 수목의 벌채, 분묘의 설치, 농지의 개간, 토석의 재취 등을 금지하고, 수목 특히 소나무의 재식과 육성에 힘쓰는 일"로 정의한다.

정 기록물에 특히 금양이 많이 등장한 이유는 연해 도서지방의 봉산(송전, 금산 포함) 소나무 숲이 헐벗었거나 고갈 징후가 곳곳에서 나타나 소나무 배양이 시급했기 때문이었다. 조선 정부는 국가 운영에 필요한 군선과 조운선 축조용 소나무를 원활하게 수급할 방안을 강구해야 했고, 그 일환으로 강구한 것이 연해 봉산(의송산, 송전 등)의 금양이었다.

경상 우수영의 봉산 금양

18세기 봉산 금양 실태는 통제사가 조정에 올린 경상도 연해 봉산의 1787년 훼손 실태 조사 보고서[46]로 확인할 수 있다. 이 보고서에는 경상 우수영 관내 읍·진의 봉산에 육성하던 소나무를 크기별(대송, 중송, 소송, 아송, 치송)로 분류하지만, 소나무의 수령과 크기는 가늠할 수 없다. 『만기요람』[47] 양호의 절목(節目)에 조선재의 크기를 "호남에서 배를 새로 만들 때는 작은 소나무[小松] 75그루, 애소나무[兒松] 26그루, 어린 소나무[稚松] 59그루임. 호서에서 새로 만들 때는 중간치 소나무[中松] 14그루, 애소나무[兒松] 45그루. 어린 소나무[稚松] 43그루"라는 규정을 참고하면, 아송과 치송도 조선재로 사용할 수 있는 크기일 것으로 추정하지만 그 크기를 구체적으로 밝힌 기록은 없다.

18세기 말 봉산 소나무를 크기별로 분류하는 조선과 달리, 일본은 지역과 시기에 따라 재목으로 사용할 수목의 분류 방법이 다양했다. 1683년 고치현의 산림 조사 대장에는 11,839그루의 편백, 솔송나무, 섬잣나무, 비자나무, 참나무, 느티나무, 오리나무가 수종별로 기록되어 있고, 1794년 신조현 산림 조사 대장에는 16,000그루의 삼나무, 편백, 노간주나무, 느티나무의 수종별 그루 수, 수고, 눈높이 둘레가 기록되어 있다.* 수고와 둘레의 측정 단위는 장·척·촌이며, 수고 분류는 1급(8.1-10.8m), 2급(5.4-7.2m), 3급(1.8-4.5m)으로 구체적이다.[48]

경상 우수영의 봉산 소나무 훼손 보고

통영의 통제사가 1787년 11월에 정부에 보고한 훼손 실태 조사 보고서에는 소나무 훼손 원인을 자연 고사와 물리적 원인(화재와 바람), 인위적 훼손(도벌, 줄기 및 가지 피해) 등으로 나누고 있다. 자연 고사는 자고(自枯), 물리적 원인은 화전 조성으로 난 산불로 고사한 화고(火枯), 바람에 뿌리째 뽑힌 풍락발근(風落拔根)과 줄기가 부러진 풍락요절(風落腰折)로 분류한다. 인위적 훼손은 도벌 행위인 투작(偸斫), 나무를 잘게 쪼개는 벽파(劈破), 수피를 벗기는 거피(去皮), 가지를 자르는 벌지(伐枝), 원줄기를 자르는 두단(頭斷), 수피를 환상으로 제거하는 회대(回帶) 등으로 나누어 기재하고 있다.

통제사가 관할하는 경상 우수영 21곳 읍·진의 봉산(송전, 의송산)에서 소나무 28,284[49]주가 훼손으로 고사하였다는 이 보고서는 가장 굵은 대송은 물론이고 가장 작고 어린 소나무(치송, 稚松)의 훼손까지도, 그리고 최소 1주에서 최대 6,429주(거피 아송)까지 보고하고 있

* 1684년 히로사키번과 1794년 신조번의 문서에는 수종별 그루 수, 수고, 줄기 둘레, 근원경을 기록하였다고 밝힌다.

다.[**] 가장 작은 소나무 한그루까지도 보고서에 기재한 것을 참고하면 소나무 관리에 대한 조선 정부의 의지를 확인할 수 있다.

경상 우수영 21곳 읍·진의 소나무 훼손 정도는 훼손목이 거의 발생하지 않은 곳에서부터 많이 발생한 곳까지 다양하였다. 소나무에 피해가 가장 심한 형태는 수피를 벗기는 것(17,859주)이었고, 그다음이 자연 고사(3,739주)와 산불로 인한 고사(3,067주)와 가지 채취(1,345주) 순이었다. 이 중 자연적인 고사를 제외하면 모두 인위적으로 훼손된 나무였다.

자연적으로 고사한 소나무는 전체의 18%로 상대적으로 적었지만, 인위적 훼손으로 피해를 본 나무는 전체의 82%나 되었다. 전체 피해목의 63%는 껍질을 벗겨서 발생하였고, 다음으로 화전으로 인한 산불 피해(11%)와 가지를 꺾어 고사한 나무(5%)가 뒤를 이었다. 피해 대상목은 주로 아송(47.5%)과 소송(29.4%)과 치송(18.2%)이었고 중송(1.6%)과 대송(4주)의 피해는 미미했다. 아송에 피해가 집중된 이유는 어린 소나무 수피의 속껍질을 구황으로 이용하였기 때문일 것이다.

봉산 금양 실태

통제사가 작성한 1787년 11월의 통영 관할 21곳 읍·진 소나무숲 피해 보고서에 따라 1787년 12월 정조는 각 읍·진 책임자를 처

** 전체 훼손목을 28,316주(대송 4, 중송 441, 소송 8,421, 아송 14,327, 치송 5,123)으로 집계하였지만, 실제 그루 주는 32주가 부족한 28,284주였고, 대송의 주 수만 같을 뿐 중송 461, 소송 8,329, 아송 13,458, 치송 5,161주로 집계되었다.

표 8. 통영 관하 각 읍·진 봉산의 1787년 소나무 피해 형태와 피해목 주 수

피해형태	수령	주 수	피해형태	수령	주 수
화고(火枯)	중	147	거피(去皮)	중	62
	소	1,155		소	3,646
	아	967		아	10,735
	치송	798		치송	3,416
	11%	3,067		63%	17,859
자고(自枯)	대	2	벌지(伐枝)	중	
	중	99		소	41
	소	2,249		아	970
	아	1,057		치송	334
	치송	388		5%	1,345
	13%	3,795	박피(剝皮)	중	
풍락 발근(風落 拔根)	대	1		소	18
	중	62		아	18
	소	411		치송	20
	아	234			56
	치송	80	투작(偸斫)	중	29
	3%	788		소	245
풍락 요절(風落 腰折)	대	1		아	20
	중	35		치송	58
	소	221		1%	352
	아	143	회대(回帶)	중	14
	치송	25		소	124
	2%	425		아	59
벽파(劈破)	중	13		치송	31
	소	218			228
	아	125	두단(頭斷)	소	1
	치송	10		아	1
	1%	366		치송	1
					3
토막	4,601	말단목	21		28,284

벌한다.[50] 정조는 먼저 봉산 관리 부실의 책임을 물어 여러 지방관을 일시에 파직한 후, 죄상을 심문하라고 지시한다. 또한 시종(侍從)과 당상(堂上) 수령은 급료를 감봉하고, 관찰사는 정3품 이하(당하)의 수령을 영문(營門)으로 압송하여 장(杖)을 치고, 수사는 변장을 압송하여 곤(棍)을 치라고 지시한다.

봉산 소나무 숲에서 화전이 가장 심한 거제 부사, 수피를 벗긴 피해가 가장 심한 고성 전 현령, 사천 전 현감, 김해 전 부사, 구산 전 첨사를 의금부로 잡아들여 벌하라고 지시한다. 그리고 몰래 베어 가는 것(투작, 偸斫)을 금하지 않은 김해 부사도 의금부로 잡아들이는 한편, 두 번째로 화전이 많은 남촌 별장, 옥포 만호, 지세포 전 만호, 두 번째로 거피 피해가 심한 평산포 전 만호 역시 의금부로 잡아들여서 벌하도록 명령한다. 그밖에 전 통제사의 책임을 물어 관직을 삭탈하고, 경상도 관찰사도 파직시킨다.

정조는 솔숲을 잘 지킨 관리들에게 포상도 한다. 가장 울창하게 소나무 숲을 지켜 조선재 공급을 원활하게 수행한 가배량 만호는 임기가 만료되면 봉산과(封山窠)로 벼슬을 올려주고, 전 장기 현감은 도내의 봉송 진장(封松 鎭將)으로 승진시키라고 지시한다.

숙종이 연해금산의 부작용에 대한 10년간의 조사를 바탕으로 제도연해송금사목(1684)을 제정하였듯이, 정조 역시 경상도 우수영 연안 21곳 읍진의 소나무 훼손 실태(1787)를 보고 받은 후, 104년 만에 새롭게 제도송금사목(1788)을 제정한 이유도 봉산 금양이 기대에 미치지 못했기 때문임을 짐작할 수 있다.

3장

조선 후기 부실한 봉산 관리가 불러온 산림 황폐화

조선 정부가 500여 년 동안 지속한 송금 정책은 "산에는 씻은 듯이 나무들이 없어졌으니 이것은 다 법령이 해이해졌기 때문"이라는 진단처럼 실패로 끝났다.* 조선 정부는 건국 이래 실시한 송금 정책을 조선 후기에 더욱 강화하였지만, 소나무 자원 고갈 문제를 해결하거나 완화하는 데는 효과가 없었다.

* 『고종실록』 11년(1874) 3월 5일 자 기사는 "송금은 국정의 하나입니다. 배를 만들거나 기둥이나 들보로 쓰는 데 소나무를 재료로 쓰지 않는 경우가 거의 없는데, 요즈음에는 심고 가꾼다는 것을 듣지 못하였습니다. 도끼로 나무를 찍는 것이 날로 심하여 산에는 씻은 듯이 나무가 없어졌으니 이것은 다 법령이 해이해졌기 때문입니다. 우선 함부로 찍는 폐단을 금지하며 또한 빈 땅에 옮겨다 심고 기르며, 섬이나 봉산에는 들어가 살거나 농사짓는 것을 허락하지 말라는 내용으로 각 군문에 분부하여 감히 태만 한 일이 없게 하며, 일체로 팔도와 사도(四都)에 행회 하는 것이 어떻겠습니까?"라고 기록되어 있다.

조선의 송금 정책은 그 당시 외국의 산림 정책과 비교하면 얼마나 부실한지 확인할 수 있다. 프랑스는 1376년 왕실 숲의 구역별 벌기령(伐期齡) 조례를 제정하였고, 1669년 제정된 조례는 벌채지에 의무 조림을 제도화한다.[51]

일본은 17세기에 인공 조림 기술이 보급되었고, 1719년에 20년마다 벌채하는 윤벌 제도를 도입하며, 1764년에는 막부에서 정부의 어림(御林)과 산촌 주민의 임지[百姓持山]에 삼나무와 편백의 삽목 조림 기술을 지도한다.[52] 그리고 1824년에는 휴가국(日向国) 오비번(飫肥藩)에 삼나무 묘목 102만 5,000그루를 심었다.[53] 일본의 조림 기술은 나무를 심은 후에는 묘목 보호를 위해 풀베기 작업을 실시하고, 나무를 심은 다음 해 봄에는 식재지에 고사한 묘목을 다시 심었으며(보식, 補植), 숲이 우거지면 가지치기와 간벌작업을 실시하는 단계로까지 발달한다.[54]

반면 조선은 봉산 소나무 금양을 위해 어린 모종을 옮겨 심거나 씨를 뿌리는 방법을 제시하지만, 소나무 숲을 양성하기 위한 구체적 방법이 서술된 기록은 없다. 1752년(영조 28) 『승정원일기』[55] 에는 빽빽하게 심은 잣나무의 생장 촉진을 위해 인접한 나뭇가지를 자르거나 작은 나무를 이식해야 한다고 제안하지만, 능역의 수목을 보호하기 위한 제언이었고, 산림 육성을 위한 것은 아니었다.

나무가 자랄수록 가지치기와 간벌(또는 이식) 작업이 필요하다는 것은 인식했지만, 그 인식이 조선재와 건축재를 생산하는 소나무 숲에까지 확장하여 적용한 사례는 없었다. 유사한 사례는 안면도염

전복설절목(安眠島塩田復設節目, 1855)* 에서 찾을 수 있다. 이 절목에는 햇볕을 많이 요구하는 소나무의 생육 특성을 고려하여 묘목의 생장 촉진은 주변에 쌓인 낙엽과 썩은 풀을 제거하는 것이라고 제시하지만, 역시 산림 현장에서 활용된 금양 방법인지의 여부는 확인할 수 없다. 18~19세기 소수의 조선 지배층은 수목의 생육 특성을 이해하고 있었지만, 이들 지식을 산림 금양에 직접 활용할 만큼 산림 자원 관리에 관심을 가진 사람은 드물었다.

조선이 채택한 송금 정책은 그 시대 다른 나라의 산림 정책과 달리 민간의 식재 장려보다는 벌채 금지 위반자에 대한 처벌에 초점을 맞추었다. 그 결과 수군의 미숙한 송금 관리가 학정을 불러왔고, 설상가상으로 조선 왕실과 권세가의 봉산 침탈은 산림을 더욱 황폐화했다. 송금 정책이 불러온 산림 황폐화를 1) 부실한 봉산 관리, 2) 수군의 학정, 3) 왕실과 관아와 군영의 봉산 침탈 측면에서 살펴보자.

부실한 봉산 관리

조선은 전제 왕조였다. 조선이 채택한 중앙집권체제는 조정 기구를 활용하여 통치하는 제도이다. 그래서 조선왕조는 관료제도란 틀 속에서 산림에 접근하였을 뿐, 독립 기관에서 산림을 관리(육성과 보호)하지 못했다. 연해 솔숲에 대한 송금 행정도 기존 관료체제(현

* 명례궁에서 1855년에 발급한 안면도염전목설절목(奎 18288-18)에는 "근래에는 잡목이 수중에 쌓여 어린 소나무가 자라나지 못하였다. 길고 짧은 소나무가 점점 줄어들고, 나중에는 재목을 쓸 길이 없다."라고 기록되어 있다.

감, 수사, 변장)로 관리하는 것을 당연시하였다. 문제는 조선 후기 민정부서나 군정부서 책임자(현감, 수사)는 2년(만호는 30개월) 임기를 채우면, 타지방이나 한양으로 떠날 처지이고, 재임 중에 다음 벼슬자리를 위한 축재에 최대한 집중할 터이니, 장기간이 소요되는 산림 조성에 특별히 관심을 둘 필요가 없었다. 지방에 적을 둔 향리는 지방민을 수탈하는 데 첨병이었을 뿐, 산림 조성에 기여한 사례를 찾을 수 없다. 이런 체제에서 산림 전문가나 전문기관이 없는 것은 당연했다.

산림 전문가의 부재 상황은 바람에 쓰러진 소나무(풍락송, 風落松)처리에서도 극명하게 나타난다. 18세기 100여 년 동안 바람 피해로 쓰러진 소나무는 조선 재정의 비상 금고 역할을 했지만, 조선은 임산 자원의 중요성을 제대로 인식하지 못했다. 임산 자원이 고갈되고 있을 때, 바람에 쓰러진 나무를 팔아서 흉년 대비용 구휼미를 구매[56,57]하거나 성곽을 축성[58]하거나 수리[59]하고, 공공건물의 수리 보수나 소금가마 땔감[60]으로 사용한다. 바람에 쓰러진 소나무의 단기 이용 방안만 마련하였을 뿐 장기 비축 계획이나 효과적 활용방안을 수립할 생각은 하지 못한다.

조선 정부가 산림 고갈이나 황폐에 대처한 구체적 기록은 많지 않다. 『경국대전』(1476) 공전 재식 조 외방정금산에 수록된 조선 정부의 소나무 식재와 육성 및 관리 감독 규정은 조선 말까지 변함없이 준용된다. "매년 봄에 소나무 묘목을 심거나 종자를 심어서 기르고, 연말에 나무를 심거나 종자를 심은 수효를 갖추어 임금에게 보고하는데, 위반하는 경우에 산지기는 장 80대, 해당 관원은 장 60

대에 처한다."는 규정은 조선 후기에 제정된 『전록통고』(1707년)에도 그대로 수록되어 있을 뿐만 아니라 통영 통제사의 훼손 보고서(1787), 강원도 관찰사의 식재 보고서(1851, 1875), 충청 수영의 식재 보고서(1873), 하동부의 관리 감독 보고서(1872)로 확인된다. 조선 후기에 작성된 이들 보고서는 400년 동안 경직된 송금 정책이나 부실한 산림 관리에 변화나 개선이 없었음을 의미한다.

17~19세기 부실한 봉산 관리의 흔적은 봉산의 피해목을 나타내는 화고풍락지송(火故風落之松,1682),[61] 풍락송(1682),[62] 자고송(自故松, 1691),[63] 화고송(1699)[64] 이란 용어로 확인된다. 정부는 국가 관리 산림(의송지, 금산, 봉산, 송전)에서 탈법적 소나무 벌목이 공공연히 자행되자 바람이나 산불 또는 병해충으로 죽은 나무들까지도 허가 없이 사용하지 못하게 규제하는 한편, 최악의 상황에는 숲속에 그대로 방치하는 정책을 고수한다. 자고송이나 풍락송에 대한 방치 규정은 제도연해송금사목(1684)에 이어 제도송금사목(1788)에도 그대로 계속된다.

피해목을 방치하는 이유는 봉산 소나무 숲을 책임진 관리와 백성들이 죽은 나무를 끌어낸다는 구실로 공공연하게 살아 있는 나무까지 남벌하였기 때문이다. 피해목의 숲 내 방치는 그러한 부정행위를 막기 위한 고육책이었지만, 그만큼 산림 관리가 허술했고, 부정부패가 만연했음을 의미한다.

봉산 소나무 피해목과 함께 봉산 피해지를 지칭하는 충손처(1682), 동탁(1686), 간간희소처(1687), 선재작취처(1688), 풍락자고처(風落自枯處) 등의 용어*가 17세기 후반에 조정 기록물에 등장하는 이유 역시 연해와 도서 지방의 금산(봉산)과 의송산이 숙종 때부터 이미 헐벗기 시작했음을 의미한다. 그래서 산림 파괴가 본격화된 18~19세기에는 숲의 훼손 상태를 나타내는 이들 용어가 일선 관서(통제사, 충청 수영)에서도 통용되었다.

자원 고갈의 심각성을 인식한 조선 정부는 능역에나 사용하던 금양이란 용어를 봉산에 사용(1688)한 이유도 경직된 금송 정책과 낙후된 조림 기술 때문이라 추정할 수 있다. 그래서 능역을 왕권의 힘으로 금양 했듯이, 봉산의 소나무도 왕권으로 지킬 수 있도록 금양이란 용어를 본격적으로 사용한 것은 아닐까?

수군의 학정

조선 후기의 송금 행정은 고양이에게 생선을 맡긴 형상으로 소나무를 지켜야 할 관리들이 앞장서서 지켜야 할 소나무 숲을 벌채하고, 소나무 벌채 금령을 위반한다. 관리들이 범죄의 실상이 밝혀질 것을 알면서도 부정부패 행위를 저지르는 이유는 무엇인가? 속전으로 죗값을 치르고도 남을 만큼 소나무를 몰래 벌채**하면 얻을 수 있는 수입이 더 많았기 때문이다.

* 충손처는 『승정원일기』에 1682년(숙종 8년)에서 1841년(헌종 7년)까지 총 21건 출현하는데 『숙종실록』(3건), 『영조실록』(7건), 『정조실록』(2건), 『순조실록』(8건), 『헌종실록』(1건)에 나온다. 동탁은 1686년에서 1909년까지 실록에 총 296회 나타나는데, 특히 『영조실록』(60건), 『정조실록』(107건), 『순조실록』(58건)에 225건이나 집중적으로 출현한다. 간간희소처는 1687년에서 1775년까지 『승정원일기』에 출현한다. 선재작취처는 『승정원일기』에 1688년에서 1765년까지 나온다

** 나라에서 법으로 정하여 베지 못하게 하는 나무를 몰래 베는 일을 투작이라 했다.

200년 전 정약전은 송금 실패 원인의 하나로 가난한 수군에게 송금 관리를 맡긴 잘못된 제도에 책임을 묻는다. 정약전과 유사하게 조선 정부가 송정 관리를 수영에 맡긴 탓으로 산림이 황폐해졌다는 최근 연구[65]도 있다. 그러나 송금을 담당한 민정부서의 부패도 16세기 중반부터 나타나서 19세기 말까지 지속한다. 부정부패가 수군만의 전유물은 아니었던 셈이다.

17세기 후부터 진행된 산림 황폐에 수군이 직 · 간접적으로 영향을 미쳤다고 주장하는 이유는 조선 정부의 부족한 재정에서 찾을 수 있다. 임진왜란 이후 정부의 열악한 재정은 통제영은 물론이고, 수군이 주둔하는 진의 운영에 필요한 예산을 제대로 지원하지 못했다. 임진왜란의 영향으로 세금을 부과할 수 있는 토지는 1/3로 줄어들었고, 동원할 수 있는 인구도 1/3로 줄어들었기에 나라의 재정 감축은 필연적이었다. 소금 판매로 부족한 재정을 보충하던 수군의 입장에선 연해 솔숲을 도벌하던 이들을 엄금할 수도 없는 형편이었다.[66] 그런 와중에도 정부는 해군력을 강화하고자 수군을 양성하고, 전함을 건조하라고 지시한다.[67]

설상가상으로 1750년대에 시행된 균역법은 수군 재정 악화의 구체적 사례를 보여준다. 균역법 시행 이전에 수군 재정은 37만여 냥이었지만, 균역법 시행 이후에는 본래 재정의 60%로 줄어든 22만여 냥이었다.[68] 따라서 군선의 새로운 건조와 수리에 필요한 재원은 물론이고 군관의 급료도 부족했고, 부족한 재정의 많은 부분은 수군의 영향을 받는 삼남 70개 고을의 해변 백성들에게서 마련해야만 했다. 조선재의 벌채 운반에 들어가는 노역을 백성들에게 백징하여 전선을 새로 만드는 자금을 만들고, 조세를 내지 않는 땅이나 납세 의무가 없는 사람에게 이유 없는 세금을 물리는 일이 비일비재했던 이유다.[69] 정약용과 약전 형제가 개인 문집에 수군의 탐학에 관한 글을 실은 이유도 다르지 않다.

정약전은 『송정사의』에 수군의 송금 부패 실상을 다음과 같이 밝힌다. "소나무에 알맞은 산은 수군 진영의 관할을 맡는다. 수영은 전토세나 뇌물을 받을 권한이 없어 본래 빈한한 진영인 까닭에 장교가 많은데도 부모를 모시고 자식을 키우는 살림살이를 달리 의지할 데가 없이 오로지 소나무가 잘 자라는 산이 있을 뿐이다. 그래서 산 아래에 집을 짓기라도 하면 '이것은 공산의 소나무다'라고 주장하고, 관을 짜기라도 하면 '이것은 공산의 소나무다'라고 떼를 써서 크게는 관에다 고발하고 작게는 사사로이 구속도 한다. 강제로 빼앗고, 토색질하고, 능멸하고, 포박하고, 형틀에 묶고 고문하여 그 혹독하고 매서움이 사나운 불길보다 심하다."

수군 운영과 전선의 유지 보수에 필요한 재정의 많은 부분을 연해 지역의 주민에게서 충당해야 할 처지에서 수군이 휘두른 송금의 학정은 이처럼 무자비했다. 오죽 수군의 확정이 심했으면, 봉산 주변의 주민들이 소나무를 심기보다는 주변에 자라는 소나무를 제거하고 있을까?[70,71]

왕실과 관아와 군영의 봉산 침탈

왕실과 사대부와 관아의 연해 봉산(송전, 의송산)의 입안(立案, 권리 증명)과 절수(折受, 권리 분급)는 국가의 재정 사정이 나빠진 임진왜란 이후부터 본격화되었다. 특히 정부가 황폐한 농지 개간을 장려하고, 그 농지에 대해 일정 기간 면세 혜택과 개간한 토지의 소유권까지 인정해 줌에 따라 왕실은 주인 없는 토지와 공유지 산림을 땔감 채취장으로 확보하는 한편 소금 생산에 유리한 연해의 의송산이나 봉산까지도 절수하였다.

1655년(효종 6년)의 『승정원일기』[72]는 궁방과 아문이 전라도의 선재를 생산하던 여러 섬의 둔전 절수를 다루고 있다. 소나무 봉산 절수는 왕실과 조정 기관뿐만 아니라, 사대부도 참여함에 따라 조정에서는 완도 봉산에 농장을 설치한 사대부의 잘못된 처신을 질책하고 있다.[73] 완도는 육지의 변산과 함께 선재를 수급하는 대표적 도서 지역 봉산이었다.

왕실과 권세가들이 연해 도서의 절수에 몰두한 또 다른 이유는 대체제가 없는 소금 생산으로 이익을 손쉽게 얻을 수 있었기 때문이다. 조선 초기부터 안면도와 변산 일대의 연해 지방은 물자 수송과 해안 방비에 필요한 국용 조선재를 확보하려는 국가의 송금 정책과 왕실과 권세가의 사익 추구에 필요한 연료재 확보의 각축장이었다.[74] 연해 지방에서 시행된 정부의 송금 정책과 왕실 및 권세가의 소금가마용 땔감 확보 사이의 갈등은 조선 초기보다 인구가 3배나 늘어난 조선 후기에 더욱 심화하였다.[75]

왕실과 권세가의 절수가 심화하자, 숙종은 절수 금지를 지시한다.[76] 하지만 왕실의 절수는 계속되어 "선재를 생산하던 광양의 백운산을 숭선군방(崇善君房)이 절수한 사례를 보고하니, 임금이 인빈의 제사를 받들게 되기 때문이라고 변명하며, 시행하지 않는 것이 좋겠다."하고, "이 뒤로는 자주 절수하지 못하도록 하고, 이 나머지 여러 궁방에서 절수한 것도 혹시 지나치게 된 것이 있으면, 이조(吏曹)에서 살펴서 처리하라."고 지시한다.[77] 그러나 임금의 이러한 지시도 그 순간의 모면일 뿐이었다. 그 몇 년 뒤, 왕자궁에서 통영에 소속된 선재 봉산 욕지도의 일부를 절수하려고 할 때, "산 중턱 이상만 엄격히 금지하면 조선재 수급 염려는 없을 듯하다."고 절수를 동의하고 있다.[78]

궁방의 절수는 영조 대에도 계속되어, 조정은 지리산 연곡사 주변 피아골의 진목봉산을 궁방에서 절수하는 것을 반대한다.[79] 조정의 이런 반대에도 궁방의 절수는 계속되어, 고려 시대부터 선재 생산지로 보호받던 변산의 봉산 언저리까지 절수를 통해서 경작지를 확보하려고 시도하고 있다. 정조는 이런 세태를 "옛날에 우거졌던 산이 지금은 벌거숭이가 되어 버렸으니, 이는 궁방(宮房)이 마구 점유하였기 때문이 아니면 아문(衙門)에서 빼앗아 갔기 때문임을 알 수 있다."라고 정확하게 지적한다.[80]

조선 정부가 조선재 솔숲을 일반 백성의 남벌로부터 지키고자 17~18세기 말 송금 금령을 점차 강화한 것과는 달리 왕실이나 사대부에 대한 송금 대처는 대체로 느슨했다. 정부는 궁방이나 관청과 군영[영·아문]에서도 절수와 입안을 통해서 조선재 수급을 위해 지정한 금산과 봉산을 침범하거나 소나무를 무단으로 찍어 내지만 제대로 처벌하지 못했다. 제도연해송금사목(1684)과 제도송금사목(1788)에 궁방과 아문의 송전(봉산) 절수를 금지하는 조문이 없는 이유[81]도 왕실의 이익을 보호하기 위한 조선 정부의 배려였다. 궁방의 봉산 침탈을 묵인한 정부는 19세기에 이르러 마침내 봉산 개간은 물론이고 그동안 사용을 금지했던 바람에 쓰러진 소나무(풍락송)까지 궁방 소유의 배 건조와 소금가마 연료로 사용하게끔 묵인하기에 이른다.

궁방이 절수를 통해서 왕실의 경제적 기반을 확대하는 행위는 왕권을 유지·확대하려는 국왕의 염원과 다르지 않다. 그래서 국방의 요체인 해안 방비용 조선재 생산을 위해 필요한 봉산까지도 왕실의 이익을 위해서는 쉽게 포기하지 못한다. 결국 연해의 산림 고갈은 왕실과 관아와 군영, 사대부들의 사적 이익을 위한 봉산 침탈로 더욱 촉진되었다.

4장

17~19세기 조선과 외국의 산림 정책 비교

17~19세기 조선이 송금 정책만 고수하여 산림이 고갈되고 있을 때, 다른 나라는 어떠했을까? 조선과 다른 나라에서 유사한 시기에 시행된 산림 정책을 비교해 보는 일은 조선의 산림 정책을 이해하는 데 도움이 될 수 있다. 비록 한정된 자료이지만 토트만의 연구[82]와 김화임의 연구[83]를 통해서 일본과 유럽(영국과 프랑스와 독일)의 경우를 살펴보자.

일본의 산림 정책은 조선과 달랐다. 일본 역시 임진왜란 이후 늘어난 인구 압력 때문에 임산물 수요가 급증하였고, 그에 따라 산림의 입회권(入會權)[*] 분쟁이 전국적으로 빈발하였다. 하지만 일본은 영

* 일반적으로 산촌 주민이 산지에서 공동 벌목, 목초 채취, 버섯 따기 등을 할 수 있는 권리

주마다 산림 관리를 엄격하게 시행하는 한편, 지방 특색에 맞는 수종을 촌민이 함께 육성하고, 생산된 목재의 판매 수익을 촌민들이 나누어 가질 수 있도록 입회권을 촌락에 분할한 덕분에 육성 임업으로 전환[84]할 수 있었고, 종국에는 목재 유통업까지 발달시켰다.[85]

송금 정책의 폐단을 극복하기 위해 정약전은 개인과 마을 단위의 소나무 심기를 장려하고, 심은 나무에 대한 자유 처분권과 수익을 보장하라고 제안하였지만, 그의 주장은 그 당시에는 공론화되지도 못했고(200년 후인 2002년에야 세상에 공개되었다!) 조선은 20세기 초에도 벌채 금지만 고수했을 뿐이다. 그 결과 송금을 담당한 하급 관리들은 목상들과 결탁하여 불법적 남벌을 부추겼고, 그들의 부패 사슬은 조선말까지 이어졌다.

산림 관리와 육성에 적극적이었던 일본과 달리 조선은 주변에 있는 솔숲에 약탈식 벌채로 기존의 자원을 이용만 했을 뿐, 재생적 산림 이용을 위해 새롭게 숲을 조성하고, 제대로 활용하는 방안이 작동되지 못했다.[86] 그러한 흔적은 산림 자원 조사 방법에서도 나타난다. 조선은 강력한 금령으로 소나무만을 지키고자 노력했지만 일

표 9. 조선과 일본의 산림 조사 방법

국가	조사 시기	조사 항목		
	조사 시기	수종	수고	줄기 둘레
조선	1787년[87]	소나무	크기에 따라 대, 중, 소, 아, 치송으로 분류	
일본	1794년[88]	편백, 솔송나무, 섬잣나무, 비자나무, 참나무, 느티나무, 오리나무	1급(8.1~10.8m), 2급(5.4~7.2m), 3급(1.8~4.5m)으로 분류	눈높이 둘레 측정

본은 편백을 비롯한 침엽수(솔송나무, 섬잣나무, 비자나무)뿐만 아니라 활엽수(참나무, 느티나무, 오리나무)까지도 임산 자원으로 중시했으며, 임분 조사 방법도 나무의 높이와 줄기의 굵기를 측정할 정도로 훨씬 구체적이었다. 조선은 대·중·소로 개략적인 크기별로 분류했지만, 오늘날 정확한 크기를 확인할 수 없다.

영국은 17세기 중반에 대대적 개간으로 산림이 경작지로 전환되거나 목축지로 확대되었다. 이 시기는 또한 선박 건조의 증가로 조선재가 부족했을 뿐만 아니라, 유리 제조소와 철 제련소가 증대하여 임산 연료를 많이 사용했던 시기였다. 이 당시 산림학자 에벌린(John Evelyn)은 『숲』(Sylva 1664)을 저술하여 조림과 이식, 벌채 시기의 중요성을 강조하고 있다. 특히 그의 저술에서 산림을 '나라의 부와 명성의 가장 큰 곳간'이라고 기술하여 그 당시 산림에 대한 인식을 극명하게 보여준다.

프랑스의 근대 산림 정책은 콜베르(Jean-Baptiste Colbert, 1619~1683)가 루이 14세가 통치하던 1661년부터 사망할 때까지 국무장관으로 재직했을 때 정립되었다. 그 역시 프랑스 해군 증강에 필요한 조선재를 원활하게 수급하기 위해서는 산림 경영의 중요성을 인식하였고, 산림 고갈을 사전에 방지하고자 다양한 방안을 모색하였다.[89]

콜베르가 왕령으로 시행한 중요한 산림 정책은 국유림과 사유림을 분류하는 한편, 벌채지에서는 필히 종자를 생산할 어미나무를 남기고, 숲의 25%는 나무를 벤 그루터기 움싹에서 유래한 숲(맹아림)으로 조성하여 땔감으로 사용하게 했다. 더 나아가 그는 산림을 지속해서 이용하기 위해서 80등분의 면적으로 나누어서 매년 한 부분씩만 벌목하도록 했으며, 80년이 안 된 나무의 벌채를 금지했다. 당장의 이용을 포기하더라도 후세대가 나중에 이용할 수 있도록 보호한다는 비축 개념이 이 당시 이미 정립되었다. 콜베르는 나무를 벌채할 경우, 반드시 나무를 심는다는 증거를 제시해야만 벌채를 허가한 룩셈부르크의 규정을 프랑스에서도 채택하였으며, 산림 보존과 신중한 경영은 적절한 조림을 통해서 달성할 수 있음을 강조하였다.

독일의 17~18세기 산림 상황도 영국과 프랑스와 유사했다. 독일도 영국과 마찬가지로 광산 확대로 갱목을 안정적으로 조달하는 것이 중요했으며, 제련소와 대장간과 소금생산에 필요한 연료도 임산 연료로 충당하던 시기였기에 산림이 빠르게 고갈되고 있었다.[90]

프라이부르크의 광산 감독국장으로 활동하던 카롤로비츠는 목재 부족 문제를 해결하기 위해서 목전의 이익을 탐하지 않고, 장기적으로 산림을 유지할 방안을 모색하는 한편 지속 가능성이란 용어를 세상에 가장 먼저 소개했다.[91] 카롤로비츠가 제안한 지속 가능성은 애덤 스미스가 1776년 제창한 국부론과 함께 독일의 산림 인식을 변화시키는 데 기여한다. 산림을 소비재로 보던 기존의 시각 대신에 가치가 나날이 늘어나는 재화로 인식하기 시작했고, 그에 따라 산림 이용 원칙도 보속 수확(保續收穫)을 지향하게 되었다.[92]

17~18세기에 독일과 영국과 프랑스에서 시행된 산림 정책은 산림을 국부의 원천이자 나라의 곳간으로 인식하여, 국유림과 사유림을 구분하고, 재조림이 이루어질 때만 벌채를 허가하고, 땔감 수급을 위해 숲의 1/4을 연료림(맹아림)으로 조성하며, 용재수의 지속적

이용을 위해 80년이 안 된 수목의 벌채를 금지함으로써 미래 세대가 이용할 수 있는 자원을 남겨두는 데 초점을 맞추고 있었다. 조선이 채택했어야 할 이러한 산림 정책을 조선은 어느 하나도 시도하지 못했다.

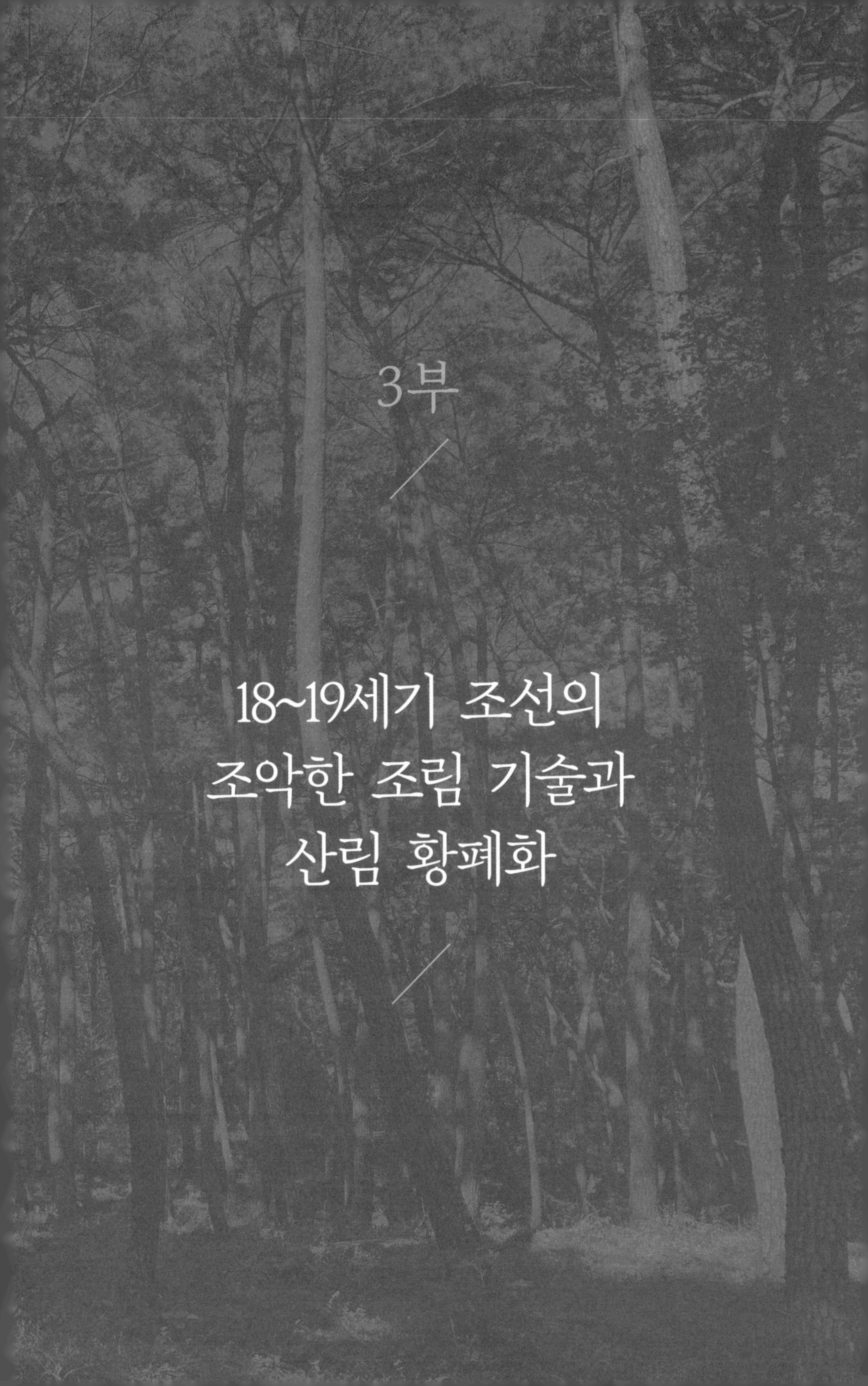

3부

18~19세기 조선의 조악한 조림 기술과 산림 황폐화

조선은 숲을 어떻게 조성했을까? 조선 시대에 재식(栽植)과 식목(植木)이 나무를 심는 용어로 사용되었지만, 오늘날 나무를 심고 숲을 가꾸는데 통용되는 묘목(苗木)*, 양묘(養苗), 식수(植樹), 조림(造林), 육림(育林)이란 용어는 없었다. 산림 조성과 관련된 용어가 없었음은 그에 합당한 기술이 없었음을 의미한다. 묘목 양성이 본격적으로 논의되었던 때는 1905년이고, 묘포장이 실제로 조성된 때는 1907년이었다.[93,94]

조선 정부의 나무 심기는 주로 공납과 노동력 무상 징발로 육성한 뽕나무, 닥나무, 옻나무, 오동나무와 함께 과수가 포함된 재배 수종을 중심으로 이루어졌다. 나무 심기는 그밖에 왕권 수호를 위한 능역 조성에 집중되었고, 부차적으로 나무 심기는 관방(關防)과 수성(守城), 재해 방비 목적으로 이루어졌다.

산림 조성과 관련된 조선 시대의 자료를 찾던 중 다행히도 규장각이 소장한 18세기 말 현륭원 식목 기록과 19세기 후반의 강원도 관찰사와 충청 수영 절도사의 소나무 식재 보고서가 확인되었다. 이들 자료는 그 당시 묘목 양성 기술이 없었다고 증언하지만, 산림학계나 역사학계는 정조가 현륭원에 심은 1,200만 주의 물량에만 주목했을 뿐, 양묘법이 없어서 식재지 인근의 어린나무를 캐다가 옮겨 심고, 낮은 활착 성공률(20% 내외)로 서너 배나 더 많이 심어야

* 묘목이란 용어는 1607년(선조 40년) 실록에 한 번 나타난다. 이 경우, 함경도 관찰사가 한발과 기상 이변으로 초목이 다 말라 죽었다는 보고에 언급되었을 뿐, 산지나 인가 주변에 심을 묘목을 의미하는 것은 아니었다. 그러나 실록에는 한글로 번역된 묘목은 2회 출현한다. 하나는 1475년(성종 6년)의 '공조에서 뽕나무 묘목 문제에 관해서 아뢰다'이고, 다른 하나는 1885년(고종 22년)의 중국에서 가져온 뽕나무 묘목을 언급하는 기사이다. 이때 사용된 단어는 뽕나무 묘이지 묘목은 아니다.

만 했던 불편한 진실은 간과했다.

설상가상으로 그 당시 산림 조성이 쉽지 않았음에도 기존의 연구자는 소수의 식재 사례**를 확대하여 해석하거나 잘못 해석하여 산림 조성이 쉬웠을 것으로 치부하였다. 조선 후기의 산림 조성 실태를 확인하고, 잘못 알려진 내용을 바로잡기 위해 1) 18세기 말에 시행된 정조의 현륭원 식목 사업과 2) 19세기 중·후반 국가에서 관리한 산지의 소나무 식재 사례를 차례로 살펴보자.

** 현륭원에 심은 나무는 양묘장에서 키운 묘목이 아니라서 편의상 식재 수목이라고 표현했다.

1장

18세기 정조의 현릉원(顯隆園) 식목 사업

현륭원은 영조의 둘째 아들이자 정조의 부친 사도(장헌)세자와 혜경궁 홍씨가 함께 묻힌 곳이다. 정조는 1776년 왕위에 오른 후 치밀한 계획으로 영우원(永祐園)에 묻혀 있던 아버지를 1789년 화산 현륭원으로 모신다. 고종 때 추존되어 융릉이란 능호를 받았지만, 정조는 현륭원을 왕릉에 비견할 규모로 조성하였다. 정조 자신도 부모가 묻힌 현륭원 서쪽 구릉에 효의 왕후와 함께 묻혔으며 건릉이란 능호를 받았다. 그래서 오늘날은 융·건릉이라 불린다. 산림학자에게 현륭원 식목 사업이 각별한 이유는 『현륭원원소도감의궤』[95], 『현륭원등록』[96], 『원소정례』[97], 『일성록』, 『조선왕조실록』을 통해서 11년 동안의 능역 조성 과정을 파악할 수 있기 때문이다.

정해득은 이들 자료를 활용하여 1) 식목 수종의 양, 2) 파종 수종과 종자와 열매의 양, 3) 화소(火巢) 경계와 능역 내 경작지 면적 등을 분석하였다.[98] 물량 중심으로 정리한 연구도 나름의 의미가 있겠지만, 산림학적 관점에서 내가 주목한 부분은 오히려 18세기 말에 이루어진 대면적 식목 사업 자체로서, 식재 수목과 파종 종실(種實)의 조달 방법, 수목 식재 방법, 활착 성공률 등이었다.

현륭원 능역 면적

조선 시대 현륭원이라 불리던 융·건릉은 경기도 화성시 안녕동 187-39에 위치하며 면적은 70.5ha[99]이다. 오늘날은 도시화와 택지개발로 능역 주변의 지세를 잘 구분할 수 없지만, 1922년에 제작된 지형도에는 용주사 동남쪽, 융·건릉 동쪽 지역 일부만 평탄지이고, 나머지 능역은 표고 30m~87m의 낮은 구릉지로 표시되어 있다.

정조가 현륭원을 조성할 1789년 당시의 능역은 현재보다 훨씬 넓어서 화소 둘레(능역의 경계)는 11,684보(步)에 달했다. 그 후 몇 차례 조정 후 처음 둘레보다 3,354보가 늘어난 15,038보를 1791년 2차 화소 경계로 정한다. 능역의 최종 경계(1793년 10월)는 화소 동쪽 부분을 다시 늘려서 1791년 둘레보다 784보가 더 늘어난 15,822보로 확정된다.

1789년 1차 화소(둘레 11,684보) 경계는 면적으로 환산하면 얼마나 될까? 면적은 정해득의 연구[100]와 현륭원 주변의 성황산, 화산, 융릉과 건릉, 용주사 위치를 참고하고, 카카오 지도 면적 계산 기능으로 구하면 약 530㏊로 산정된다. 1789년 처음 현륭원 계획 능역은 현재 융·건릉 능역(70.5ha)보다 약 7.5배나 더 넓었던 셈이다.

처음 획정한 1789년 현륭원 화소 내(530ha)의 식재 면적은 얼마나 되었을까? 정조가 화산 일대를 현륭원으로 조성할 당시에는 백성들의 경작지도 포함되어 있었다. 정조는 능역 조성을 위해 주민들을 이주시키고, 왕실에서 사들인 농경지를 1차 화소의 경계가 확정된 이후부터 원역을 담당한 사람들에게 경작지(123ha)로 분급하였다.[101] 따라서 1789년 1차 화소 확정 당시에 계획된 능역 식재 면적은 경작지와 통행로와 개울면적 40%(212ha)를 제외하면 대략 300여 ha(530-212ha) 내외로 추정된다.

그러나 능역을 더 넓히길 원했던 정조의 뜻에 따라 1793년 최종 화소 둘레는 1789년 최초 화소 둘레(11,684보)보다 4,138보 더 늘어난 15,822보였다. 따라서 최종 화소 둘레는 처음보다 약 35% 증가하였고, 넓이는 약 1.8배 늘어나 약 950ha(530ha x 1.8=954ha)에 이르렀다. 이 면적은 카카오 지도로 산정한 면적(970ha)과 유사했다. 따라서 최종 식재 면적은 전체 능역 면적 950ha에서 경작지 228ha[102]를 포함하여 제지(통행로와 개울 등) 40%(380ha)를 제외하면 약 570~600ha 정도로 추정할 수 있다.

현륭원 식목 현황

현륭원 식목 상황을 좀 더 구체적으로 분석하기 위해 1차 화소 경계선이 확정된 1789년부터 1791년까지 3년간 식목 실적과 최종 화소 경계선이 확정된 1792년부터 8년간 식목 실적을 나누어서 살펴보자.

『현릉원등록』과 『일성록』에는 현릉원 최초 화소 경계가 확정됨에 따라 1789년부터 1791년까지 3년 동안 약 290만 주(株)를 심었다[103]고 밝힌다. 그 후에 화소 경계가 두 번이나 확대됨에 따라 1792년부터 1799년 봄까지 약 230만 주를 더 심어서 11년 동안 모두 525만 주를 심었다. 이 식목 그루 수에는 10년에 걸쳐 종실 2,600석을 직접 파종하여 조성한 묘목 숫자는 포함되지 않았다.

현릉원에 심은 525만 주는 소나무와 활엽수로 대별할 수 있다. 소나무는 1789년부터 1891년까지 첫 3년 동안 170만 주를 심었고, 그 이후 1799년까지 200만 주를 더 심어서 모두 약 370만 주를 심었다. 잣나무(13,000주)와 전나무(1,000주)도 심었지만, 소나무와 비교하면 상대적으로 적은 식목량이다. 소나무와 잣나무와 전나무를 제외하면 잡목으로 불리던 참나무류 등의 활엽수 155만 주를 심었는데, 그 속에는 버드나무 31,300주, 오얏(자두)나무 23,000주, 밤나무 13,700주도 포함되어 있었다.

능역을 조속히 숲으로 조성하길 원했던 정조는 현릉원으로 이전한 1789년 가을부터 나무 심기를 바로 시작하였고, 1790년과 1791년 2년 동안은 봄가을에 모두 나무를 심었다. 1차 식목 사업으로 능역 조성이 자리를 잡자 1792년부터 식목 사업은 봄철에만 이루어졌다.

표 10. 1789~1799년까지의 식목 현황[104]

식재 연도	참여 단체	식재 장소	수종	식재 그루 수	
1789 가을	8 군현	봉분 주변	잡목	220,297	
1790 봄	식목차원 8군현	화산 안산 현륭원소	소나무	1,065,400	
			잡목	1,018,896	
가을	원소, 차사원, 식목감관 8군현	국내 화산 안산	소나무	456,378	
1791 봄	원소, 차사원, 승군, 장용영 등	원침 국내, 화소 내	소나무	139,963	
			잡목	5,354	회화, 버드, 과목
가을			소나무	39,007	
			전나무	372	
1789~1791의 3년간 식목 그루 수			소계	2,945,667	
1792 봄	원소, 차사원, 8군현, 승군	확대된 화소	소나무	292,204	
			잡목	96916	
1793 봄	원소, 차사원, 승군(용주사 북한)	현릉원소, 확대된 화소	소나무	85,038	
			잡목	22,456	버드, 단풍 잡목
1794 봄	원소, 차사원, 용주사 승군	원소, 확대된 화소	소나무	159,656	
			잡목	4,864	과목 화목
1795 봄	원소, 차사원, 용주사 승군	확대된 화소	소나무	77,982	
			버드나무	536	
1796 봄	원소, 차사원, 용주사 승군, 10군현	확대된 화소	소나무	925,821	
			잡목	5,295	
1797 봄	원소, 차사원, 용주사 승군, 2현	확대된 화소	소나무	188,395	
			버드나무	3,671	잡목 850주 포함
1798 봄	원소, 차사원, 승군 기타	확대된 화소	소나무	215,971	
			오얏나무	12,115	
			밤나무	13,700	

1798 봄	원소, 차사원, 승군 기타	확대된 화소	버드나무	18,435	
			잡목	4,317	
			잣나무	13,022	
1799 봄	원소, 차사원, 승군, 등	원소, 확대된 화소	소나무	146,238	
			오얏나무	10,850	
			버드나무	8,665	
			전나무	628	
			잣나무	24	
1789~1799 11년간 식목 그루 수				5,252,466	

현륭원 파종 현황

현륭원에서 이루어진 파종 사업은 1790년부터 10년 동안 계속되었다. 상수리와 소나무 종자를 10년 동안 파종하였고, 가래와 밤, 잣 파종은 1791년에서 1793년까지 3년 동안 집중하였다. 솔 씨 파종량은 매년 비슷했으나 도토리는 1795년에서 1797년까지는 예년보다 3~4배 더 많이 파종하였다. 파종한 종실 부피는 도토리(2,363석)가 가장 많았지만, 종자 크기가 작은 소나무의 입수(粒數, 100석)가 훨씬 더 많았다. 그밖에 활엽수로는 가래(84석)와 밤(7석)과 함께 소량으로 호두와 단풍나무 열매도 파종하였다. 소나무 이외의 침엽수 종자로는 잣나무(85석)를 파종하였다.

표 11. 현륭원에 파종한 종실의 양(1790~1799년)[105]

구분	1790	1791	1792	1793	1794	1795	1796	1797	1798	1799	계
도토리	170석 8두	266석	154석	211석 7두	159석 14두	63석 43두 1승	646석 5두	504석 14두	157석 13두	28석 5두	2,363석 2두 1승

솔씨 (송자,松子)	10석	12석	19석 2두 5승	11석	16석 13두	8석 4두	6석 14두	8석	5석 8두 5승	2석 6두	100석 6두
가래 (추자, 楸子)		25석	20석	39석							84석
밤 (율자, 栗子)		1석		6석							7석
잣(피백자, 皮栢子)		15석 7두									15석 7두
잣 (백자, 柏子)			66석 7두 5승				18두		40두		70석 12두 5승
호두						5두					5두
단풍 씨 (풍실, 楓實)							2두				2두

이들 종실에서 발아된 나무는 얼마나 될까? 먼저 부피로 기재된 이들 종실을 입수로 환산할 필요가 있다. 1석은 180ℓ, 1두는 18ℓ, 1승은 1.8ℓ로 환산하여 현릉원에 뿌린 종실에서 발아한 나무의 숫자를 추정해 보자.* 잣나무 종자 백자는 어떤 상태인지를 확인할 수 없어서 제외하고, 그밖에 종실량이 적은 수목들도 편의상 제외했다. 발아 후 생존율은 천연갱신(天然更新)으로 발아한 소나무 묘목이

* 1ℓ당 종실 입수는 임경빈 『조림학 본론』(1991, 향문사)에 수록된 '중요 수목 종자 표준 품질표'를 참고하였으며, 발아율은 종자 순도 x 발아율(효율)을 적용하고, 발아 후 생존율은 모든 수종에 1%를 적용했다.

** 국립산림과학원에서 2017년 간행한 『주요 수종의 천연갱신 메커니즘 및 중·대경재 수확 작업』 보고서(집필자: 김현섭, 오재헌, 조구현, 문호성, 정준모, 최윤성, 정도현)에는 소나무 천연갱신으로 발아한 묘목의 2년생 봄 생존율은 0.93%였지만, 5년 뒤 가을까지의 생존율은 0.51%였다. 참고한 연구 결과는 강원도 천연 소나무림에서 시행한 것으로 대상지의 경사도, 상층 임분의 울폐도에 따라서 묘목의 발아율과 생존율은 다소 차이가 발생할 가능성이 있다.

2년생 봄까지 살아남은 생존율(0.93%)[**]을 참고하였다. 현륭원 능역 발아율을 양묘장의 발아율과 동일하게 산정한 이유 역시 전체 식목 그루 수를 추정하기 위한 과정이기에 실제로는 차이가 발생할 수 있다. 그런 차이를 감안하고 파종하여 생존한 추정 나무 수는 816만 주였다.

표 12. 1790~1799년까지 파종된 종실에서 발아한 수목의 추정치

구분	계	ℓ 환산	1ℓ당 종실 입수	전체 종실량	발아 입수	1% 생존율 주수
도토리	2,363석 2두 1승	2,363.21석 x180ℓ =425.378ℓ	1ℓ=600g, 1,000립=4,000g 1ℓ=150립	425,378ℓ x150립 =63,806,700립	63,806,700립 x51.2% =32,669,030주	32,669,030주 x1% =326,690주
소나무	100석 6두	100.6석 x180ℓ =18,108ℓ	1ℓ=530g, 1,000립=10g, 1ℓ=53,000립	18,108ℓ x53,000립 =959,724,000립	959,724,000립 x81.6% =783,134,784주	783,134,784주 x1% =7,831,347주
가래나무	84석	84석 x180ℓ =15,120ℓ	1ℓ=375g 1,000립=9,000g 1ℓ=41립	15,120ℓ x41립 =619,920립	619,920립 x61.1% =378,771주	378,771주x 1% =3,788주
밤나무	7석	7석 x180ℓ =1,260ℓ	1ℓ=500g 1,000립=8,000g 1ℓ=62립	1260ℓ x62립 =78,120립	78,120립 x58.2% =45,465주	45,465주x 1% =455주
잣나무	15석 7두	15.7석 x180ℓ =2,826ℓ	1ℓ=570g 1,000립=540g 1ℓ=308립	2826ℓ x308립 =870,408립	870,408립 x63% =548,357주	548,357주x 1% =5,484주
합계						8,167,764주

다산이 계산한 현륭원 식목량

현륭원에 심은 나무 숫자와 관련하여 또 다른 기록도 있다. 바로

정조의 명에 따라 현릉원 식목 현황을 한 장의 서류로 작성한 다산 정약용의 식목연표(植木年表)이다. 오늘날 식목연표의 구체적 항목은 확인할 수 없지만, 그가 쓴 식목연표 찬(讚)은 전해진다.

> 《식목연표》에 발함[106]
>
> 위의 《식목연표》는 현륭원에 심은 나무 숫자를 기록한 책이다. 을묘년 봄에 서국(書局)을 열도록 명하여 《정리통고(整理通考)》를 찬술(撰述)하게 하였는데, 비궁(閟宮 종묘)·침원[寢園 능(陵)의 별칭] 및 용주사·배봉진의 여러 가지 유래와 제도 등을 신(臣) 용(鏞)에게 편찬하도록 명하였다. 명을 받고 나니, 상이 식목부(植木簿)를 주면서 이렇게 하유(下諭)하였다.
>
> "7년 동안 기유년(1789)부터 을묘년(1795)까지임. 8읍(邑)(수원·광주·용인·과천·진위·시흥·안산·남양)이 나무를 심은 데 대한 장부가 수레에 실으면 소가 땀을 흘릴 정도로 많은데, 그 공로는 누가 더 많은지, 나무의 숫자는 얼마인지 아직도 명백하지 않으니, 네가 그 번거로운 것은 삭제하고 간략하게 간추려서 되도록 명백하게 하되 1권이 넘지 않게 하라."
>
> 신이 물러 나와서 연표를 만들되, 가로 12칸을 만들고 7년을 12칸에 배열하였다. 세로 8칸을 만들어 8읍을 배열하였다. 1칸마다 그 수를 기록하고 그 총수(總數)를 계산하니, 소나무[松]·전나무[檜]·상수리나무[橡] 등 여러 가지

나무가 모두 1,200만 9,712그루였다. 그 끝에다 이를 기록하여 올리니, 상이, "한 권이 아니고서는 상세하게 기록할 수 없을 것으로 여겼는데, 수레에 실으면 소가 땀을 흘릴 정도로 많은 분량의 부서(簿書)를 너는 종이 한 장에다 마무리하였으니, 참으로 훌륭하다."고 하며, 오랫동안 감탄하였다. 그해 여름에 내가 언관의 탄핵을 받아 가을에 금정으로 귀양 갔다. 지금 그 초본(草本)이 책 상자에 있음으로 이렇게 기록하여 후손에게 전해 주어 침원(寢園)에 대한 성상(聖上)의 효심이 이처럼 정성스러웠음을 알게 하고자 한다.

현륭원에 심은 나무의 숫자를 다산은 1,200만 주라고 밝혔고 정해득은 525만 주로 집계하였다. 왜 이런 차이가 발생하였을까? 다산의 식목연표에는 직접 파종한 2,600석 종실에서 자란 나무까지 포함한 것으로 추측할 수 있다. 하지만 파종하여 싹을 틔운 어린 모종 숫자(발아율)가 얼마나 되며, 그중 다음 해 봄까지 살아남은 나무 숫자(최종 생존율)가 어느 정도였고, 그래서 그 나무들이 식목연표에 어떻게 반영되었는지는 확인할 수 없다.

정해득이 집계한 식목 그루 수도 직접 식목한 525만 주만 정확히 밝혔을 뿐 파종한 2,600석 종실에서 자란 나무에 대한 정보는 없다. 여러 가지 공식과 추정치를 대입하여 산정한 816만 주를 정해득이 집계한 525만 주와 합산하면 그루 총 수는 1,340만 주에 이른다. 이 수치는 다산이 식목연표에 보고한 수치와 큰 차이가 없지만 앞서 언급했듯이 야외에서 생존율 0.93%는 국립산림과학원에서 5년간의 연구 결과로 얻은 추정치 0.5%보다 더 높은 값으로, 실제 생존율은 더 낮았을 가능성이 크다.

이 지점에서 의문이 생긴다. 장헌세자 묘를 이전할 1789년 당시에 현륭원 화소 경계 내 전체 능역 면적은 530㏊, 이 면적에서 논밭과 개울과 길을 제외하면 식재 면적은 약 300여㏊이다. 이 면적에 처음 3년 동안 290만 주나 심었고, 이 양은 참나무와 소나무의 종실을 파종한 물량은 제외한 것이다. 오늘날 일반 산지에 소나무를 조림할 경우 ㏊당 3,000그루의 식재 그루 수를 1789년 현륭원 식재 면적(300㏊)에 대입하면 묘목 90만 그루로 능역 식목이 가능하지만 3배나 더 많은 290만 주를 심었다. 왜 이렇게 많이 심었을까?

낮은 활착률이 낳은 엄청난 식목량

과다 식목 그루 수에 대한 의문은 계속된다. 1792년 확장된 화소 경계로 인해 추정 식재지 면적이 570㏊로 늘어났어도 현륭원 능역에 525만 주의 나무를 심고, 2,600석의 종실을 파종한 사실은 오늘날의 상식(570㏊ x 3천 그루=171만 그루)으로는 쉬 납득할 수 없는 물량이다. 파종한 양은 제외하고 직접 캐다가 심은 나무만 해도 3배나 더 많기 때문이다. 도대체 현륭원 식목에는 어떤 일이 있었던 것일까? 왜 이렇게 많은 나무를 좁은 능역에 심었을까?

그 답은 1790년(정조 14) 『일성록』[107]에서 찾을 수 있다. 정조는 능역 식목에 참여한 주변 8개 읍과 개인들을 경쟁시키고자, 둘째 해(1790년) 봄철 나무 심기에 참여한 각 읍과 개인의 식목 실적을 가을에 살아남은 활착률로 포상하였다. 개인 자격으로 봄철에 나무를 많이 심은 네 사람의 활착률을 가을에 조사하니, 이경대는 소나무 70,000주 중의 3,000주, 김낙성은 잡목 90,000주 중에 13,450주, 한량 박수의는 잡목 60,000주 중에 7,235주, 한량 여문영은 잡목 20,000주 중에 8,054주가 뿌리내렸다(착근, 着根*)고 밝힌다. 이들 각각의 착근율은 4.5%, 8%, 14%, 40%이며, 4인 평균 착근율은 16.6%였다. 정조는 네 사람 중 가장 착근율이 높은 여문영을 금위영 초관 3배수 후보자로 포상하는 한편, 소나무 활착률을 높이기 위해 뿌리에 흙을 붙여[대토, 帶土] 옮겨 심도록 지시한다.[108] 정조가 내린 '대토(帶土)' 지시는 『원소정례』는 물론이고 『승정원일기』[109]에도 기록되어 있다.

개인들의 활착률을 1789년부터 1791년까지 3년 동안 심었던 290만 주에 대입하면, 뿌리내리기에 성공한 그루 수는 약 60만 그루(290만 그루 x 20%) 내외였을 가능성이 크다. 최고 착근율 40%를 심은 모든 나무에 적용해도 약 120만 그루 정도만 살아남았을 것이다. 한정된 능역에 많이 심을 수밖에 없었던 이유는 이처럼 식목 후 생존율이 낮았기 때문이었다.

양묘 기술 부재가 초래한 낮은 활착률

정조가 실시한 현륭원 식목 사업은 효심이 지극한 전제 군주가 시행한 국책 사업이었다. 정조는 나무 심기에 전념할 식목감관과

* 착근(着根)은 오늘날 활착(活着)이란 용어로 사용되며, 봄철에 조림지에 심은 나무들의 생존율은 가을철에 조림 활착률로 평가한다.

식목차사원은 물론이고 능역 보호를 위해 내산직(봉분), 도산직(안산), 산직(외금양) 135명과 원관(책임자) 2명 등 모두 137명을 현륭원에 소속시켰다. 정조는 봉심에 대한 이상 유무를 매월 직접 보고받았고, 5일마다 인편으로 서면보고도 받았다. 또한 1789년부터 1800년까지 13차례나 현륭원에 다녀올 만큼 식목 현장 확인도 적극적이었다.

그런데 이렇게 정성을 들인 식목 사업에 활착률이 낮은 이유는 무엇일까? 정조가 현륭원 식목으로 남긴 두 가지 기록으로 그 이유를 추정할 수 있다. 하나는 다른 곳에서 나무를 캐다가 옮겨 심은 그루 수이고, 다른 하나는 참나무, 밤나무, 가래나무 열매와 소나무와 잣나무 종자를 능역 일대에 직접 파종한 종자와 열매의 양이다.

이 두 자료는 18세기 말에도 조선에는 제대로 된 양묘 기술이 없었음을 의미한다. 재배 수종 뽕나무는 15세기에 이미 양묘 기술[110]이 개발되었지만, 산림 수종 소나무와 참나무와 가래나무의 양묘 기술은 현륭원 식목 사업이 진행된 18세기 말은 물론이고 20세기 초에도 존재하지 않았다. 그 때문에 19세기 말에도 나라 전역에서 이루어진 소나무 조성 사업은 대부분 파종 조림으로 이루어졌다.

이웃 나라 일본은 어떠했을까? 17세기 중반에 인공 조림이 시작되었고, 인공 조림이 널리 퍼진 18세기에는 긴키(近畿) 지방의 상업 양묘장에서 지역 상품명의 삼나무와 편백 묘목을 대량 생산하였다. 생산된 이들 묘목은 묶음으로 포장되어 말이나 선박에 실려 나라 전역에 판매되었다. 그래서 삼나무가 없던 규슈지역에는 16세기부터 삼나무 조림이 시작되었고, 17세기에는 삽목묘를 이용하여 규슈 전역에서 삼나무 조림이 본격화되었다. 삼나무 묘목을 이용한 인공 조림은 그 후, 시코쿠는 물론이고 혼슈 북부 지역까지 확대되었다.[111]

1인당 심은 나무 크기와 그루 수

양묘 기술이 없는 상태에서 현륭원에는 어떤 나무를 심었을까? 아쉽게도 『현륭원원소도감의궤』, 『현륭원등록』, 『원소정례』에는 심은 나무의 종류만 기록하고 있을 뿐 나무의 나이나 크기에 대한 언급은 없다.

소나무는 다른 곳에 자라고 있던 어린나무를 캐다가 능역에 옮겨 심거나 솔 씨를 직접 파종하는 방법을 채택하였다. 뿌리에 흙이 붙어 있지 않은 상태로 소나무를 옮겨 심을 경우, 식재 장소까지 운반, 발달하지 못한 식재 기술 등으로 활착이 쉽지 않았을 것이다.

문제는 뿌리에 흙이 붙어 있는 식재 수목은 분명 양묘장에서 키운 묘목과는 크기와 무게와 식재 작업 강도가 달랐을 것이다. 식재 수목의 크기가 기록으로 남아 있지 않은 상태에서 나무 크기를 엿볼 방법은 무엇일까? 그 답을 찾기 위해 『현륭원등록』에 기록된 1974년에서 1797년까지 4년 동안 매년 심은 소나무 총 그루 수에 식목에 동원된 연인원을 나누어 1인당 하루 식재 그루 수를 구하니 최소 18그루에서 최대 26그루로 나타났다.

표 13. 『현륭원등록』[112] 에 나타난 소나무 식재 인부의 숫자와 식재 그루 수

식재 연도	식재 기간	식재 일수	식재 인부	식재 그루 수	1인당 식재 그루 수
1794	2/16~3/6	21	126	66,420	66,420/21/126=25.1
1795	2/21~3/2	12	126	27,584	27,584/12/126=18.2
1796	2/11~2/30	20	120	62,182	62,182/20/120=25.9
1797	2/29~3/19	21	120	54,794	54,794/21/120=21.7

식재 인부 한 사람이 하루 심은 소나무 숫자는 다른 수종에도 유효할까? 『현륭원등록』 1796년 총괄 보고 내용[113]은 4년간 하루 평균 식재 그루 수와 비슷한 추세를 나타낸다. 1796년에 동원된 식목 인부는 군정 39,892명과 승군 1,597명으로 연인원 41,489명이었다. 소요된 비용은 돈 13,542냥 2전 9푼, 쌀 552석 1두 8승이었고, 소나무 757,118주, 잡목 7,228주를 심었다.[114] 그밖에 도토리[橡實] 242석을 비롯하여 피[皮稷] 10석과 초종(草種) 4석이 파종되었고, 사초(莎草) 451,700장도 깔았다. 전체 심은 나무 숫자를 연인원으로 나누면 1인당 18.4 그루씩 심은 셈이다. 도토리와 풀씨를 파종한 노역까지 계산한다면 역시 20그루 내외를 심은 셈이라 할 수 있다.

『현륭원등록』의 1796년 통계와는 조금 다른 수치도 있다. 『원소정례』에 나타난 1792년 10월 기록[115]은 식목차사원 첨사 장세환이 소나무 식목 그루 수와 품삯을 보고한다.

“청룡 하단에서부터 옛길 석교 아래 변까지 소나무를 8,225주를 심었다. 고군(雇軍) 822명에게 1인당 2전 5푼

품삯* 으로, 합계 205량 5전을 지불하였다."

이 기록을 참고하면 8,225주의 소나무를 고군 822명이 심었으니까 1인당 심은 소나무는 10그루이다. 오늘날 산지에 심는 묘목과 230년 전 현륭원에 심었던 소나무를 직접 비교할 수는 없다. 오늘날 양묘장에서 생산된 조림용 2년생 묘목은 뿌리에 흙이 없는 상태로 무게도 가볍다. 반면 230여 년 전 현륭원에 심었던 소나무는 능역 인근에서 뿌리에 흙이 붙어 있는 채로 캐낸 어린나무[大苗]였다. 정조가 화성 축조에 사용된 장비를 현륭원 식목에 사용하도록 권한 이유도 옮겨 심는 나무가 무거웠고, 식재 수목의 운반이 쉽지 않았음을 의미한다. 나무를 심기 위해 파야 할 구덩이도 오늘날과 달리 현륭원 소나무 구덩이는 넓고 깊게 파야 했을 것이다. 그래서 오늘날 1인당 하루 식재 그루 수는 200그루 내외이지만, 그 당시에는 1인당 25그루 내외에 그칠 수밖에 없었던 것이다.

또 다른 고려 사항은 초창기와 달리 1793년부터는 현륭원의 원역(園役)을 담당한 자체 인력과 용주사 승군들이 식목에 동원되어 식목할 나무를 다른 곳에서 직접 파다가 능역으로 운반한 후 심었다는 점이다. 이런 사정을 고려하면 1인당 식목 그루 수는 당연히 더 적을 수밖에 없다.

하지만 이런 모든 사항을 고려하더라도 하루에 심은 소나무 그루 수를 통해서 우리는 그 당시 심었던 대략적 소나무 크기를 가늠

* 고군(雇軍)의 1인당 하루 품삯은 1792년은 2전 5푼이었고 1796년(정조 20년 3월 24일 『일성록』)은 1인당 2전 5푼과 쌀 2되를 받았다. 반면 승군은 쌀 2되만 품삯으로 받았다.

할 수 있다. 현륭원에 심었던 소나무는 오늘날 산지에 심는 소나무 묘목보다 더 크고 뿌리에 흙까지 붙어 있는 상태였기에 더 무거웠을 것이다. 230년 전 현륭원에 심었던 소나무에 대한 추정은 여기까지다. 그 당시 심었던 소나무가 자라던 원래 장소는 어디이며, 어떻게 운반하였는지는 앞으로 풀어야 할 부분이다.

『현륭원등록』의 1794년에서 1797년까지 기록[116]에 의하면 나무를 심은 시기(음력 2월 중순에서 3월 초)는 해토 직후였다. 능역에 심을 나무 역시 해토 직후인 2월 초순에 인근에서 캐다가 식재 장소로 옮겼을 것이다. 비록 기온이 높지 않더라도 뿌리가 노출된 상태로 운반과 식목에 여러 날이 소요되는 것을 고려하면 나무의 활력은 저하되기 쉽다. 그밖에 어린나무를 인근에서 캐다가 다른 장소에 옮겨 심는 과정에 잘못된 채취 방법으로 뿌리가 늘어지거나 끊어지는 훼손, 운반 중에 발생하는 뿌리 건조, 가식 없이 그대로 방치하여 발생하는 건조 피해 등도 낮은 착근율에 영향을 끼쳤을 것이다.

정조는 1790년 가을에 심은 소나무 45만 그루가 뿌리에 흙을 붙여 심었으므로 내년 봄에는 울창한 소나무를 볼 수 있을 것이라고 기대했다. 하지만 소나무 식재는 1790년 이후에도 계속되어 1799년까지 330만 그루를 더 심는다. 물론 확장된 화소 구역에 따라 식재 그루 수도 더 늘어날 형편이었지만, 여전히 한정된 능역에 과다한 식재 그루 수는 대토 이식 지시 이후에도 착근율이 낮았음을 의미한다.

현륭원 식재 수목과 종실의 조달처

현륭원에 심은 나무는 어느 곳에서 가져왔을까? 1789년 8월 도감 당상 이문원은 정조에게 "옮겨 심을 나무는 대소 고을을 헤아려 일정 구역을 정해주어 나무를 캐다가 심는다[117]"고 보고한다. 따라서 출처를 밝힌 버드나무를 비롯한 몇몇 수종을 제외하고는 대부분 능역 밖 인근 산야에서 굴취한 후, 능역으로 운반하여 심었을 것으로 추정함이 합리적이다.

1789년 가을에는 이처럼 8개 읍에서 동원된 인력이 조정에서 지정해 준 인근 산야에서 잡목을 굴취하여 원소 국내에 심었지만 참여한 고을별 식재 그루 수와 참여 책임자만 밝힐 뿐 나무의 굴취 장소나 식목에 동원된 인력의 숫자는 확인할 수 없다.[118]

『일성록』에는 현륭원 식목에 사용된 일부 수목 구매 장소와 가격도 간략하게 밝힌다. 1790년(정조 14) 『일성록』은 전나무, 소나무, 소나무와 잡목, 전나무와 잡목의 구매가만 밝힐 뿐, 구매 장소는 없다. 소나무 구매가는 1냥에 대략 500주였으며, 전나무는 1냥에 600주였다. 잡목과 함께 살 경우에도 1냥에 살 수 있는 주 수는 비슷하거나 조금 적었다.

표 14. 『일성록』에 나타난 식재 수목의 1냥당 주(株) 수 및 구매지

시기	수종	금액	1냥당 주 수	구매지
1790년 정조 14년 3월 2일	전나무	20냥에 12,000주	600주	
	소나무	2냥에 1,000주	500주	
	소나무	20냥에 10,000주	500주	
	소나무+잡목	10냥에 5,000주	500주	
	전나무+잡목	10냥에 3,200주	320주	

	소나무	433냥 7전에 62,634주	144주	용인현
	소나무	275냥 3전에 34,413주	125주	양성현
1796년	소나무	85냥에 12,200주	143.5주	진위현
정조 20년	소나무	768냥 2전 4푼에 109,341주	142.3주	수원부
3월 24일	소나무	928냥 4전 9푼에 98,655주	106.3주	광주부
	소나무	80냥에 10,128주	126주	안산군
	소나무	60냥 9전 3푼에 6,093주	100주	시흥현

1796년 『일성록』에 의하면 식목에 참여한 각 읍에서 산 소나무 가격은 1냥에 100주에서 140여 주 내외였다. 각 읍에서 구매한 소나무는 누가 어떻게 준비한 것인지는 알 수 없다. 추측건대 상업 양묘업이 없던 시기였기에 현륭원 식목을 위해 각 읍에서 일시적으로 산야에서 어린나무를 채취한 개인에게 구매하였거나 또는 소나무 치수를 판매하는 상인에게 샀겠지만 정확한 경로는 확인할 수 없다.

현륭원 식목 초창기(1790년)와 비교하면 1796년 소나무 구매 가격은 4~5배나 더 상승하였다, 1790년에는 1냥에 소나무 500주를 살 수 있었지만, 1796년에는 1냥에 100~144주였다. 식목에 동원된 8읍 중 한 곳만 제외하고 7읍이 모두 심을 소나무를 비슷한 가격에 산 사실에 비추어보면 6년 사이에 소나무 구매가가 상승했음은 분명하다. 고군의 하루 품삯이 1792년은 2전 5푼이었고, 1796년에는 2전 5푼에다 쌀 2되를 더 받은 것을 감안하면 소나무 가격 상승도 예상할 수 있다.

표 15. 소나무와 상수리 종실의 조달처

시기	수종	공급처
1790년 정조 14년 3월 2일	상수리도토리	능원묘, 경기도, 강원도
1790년 정조 14년 3월 24일	상수리 도토리 소나무 종자	능원, 상림, 재실, 용주사 화성, 함경도 안변, 부산 천성포
1796년 정조 20년 2월 11일	상수리 도토리 소나무 종자	헌릉, 동7릉, 광릉, 온릉, 용주사 화성, 천안, 안변
1797년 정조 21년 3월 24일	상수리 도토리 소나무 종자	재실, 안성군, 용주사 화성, 전라도 영암
1799년 정조 23년 3월 18일	상수리 도토리	대내, 재실, 내영

능역에 파종한 종실 조달처는 다양했다. 상수리나무는 도토리가 상대적으로 무겁기 때문에 먼 지역에서 조달하기보다는 경기도 인근 능원묘는 물론이고, 능역 주변의 여러 읍과 재실, 용주사 등에서 조달하였다. 반면에 종자가 가벼운 소나무의 종자 산지는 함경도(안변), 경상도(부산 천성포), 전라도(영암) 등 다양한 곳이었다.

2장

19세기 국가 관리 산지의 소나무 식목

산림 조성 기술이 제대로 발달하지 못했던 19세기에 정부가 관리하던 산지의 나무 심기는 어떠했을까? 『경국대전』 제식 조에는 "매년 봄에 소나무 묘목을 심거나 종자를 심어서 기르고, 연말에 묘목을 심거나 종자를 심은 수효를 갖추어 임금에게 보고한다."고 규정하지만, 임금에게 보고한 식목 자료는 1851년과 1874년 강원도 관찰사 보고서[119]와 1873년 충청 수영 절도사의 보고서[120]가 있을 뿐이다. 비록 한정된 자료일망정 이 보고서를 활용하여 그 당시의 상황을 최대한 복원해보자.

강원도 각 읍의 소나무 식재 실태

강원도 관찰사의 수결이 있는 1851년 정월에 작성한 소나무 식재 보고서는 25곳 부·읍(府·邑)에서 1850년 한 해 동안 36인이 소나무 22,250주를 심은 현황을 담고 있다. 이 보고서에는 영월 남면 한량 신경홍이 심은 최소 50주에서 정선 동상면 양인 고성득이 심은 최대 3,300주까지 나무를 심은 각 개인의 신분과 성명, 소나무 식재 그루수도 함께 수록하고 있다. 또 각 읍이 나무를 심은 장소도 1처에서 4처로 다양하지만, 25곳 부·읍 중 17읍은 1처에만 소나무를 심었다. 소나무를 심은 장소는 회양이 가장 많은 4처였고, 강릉과 양양은 3처였으며 철원, 삼척, 이천, 영월, 통천은 2처였다. 영동지방(강릉, 양양, 삼척, 통천, 울진, 간성, 고성, 삼척, 평해)의 부·읍에서 심은 소나무는 7,190주(1851년)와 12,410주(1875년)로 강원도 전체의 1/3이었고 영서 지역의 부·읍에서 심은 소나무는 강원도 전체의 2/3였다.

소나무를 심은 36인의 신분은 양인 24인, 보인 7인, 한량 4인, 유학 1인이었다. 1851년 보고서에 의하면 한 읍당 평균 890주, 1인당 평균 620주를 심은 것으로 식재 그루 수가 많지는 않았다. 강원도 관찰사의 1875년 정월 소나무 식재 보고서도 25개 부·읍의 상황을 기록하지만 1851년에 빠졌던 춘천부가 새로 등장하고, 대신에 이천읍이 제외되었다. 역시 소나무를 심은 42인의 성명과 함께 각자 심은 소나무 그루 수(200~2,570주)가 기재되었으며, 전체 심은 소나무가 34,000주라고 밝히고 있다.

1875년의 보고서에는 한량 16인, 양인 12인, 유학 2인, 산직 9인, 초관(哨官), 선무(選武), 감관(監官) 각 1인이 소나무를 심었다. 소나무를 심은 사람은 주로 평민과 산지기였으며, 하급 관리인 초관, 선

표 16. 강원도 각 읍의 1851년 및 1875년 소나무 식재 그루 수

각 읍	연도		각읍	연도	
	1851	1875		1851	1875
강릉	240	990	평해	400	950
	350	990	통천	150	490
	560	990		110	690
회양	300	1,000	정선	3,300	1,000
	515	1,000	고성	800	1,100
	280	1,000	간성	700	1,280
	430	1,000	평창	100	880
양양	1500	2,570	원주	2,300	580
	870	1,800	금성	1,000	1,500
	600	760	울진	100	500
춘천		800	섭곡	300	1,580
철원	2000	1,700	평강	270	2,100
	380	1,700	금화	200	1,300
삼척	300	1,280	랑천	100	1,600
	510	1,280	홍천	300	1,000
이천	310		횡성	400	1,450
	430		양구	300	1,600
영월	100	2,500	인제	570	1,000
	50	2,500		570	1,000
계	9,725	13,400		11,400	20,600

무, 감관도 드물게 참여하였다. 1875년의 보고서에 의하면 한 읍당 평균 1,300주, 1인당 평균 800여 주를 심었다.

충청 수영 소관 읍·진의 식재 실태

충청 수영 절도사가 조정에 올린 1873년 정월 소나무 식송 및 파

종 보고서는 강원도 각 읍의 소나무 식송 보고서와는 형식이 다르다. 충청 절도사의 보고서에는 충청 수영 소관 16곳 읍·진의 의송산과 금산에서 이루어진 소나무 식재와 파종 실태를 기재하였지만, 소나무를 심거나 씨를 뿌린 사람의 명단은 없다. 대신에 관리하던 각 읍·진(邑鎭)의 산을 연해(沿海) 의송산(宜松山), 육산(陸山) 의송산, 가금산(可禁山), 사양산(私養山)으로 구분하고 있을 뿐만 아니라 나무를 심고 씨를 뿌린 장소를 좀 더 구체적으로 밝히고 있다.

충청 수영 절도사의 1873년 보고서에 수록된 수영 관할 16곳 읍·진은 보령부, 홍주목, 5군(서산, 태안, 면천, 서천, 임천), 5현(결성, 해미, 당진, 남포, 비인), 4진(마량진, 평신진, 안흥영, 소근진)이었다. 소나무를 심고 종자를 파종한 곳은 연해 의송산 109처, 육산 의송산 14처, 가금산 95처, 사양산 13처로 총 231처였다. 수영 관할의 소나무 금양처가 연해와 도서 지방의 의송산뿐만 아니라 육지의 의송산과 가금산도 포함되어 있으며, 13처의 사양산도 국용 산림을 관리하던 수영 소관 금양처로 보고서에 수록된 점이 특이하다.

『만기요람』(1808) 재용편 송정에는 도별로 봉산과 송전의 처소 수를 밝히고 있지만, 충청도는 봉산 73처만 기재되어 있을 뿐 송전은 한 곳도 없다. 충청 수영의 1873년 보고서에는 연해 의송산 109처, 육산 의송산 14처와 함께 가금산 95처가 수록되어 있다. 『만기요람』의 편찬 이후 65년 사이에 충청도 봉산 소나무 숲이 모두 사라지고, 대신에 연해 및 육산 의송산과 가금산만 새롭게 관리 대상이 된 것인지 또는 봉산 73처와 별도로 의송산과 가금산의 소나무 식재 상황을 정리한 것인지는 확인할 수 없다. 추측건대 남벌로 인해

표 17. 충청 수영 관할 연해 읍·진의 소나무 금양처와 식재 주 수

	연해 의송산		육산 의송산		가금산		사양산	
읍·진	금양처	식재 주 수	금양처	식재 주 수	금양처	식재 주 수	금양처	식재 주 수
서산군 안면도	51		4		3	27		
태안군 안면도	18	815	2	413	2	300		
홍주목 안면도	2		8		1		13	300
결성현	3	570			4	1,163		
해미현	2							
당진현	2	330			13	545		
면천군	2	307			9	56		
보령부	6	163			22	1,112		
남포현	4				10			
비인현	4	8,691			26	4,636		
서천군	1	35			4	258		
임천군	4	192						
마량진	2	200						
평신진	2	410						
안흥영	2				1			
소근진	4	2,110						
231처	109	13,823	14	413	95	8,097	13	300

봉산 소나무들이 모두 사라졌기 때문에 전자일 가능성이 더 크다.

충청 수영 소관 16곳 읍·진에서 한 해 동안 심은 소나무는 22,633주였다. 연해 의송산, 육산 의송산, 가금산, 사양산 금양처 중 연해 의송산(61%)과 가금산(35.8%)에 대부분 심었으며, 육산 의송산과 사양산에 상대적으로 적게 심은 것으로 나타났다. 16읍·진 중

에서 비인현이 나무를 가장 많이 심어 전체 식재 그루 수의 58.9%(13,327주)를 심었고, 서천군 안면도(27주), 임천군(192주), 마량진(200주)은 식재 그루 수가 적었다. 그밖에 해미현, 남포현, 안흥영은 식재 그루 수 없이 금양처만 기재되어 있다.

봉산의 훼손 실태

충청 수영의 보고서는 4종류의 금양처뿐만 아니라 식재와 파종 장소와 면적을 가늠할 수 있는 정보도 기재되어 있다. 소나무의 식재와 파종은 간간희소처(間間稀疏處), 동탁처(童濯處), 선재작취처(船材斫取處), 간간풍락처(間間風落處), 풍락처(風落處), 풍락자고처(風落自枯處), 충손처(蟲損處)에서 이루어졌다. 이들 식재 장소를 대별하면 나무나 풀이 없거나 간간이 나무들이 서 있는 헐벗은 곳(희소처와 동탁처), 조선재를 벌채한 곳(선재작취처), 바람 피해를 받았거나 말라 죽은 곳(풍락처 등), 송충이 등 병충해 피해가 있는 곳(충손처) 등이다.

소나무를 주로 심은 장소는 숲이 헐벗은 간간희소처(155처)나 민둥산인 동탁처(51처)였고, 선재를 벌채한 곳(10처)과 바람(8곳)과 병충해(6곳) 피해지였다. 소나무 심고 파종한 곳의 90%가 나무가 간간이 서 있는 헐벗은 곳(67%)과 민둥산(22%)이기에 19세기 말엽 충청 수영 소관 16 읍진의 산림은 헐벗은 상태임을 알 수 있다.

식재와 파종 장소

충청 수영의 보고서에는 소나무 식재 그루 수를 기재하였지만, 소나무 종자 파종량에 대한 정보는 없다. 의송산이나 가금산의 금

표 18. 충청 수영 관할 16읍·진의 금양처별 식재 및 파종 대상지

읍·진	금양처	간간희소처	동탁처	간간풍락처	풍락처	풍락자고처	선재작취처	충손처	기타	둘레	
										리수	걸음수
서산군	의송산	46					5			287	
	육 의송산							4		22	
	가금산							2	1	16	
태안군	의송산	13	1	3	1					10	610
	육 의송산									20	15
	가금산		2							5	
홍주목	의송산						2				680
	육 의송산	2				3	3			4	6,640
	가금산					1					40
	사양산	13									11,400
결성현	의송산	3								22	
	가금산	4								25	
해미현	의송산	2								40	
당진현	의송산		2							40	
	가금산	6	7							68	75
면천군	의송산		2							7	
	가금산		9							48	30
보령부	의송산	6								5	
	가금산	15	7							5	2,301
남포현	의송산	4									10,732
	가금산	10									18,936
비인현	의송산	4								22	
	가금산	15	11							97	30
사천군	의송산		1							5	
	가금산	1	3							55	
임천군	의송산		4							8	
마량진	의송산	2									19
평신진	의송산	2									725
안흥영	의송산	2								11	42
	가금산	1								8	10
소근진	의송산	4								31	33
		155	51	3	1	4	10	6	1	861	52,318

양처에 소나무를 심을 경우, 경계 표 내의 나무가 없는 곳에 소나무를 심거나 파종했다고 밝히며, 그 면적을 둘레[주회, 周回] 몇 리(里) 또는 몇 걸음[步]으로 표기하고 있다.

식재지나 파종지 면적을 둘레의 걸음 수와 거리 수로 표기하지만, 그 면적에 비례하여 나무를 심었다는 증거는 없다. 예를 들면 태안의 연해 의송산 화탄포 북변산의 바람 피해로 나무들이 드문드문 쓰러진 곳(火炭浦 北邊山 標內 間間風落處)에서는 둘레 걸음 수 30보에 5주를 심었지만, 인근 다른 의송산의 헐벗은 곳(火炭浦 西邊山 標內 間間稀疏處)에서는 둘레 걸음 수 30보에 200주를 심었기 때문이다. 나무가 없는 민둥산[동탁처, 童濯處]과 또는 간간이 서 있는 헐벗은 곳[간간희소처, 間間稀疏處] 사이에도 표기된 거리 수로는 식재 밀도를 파악할 수 없다. 민둥산(동탁처) 20리에 20~300그루를 심었기 때문이다.

식재 면적을 추정하면서 이런 한계를 인정하고, 30보의 면적부터 계산해 보자. 조선 시대 1보의 길이를 1.8m로 환산한 경우[121]도 있지만, 오히려 거리를 측정할 경우에는 1.2m(4자)나 1.1m로 환산하였다. 정조가 현륭원의 화소 둘레를 최종적으로 획정하였던 1793년, 화소의 전체 길이는 15,822보였으며, 360보를 1리로 계산하여 전체 44리에 달했다는 보고[122]를 참고하면 1보의 길이는 1.8m가 아니라 1.1m였다.

충청 수영 소관 금양처의 주회 1보를 1.1m로 환산하면 주회 30보의 둘레는 33m(1.1m x 30보)이고, 편의상 정사각형 식재지로 상정하면 한 변의 길이는 8.25m이다. 따라서 주회 30보의 면적은 68㎡(8.25m x 8.25m)이다.

오늘날의 식재 그루 수(3,000그루/㏊)를 주회 30보 면적에 대입하면 소나무 묘목 20여 그루(68㎡/3.3㎡)를 심을 수 있다. 태안의 화탄포 북변산 표내 간간풍락처 주회 30보에 5주를 심었다는 기록은 비록 적정 그루 수(20주)보다 적은 그루 수(5주)이지만 식재 밀도 측면에서 문제가 되지 않는다. 그러나 태안 화탄포의 서변산 간간희소처 주회 30보에 200주를 심었다는 기록은 적정 그루 수보다도 10배나 더 많이 심었음을 의미한다. 다른 장소에서 자라는 어린 소나무를 캐다가 옮겨 심는 일은 결코 쉬운 일이 아닌데, 10배나 더 많은 나무를 심어야 할 이유가 있었을까? 현릉원 조성 사례처럼 낮은 활착률 때문에 3~4배 더 심은 상황은 수긍할 수 있지만, 10배나 더 많이 심은 상황은 쉬 납득할 수 없다.

이와 유사한 사례는 어린 소나무를 캐다가 심은 식재지뿐만 아니라 파종지의 주회 길이에서도 나타났다. 예를 들면 나무는 심지 않고 파종만 한 홍주목의 조선재를 벌채한 연해와 육산 의송산 5처(선재작취처)의 파종지 주회는 140보(0.15㏊)에서 1,000보(7.6㏊)이며, 면적을 비교하면 500배 이상이나 차이가 난다. 이 기록을 참고하면 걸음 수나 리(里) 수에 비례하여 나무를 심었다고 볼 근거는 희박하다. 오히려 의송산(금산)의 경계에서 몇 걸음 또는 몇 리 떨어진 헐벗은(벌채한) 곳에 나무를 심거나 씨를 뿌렸다고 접근하는 것이 더욱 합리적인 해석일 수도 있지만, 이 역시 근거가 없기에 추정일 뿐이다.

소나무 식재 면적

1872년 한 해 동안 충청 수영 소관 금양처의 파종 또는 소나무

표 19. 충청 수영 관할 금양처의 식재지 및 파종지 실태

행정구역	금양산	식재처 위치	주회 거리	식재 주 수
태안군 안면도	연해 의송산	기곡지곡산 표내 간간희소처 주회 (基谷之谷山 標內 間間稀疏處 周回)	20보	100
		화탄포북변산 표내 간간풍락처 주회 (火炭浦北邊山 標內 間間風落處 周回)	30보	5
		화탄포서변산 표내 간간풍락처 주회 (火炭浦西邊山 標內 間間稀疏處 周回)	30보	200
	육산 의송산	군내면망산 표내 동탁처 주회 (郡內面望山 標內 童濯處 周回)	15보	310
		원산면내산 표내 동탁처 주회 (遠山面內山 標內 童濯處 周回)	20리	103
	금산	근서면동봉리산 표내 동탁처 주회 (近西面東峯里山 標內 童濯處 周回)	2리	200
		동면물금산 표내 동탁처 주회 (東面勿禁山 標內 童濯處 周回)	3리	100
당진현	연해 의송산	고산망빈산 표내 동탁처 주회 (高山望賓山 標內 童濯處 周回)	20리	300
		탕자산 표내 동탁처 주회 (湯子山 標內 童濯處 周回)	20리	20
당진현	금산	현내골리산 표내 동탁처 주회 (縣內杚里山 標內 童濯處 周回)	20리	55
		채운산 표내 동탁처 주회 (彩雲山 標內 童濯處 周回)	5리	30
홍주목 안면도	연해 의송산	우암산 표내 선재작취처 주회 (牛巖山 標內 船材斫取處 周回)	380보	파종
	육산 의송산	용천면온천산 표내 풍락자고처 주회 (用川面溫泉山 標內 風落自枯處 周回)	1리	파종
홍주목 안면도	금산	고북면삼현산 표내 풍락자고처 주회(高北面三賢山 標內 風落自枯處 周回)	140보	파종
	사양산	대사동봉두산 표내 간간희소처 주회 (大寺洞鳳頭山 標內 間間稀疏處 周回)	1,000보	파종

식재 면적은 얼마나 될까? 식재 그루 수와 주회 면적 간의 상관관계가 없음을 앞서 살펴보았지만, 보고서에 기록된 주회 면적을 미터법으로 환산해 보자.

충청 수영 소관 231처의 식재 면적과 파종 주회 면적은 861리와 52,318보였다. 52,318보를 리 수로 환산하면, 145리(52,318/360보)가 되어 주회의 총 둘레는 1,006리가 된다. 이 전체 주회의 이수(里數)를 231처로 나누면 1처당 주회의 거리는 4.4리이다. 한 변이 1.1리(440m)씩의 면적은 19.4㏊이고, 전체 231처의 식재 면적은 4,481㏊(19.4㏊ x 231처)이다. 이 추정 면적은 모든 금양처 주회의 평균값에 231금양처를 단순하게 곱한 계산값이라는 한계가 있다.

재식이나 파종 면적을 계산하면서 숙고해야 할 점은 장부에 표기된 주회의 수치에 비례하여 나무를 심었다고 볼 만한 근거가 없는 사실이다. 주회 20리에 치수 20그루를 심은 동탁처와 주회 2리에 치수 200그루를 심은 동탁처도 있기 때문이다. 또한 231 금양처의 주회 형태는 다양하기 때문에 실제 면적은 차이가 있을 수 있다. 그런 차이를 고려하면서도 식재 및 파종 면적을 산정한 이유는 조선 시대에 관련 자료가 전혀 없기 때문이다.

충청 수영 소관 금양처의 식재 및 파종 면적 추정치 4,481㏊는 기존의 연구 결과(18,948㏊)*에 비하면 약 1/4 수준이다. 앞서 논증한 내용처럼, 보고서에 기록된 주회의 이수(里數)와 보수(步數)가 식재(파종)지의 면적과 어떤 관계가 있는지는 앞으로 밝혀야 할 부분이

* 1보를 1.8m로 환산하여 면적을 추정한 사례(배재수, 2000)도 있지만, 거리를 측정할 경우에는 1.1m(또는 1.2m)로 환산해야 한다.

다. 따라서 식재(파종) 면적의 추정치에 근거하여 그 당시 조선의 묘목 생산 능력, 조림 기술, 기술자 양성, 관리 방안 등이 체계적으로 정립되었다는 배재수의 주장[123]에는 동의할 수 없다. 소나무의 양묘 기술은 1872년 당시에는 물론이고, 1906년까지도 조선에 없었기 때문이다.

나라 전역의 1년 소나무 식재 그루 수와 파종 면적

조선 정부의 공식 기록물로 현존하는 이들 자료를 바탕으로 강원도에서는 한 해 동안 3만여 그루의 소나무를 심었음을 알 수 있다. 또 조선 초기부터 의송지로 지정 보호하였던 연해의 금산과 의송산을 보유한 충청 수영도 2만~3만 그루의 소나무를 심고, 소나무를 심은 곳보다 더 많은 곳에 파종하였음도 확인하였다.

이들 두 지역의 기록을 참고하여 편의상 나라 전역의 한해 식재 그루 수를 추정해 보자. 산지가 더 많은 평안도, 함경도, 황해도까지 포함하여 8도에서 매년 3만 그루씩 소나무를 심는다고 가정하면 한해 나라 전역의 소나무 식재 그루 수는 약 24만 주로 추정할 수 있다.

19세기 후반에 나라 전역에 심은 24만 주는 1790년 가을 현륭원에 심었던 소나무 45만 주와 비교된다. 좁은 현륭원 능역에 심은 나무의 숫자가 나라 전역에서 심은 나무 숫자보다 더 많은 이유는 인적 물적 자원을 동원할 수 있었던 강력한 왕권이 뒷받침되었기 때문이다.

어린 소나무를 심은 곳보다 소나무 종자를 직접 뿌린 곳이 더 많았지만, 이듬해 얼마나 많은 묘목이 뿌렸던 종자에서 발아하였는지 알 수 없다. 파종·발아 후 5년까지 살아남는 묘목의 생존율이 0.5%라는 연구 결과[124]는 파종 조림의 어려움을 단적으로 나타내는 지표이기에 새롭게 산림을 조성하기란 쉽지 않았을 것이다.

3장

19세기 외남산 정기 산림 조사

외남산식목적간(外南山植木摘奸)**이란?**

외남산(外南山)은 내남산(內南山)의 대칭어로, 한양 도성을 기준으로 남산 능선 바깥 산지를 가리킨다. 식목(植木)은 조선 시대에 나무를 심고 산림을 조성하는 데 사용한 용어이다. 적간(摘奸)은 부정이 있는지 철저히 조사함을 의미한다. 따라서 식목 적간은 나무 심기를 철저히 조사한다는 의미이지만, 예전에 심은 나무의 상태나 주변 숲도 함께 조사한다는 의미로 사용되었다. 정리하면 외남산식목적간은 남산 바깥쪽 구역에 나무를 심고, 심은 나무와 주변 숲의 상태를 조사하는 일이었다.

조선 시대의 산림 관리 기록은 오늘날 오직 소수만 전해지고 있다. 외남산식목적간은 1802년부터 1894년까지 시행되었고, 이보다 앞서 남산적간이 1796년부터 시행되었기에 총 99년간의 적간 결과를 『승정원일기』 등에 남겼다. 100여 년에 걸쳐 진행된 남산 적간 덕분에 남산에 대한 조선 정부의 의지는 물론이고 남산의 식목 실태와 산림 변화 과정도 엿볼 수 있다.

왜 외남산인가?

남산은 풍수적 의미에서 도성 사산의 주작(朱雀) 격인 안산이었다. 그래서 남산은 조선 초기부터 나라에서 북악산(백악산), 인왕산, 타락산(낙산)과 함께 철저하게 보호했다. 그 보호 업무의 부지런함과 게으름을 살피기 위해 조선 왕실은 도성 사산의 적간을 건국 초기에도 시행했다. 도성 사산의 주된 업무는 풍수적 목적으로 산기(山氣)를 보호하기 위해서 사산(四山)에 경작과 토석 채취와 소나무 벌채를 금지하고, 소나무와 참나무를 심어서 기맥을 왕성하게 유지하는 일이었다.

사산에 대한 정부와 백성의 인식은 조선 후기로 내려올수록 변한다. 조선 전기에는 정부의 강력한 보호 정책에 부응하여 일반 백성은 사산에서 감히 소나무를 불법으로 채취하지 못했다. 그러나 임진왜란 이후 국력이 쇠잔해지고 임산 자원이 고갈되기 시작한 17세기 후반부터 정부의 사산 보호 정책에 순응하던 일반 백성의 태도는 변한다.[125] 산지기와 백성들이 계방(契坊)을 결성하여 떼로 몰려다니면서 사산에서 불법 벌목을 자행한다.[126] 권세가는 물론이고, 일반 백성들까지 무리 지어 일상으로 사산의 소나무를 불법으로 채

취하지만 정부의 행정력은 불법 벌채를 막는 데 역부족이었다.[127]

18세기에 이르러 임산 자원의 고갈로 땔감 값이 서너 배나 오르고, 도성 70~80리 밖에서야 겨우 땔감을 구할 수 있는 상황[128]에서 비교적 숲이 울창한 남산은 모두가 넘보기 쉬운 대상이 된다. 특히 도성 사산 중에 남산이 가장 넓고,[129] 남산을 제외한 사산 대부분이 민둥산으로 변했지만, 외남산의 숲이 비교적 온전하였기 때문이다.[130]

따라서 내외 남산은 19세기 조선 왕도(王都)의 산기(山氣)를 유지하는 마지막 보루이자 땔감이 필요한 백성들의 불법 보급 기지였던 셈이다. 정부가 외남산을 특히 중시한 이유는 내남산보다 3~4배나 더 넓고, 숲이 더 무성하여 불법적인 벌목 가능성이 더 컸고, 외곽이라 불법 벌채를 감시하기도 어려웠기 때문이다.

한성부에서 1659년 조사한 내·외남산의 생소나무 불법 벌목 숫자는 내남산이 11그루, 외남산이 150그루로 외남산이 훨씬 많았다.[131] 이런 추세는 1798년에도 계속된다. 내·외남산에서 불법 벌목한 소나무(대·중·소)는 내남산이 16그루(2·7·7그루), 외남산은 51그루(14·24·13그루)로 3배 이상 많았다.[132]

한편 외남산은 시전과 시목장[두모포(옥수동), 용산, 서강]이 있던 한강변과 가까운 곳에 자리 잡은 지리적 이유로 목재를 가공하거나 제재하기 용이했고, 땔감을 거래하기도 편리했다. 그래서 조선 정부는 도성의 생명줄인 외남산 숲을 무자비한 도벌꾼의 도끼날로부터 보호할 필요가 절실했다. 내·외남산은 금위영이 관할했고, 각 패(牌)가 담당한 구역은 다음과 같다.

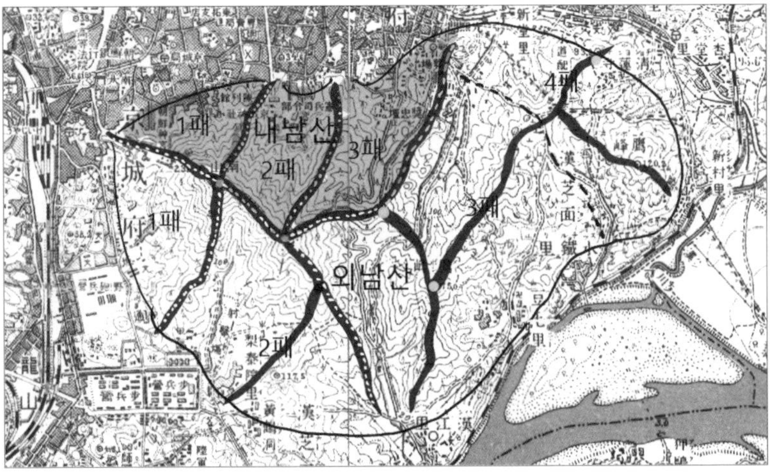

그림 2. 내·외남산 구역과 금위영 각 패(牌)의 관할 구역

내남산 구역

1패 : 잠두(蠶頭, 잠두봉) 아래 창동(倉洞), 회현동(會賢洞), 호박동(瑚珀洞, 중구 회현동 1가), 재산루(在山樓, 회현동2가 끝에 있던 누각, 현 아시아나 사옥), 남산동(南山洞) 등의 산록,

2패 : 팽목동(彭木洞), 읍백당(浥栢堂), 수어청동, 남별영 좌우 뒤 산록,

3패 : 비파정(琵琶亭, 중구 장충동2가)·쌍백당(雙栢堂), 남소문동(南小門洞), 칠송정(七松亭), 남소영(南小營) 좌우 산록

외남산 구역

1패 : 봉수(烽燧)대 뒤 기슭, 문현(文峴, 후암동 고개)·양점현(羊店峴), 남단 좌우 산기슭 및 청학정, 율현(栗峴), 우수현(牛首峴, 동자동에서 후암동으로 넘어가는 고개), 임당(林塘)

2패 : 남산 남쪽 기슭, 암암동(巖暗洞), 마전천(磨湔川), 냉정(冷井) 산록

아래 수박치(水站峙), 열운탑(列雲塔), 우사단(雩祀壇, 보광동 265-296 근방) 좌우 산기슭, 마석교, 보강(保江, 보광동 부근)

3패 : 응봉(鷹峯, 매봉산), 벌아현(伐兒峴, 버티고개), 사한단(司寒壇, 옥수동 8번지 미타사 앞) 뒤 산기슭, 화경현(花景峴)·부아현(浮蛾峴)·능묘곡(陵墓谷)·수철리(水鐵里, 금호동), 남쪽의 용단(龍壇, 한남동 390-11 부근)에서 북쪽의 독서당현(讀書堂峴, 옥수동 428 부근)까지

4패 : 무학봉, 대현(大峴) 좌우 산록, 당동(堂洞), 도장동(道藏洞), 신촌(新村, 성동구 응봉동 부근) 뒷산

누가 어디서 무엇을 조사하였나?

외남산식목적간은 승정원의 사관(史官)과 선전관(宣箋官)이 실시하였다.

외남산의 산림 조사 경로는 주로 숭례문을 출발하여 1) 남관왕묘(南關王廟, 남묘), 2) 청학정(青鶴亭), 3) 전생서(典牲署)에서 냉정동(冷井洞), 4) 남단(南壇), 5) 이태원(梨泰院)에서 수각현(水閣峴)을 거쳐 마석교(馬石橋), 6) 한강단(漢江壇), 7) 안봉(鴈峯, 매봉산)·복병현(伏兵峴, 버티고개 삼거리), 8) 사한단(司寒壇), 9) 무학봉(舞鶴峯) 일대를 조사한 후, 광희문으로 돌아오는 여정이었다. 보통 중도에 하룻밤을 기숙한 후, 이틀 동안 조사하였지만, 초창기의 적간 경로는 조금씩 달랐다.

무엇을 조사했을까? 각 구역에서 조사한 내용은 식목 상황(소나무는 이식, 상수리는 파종), 소나무와 여타 숲 산림 생육 상황, 병해충 발생과 고사목 발생 현황, 산불 피해지의 재조림 상황 및 생육 상태, 척박지의 소나무 생육 상황. 남산에서 영건 건축재 공급 실태, 남산

소나무 도벌 실태, 주민이 결성한 계의 산림 조성 활동 등이다.

적간 보고서는 어떻게 작성했을까? 보고서의 길이는 1802년 주서(注書) 김후(金鍭)의 자세한 보고서(한자 2,129자)[133]부터 1858년 가주서(假注書) 유지영(柳芝榮)의 소략한 보고서(한자 163자)[134]까지 차이가 컸다. 적간 보고서는 대체로 시행 초기에는 비교적 자세하게 조사 내용을 기술하였지만 1830년 이후부터는 형식적이고, 간략한 형태로 기술하며, 고종 때에는 자구조차 바뀌지 않는 정형화된 형식으로 제출하였다.

1802년부터 1894년까지 실시된 외남산식목적간 보고 내용은 『승정원일기』에 수록되어 있다. 정조 때의 남산적간은 『비변사등록』(1796)과 『승정원일기』(1798)에 각각 나누어 수록되어 있지만, 순조 때 실시한 6회의 남산적간은 모두 『승정원일기』에 수록되어 있다. 『승정원일기』에 수록된 외남산식목적간은 고종 때를 제외하고는 아직 국역이 이루어지지 않았다.

외남산식목적간 장소를 좀 더 자세히 살펴보면 다음과 같다.

1) 남관왕묘 : 외남산식목적간의 첫 조사지로 명장 관우를 모신 사당이다. 오늘날 중구 남대문로5가 530번지(현 밀레니엄 힐튼 호텔 주변)에 있었으며, 남묘라고 줄여서 부른다. 이곳은 남대문과 가까운 거리에 있으며, 남산의 잠두봉과 주봉을 바라볼 수 있는 위치이다.

2) 청학정 : 남대문 밖에 있던 활터이지만 정확한 위치는 확인할 수 없다. 남묘에서 청학정을 거쳐 전생서로 이동하였기 때문에 오늘날 새 꿈 어린이 공원(서울 용산구 동자동 19-107) 부근으로 추정할 수 있다.

3) 전생서 : 조선 시대 궁중 제사에 쓸 소와 양, 돼지를 기르던 관청으로 오늘날 용산구 후암로4길 70(현 영락보린원 일대)에 있었다. 적간은 전생서에서 냉정동(冷井洞)으로 이어지는 산림 상태를 기술하고 있지만, 냉정동의 정확한 위치는 확인할 수 없다.

4) 남단 : 남방토룡단(南方土龍壇)의 준말로 조선 시대 임금이 하늘에 기우제를 지냈던 곳이다. 용산고등학교 옆 미군 부대 안에 남단의 유적이 남아 있지만 인근 삼광초등학교라는 주장도 있다.

5) 이태원과 수각현과 마석교 : 이태원은 조선 시대 길손이 머물던 도성 근교 4대 숙박시설[四大院]의 하나로 영남로(嶺南路)로 향하는 첫 번째 원이었다. 옛 경성위수병원 터(현 미군 부대 내) 일대로 추정된다. 이태원 일대의 적간은 문현(文峴)에서 이태원 큰길을 거쳐 수각현과 마석교에 이르는 구간의 산림이 대상이다. 마석교는 버티고개에서 한남리(오늘날 한남대교)로 흐르던 계곡에 놓인 다리로 추정할 뿐 정확한 위치는 확인할 수 없다.

6) 한강단 : 하늘에 기우제를 지내던 용단으로, 오늘날 한남동 385-5 부근에 있었다.[135]

7) 복병현과 안봉 : 복병헌은 한남동에서 장충동과 약수동으로 갈라지는 버티고개 삼거리이고, 안봉은 버티고개 동남쪽에 있는 매봉산이다. 버티고개는 벌아헌(伐兒峴), 부아현(夫兒峴), 부어치(扶於峙), 부어현 등*으로 표기되었다. 복병현이 버티고개 삼거리라는 사실은

* 18세기 후반의 〈도성도〉에는 부아현(夫兒峴), 〈대동여지도〉에는 부어치(扶於峙), 〈수도전도〉에는 부어현으로 표기되어 있다.

정조실록에 자세히 기록되어 있다.*

8) 사한단 : 추위를 관장하던 사한제를 지내던 제단으로 동교의 빙실 북쪽에 있었으며, 오늘날 옥수동 8번지 미타사 입구에 사한단의 표석이 남아 있다.

9) 무학봉 : 안정사(또는 청련사로 표기) 뒷산이다. 오늘날 무학 근린공원으로 인근에 무학초등학교가 있다. 옛 안정사의 위치는 무학봉 남쪽 절벽(성동구 무학봉길 35 KCC 스위첸 아파트)에 조각된 안정사 터의 마애불로 확인된다.

외남산식목적간 경로

외남산식목적간의 조사 경로는 금위영의 관할 구역(1패~4패)을 차례로 답사하는 방식으로 진행되었다. 19세기 외남산식목적간 경로를 파악하기 위해 〈대동여지전도〉(1861) 경조오부(京兆五部) 지도와 조선총독부에서 제작한 〈경성지도〉(1918)를 참고하여 조사 경로를 추정하면 그림 3과 같다.

1918년 〈경성지도〉는 20세기 초 남산 주변의 지형을 담고 있어서 외남산식목적간 경로를 유추할 수 있다. 금위영이 관할하던 내남산의 1~3패 관할 구역과 외남산의 1~4패 관할 구역에 언급된 지명을 모두 확인할 수 없어도 주요 거점의 위치를 정확하게 확인할 수 있으므로 개략적인 경로를 추정할 수 있다.

* 『정조실록』 1790년 10월 1일 기사는 "능으로 행차할 때 5부(部) 구역에 척후(斥堠)와 복병(伏兵)을 배치하는데, 복병할 곳으로서 숭례문 밖 삼거리, 돈의문 밖 삼거리, 벌아치(伐兒峙)의 삼거리 등은 경외 각영에서 파견하고, 사아리 삼거리와 배봉은 진에서 파견한다."

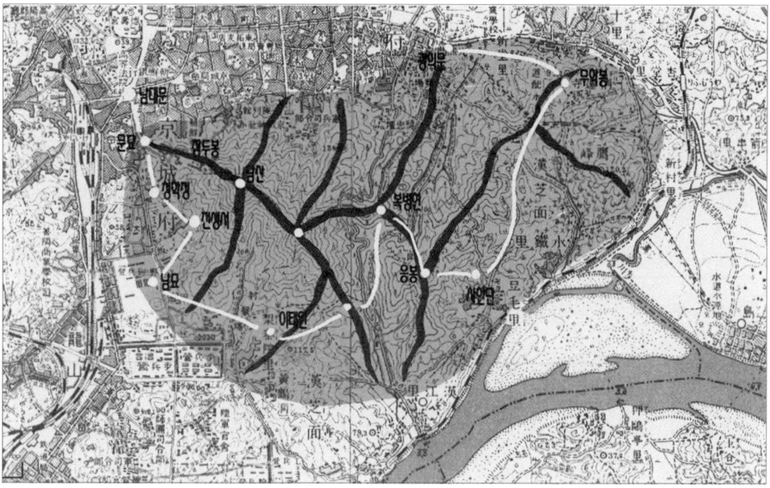

그림 3. 외남산식목적간 경로

그림 4. 오늘날 구글 지도상에 나타난 외남산식목적간 경로

언제부터 얼마나 자주 조사하였는가?

정조의 지시에 의해 남산적간이 최초로 이루어진 때는 1796년이고, 1819년을 마지막으로 더 이상 기록을 찾을 수 없다. 외남산식목적간은 1802년 순조 때부터 매년 봄가을에 2회씩 실시했고, 형편이 안 될 때는 봄이나 가을에 1회만 실시하였다. 따라서 남산에 대한 산림 조사는 실질적으로 1796년부터 1894년까지 99년 동안 지속되었으며, 한 해 한 번도 실시하지 않았던 햇수는 정조 때까지 포함하여 21년간이었다.

외남산식목적간과는 별도로 내·외남산적간(8회)과 외남산송목적간(3회)도 실시되었다. 1813년과 1816년의 경우, 외남산식목적간과 내·외남산적간과 외남산송목적간이 각각 실시되었고, 1814년, 1818년, 1819년의 경우, 외남산송목적간과 내 · 외남산적간이 각각 실시되었다.

표 20. 시기별 외남산식목적간 조사 상황

실시 시기	매년 외남산식목적간 실시 횟수			미실시 연수	기타 남산적간* 실시 횟수
	총실시 횟수	매년 1회 실시	매년 봄, 가을 2회 실시		
정조 1796~1800	0	0	0	1	4
순조 1801~1834	44	12	16	5	6
헌종 1835~1849	28	2	13	0	0
철종 1849~1863**	13	3	5	6	
고종 1864~1894	33	11	11	9	
합계	118	28	45	21	10

* 내 · 외남산적간과 내 · 외남산송목적간, **1850년부터 추산

남산적간의 시작 과정

외남산식목적간은 어떻게 제도화되었을까? 먼저 도성 사산의 남

산 구역 확장 과정과 정조가 남산적간을 실시한 이유를 살펴볼 필요가 있다. 도성 사산의 일원으로 남산의 구역이 확정된 시기는 일찍이 17세기였다. 『전록통고』(1707)에는 "안산(案山)인 남산의 바깥쪽에 푯말을 세운다. 남대문의 성 밖에서 전생서 뒤쪽을 지나 벌아현에 이르기까지, 벌아현에서 동쪽으로 두모포 뒷산과 왕십리 뒷산을 지나 수구(水口)에 이르기까지는 산등성이 안쪽에 모두 푯말을 세운다."고 외남산 구역을 한정한다.[136]

세월이 흘러 1746년(영조 22)에 간행된 『속대전』에는 도성 사산의 남쪽 경계로 중량포에서 전곶교-신촌-두모포에서-용산까지 하천과 강으로 한정한다.[137] 1765년(영조 41)에 간행된 목판본 〈사산금표도〉에 표시된 남산 금송 지역의 경계는 한강이다.[138]

이렇게 확장된 남산을 대상으로 주기적으로 산림 조사가 이루어진 시기는 정조 때부터였다. 정조는 1789년 사산의 참군이 소나무를 제대로 지키지 못해 남산 곳곳의 민둥산에서 유출된 토사가 민가에 피해를 주고 있으니 예전에 시행했던 사산감역(四山監役)을 다시 시행하자는 건의를 받는다.[139] 심환지(沈煥之)는 1795년 "서너 명의 연약한 참군이 도보로 산을 순찰할 뿐인데, 관아에서 법을 엄격하게 시행하지 않는 탓에 백성들이 꺼리는 바가 없어 뿌리째 나무를 뽑고 있다."고 보고하면서 "각 군문에서 금송을 맡겼지만 효과가 없으니 조정에서 낭관을 파견하여 사산을 두루 살피게 하여 참군의 근면과 태만에 따라 상벌을 주도록 정조에게 제안한다.[140] 또 비슷한 시기에 김지묵(金持默)은 "불법 경작으로 남단 주맥(主脈)이 퇴락하여 모래땅이 노출되었으며, 노출된 민둥산에 나무를 심겠다."

고 정조에게 보고한다.[141]

1795년 심환지의 제안과 김지묵의 보고에 따라 정조는 사관과 선전관이 내외 남산의 금송과 소나무 식목을 조사하고, 제대로 수행하지 못한 담당자를 치죄한다는 내용을 『비변사등록』에 기록하면서 남산적간은 1796년부터 시행된다.[142]

정조는 남산적간을 왜 시행하였을까? 인구 증가와 수공업의 발달, 소빙기로 인한 온돌의 보급은 연료 수요를 급증시켰고, 한양 도성의 사산도 시대적 상황을 비껴갈 수 없었다. 도성 사산의 훼손을 국법으로 엄격하게 금지했지만, 18세기부터 목재와 땔감 수요 증대로 인해 도성의 사산은 소나무를 지키려는 왕실과 땔감을 구하려는 무뢰배(부패한 관리 및 산지기 포함)의 각축장이 되고 있었다. 그래서 대두된 것이 가장 면적이 넓은 남산을 조사하여, 담당 장졸에게 관리 책임을 묻는 고육책이었다.

도성의 안산인 남산을 도끼날로부터 지킬 수 없으면, 산기가 사라져 조선 왕조의 무궁한 번영도 도모할 수 없다는 풍수적 믿음은 물론이고, 내·외남산은 음으로 양으로 최후의 임산 자원 공급처 역할을 수행하였기 때문이었다.

1796년 구득로와 유연명의 남산적간

정조의 지시로 1796년 봄 내외 남산을 조사하고 온 가주서(假注書)* 구득로(具得魯)는 "근래 도벌한 나무는 없었지만, 내외 남산 곳곳

* 조선시대 승정원에 소속된 정7품 주서의 임시관직

에서 민둥산이 있었고, 전에 심은 소나무는 점차 울창해지고, 산허리 이상 및 남단 주맥(主脈)에 새로 개간한 곳은 없었지만, 묵밭을 경작할 가능성이 있으므로 소나무를 많이 심어야 할 것."이라고 보고한다. 정조는 구득로의 보고에 따라 한성부와 소관 영문(營門)에 가을에 다시 적간을 지시한다.[143]

정조의 지시에 따라 1796년 11월 남대문-청학정-남단-이태원-우사단-응봉·남벌원-독서당 구간을 다시 조사한 기사관(記事官)** 유원명(柳遠鳴)은 "남묘 뒷산의 소나무 파종은 제대로 하지 않았으며, 청학정 부근에 불법 벌목 흔적이 있고, 이태원 부근은 부실한 금양으로 쓰러진 나무들로 헐벗었으며, 우사단 부근에 옮겨 심은 소나무들은 겨우 활착한 상태이고, 마십교 부근의 소나무 숲은 송충이 피해가 극심했지만 방제한 흔적이 없어서 내년에 창궐할 우려가 크고, 응봉과 남벌원과 독서당 구간에는 도벌꾼에 의한 남벌로 소나무가 드물 뿐만 아니라 뿌리까지 캐어갔기에 산사태가 발생하고 있으며, 개간지와 경작지가 다수 발견되었다."고 보고한다.

대체로 양호하다는 구득로의 봄철 적간 내용과 달리 유원명의 가을 적간으로 외남산의 상태가 더 나빠진 것을 알게 된 정조는 "도벌이 많이 이루어진 남벌원 주변을 관장하는 참군을 파면하고, 해당 군영의 책임자도 치죄하며, 상수리 열매를 파종할 곳, 소나무 묘목을 이식할 곳, 경작 금지가 안 지켜진 곳은 당해 영문과 해당 부대에서 날이 풀리는 즉시 기한을 정해서 나무를 심는 한편, 근면과

** 기사관은 조선 시대 춘추관(春秋館)의 정6품에서 정9품까지의 직명으로, 시사를 기록하였다.

태만을 보고하라."고 엄명한다.[144]

1997년 봄, 정조는 다시 남산의 산림 상태를 보고 받는다. 이윤겸(李允謙)은 "남단과 청학정과 율현을 지나 수라현 성 밖 주맥 및 산허리는 경작을 금하고, 해당 병영에서 상수리와 소나무를 심고 있으며, 참군들이 각별히 보호하며, 전생서 주변의 새로 심은 어린 소나무는 밟히는 폐단이 있지만 흥인문 이북의 금양처는 제대로 금양되고 있으며, 소나무를 벤 흔적도 없다."고 보고한다.[145]

1798년 김헌주의 남산적간

정조는 1798년 가을 다시 내·외 남산의 적간을 지시한다. 그에 따라 선전관(宣傳官)* 김헌주(金憲柱)는 외남산 청학정에서 왕십리까지 조사한 결과를 "전생서 뒤 산기슭은 소나무를 옮겨 심고 상수리를 뿌린 곳은 무성하며, 한강 뒤쪽 산기슭에서 응봉까지 동쪽 4, 5개의 산등성이에 근년에 보식한 소나무는 뿌리를 내린 나무도 있지만, 여전히 뿌리를 내리지 못한 곳도 있어서 아직 숲이 무성해지지 않았고, 상수리를 파종한 곳은 뿌리를 내렸지만 길이는 한 자에 못 미쳤고, 바람에 쓰러져 죽은 소나무(風落自故松)는 언덕과 골짜기에 껍질이 벗겨져 썩어갔는데 그 수량이 많으니 일일이 다 셀 수 없으며, 내산의 산허리 아래에서 사태가 난 구역에 보식하고자 가끔 옮겨 심은 어린 소나무와 파종한 상수리나무는 외산(外山)에 비해서 잘 자라고, 곳곳에서 풍락자고송이 발견되었으며, 송충 피해 고사목은

* 선전관은 조선시대 형명(形名)·계라(啓螺)·시위(侍衛)·전명 및 부신의 출납을 맡았던 관직

이루 헤아릴 수 없이 많았고. 외산 등성이에 산사태가 크게 난 곳이나 묵밭과 나무를 심은 곳에 경작한 흔적은 없었지만, 산 중턱 이상에만 수목이 무성했을 뿐, 산허리 아래에는 드물었다."고 보고한다.[146]

이어서 김헌주는 금위영의 각 패가 담당한 내·외남산에서 발생한 소나무 작벌 그루 수를 예전과 최근에 벤 흔적에 따라 대·중·소로 나누어 보고한다. 그 내용을 요약하여 정리하면 다음과 같다.

표 21. 김헌주의 적간 보고에 나타난 내외남산 투작 현황

내외남산	패	적간장소	大松		中松		小松		합계
			과거	최근	과거	최근	과거	최근	
외남산	1	전생서	2		2	3	3		10
	2	우사단	5		6		2	2	15
	3	용단(한강단)	2		2	1	3		8
	4	독서당	3	2	6	4	3		18
내남산	1	잠두	1		2		2		5
	2	남별영			1		2		3
	3	광희문	1		4		1	2	8
합계			14	2	23	8	16	4	67

김헌주의 적간은 내남산(16건)보다는 외남산(51건)의 투작이 3배 이상 더 많고, 근래의 투작(14건)보다는 과거의 투작(53건)이 역시 3배 이상 더 많았다고 보고한다. 또한 큰 소나무(16건)보다는 중간 크기의 소나무(31건)나 작은 소나무(20건)가 더 많이 불법으로 벌채되고 있음을 알 수 있다.

김헌주의 적간을 통해서 그 당시 남산의 상황을 추정할 수 있다.

정조의 강력한 단속 의지는 남산의 소나무 투작 행위를 줄어들게 만들었고, 18세기 중엽의 남산에는 큰 소나무들이 많지 않았으며, 상대적으로 중간 소나무와 작은 소나무가 불법 벌채의 대상이었음을 간접적으로 확인할 수 있다.

〔외산〕 1패(牌) 구역인 전생서 뒤 산기슭은 큰 소나무 2그루는 예전에 벤 것이고, 중 소나무 5그루 중 예전에 벤 것은 2그루, 최근에 벤 것은 3그루이며, 어린 소나무 3그루는 예전에 벤 것이다.
2패 구역인 우사단 뒤 산기슭은 큰 소나무 5그루, 중 소나무 6그루는 모두 예전에 벤 것이었고, 어린 소나무 4그루 중 예전에 벤 것은 2그루이고 최근 벤 것은 2그루였다.
3패 구역인 용단 뒤 산기슭은 큰 소나무 2그루는 예전에 벤 것이었고, 중 소나무 3그루 중 예전에 벤 것은 2그루였고 최근 벤 것은 1그루이며, 어린 소나무 3그루는 예전에 벤 것이다.
4패 구역인 독서당 뒤 산기슭은 큰 소나무 5그루 중 예전에 벤 것은 3그루이고 최근 벤 것은 2그루이며, 중 소나무 10그루 중 예전에 벤 것은 6그루이고 최근에 벤 것은 4그루이며, 어린 소나무 3그루는 예전에 벤 것이다.
〔내산〕 1패 구역인 잠두(蠶頭) 아래 산기슭은 큰 소나무 1그루, 중 소나무 2그루, 어린 소나무 2그루는 모두 예전에 벤 것이다.

> 2패 구역인 남별영의 뒤 산기슭은 중 소나무 1그루와 어린 소나무 2그루는 모두 예전에 벤 것이다.
> 3패 구역인 광희문의 뒤 산기슭은 큰 소나무 1그루, 중 소나무 4그루는 모두 예전에 벤 것이었고, 어린 소나무 3그루 중 예전에 벤 것은 1그루이고 새로 벤 것은 2그루였다.

정조는 선전관 김헌주의 내외 남산의 소나무 숲에 대한 보고를 받은 후, 병조판서에게 엉터리 보고를 한 해당 선전관에게 곤장을 치라고 엄명을 내린다. 그리고 작고한 영의정이 재직했을 때에는 엄히 당부한 효과가 있었지만, 근래 비변사 낭청이 사산을 감찰할 때 곳곳에서 문제를 일으키고 심지어 성내의 금송을 조사할 때에도 이와 같이 엉터리 보고를 한다고 분개하고, 남산을 책임진 해당 군영의 우두머리에게 감봉(1/10) 처분을 내리는 한편, 참군은 곤장을 치고, 병조판서까지 죄를 묻는다. 반면 응봉 근처를 잘 금양한 어영청에 포상으로 호피를 내린다.

19세기 초부터 정례화된 외남산식목적간

정조 사후, 1801년 순조는 "남산 안팎 산기슭에 나무를 벤 흔적이 많이 발견된 것은 공사(公私)를 가리지 않고 불법적으로 벌채한 것으로, 송정이 제대로 수행되지 않았음을 의미하고, 남산 일대의 검찰이 소홀한 책임을 물어 해당 부대의 대장에게 책임을 묻고 각 병영에도 근태를 따져 처벌"하도록 건의하는 적간 선전관 이운식(李運植)의 보고를 받는다.[147]

1802년 순조는 외남산 기슭에 난 산불로 생중송(生中松) 359그루, 자고송(自枯松) 60그루, 어린 소나무 다수가 소실된 책임을 물어 해당 참군에게 곤장을 친 후 파면하고, 산지기들은 엄하게 죄를 다스린 후, 소나무가 소실된 곳에 파종과 식목을 각별히 시행하라고 지시한다.[148] 이어 순조는 외남산식목적간을 봄(음력 2월) 가을(음력 11월)에 정례화하고, 그 규정은 『은대편고』[149]와 『육전조례』[150]에 적시한다. 이때부터 실시한 외남산식목적간은 1894년까지 계속된다.

한편 1802년 시작된 외남산식목적간과는 별도로, 남산적간은 1796, 1796년 이후에도 1813년, 1814년, 1816년, 1818년, 1819년에도 실시되었으며, 내 · 외남산송목적간(內 · 外南山松木摘奸)도 1813년, 1816년, 1817년에 실시되었다.

김후의 1802년 적간 보고서

1802년 봄, 주서(注書)* 김후(金鍭)의 외남산식목적간 보고서[151]는 남대문-남관왕묘-청학동-전생서-남단-이태원-수각령-우사단-사한단-복병현·남벌원(南伐院)-무학봉 주변 산림을 세심하게 조사한 최초의 보고서로 그 당시의 산림을 엿볼 수 있는 귀중한 자료이다. 김후의 적간 보고서로 당시의 산림 상태를 살펴보자.

> 남관왕묘 뒤의 주산과 안산의 소나무는 몇 자나 자랐고, 상수리나무도 크게 자라서 무성하다. 남묘의 동쪽 산기슭

* 『승정원일기』의 기록을 담당하던 정7품 관직

은 해당 영문(營門)에서 장교와 군졸들이 다른 산기슭에 빽빽하게 자라는 어린 소나무를 채취하여 옮겨 심고 있다.

청학동에 들어가니 충손목과 자고송(自故松)이 가끔 나타났으며, 어린 소나무들이 빽빽하다. 불난 두 번째 언덕은 길이 110여 보, 폭 20보인데 불탄 소나무는 해당 영문에서 이미 베어서 팔았으며, 그 자리에 어린 소나무를 새로 심었기에 벤 나무의 수효를 확인할 수 없지만, 산불이 발생한 곳에서 성 밑에까지 화염으로 피해를 본 나무는 아직도 200그루나 된다.

전생서에서 냉정동으로 들어가 울창한 소나무 숲 사이를 지나 문령 남쪽으로 내려가면 좌우 절벽에 표토가 벗겨졌으며, 모래가 흩날리는 곳의 큰 소나무는 말라 죽었고, 붉게 노출된 노지에 나무들이 전혀 자라지 못하니, 필시 토질이 맞지 않기 때문이다.

남단 주변에 이식한 대·소 소나무는 모두 무성하다. 이태원에서 북쪽 냉정동으로 숲이 울창했고, 남쪽으로 내려가 산허리를 가로질러 동쪽으로 부아산에 오르니, 좌우 골짜기 충손목이 곳곳에 쌓여 있고, 잎은 없이 말라붙은 가지만 있다. 어린 소나무들이 무리 지어 자라지만, 가냘픈 모습으로 무성하기를 기약하기 어렵다.

남쪽으로 수각령을 넘어 산등성이를 따라 돌아서 오른쪽 버티고개로 오르니 아래 산기슭과 서로 접한 곳에 충손목이 이루 헤아릴 수 없을 정도로 많다. 산등성이는 바로 우사단의 뒷산으로 새로 심은 나무가 성대하여 볼만하고 언덕을 사이에 두고 죽은 나무들의 쇠락과 새로 심은 나무들의 번성이 판이하다.

우사단에서 산기슭을 거쳐 화경령을 지나 오른쪽 장강을 소급하고 왼쪽 산간(山磵)을 끼고 두모포를 지난 뒤에 사한단에 나아가 봉심한 후, 서쪽으로 가는 길에 독서당현을 경유하여 북쪽 은은곡에 들어가서 남소문동(오늘날 장충동, 광희동 등)을 바라보니, 세 동리 주위가 넓고도 커서 울창하고 무성한 숲이 골짜기에 가득하다.

능 터를 거치고 동쪽으로 상응령에 오르면 고개 동쪽으로는 순전히 민둥산 기슭으로, 좌우 산등성이에 나무를 널리 심지 않은 것은 아니지만, 모래와 돌 때문에 1798년(무오년)에 심은 지 5년이 지났지만, 부스스한 모습이 숲을 이룰 기약이 아득하다.

상응령 동쪽으로 산등성이를 따라 복병현, 남벌원, 아기씨당(阿只堂 서울 동쪽의 굿당)의 산기슭을 두루 둘러보니 모두 민둥산이 되어 어린뿌리와 가는 줄기는 모래로 뒤덮여 있는데, 이는 지맥과 토맥이 부박하여 토양이 척박하기 때문이다. 간혹 숲이 빽빽하게 늘어선 골짜기도 있지만 소수에 불과하니, 응령 동쪽의 지력과 토맥이 응령 서쪽의 여러 곳에 비해 현격히 다르니, 설사 여러 사람이 오랫동안 공을 쌓았지만, 수목을 기르기가 쉽지 않다.

다음날 이른 아침에 북쪽 안정사의 뒤 산기슭에 올라 무학봉에서 안산에 이르러 울창한 숲을 보니 이 동네 백성들이 계를 만들어 나무를 심고, 금양 하였기 때문에 다른 곳보다 낫다고 한다.

김후는 이틀 동안 조사한 내용을 다음과 같이 정리한다.

임목의 울창한 정도가 다른 것은 토질의 척박 정도가 다른 것에서 유래하며, 나무를 심은 골짜기를 샅샅이 찾은 덕분에 외남산의 상황을 자세하게 알 수 있었다. 살아온 햇수의 길고 짧음을 따질 것 없이 소나무와 상수리나무가 모두 뿌리를 내렸으니, 설령 응령처럼 메마른 곳에서도 비록 싹은 트지 않았지만 뿌리는 박고 있다. 여러 곳을 거쳐 오면서 나무를 벤 흔적은 많았다. 그중에 낙인을 찍은 180그루는 1800년(경신년) 능역의 정자각 재목으로 관문을 발송하여 베어 갔으며, 그 밖에 오래전 벌채한 흔적은 밑둥치가 썩어서 사라졌다. 냉정동 인근에 한 그루 벤 흔적이 있는데, 뿌리둘레를 살펴보면 서까래로 만들 수 있는 크기이다. 우사단의 뒤쪽 산기슭에도 또 한 그루 베어낸 흔적이 있는데, 그 옆에 쓰러진 것은 몰래 벤 것 같고, 미처 운반해 가지 못한 나무와 오른쪽 두 그루는 낙인 흔적이 없어서 사적으로 벤 것이 분명하다. 또 밑둥치의 색이 검지 않고 껍질의 송진으로 근래 벤 것임을 알 수 있다.
벌레 피해로 말라 죽거나 바람에 쓰러진 소나무가 여러 산등성이에 두루 있었고, 수년이 지나면서 바람에 닳고 비에 씻겨 썩는 대로 내버려 두니, 심한 것은 수피 사이가 벌레 소굴이 되고, 껍질 속의 벌레는 한 움큼웅큼 쥘 만큼 많으니 나무를 기르는 데 방해가 된다.

어린 소나무는 자라나는 가지들이 총총해야 하지만, 곁가지의 싹이 꼬리에 꼬리를 물고 있어서 기세가 아직 왕성하지 못하다. 가지가 강하고 줄기가 약한 이런 이치는 지력이 부박하기 때문이다. 또 빽빽하게 눌려 있으면서 낙엽이 쌓이고 풍기(風氣)가 들어오지 않기 때문에 벌레를 끌어 모으고 잡벌레의 알이 곳곳에 가득하니, 나무를 기르는 데 해가 되는 것이 당연하다.

금송을 장양하려 하는데 말라 죽은 나무를 감히 손을 쓰지 못하고 방치하니 도리어 소나무를 심고 자라게 하는데 이리저리 얽혀 방해되니, 지금 말라 죽은 소나무를 베어내고 어린 소나무의 곁가지를 제거해 준다면 소나무 기르는 데에 도움이 될 것이다.

김후 적간의 중요성

19세기 99년간 작성된 적간 보고서 중에 가장 자세하게 외남산의 상태를 기술한 김후의 적간 보고서는 1) 남산 일대에서 나무 심기가 계속되며, 2) 대면적의 송충 피해로 고사목들이 많이 발생하고, 3) 국소적으로 산지 피복이 안 된 곳이 곳곳에 발생하며, 4) 도성과 가까운 동부 구역(남벌원, 아기씨당) 민둥산은 몇 년째 나무를 심었지만, 복구가 잘 안되고, 5) 남소문동 부근의 숲은 울창하고, 6) 무학봉 안산의 숲은 주민이 계를 결성하여 나무를 심고 금양 한 것이라 정리할 수 있다.

김후는 적간 보고서의 말미에 그 당시 산림 제도의 병폐와 임업 기술 수준을 다음과 같이 직시한다.

> "외남산 곳곳의 민둥산에 심은 나무들의 생장 부진 이유는 지력(地力)이 부박하기 때문이다. 외남산의 충손목이나 풍락송이 수년 동안 방치된 채 썩고 있는 탓에 병해충의 온상이 되어 주변 나무의 생장에 방해가 되고 있을 뿐만 아니라 어린 소나무도 제대로 자라지 못한다. 또 나무들이 빽빽하게 눌려 있고, 고사목 주변에 쌓인 낙엽은 바람길을 막아 잡벌레의 번식처가 되어, 결국 수목 금양에 해가 된다. 말라 죽은 소나무를 그대로 방치하니 소나무를 심고 금양 하는 데 도리어 방해만 되니, 말라 죽은 소나무를 베어내고 어린 소나무의 곁가지를 제거해 준다면 소나무 금양에 도움이 될 것이다."

그의 식견은 오늘날에도 유효하지만 그 당시에는 어느 누구도 귀를 열었다는 흔적이 없다.

박종기의 1803년 적간

다음 해, 1803년 기사관 박종기(朴宗琦)의 외남산식목적간[152]은

1802년의 적간 경로를 문묘에서 응봉과 복병현까지 답습한 후 남벌원과 안정사로 하산한다. 박종기의 적간을 정리하면 다음과 같다.

> 남대문을 지나 남묘의 안산에 정사년(1797년)과 경신년(1800년)에 심었던 소나무와 상수리나무는 무성하며, 바람에 꺾인 나무의 낙인을 살펴보니 베어낸 나무들이 헤아릴 수 없이 많다. 이어 1802년 불난 청학정의 둘째 산기슭에 새로 심은 어린 소나무는 활착하여 키가 1척 남짓 자랐고, 이미 푸른빛이 난다.
>
> 전생서 뒤편에는 소나무와 전나무가 자라며, 문현 주변은 가끔 토양 표면이 유실되었고, 모여 자라는 소나무의 태반이 생장이 좋지 못한 이유는 지맥이 모두 모래와 돌로 되어 있어서 나무 생육에 부적절하기 때문이다.
>
> 이태원 뒤쪽 산기슭에서 수각까지는 토양 유실이 심하고, 문현 주변보다 면적은 배나 넓으며, 바람에 쓰러진 나무도 더 많다. 고사목을 베어 낼 때 백성들이 땔나무를 급하게 많이 채취하려고 반 그루만 베거나 옆 가지만 베어가고 있다. 우사단에서 내려오면서 본 울창한 숲은 종남산(終南山)의 여러 산기슭에서 처음 본 모습이다.
>
> 마석교를 거쳐 버티고개로 향하면, 좌우 골짜기가 모두 모래와 돌이 많고, 무더기로 자라는 어린 소나무들은 매우 가냘프다. 계곡의 풍락송은 거의 다 사라졌지만, 간간이 낙락장송들은 남아있다.

응봉과 복병현 주변에 1798년부터 나무를 심은 지 6년이 지났지만, 여전히 뿌리가 얽히고 마디가 어그러진 채 자라는 이유는 지맥이 척박한 탓이고, 그래도 민둥산이었을 때와 비교하면 조금씩 숲의 꼴을 갖추어 가고 있다. 이어 서쪽으로는 남벌원에서 안정사를 거쳐 왕십리의 안산인 무학봉에 오르며 간심하였다.

대체로 문현 동쪽으로는 사석(沙石)이 많아서 가끔 민둥산이 있지만 지난 6, 7년 동안 해마다 나무를 심은 덕분에 완만하게 성과가 나타나고 있으며, 특히 버티고개 주변의 토양이 부박하더라도 뿌리가 단단하게 내려서 지엽이 무성하게 자라기 때문에 여러 해 동안 기른 것이 날로 자라고, 근년에 새로 심은 것이 대부분 잘 자라면 곧 무성해질 것이다.

이번에 나무를 벨 때 어린나무를 많이 짓밟았지만, 크게 해롭지 않을 것이다. 바람에 쓰러진 나무가 골짜기에 가끔 있지만, 관할 병영의 낙인이 다 끝나기 전에는 벌채목의 그루 수를 측정하기 어렵다.

나무를 배양할 방도를 찾으면 풍락송의 뿌리를 다시 뽑고, 어린 소나무들을 적당히 헤아려 제거하면 바람이 소통될 것이다. 지력이 좋아서 수년 안에 나무의 생장에 반드시 효과가 있을 것이다.

시기별 구역별 외남산식목적간 내용

1797년부터 약 100년간 이루어진 조사 결과를 표 3에 요약했다.

이 표를 보면 외남산 구역의 산림 변화를 한눈에 파악할 수 있다. 외남산식목적간 경로는 1813년부터 앞서 제시한 경로인 남묘에서 사한단을 거쳐 무학봉으로 향하는 경로를 주로 따르고 있다.

표 22. 조사 시기별 적간 구역의 산림 상태

조사 시기	문묘	청학정	전생서	이태원	응봉-화경곡	무학봉
1796 ~98	이식 및 파종 부실	불법 벌목	식재 소나무, 상수리 생장 양호		보식한 일부만 활착	뿌리 채취로 산사태 발생
1802	소나무 상수리 식재 완료, 생장 양호	실화 발생, 실화지 조림 완료	일부 솔 숲 울창	일부 숲 울창, 일부 표토 유실 중	민둥산, 6년째 계속 보식	수목 울창, 계 구성, 금양
1806	소나무 상수리 식재묘 생장	실화지 산림 조성 완료, 생장 개시 전	식재묘 생장 창성	거개 울연	지맥 척박 일부 활착	식재 소나무 생장 개시, 일부 숲 존재
1816	소나무 상수리 혼재	실화지 소나무 무성, 울창	온 산에 크고 작은 소나무	토양 척박으로 어린 소나무만	좌우 소나무들이 이어짐	토성 척박하지만 송림이 무성
1826	소나무 울창 상수리 빽빽	소나무 빽빽 실화지 산림 무성	소나무 무성	토양 척박으로 어린 소나무만	좌우 소나무 울타리, 소나무 상수리 생장	토성 척박하지만 수목 무성
1835	소나무 상수리 울창 빽빽	노목과 어린 나무 빽빽 무성	숲은 성대하지 않다	토질 척박으로 어린 소나무만	수림 무성	
1845	소나무 상수리 울창	노목과 어린 나무 빽빽 무성	온 산에 큰 나무 들쭉날쭉	토질 척박으로 어린 소나무만	수목 무성	

1855	소나무 상수리 울창 빽빽	노목과 어린 나무 빽빽 무성	온 산에 큰 나무 들쭉날쭉	토질 척박으로 어린 소나무만 약간	수목 무성	
1865	소나무 상수리 울창	노목과 어린 나무 빽빽	온 산에 큰 나무 들쭉날쭉 덮여 있음	토질 척박으로 어린 소나무만 약간	나무들이 촘촘	
1875	소나무 상수리 울창	노목과 어린 나무 빽빽	온 산에 큰 나무 들쭉날쭉 덮여 있음	토질 척박으로 어린 소나무만 약간	수목 무성	
1884	소나무 상수리 무성	노목과 어린 나무 무성	소나무 숲 무성	토질 척박으로 어린 소나무만 약간		
1894	소나무 상수리 울창	노목과 어린 나무 혼재, 무성	온 산에 큰 나무들 무성	토질 척박으로 어린 소나무만 약간	수목 울창	

구역별 산림 변화 상태

1. 남관왕묘 주변

1800년 전후의 상태 : 1796년의 적간은 남관왕묘 주변의 식목 보고가 거짓이었음을 보고한다. 이 보고에 따라 1797년과 1800년에 다시 식목이 이루어졌고, 그 결과는 1802년의 적간으로 확인된다. "남묘의 주산과 안산에 나무 심은 곳을 살펴보니, 1797년과 1800년에 심은 소나무와 상수리나무가 들쭉날쭉 무성하게 자라 줄지어 있고, 새로 심은 소나무는 1척 길이로 푸른빛을 띠고 있다."[153]

1806년부터 1815년 사이의 적간은 이 일대가 소나무와 상수리나무로 무성하며 도벌꾼의 피해도 없다는 보고가 주를 이룬다.

1830년대 이후의 상태 : 1816년에서 1830년까지의 적간은 이 일대는 소나무와 상수리나무가 울창해졌으며 역시 도벌이 없다고 밝힌다. 1797년과 1800년에 경작지에 심은 소나무와 상수리나무(참나무 등)는 30년 사이에 자라 울창한 숲이 되었으며, 불법 작벌 행위도 없음을 알 수 있다. 세월이 흘러 1850년대도 적간 보고서는 동일한 내용을 담고 있다.

1890년대의 상태 : 1886년의 보고서는 "남묘에 이르러 주산과 안산의 식목한 곳을 둘러보니, 큰 소나무가 늘어서고 작은 나무들도 빽빽하며 새로 심은 나무들은 해가 지날수록 점차 무성해진다."고 밝힌다. 이후의 보고서는 천편일률적으로 "소나무와 상수리나무가 울창하였다."고 보고하지만, 보고서의 문맥이 바뀌지 않은 것으로 보아 형식적인 보고일 가능성도 없지 않다.

정리하면 1797년과 1800년에 소나무와 상수리나무를 심은 후, 10여 년 동안 무성하게 줄지어 자라고, 소나무는 1척 길이로 자라기까지 한다. 1830년대 이후는 30여 년 전에 심은 소나무와 상수리나무가 울창해졌으며, 1850년대에도 울창한 숲을 보고한다. 1890년대에는 90여 년 전에 나무를 심은 곳에 큰 소나무가 늘어서고 작은 나무들도 빽빽하다고 보고하고 있다.

2. 청학정 주변

1800년 전후의 상태 : 1796년의 적간은 청학정 주변 소나무 숲은 반수 이상이 송충이 피해목이거나 자고송(自故松)이고, 일부는 도벌꾼에 의해 피해를 본 나무[154]로 파악하고 있다. 1802년 2월 초에 난 0.3㏊ 산불로 420여 그루 이상이 소실되었고, 그 직후 3월에 실시한 적간은 산불 피해지에 어린 소나무를 새로 옮겨 심었다고 보고한다. 산불이 난 다음 해인 1803년 적간은 산불 난 곳에 심은 어린 소나무가 활착하여 1척 길이로 자랐으며(2월 보고), 새로 심은 어린 소나무도 뿌리를 잘 내려 1척 남짓 크기로 왕성하게 자란다(11월)고 밝힌다.

1808년부터 1817년의 보고서는 1802년 불난 곳에 노목(老木)과 어린 소나무들이 빽빽하게 무성해졌다고 밝히고 다시 20여 년이 지난 뒤, 1823년의 보고서는 1802년 불난 곳에 심은 노목(老木)은 잘 자라고, 어린나무들의 생장에는 우열이 있다고 기록한다.

1830년대 이후의 상태 : 1826년~1838년의 보고서는 예전 불난 지역에 노목과 어린 소나무가 무성하고 빽빽하다고 밝힌다. 유사한 보고는 1858년에도 계속된다. 이어서 1870년대에서 1890년대의 보고서에도 1802년 실화지(失火地) 주변의 노목과 어린 소나무의 생육 상태가 무성하다고 밝히고 있다.

정리하면, 산불 피해지에 옮겨 심은 소나무와 남아 있던 나무들은 산불 발생 30년, 60년 90년이 지난 후에도 무성하게 자라고 있음을 적간 보고서로 알 수 있다.

3. 전생서 주변

1800년 전후의 상태 : 1798년 2월의 적간은 소나무를 옮겨 심고 상수리 열매를 뿌린 전생서 뒤 산기슭이 무성하게 되었다고 밝히지만, 같은 해 11월의 적간은 여전히 계속되는 불법 벌목 상황을 전한다. 1802년의 적간은 문령(門嶺) 남쪽 좌우 절벽에 표토가 벗겨진 곳에 큰 소나무가 말라 죽었으며, 노지에 나무들이 못 자라는 이유는 토질 때문이라고 보고한다. 나무를 심은 10여 년 후인 1806~1812년 적간은 이 일대 숲은 창성하고, 식목처는 모두 양호하다고 밝힌다. 1813~24년에는 크고 작은 소나무가 온 산을 덮고 있다고 전한다.

1830년대 이후 상태 : 1831-1838년 적간 보고서에는 큰 나무가 들쑥날쑥하여 산 하나를 덮고 있었으며, 1864~1883년도 그 내용은 변함없다. 1893년~1894년의 보고서는 전생서에서 냉정동 사이에 큰 나무가 빽빽이 들어서 온 산을 뒤덮었다고 밝힌다.

정리하면 전생서 주변은 1800년 전후에 풍락송과 자고송으로 소나무 숲이 많이 훼손되었지만, 소나무와 상수리나무를 조림한 덕분에 울창한 숲으로 변하게 되었다.

4. 이태원에서 수각 마석교 주변

1800년 전후의 상태 : 1796년 이태원의 적간은 금양이 근실하지 못하다고 밝힌다. 특히 마십교(馬十橋)의 소나무는 충해 조짐이 있어도 벌레를 잡지 않았기에 "내년에 피해를 막기 어렵다."고 밝힌다. 이태원 주변의 토양 유실은 1797년의 적간으로 알 수 있다. 인근 양점현(羊占峴)에 "염소들을 지금부터 풀어놓음으로써 새로 심은 어린 소나무를 밟는 폐단이 있다."고 밝히기 때문이다.[155] 1812년의 적간은 마석교 주변의 숲은 울창하고 작벌 흔적은 없다고 밝힌다.

하지만 1814년~1830년의 적간은 수각현 주변 토양이 척박하여 큰 소나무는 드물고 어린 소나무만 가득하여 아직 숲을 이루지 못한다고 보고한다.

1830년대 이후 상태 : 수각현 산등성이의 헐벗은 상태는 계속된다. 어린 소나무만 약간 있을 뿐, 아직 무성하게 자라지 않는다고 보고는 계속된다. 1838년까지도 주산과 안산에는 나무가 크게 들지 않았다고 밝히고 있다. 1864년부터 1875년까지 문현에서 이태원 뒤의 수각현까지는 여전히 토질이 척박해서 어린 소나무가 듬성듬성하며, 1880년대에도 이태원 주변의 상황은 변하지 않는다, 1894년의 보고서는 문현에서 이태원 뒤 산기슭 수각현에 이르기까지는 토질이 척박하여 어린 소나무만 조금 있고, 수각교에서 마석교까지는 소나무 숲이 울창하다고 밝힌다.

5. 한강단 계곡에서 버티고개 주변

1800년 전후의 상태 : 1998년 봄 적간은 "바람에 쓰러져 죽은 소나무가 언덕과 골짜기에 껍질이 벗겨진 채 썩어갔는데 그 수량이 많으니 일일이 다 셀 수 없다."고 보고한다. 1802년 적간은 "산등성이를 따라 돌아서 오른쪽으로 버티고개로 오르니 아래 산기슭과 서로 접한 곳은 충손목이 이루 헤아릴 수 없을 정도로 많다."고 밝힌다. 1803년 적간은 마석교를 거쳐 부아치로 향하면, 좌우 골짜기가 모두 모래와 돌이 많고, 무더기로 생긴 어린 소나무들은 매우 가냘프게 자라며 계곡의 풍락송은 거의 다 사라졌지만, 가끔 낙락장송을 볼 수 있다고 기술한다. 1803년 이후의 이 일대 산림에 대한 언급은 더 이상 나타나지 않는다. 그 이유는 송충이 피해목을 모두 끌어냄에 따라 더 이상 유별난 풍광으로 눈에 띄지 않았기 때문은 아닐까?

6. 응봉과 복병현 주변

1800년 전후의 상태 : 1798년 한강 뒤쪽 산기슭에서 응봉까지 동쪽 4, 5개의 산등성이는 근년에 보식한 소나무는 뿌리를 내린 나무도 있지만, 여전히 뿌리를 내리지 못한 나무도 있어서 아직 숲이 무성하지 않으며, 상수리를 파종한 곳은 뿌리를 내렸지만 길이는 한 자에 못 미친다. 이 적간은 1800년대 전후의 버티고개와 매봉산 일대가 헐벗은 상태였음을 증언한다. 민둥산을 복구하고자 계속 나무를 심은 사실은 1803년의 적간 보고서로 알 수 있다. 보고서에는 "응봉과 복병현에 1798년에 심은 소나무가 6년이 되었는데 잘 못 자라는 이유는 척박하기 때문이지만 그래도 숲이 조금씩 모양새를 이루고 있다."고 밝힌다.

1810년~1820년 사이에는 나무를 심은 곳이 차츰 무성해져서 마침내 울창한 숲을 이루었다고 밝힌다. 1823년~1827년 사이에는 울창한 솔숲이 울타리가 되었으며, 동쪽으로는 상수리나무가 섞여 있다고 기술한다. 1831년에는 버티고개에서 화경곡까지는 수림이 무성하고 울창하다고 보고한다. 이러한 추세는 1835년~1894년 사이에도 계속되어 나무가 우거져 빽빽하며, 울창하다고 밝힌다.

하나 특기할 사항은 응봉 주변에 출현한 호랑이다. 1807년 응봉 근처에서 호랑이를 잡은 장졸을 조정에서 포상[156]하고, 역시 응봉 근처 눈길에서 1810년 호랑이 흔적이 나타나 조정은 본청의 장교에게 총포수 50명을 인솔하여 사냥하도록 지시하고 있다.[157] 응봉 인근의 마석교 부근에서 포수들이 1886년 호랑이를 잡은 기사도 있다.[158] 응봉 인근에서 호랑이가 1886년도까지 출현한 사례는 19세기 말에도 응봉 일대의 숲이 무성했음을 말해준다.

이 일대의 숲이 호랑이가 출현할 만큼 무성하도록 조선 정부가 산림 조성에 힘을 쏟은 이유는 이곳이 복병현이라는 지명처럼 관방에 중요하였기 때문일 것이다.

7. 상응령 남벌원 아기씨 굿당(아지당) 주변

1800년 전후의 상태 : 1796년의 적간 보고서는 내·외부암·남벌원·응봉현·남소문곡성·독서당현의 소나무는 태반이 드문드문할 뿐만 아니라 사이사이에 옆 가지가 꺾인 것이 많고 또 나무꾼이 다니는 길이 사방으로 나 있다고 밝힌다. 그 가운데 남벌원 좌우의 산에는 밑둥치까지 함께 베어갔기에 산기슭에 사태가 발생하고, 남아있는 나무 대부분도 저절로 말라버려 비바람에 쉬 뿌리가 뽑히고 있다.

1802년 봄 적간은 "상응령 동쪽 산기슭은 순전히 민둥산으로, 좌우 산등성이에 1798년에 심은 나무는 5년이 지났지만, 모래와 돌 때문에 부스스한 모습이고, 남벌원, 아기씨 굿당 주변 산기슭은 부박한 토양 때문에 어린나무들이 잘 자라지 못하는 민둥산이다. 간혹 숲이 빽빽한 골짜기도 있지만 소수에 불과하다. 응령 동쪽의 지력이 응령 서쪽에 비해 현격히 다른 결과로 오랫동안 노력을 기울이지만 수목을 기르기가 쉽지 않다."고 비교적 자세하게 산림 상태를 보고하고 있다.

10년 세월이 흘러 1808년의 보고에는 민둥산에 소나무와 상수리나무 숲이 형성되었고, 20년 후인 1818년 보고에는 소나무가 촘촘하여 무성하며, 60여 년이 흐른 후인 1858년에는 숲이 울창하다고 밝힌다.

8. 무학봉 주변

1802년의 적간은 "무학봉의 안산 주변에 새로 심은 나무들이 울창하여 숲을 이루고 잘 자라니, 이는 본리(本里)에 사는 백성들이 계(契)를 만들어 금양한 덕분에 다른 곳보다 낫다."고 밝힌다. 1812년과 1815년의 적간은 무학봉 일대의 토질은 척박하지만 울창한 소나무 숲은 다른 곳에 뒤지지 않는다고 보고한다.

1818년의 보고는 1802년의 적간 보고를 뒷받침한다. "안정사의 4개 기슭은 1802년(임술년)에 승도가 경계를 정하여 금양 한 뒤에 좌우 동구에 노목(蘆木)을 많이 심었는데, 부지런히 심고 힘을 다하여 가꾼 덕분에 울창한 효과가 나타났다."고 밝히기 때문이다.

무학봉 주변은 1825년까지 "토양이 척박하지만 수목이 무성하다."고 보고한다. 그러나 1826년부터 1845년까지의 보고에는 1830년을 제외하고는 수목이 무성하다는 언급이 없다. 따라서 1826년쯤, 이 일대의 숲은 사라진 것으로 추정할 수 있다.

정리하면 외남산에서 유일하게 무학봉 일대는 안정사 승려의 주도로 만든 계 덕분에 산림 조성과 금양이 성공하여 4개 산기슭의 숲이 울창해졌음을 알 수 있다. 1820년대 말까지 척박한 토양이지만 수목은 무성하였음을 알 수 있다. 하지만 1830년대 이후의 적간 보고서에는 구체적인 산림 상태를 언급한 기록은 찾을 수 없고, 불법 벌채가 없다는 관행적 보고만 매년 계속될 뿐이다. 숲이 사라졌기 때문인지는 정확하게 알 수 없다.

외남산식목적간의 산림학적 중요성

1. 외남산식목적은 조선 왕실에서 지키고자 했던 외남산의 위상을 증언한다. 조선 건국 초기에 조정은 풍수적 목적으로 도성의 안산인 남산의 산기(山氣) 유지를 가장 중요한 과업으로 인식했다. 조선 초기부터 임진왜란 이전까지 도성 사산의 기맥을 중시했고, 민둥산의 확산을 적극적으로 저지했다. 하지만 이런 기류는 임진왜란 이후, 국력이 쇠잔해지고, 임산 자원이 고갈되는 조선 후기에 이르러 바뀐다.

조선 전기에는 남산을 포함하여 도성 사산에서 소나무 벌채를 엄격하게 금지했지만 조선 후기에 이르러 다양한 방법으로 남산의 소나무를 활용하고 있음이 이 적간으로 밝혀졌다. 방화에 의한 산불 피해목, 송충이 피해목, 바람에 쓰러진 소나무들은 관청에서 팔거나 백성들의 땔감으로 이용되고 있다. 살아 있는 수백 그루의 소나무를 1800년 정조의 능역 조성에 필요한 영건 목재로 사용한 사례가 좋은 예이다.

2. 남산에 대한 99년 동안의 식목 및 산림 조사 보고서로, 단일

장소에 장기간의 산림 상태를 기록한 유일한 자료이다. 이들 보고서를 통해서 적간 장소에 심은 나무의 식재 시기와 식재 방법을 알 수 있으며, 식재 후의 생육 상태도 확인할 수 있다. 소나무 양묘법이 없던 시기였기에 19세기에도 동쪽에서 캐다가 서쪽에 심는(採東植西) 방법을 그대로 채택하고 있음도 확인할 수 있다. 해당 관청에서 나무를 심은 후, 제대로 활착이 안 된 장소에는 계속하여 보식을 한 기록으로 조선의 식목 양태도 알 수 있다. 조사 지점별로 매년 산림 변화를 1세기 동안 기술함으로써 이태원과 남벌원 일대가 척박한 산림 토양으로 산림 조성이 곤란한 지역이었음을 증언한다. 이들 보고서 중 2건의 적간 보고서는 20여 년이란 짧은 기간일망정 사찰이 금양한 숲의 존재를 증언한다.

3. 19세기 문신(사관)들의 산림관을 엿볼 수 있다. 오늘날과 유사한 산림 지식으로 보고서를 작성하였지만, 이들의 식견과 보고 내용이 제대로 활용된 흔적은 찾을 수 없다. 그리고 적간을 시작한 30여 년 이후부터 제출한 적간 보고서는 형식적으로 변하고, 고종 때에는 몇몇 자구만 바뀌거나 기존에 제출한 내용을 그대로 답습하고 있다.

4장

낙후된 조림 기술이 불러온 조선 후기의 산림 황폐

정약전은 조선의 산림 황폐화(산림 정책 실패)가 발생한 가장 큰 원인으로 나무를 심지 않은 것이라고 지목했지만, 나무 심기가 쉽지 않았음을 18세기 정조의 현륭원 식목 사업과 19세기 강원도와 충청수영의 소나무 식재 보고서로 확인할 수 있었다. 정조는 막대한 국고와 왕권을 동원하여 능역을 조성할 수 있었지만, 그 과정을 통해서 18세기 조선의 낙후된 양묘와 조림 기술 수준이 밝혀졌다. 주요 산림 수종에 대한 적절한 육성법을 개발하지 못했던 19세기 조선의 조림 기술은 그 당시 다른 나라와 비교할 때, 조악한 수준이었다.

김무진[159]은 관방과 재해 방비 목적으로 조정 및 지방 행정 단위와 개인이 나무를 심은 사례를 조선의 식목 활동이라고 제시하고, 그 사례를 확대하여 해석한 배재수 등[160]은 조직적인 식목 활동이 수행되었다고 주장하지만, 산림 자원 조성을 위한 대면적 조림 작업은 이루어지지 않았다. 조선 후기에 발생한 산림 황폐의 가장 큰 원인의 하나는 양묘 및 조림 기술의 부재였다고 주장할 수 있는 까닭이다.

양묘 기술 부재

묘목의 대량 생산 기술은 임업 발달에 대단히 중요하다. 우리나라가 1970년대에 국토녹화사업을 대대적으로 전개하여 세계적인 조림 성공 국가가 될 수 있었던 것[161]도 전국 곳곳의 양묘장에서 묘목을 대량 생산할 수 있었던 덕분이다. 묘목 양성 기술 여부가 파생시키는 효과는 조선 시대 뽕나무와 소나무 육성 정책을 비교하면 분명하게 알 수 있다.

조선 시대 소나무가 재식 대표 산림 수종이라면 뽕나무는 가장 중요한 재배 수종이었다. 소나무는 조선 정부가 『경국대전』에 조문으로 소나무 재식을 규정할 만큼 적극적으로 육성한 산림 수종이었다. 뽕나무 역시 공납과 요역 대상인 옻나무와 과일나무와 함께 재배 장소와 재배 그루 수까지 등록해야 할 만큼 중요한 재배 수종이었다. 조선 정부가 두 수종에 적용한 재식 정책도 유사했다. 두 수종을 양성하기 위해 건국 초부터 필요한 법적·제도적 규정부터 제정했던 과정 역시 그러했다. 양잠 진흥을 위해 조선 정부는 건국 초기에 종상지법(種桑之法, 1410)을 제정한 후, 다시 양잠조건(養蠶條件,

1459)* 과 상목배양절목(桑木培養節目, 1472)을 차례로 제정하였다.

소나무 역시 비슷한 과정으로 조선재 소나무 양성을 위해 송목양성병선수호조건(松木養成兵船守護條件, 1424)을 제정한 후, 차례로 송목금벌법(松木禁伐法, 1437)과 도성내외송목금벌사목(都城內外松木禁伐事目, 1469)을 제정하였다.

양잠 진흥에 필수 불가결한 뽕나무 재배 촉진을 위한 법과 규정(조건과 절목)을 제정하거나 조선재 소나무를 원활하게 조달하기 위해 소나무 벌채 금지법과 양성 규정을 제정한 일은 둘 다 조선 건국 초에 이루어졌다. 하지만 결과적으로 뽕나무 양성 정책은 성공하여 양잠을 진흥시켰지만, 소나무 양성 정책은 실패하여 18세기부터 병선과 조운선을 수리하거나 새로 건조하는 데 어려움을 겪는다.

조선 정부가 시행한 수목 양성 정책이 재식 수종은 성공하고, 산림 수종은 실패로 귀결된 원인을 살펴보는 일은 좁게는 재식 성과를 살펴보는 일이지만, 넓게는 산림 정책 실패 원인을 파악하는 일과 다르지 않다.

양묘 기술 여부는 뽕나무와 소나무의 육성 정책 성패를 좌우하는 가장 큰 요인이었다. 뽕나무는 조선 초기부터 파종이나 움싹을 유도하여 번식하는 양묘법이 개발되었다.[162] 하지만 소나무는 조선 말기(1905)에도 적절한 양묘법이 없었다.[163] 뽕나무는 양묘 기술 덕분에 배양 그루 수를 늘릴 수 있는 구체적인 방법이 제시되었고, 그로 인해 신속하게 재배 장소를 확대하고, 각 호구는 뽕나무를 재배

* 양잠조건은 9조로 구성되어 있으며, 『세조실록』 세조 5년(1459년) 6월 28일에 실려 있다.

하여 양잠으로 경제 효과를 즉각 얻을 수 있었다.

소나무는 양묘 기술도 없었고, 재배할 수 있는 장소는 묘산[분산, 墳山]으로 한정되었고, 또 수십 년이 소요되는 육성 기간 때문에 농가가 얻을 수 있는 즉각적 경제 효과는 크지 않았다. 이런 차이로 인해 뽕나무에 기반을 둔 양잠업은 조선의 중요한 산업으로 자리 잡았지만, 소나무에 기반을 둔 임업은 존재 자체가 없었다.

표 23. 소나무와 뽕나무 재식의 차이

		소나무 양성	뽕나무 양성
법 제정		송목금벌법(1437)	종상지법(1410)
조건 제정		송목양성병선수호조건(1424)	양잠조건(1459)
규정(사목, 절목) 제정		도성내외송목금벌사목(1469)	상목배양절목(1472)
수종의 특성	수종 구분	산림 수종	재배 수종
	번식법	개발 안 됨	모종과 근주 맹아 이용
	이용 산물	목재	잎
	생산기간	60~80년	생산기간: 매년
행정 지원 체계	주관부서	공조, 병조	호조
	관장기관	없음, 지방조직이용	도회 잠실과 지방 잠실
	담당 관리	없음, 감관(지방민)	양잠관
	지방관 평가	고과 평가 있었음	지대함
	전문 서적	없음	『農桑輯要(농상집요)』, 『養蠶經驗撮要(양잠경험촬요)』, 『언해잠서』
	주민참여제도	없음	있음

비슷한 시기의 영국은 스코틀랜드 쿠파 앵거스 수도원 수사, 윌리엄 블레어(William Blair)가 1460년 고지대 산림(Highland Forest)에 심

을 나무를 양묘장[164]에서 생산하였으며, 일본은 무사시(武蔵国) 고려군(高麗郡) 조림용 양묘장에서 어린나무를 증식(1573)[165]하였다. 조선의 사정은 1906년까지도 양묘장이 없었고, 양묘 기술도 없었다.[166]

일본은 오사카 인근에서 시작된 상업 양묘업 덕분에 양묘장 운영 방법, 종자 발아촉진 방법, 삽목묘(插木苗) 양묘 기술이 18세기 일본 전역에 보급되었다.[167] 그 덕분에 삼나무, 편백, 소나무와 같은 침엽수 소립 종자와 도토리(참나무)와 밤(밤나무)과 같은 대립 종자(열매)의 양묘법이 널리 보급되었다. 양묘장에서 생산된 실생묘는 말이나 선박에 실려 전국으로 판매되었으며, 18세기 후반에 오사카 양묘업자 135명이 매월 실생묘 30만 그루를 유통했고, 삼나무와 편백 묘목뿐만 아니라 닥나무와 오동나무 묘목도 생산했다. 조림 활착률은 한두 해 걸쳐 묘상에 옮겨 심어 뿌리 발육을 촉진한 묘목[상채묘, 床採苗]을 심어서 향상했다.

조림 기술 부재

세종 때에 "소나무는 심어서 기르는 방법이 없으니, 벌채와 산불을 엄하게 금지하도록 포고하고, 또 연해의 황폐한 땅에 소나무를 옮겨 심게 하라."고 제안하듯이 조선 시대에는 소나무 조림 기술이 없었다.[168] 따라서 조선 시대에 채택된 소나무 식재 방법은 '동쪽에서 채취하여 서쪽에 심는다(採東植西)'는 말처럼 저절로 자란 어린나무(稚樹)'를 캐다가 다른 장소에 이식하거나 종자를 파종하는 것이었다. 그 구체적인 사례는 임진왜란 이후 헐벗은 도성의 사산(백악산, 남산, 인왕산, 낙산)에 소나무를 심고자 시행하였던 세태를 풍자한

시를 통해서도 확인된다. "남산 소나무는 북산의 소나무가 되고, 북산 소나무는 남산의 소나무가 되었네. 날마다 옮겨 심어 끝날 날이 없으니 산 나무가 죽은 나무가 되었네."[169] * 동쪽에서 채취하여 서쪽에 옮겨 심는 정책은 정조 때에도 계속된다.[170] 겸춘추(兼春秋) 김석태는 도성 동편의 사산 구역 중 "평송전, 수유현(水踰峴) 등에 어린 소나무를 파 간 흔적이 매우 많았는데, 도성 안의 응봉(鷹峯 현재 매봉산)에 옮겨심기 위해서 파 간 것"이라고 정조에게 보고하고 있다.

묘목 양성 없이 숲을 조성하던 방식은 20세기 초까지도 지속된다. 정부 경리원이 충청도 안면도에 내린 1907년 지령[171]에도 그 내용이 다음과 같이 담겨 있다. "봉산금양(封山禁養)과 종식(種植)의 당연함을 알아 각 산직과 간민(閒民)이 일제히 힘을 모아 울밀처(鬱密處)의 모송(毛松)을 이전의 동탁산판(童濯山坂)에다 각각 기백 주씩 이종(移種)한 즉 합이 수십만 주였다."

여기서 주목해야 할 부분은 울창한 장소의 어린 소나무를 캐다가 헐벗은 산판에 기백 주씩 옮겨 심은 것이 수십만 주라는 내용이다. 조선은 20세기 초에도 소나무 양묘 기술이 없었고, 산림 조성 역시 조선 초와 마찬가지로 여전히 소나무 치수를 옮겨 심는 방법을 채택하고 있다. 우리나라에서 최초로 실시된 현대적 인공 조림 작업은 1907년 경성과 평양에서 시행되었다.

그 당시 다른 나라의 사정은 어떠했을까? 인공 조림 기술은 일본이 독일이나 프랑스보다 더 앞섰다. 일본은 17세기 후반부터 번번

* 時人有詩曰: "南山松作北山松, 北山松作南山松。日日移栽無已日, 生松木作自枯松." 聞者大笑。

(藩)에서 조림을 적극적으로 권장하는 한편, 조림 기술을 전파하고자 농서도 발간하였다. 영지를 기슈(紀州)로 옮긴 도쿠가와 요리노부(徳川頼宣)가 오와세(尾鷲) 지방에서 인공 조림을 본격적으로 시작한 때는 17세기 초(1619)였다.[172] 그 당시 개발된 양묘 방법으로 오사카와 교토 부근에서 시작된 인공 조림 기술은 18~19세기 일본 전역에 보급되었다. 산림 조성은 대부분은 종자로 양묘한 실생묘(實生苗)로 이루어졌고, 삼나무는 삽수(插穗)를 직접 임지에 심기(삽수 조림)도 하였다.[173]

실생묘나 삼나무 삽수 조림 후에는 묘목을 보호하기 위해 풀베기 작업은 물론이고, 원치 않는 수목을 제거하는 제벌(除伐)도 실시했다. 조림은 5인 1조 작업단을 결성하여 3명이 나무 심을 구덩이를 파고, 2명은 묘목을 심었으며, 하루 나무 심는 수는 1인당 100~150그루였다. 1760년대 조림 활착률은 55~73%로, 지역에 따라 달랐다.

식재 다음 해 봄에는 나무가 고사한 자리에 다시 묘목을 심었으며[보식, 補植], 적당한 시기가 지나면 가지치기와 간벌 작업도 시행했다. 에도 막부 초기(16~17세기)에 남벌로 헐벗은 산림은 막부 후기에 발달한 조림 기술 덕분에 복구되었다. 벌채 수확 방법, 목재 활용법은 18세기~19세기에 확산하였고, 임산물 대량 유통에 힘입어 산림은 막부 재정의 중요한 수입원이 되었다.

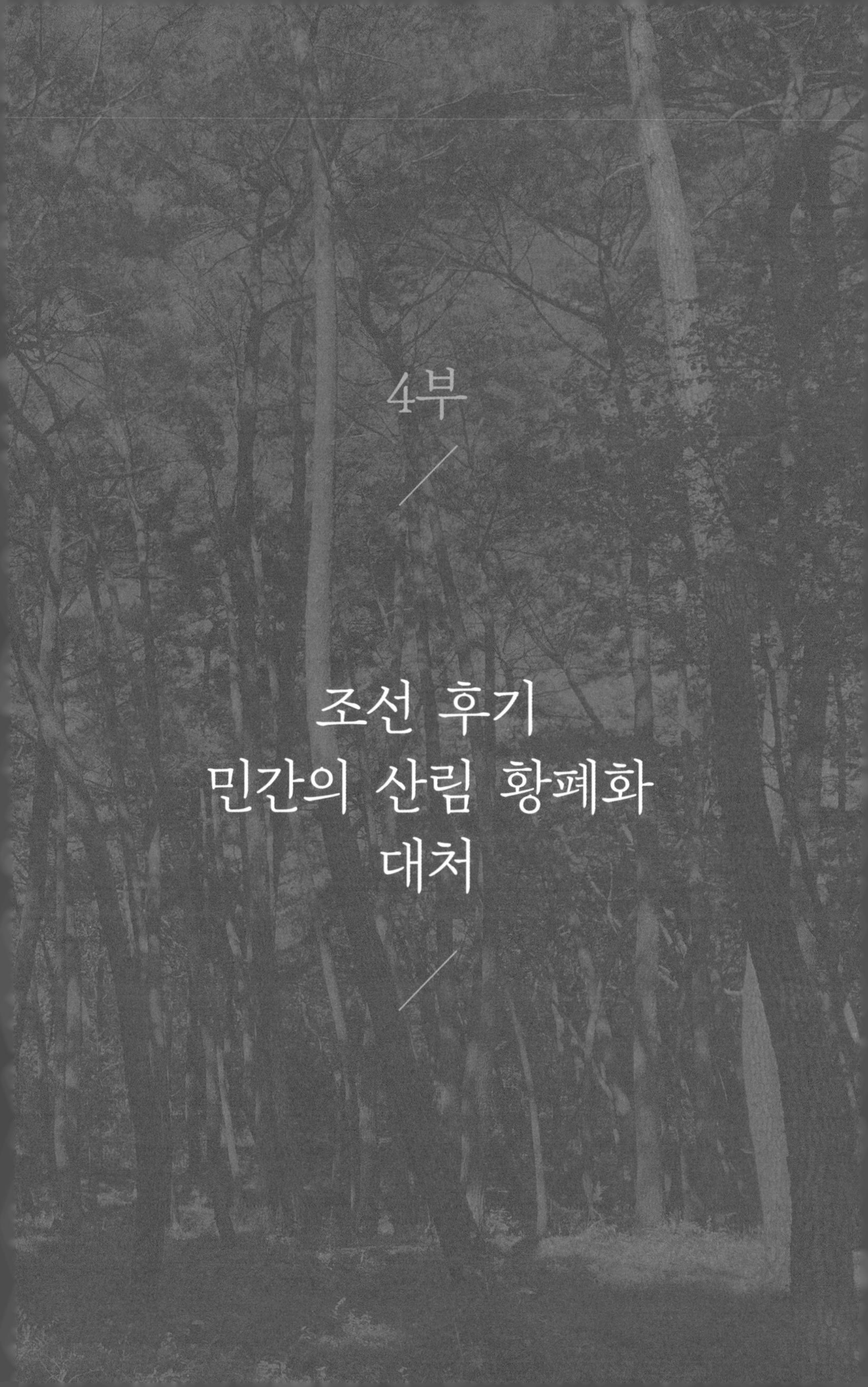

4부

조선 후기 민간의 산림 황폐화 대처

1장 / 노상추의 산림 육성

정조 재임 시기의 무신이었던 노상추(盧尙樞)의 산림 육성은 국가의 봉산 금양 실패와 달리 개인과 향촌 공동체의 산림 육성 성공 사례를 증언한다. 산림 육성에 국가 못지않게 개인과 공동체의 참여가 지극히 중요함은 노상추의 일기로 확인할 수 있다.

노상추의 일기

노상추(1746~1829)는 1762년(17세)부터 1829년(84세)까지 67년간 한문 일기를 썼다. 그의 한문 일기는 51책에 달하는 방대한 분량으로, 탈초한 총 4책(약 2,600쪽)의 원문과 국역본은 국사편찬위원회 홈페이지에서 열람할 수 있다. 지난 20여 년 동안 관련 분야 학자들이 조선 후기 사회상에 관한 50여 편의 학술 논문을 발표할 만큼 그의 일기(국역본 약 5,000쪽)는 18~19세기 조선 사회의 다양한 생활상을 기록하고 있다. 내가 그의 일기에 특별히 관심을 가진 이유는 조선 후기에 한 개인의 산림 육성과 송계 활동뿐만 아니라 당시의 산림 상황을 생생히 전하기 때문이다.

노상추는 영남의 남인이자 무신이었다. 그는 35세에 무과에 급제하고, 47세에 당상관 벼슬에 올랐지만, 노론 문신 중심의 주류 양반 사회에서는 소수자였다. 역설적으로 노상추의 이런 신분적 한계는 67년간 일기를 쓰게 만들었고, 그 덕분에 오늘 우리들은 조선 후기 향촌 사회에서 진행된 산림 금양을 구체적으로 파악할 수 있게 되었다.

노상추는 1780년(35세) 무과에 급제한 후, 1783년(38세) 금군(禁軍)으로 임용되었으며, 1787년(42세) 갑산 진관(鎭管) 변장(邊將), 1789년(44세) 훈련원 주부, 1791년(46세) 오위장, 1792년(47세) 당상 선전관, 1793년(48세) 삭주 부사(府使), 1798년(53세) 선전관, 1800년(55세) 홍주 영장(營將) 등을 역임하였다.

이들 임지에서 근무한 기간은 보통 1년 내외였고, 한 해에 두 번 임명장을 받은 경우도 여러 차례 있었다.[174] 무과 급제부터 가덕 첨사까지 30여 년간 그가 관직에 실제 복무한 기간은 지방 외직(7년 9개월)과 중앙직(3년 6개월)을 합쳐 총 11년 6개월 내외였다.[175] 나머지 기간은 서울과 고향에서 다음 벼슬을 기다리던 시간이었다. 노상추는 가덕 첨사(1811. 9~1813. 7)를 끝으로 낙향하여 농업 경영과 산림 금양에 전념한다.

노상추는 1762년(17세)부터 1829년(84세)까지 67년간 일기를 썼지만 약 14년간의 분량이 분실된 상태여서 현전하는 일기는 총 53년 치뿐이다. 하나 아쉬운 점은 산림 금양을 왕성하게 전개했던 1804년(59세)에서 1807년(62세)까지와 1817년(72세)에서 1821(76세)까지 총 9년간 일기가 전해지지 않는 사실이다.[176] 그런데도 그의 일기는 18세기 후반에서 19세기 초에 향촌 사회에서 이루어진 산림 금양(묫자리 소송, 조림, 벌목, 송계, 임산물 판매)을 구체적으로 증언하는 유일한 기록이다. 그의 일기를 통해서 그가 전개했던 산림 활동을 따라가 보자.

노상추 일기에 나타난 18~19세기 조선의 산림

산림은 농경사회에서 생존에 필요한 절대적 자연 자원이었고, 향촌 사회에서 삶을 영위했던 백성들은 산림에 의존할 수밖에 없었다. 주거에 필요한 가재(家材)는 물론이고 땔감과 꼴을 조달하던 장소가 산림이었다. 조선 전기만 해도 향촌에서 농사짓던 개인은 산림 이용에 큰 어려움이 없었다. 그러나 임진왜란과 병자호란 이후에는 부족한 재정 확보를 위해 내수사(內需司), 왕실[궁방, 宮房], 아문(衙門), 군문(軍門)이 산림 사점에 앞장섬에 따라 개인이 이용할 산림은 급격히 줄어들었다. 특히 왕실과 지방관청[영아문]은 공리지를 절수*하여 산림의 사적 점유를 늘렸으며, 점차 그 대상을 금산·봉산·송전·관용시장에까지 확대하였다.

* 절수는 나라로부터 자기 몫의 땅을 떼어 받는 행위

한편 촌락 단위에서도 개간과 분묘지를 거점으로 하는 산림의 사적 점유가 광범위하게 일어났다. 특히 인력과 물적 여유가 있는 재지 사족은 주인이 없는 임야를 선점하여 오랫동안 다른 사람이 이용하지 않았다는 이유로 사유(私有)를 주장하게 되었고, 산직(山直)과 묘직(墓直)을 두어 독점적으로 보호하고 관리하는 수호금양권(守護禁養權)까지 확보하더니 종국에는 사양산**을 소유하게 되었다. 사양산을 확보한 지방 사족들은 관아에서 사양산 소유를 인증[입안, 立案] 받아 독점적 사용권을 내세우며 근동 주민들이 이용하지 못하도록 입산을 금하였다. 설상가상으로 인구 증가와 가내수공업의 발달은 임산 연료와 목재 수요를 급격하게 증대시켰고, 18세기부터는 산림 황폐가 남부 지방 전역으로 확산하여 임산 자원 고갈이 심화하였다.

노상추는 산림 황폐화가 심화할 당시 실태를 일기에 기록한다. 1773년(28세) 일기는 "지금 산기슭을 보니 다시 민둥산이 되어가는 조짐이 있는데도 나무를 하지 못하게 금하지 못하고 있다."고 쓰고 있다. 1787년(42세) 한양에서 근무 중 휴가로 고향 가는 길에 경기도 이천을 지나면서 본 풍경을 "이천군을 지났다. 이천은 토지가 비옥하여 전답이 매우 좋은데 산에 소나무와 홰나무(전나무)가 없어서 땔나무를 하는 사람들이 띠풀까지 파는 바람에 산골짜기에 토사가 흘러내리고 있었다. 골짜기마다 모두 그러하니, 보기에 민망하기 짝이 없다."라고 기록한다.

** 사양산은 국가가 입장(入葬)이나 개간을 바라는 일반인이나 소나무 보호를 목적으로 하는 송계에게 소유권을 허락한 산이다.

나라 곳곳에서 진행된 산림 황폐화 실상은 그의 일기에 계속된다. 한양 남산이 금송법(禁松法)을 제대로 지키지 않아서 어린 나무꾼들에게 공한지(空閑地)와 다름없는 장소가 되었다거나(1792) 삭주 부사 부임길에 평안도 봉산군 동선령을 지나면서 머잖아 민둥산으로 되고 말 것이니 한심하다고 토로한다.(1793) 삭주 부사를 끝내고 "5년 만에 집에 돌아오니, 산골짜기 모습이 변하여 민둥산이 되어서 산은 무너지고 논밭이 모래로 덮이는 일이 모두 일어난 상태"(1795)라고 증언한다.

헐벗은 산림은 그의 고향 선산만의 문제가 아니었다. 한양의 남산 안팎이 1년 동안 땅에 남아 있는 풀과 소나무 가지와 낙엽이 없었다(1800)고 기록하듯이 전국적인 현상이었다. "일전에 서울에서 휴가를 받아 돌아오는 길에 산록이 벌거숭이가 되어 남은 것이 거의 없어서 마음에 놀랍고 보기에 참혹해서 길 가운데서 탄식하였다."는 1803년(58세) 소회는 22년이 지난 1825년(80세)에도 변함없다. 고향 선산의 화산과 냉산을 봉산으로 지정하려고 한 이유도 황폐화를 막기 위해서라고 밝히기 때문이다.

노상추 가문의 산림 금양

산림 황폐가 심화한 18세기는 조선 정부가 국가 관리 산림(봉산, 송전 등)의 금양을 강력하게 추진했던 시기였고, 향촌 사회 구성원도 산림 고갈의 심각성을 직접 체험하고 분산 수목의 금양 필요성을 인식하던 때였다. 이런 상황에서 향촌 사회 개인이 취할 수 있는 대처 방안은 조상 묘 주변 산림의 육성과 향촌 공동체의 송계에 적극적으로 참여하는 것이었다.

노상추가 산림 육성에 집중한 배경에는 그의 집안 내력도 한몫했다. 경상좌도 병마절도사를 지낸 조부 노계정(盧啓禎: 1695~1755)은 나무와 숲에 관한 생각이 각별하였고, 그러한 인식은 후손에게 남긴 강령에도 남아 있다. 13조로 구성된 이 강령은 부모 형제와 조상과 노비와 이웃에 대한 예법으로 구성되어 있다. 그런데 12번째 강령만은 사람이 아니라 나무와 숲에 대한 지침이다. 바로 "과수(果樹)와 과림(果林)을 잘 보호하고 논밭 두둑을 수축하는 일은 항시 유념하여 게을리하지 말라."는 것이다.*

조부 노계정이 숲을 각별하게 생각한 흔적은 또 있다. 원당마을 낙동강 제방에 심었던 소나무다. 조부가 심었던 제방 소나무는 노상추의 아버지가 자손들에게 따로 계율을 유훈으로 남길 만큼 특별하였다. 노상추는 조부가 심었던 이 소나무를 마음대로 처분한 족종의 잘못을 질책(1803. 6. 6.)한다. 조부가 심은 제방 소나무의 흔적은 1918년도에 제작된 5만분의 1 지형도에도 표시되어 있다.

조부의 영향 덕분에 노상추 부친 노철(1715~1772)도 산림 금양을 중시했다. 그의 일기에 "서너 일가와 노속(奴屬)들로 송계를 만들었다. 아버지께서 사시(오전 9~11시)에 내려와 어스름 무렵에 송계를 하셨다."(1768. 11. 4.)는 구절과 이틀 후에는 "오늘 송계 모임을 하기 위해 마을 사람들을 모이게 했다."(1768. 11. 6.)는 내용이 그러한 흔적이다.

* 노계정의 '전수가법강령'은 경주 안강 노 씨의 홈페이지(http://kjnoh.dtitech.kr/)에 수록되어 있으며, 12번째 강령은 '원림금호전방수축항염물태사(園林禁護田防修築恒念勿怠事)'이다.

노상추 일기에는 부친 노철이 숲의 중요성을 인식한 또 다른 사례도 찾을 수 있다. 낙동강 옆 무너미 땅을 농지로 개간하고자 선산부에서 금수(禁藪)*로 지정된 버드나무 숲을 개간한 사람들을 속전으로 해결하려는 풍헌과 감관의 결정에 부친이 반대하며 엄하게 벌을 내려야 한다고 주장한 내용을 일기(1772. 3. 26.)에 담고 있다. 노상추는 어릴 때부터 산림의 가치와 중요성을 조부와 부친을 통해서 익혔던 셈이다.

분산(墳山)의 유래

노상추가 어린 시절을 보낸 종가는 선산부에서 도보로 약 3km 떨어진 낙동강 옆 독동리 문동골(현 경북 구미시 선산읍 독동리)이다. 1778년(33세) 문동에서 북북동쪽으로 7km 정도 떨어진 낙동강 건너편 화림(현 주소 구미시 도개면 신림리 인근)으로 이사하여 1823년(78세)까지 거주했다. 그 후, 노상추는 별업(別業)**으로 조성한 백운동(현주소 경북 의성군 구천면 청산리 인근)과 화림을 오가며 1829년(84세) 사망할 때까지 살았다.

노상추가 금양 한 임지는 대부분 조상의 묘산[분산]이었다. 묘산은 어떤 경로로 금양처가 되었을까? 묘산이 개인이 독점적으로 금

* 수(藪)는 강가의 무너미 땅에 자라는 덤불 숲을 의미하며, 홍수 때 수해 예방 기능이 있어서 농경에는 중요한 숲이었다. 국가가 지정하여 보호한 금산(禁山)처럼 낙동강 인근 금수로 보호했던 다른 사례는 1720년(숙종 46)에 작성된 의성현경자개량전안(義城縣庚子改量田案)에서도 확인된다. 이 문서에는 경상도 의성현 19개 면 전답 양안(量案)의 6<元結外> 항에 가장 첫 순서로 금수(禁藪) 10결(結) 67부(負) 7속(束)으로 등록되어 있다. 이로 미루어 보아 금수(禁藪)는 관에서 보호하던 임수로 추정된다.

** 별업은 살림집 밖에 경치 좋은 곳에 따로 지어 놓고 때때로 묵으면서 쉬는 집

양할 수 있는 산지가 된 까닭은 조선 초기부터 시행된 묏자리 배정에서 유래한다. 조선 정부는 개국과 함께 산림 공유 원칙을 천명하고 산림 사점을 법적으로 금지하였다. 그러나 이 시기에도 예외는 있었다. 산지 묏자리만은 신분에 따라 개인이 사사로이 이용할 수 있도록 『경국대전』에 걸음 수[보수, 步數]로 면적을 정해주었다. 바로 분산의 보수 규정이다.

『경국대전』에는 "분묘는 종친인 경우, 1품은 4방 각 100보, 2품은 90보, 3품은 80보, 4품은 70보, 5품은 60보, 6품은 50보를 한계로 한다. 문무관인 경우에는 10보씩 감하되 7품 이하 및 생원·진사·유음 자제는 6품과 같이하고, 여자는 남편의 관직에 따른다."라고 보수를 규정한다.

『경국대전』의 보수 규정에 따른 묏자리 면적은 얼마나 될까? "보수는 모두 주척(周尺)을 사용한다."[177]는 규정으로 면적을 계산하면 종실 1품은 사방 120m(100보x1.2m)로 약 14,400㎡(4,360평), 생원·진사는 약 3,600㎡(1,090평)를 사용할 수 있었다.***

개인이 분묘로 이용할 수 있던 한정된 묏자리 면적은 조선 후기에 묘 주변 양옆 산록까지 확장되면서 더욱 넓어진다. 분묘 영역이 확장된 이면에는 조선 후기에 정착된 주자가례의 택지관이 있었다. 풍수를 중시한 주자가례 택지관은 조상 묏자리를 좌청룡(左青龍) 우백호(右白虎) 산록까지 확장함으로 개인(문중)이 점유할 수 있는 분산의 면적을 더 넓히는 데 기여했다. 문중이 선산으로 확장한 용호

*** 보수는 "두 지점 사이의 거리를 남자 보폭의 배수치"로 나타내며, 거리에는 5주척(1m), 논밭의 면적에는 6주척(1.2m)이 사용되었다. 편의상 1보를 1.1m로 환산하기도 한다.

수호(龍虎守護) 구역은 보수 규정을 초과하는 불법적인 광점(廣占)으로 이어졌으며, 사대부들이 광점한 분산 수호 구역은 1676년(숙종 2년) 법*으로 보호받기에 이른다.

분산 수호에 대한 생각은 노상추 역시 그 당시 사대부들과 다르지 않았다. 백련동 부친의 산소 주변에 묘를 쓰고자 하는 친지에게 "사대부 분산은 보수를 계산하지 않는다. 오직 송관이 산세의 원근과 피차의 형국을 참작하여 처결하도록 법전에 실려 있다. 무리한 요청은 도리가 아니다."라며 거절하고 선산부에 산송[묏자리 소송, 山訟]을 제기한다.(1802. 9. 11.) 그리고 선산부는 "사대부 분산 수호는 앉거나 누워서 모두 보이는 땅에까지 미치는 것이니 어찌 타인이 들어와 매장하도록 허락할 이치가 있겠는가? 비어있는 넓은 곳을 다시 찾는 것이 좋겠다. 그리고 산도(山圖)에 입안을 쓰니 노상추에게 주라."(1802. 10. 1.)는 입안을 받는다.

개인이나 문중이 분산을 조선 후기에 확장한 또 다른 이유는 인구 증가와 수공업 발달에 따라 산림에서 얻는 경제적 이득이 증대하였기 때문이다. 분산은 가계에 필요한 임산물(목재, 땔감, 꼴, 기타)의 조달처이자 시장에 판매할 수 있는 건축재, 조선재, 관재, 땔감, 산업용 연료를 생산하는 공간이었다.

분산이란 용어는 1469년(예종 1)[178]실록에 처음 기사로 나타난 이래 모두 62회나 등장하는데, 숙종(12회)과 정조(13회) 때 가장 빈번하게 등장한다. 분산 용어가 17세기 말부터 19세기 초까지 실록에

* 『속대전』에 정식 법 조항

빈번하게 나타난 이유는 문중(개인) 간에 분산 소유권 분쟁이 잇따라 발생하였기 때문이다. 분산은 묘산 사용을 규정하는 용어이기에 『속대전』(1746)[179]을 시작으로 그 이후 여러 법전에 관련 규정이 계속 실린다.

노상추의 분산-금양처

노상추의 분산은 부친 묘가 있는 백련동 일대, 조부와 5대조 묘가 있는 수월산 일대, 종가 선영이 있는 문동마을 뒷산, 형과 증조모 묘가 있는 법화동 뒷산이었다. 그밖에 만년에 자신의 별업이 있던 백운동 주변도 금양처였다. 노상추가 산림 육성 활동을 전개했던 분산 위치를 좀 더 자세히 살펴보자.

1) 백련동 분산(구미시 옥성면 산촌리)은 부친 묘가 있는 복우산 중턱(해발 400m)의 백련암 옛터 주변으로 화림에서 약 16km 떨어져 있으며, 노상추의 후손들이 현재 백련동 산림 44.5ha를 소유하고 있다. 이곳은 부친 묘를 조성(1772년)하기 10년 전에 요절한 형(노상식, 24세)의 묘를 썼던 곳이다. 이 분산 주변 백련동은 노상추 가족(본인과 동생, 장조카)이 4방승(房僧)과 송계를 결성하여 산림을 육성한 곳이다. 역사학계의 한 연구는 백련동을 백운동 별업 근처 상류 계곡으로 잘못 해석하는데, 백운동에도 백련암이 있기 때문에 생긴 착오이다.[180]

2) 백운동 분산(의성군 구천면 청산리)은 별업이 있던 곳으로, 서자 승엽의 경제적 기반을 조성하기 위해 만년에 개발한 곳이다. 화림에서 약 10km 떨어진 화산 남쪽 분지로, 주민들과 함께 송계를 결성

하여 운영하던 곳이다.

3) 수월동 분산(구미시 해평면 월곡리)은 5대조와 조부 묘와 인근 옥양동에는 고조부 묘가 있는 조명산 남쪽 산록으로, 낙동강 옆 통행로 옆에 자리 잡고 있다. 노상추가 거주하던 화림에서는 약 6km 거리에 있다.

그림 5. 노상추의 거주지와 분산 위치

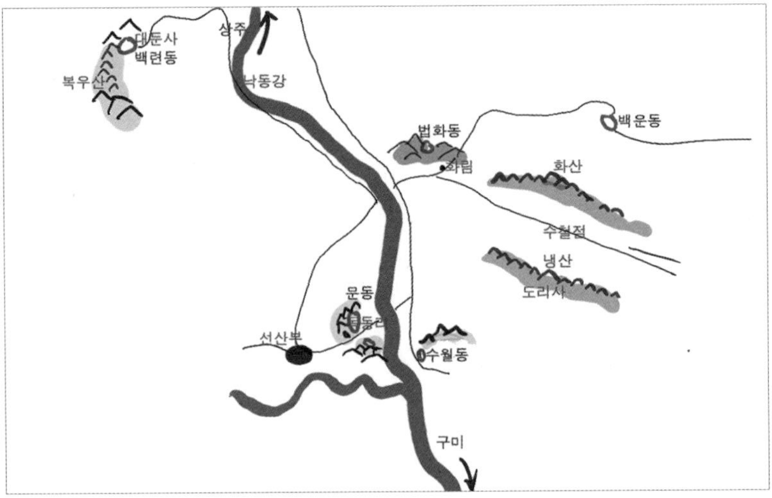

4) 문동 선영(구미시 선산읍 독동리)은 마을에서 가장 가까운 종가 뒷산으로 선산부에 인접해 있고, 마을 사람들이 오래전부터 묘지를 썼던 곳이었기에 면적도 넓지 않다. 또 종가에서 500m 정도 떨어진 남쪽 산록에는 모친과 인척들의 묘소를 쓴 가좌산도 있다.

5) 법화동 분산(경북 구미시 도개면 도개리 517)은 증조모 묘가 있던 법화동 마을 뒷산으로, 노상추가 외지에 근무할 때(1800년) 조카들이 형의 묘를 이곳으로 옮긴 곳이다. 노상추가 거주하던 화림에서

2km 정도 떨어진 곳으로 문암산 남쪽 산록에 있다. 이 밖에 노상추 일기에 등장하는 금양처는 거주지 화림 뒷산을 들 수 있다

표 24. 노상추 분산의 지리적 위치

분산 위치	현주소	해발고	묘소	거주지에서 거리
백련암 선산	경북 구미시 옥성면 옥관리	400m	부친 묘	화림에서 16km
백운동 주변	경북 의성군 구천면 청산리	150m	별업 주변	화림에서 10km
수월산 선산	경북 구미시 해평면 월곡리	50m	5대조와 조부 묘	화림에서 6km
문동 선산	경북 구미시 선산읍 독동리	100m	종가의 선영	문동에서 100~500m
법화동 선산	경북 구미시 도개면 도개리	100m	증조모와 형 묘소	화림에서 2km

노상추의 분산 산송

산송은 16세기 이후 정착된 성리학적 의례에 따라 선산을 확대하면서 발생하였다. 조선 전기에 평면적 보수 규정으로 점유하였던 분묘 구역을 조선 후기에 사대부 문중이 지세의 흐름에 따라 분묘 구역을 용호수호 구역까지 입체적으로 확대하면서 촉발되었다. 국가는 개인이나 문중에서 쓴 분묘 주변 산지를 '보호된 산지[분산 수호, 墳山守護]'라는 개념으로 그 이용권을 인정하였지만, 법적 소유권을 온전히 인정하지는 않았다. 산지 소유를 인정하지 않은 이런 어정쩡한 정책은 구한말까지 계속되었다. 따라서 산림 사유화에 대한 국가와 개인 간의 인식 차이는 다양한 소유권 문제를 파생시켰고, 특히 산림 황폐화로 인한 자원 고갈이 심화한 조선 후기에 개인 간에 산림 소송[산송, 山訟]이 빈발하였다.[181]

노상추 역시 분산 수호를 위해 1800년부터 1827년까지 여러 차

례 산송을 진행한다. 자신이 오래전부터 금양 했던 분산(백련동과 법화동)을 침범한 행위는 승소했고, 자기 영향력이 덜 미치는 분산에서의 벌목과 매장 행위는 패소한다.

표 25. 노상추의 산송 대상지와 결과

분산 위치	산송
문동 선산	1803. 12. 18. 족친간 족보와 선선 송추 벌목 소송 승소
백련동	1802. 10. 4. 조석진 가문과 분산 침범에 용호구역 권리 승소
법화동	1802. 5. 10. 송응경-분산 송추 권리 주장을 산송으로 승소 1827. 5. 13. 김박-능선 소나무 작벌 행위를 산송으로 승소
상구미면 성남촌 노종선 묘역	1807~1811 박춘노가 분산을 침범한 행위를 산송으로 패소

노상추가 진행한 산송 중에 가장 대표적인 것은 노상추 가문과 박춘로 가문의 산송이다. 이 산송은 1807년~1811년 사이에 진행된 상구미면 성남촌 안강 노씨 입향조 노종선 묘역을 둘러싸고 노씨 가문과 여서(女壻)에 해당하는 박씨 가문 사이에 있었던 산송이다. 노상추는 산송으로 이 묘역 권리를 확보하였지만 개령 수령 이덕빈이 박춘로를 비호하여 분산을 확보하지 못한다. 노상추 가문은 경상도 관찰사에 이런 비호의 억울함을 호소하여 묘소를 옮기겠다는 박춘로의 다짐을 받아내지만 그가 이런 핑계 저런 핑계를 대며 거부하여 끝내 묘소를 파내지 못한다.

이에 노상추는 박춘로의 약속 불이행을 어사에게 소지로 제기하지만, 어사 역시 노상추의 의견을 무시한다.(1808. 7. 27.) 새로 부임한 경상도 관찰사에게도 장계를 올렸지만 10월 안으로 파서 옮기겠다는 다짐만 할 뿐, 박춘로 가문은 실행에 옮기지 않는다. 그래서 노상추 조카(기엽)가 임금에게 직접 격쟁을 하지만 성과는 없었다. 노상추는 그때의 심경을 "오히려 관찰사가 교언영색으로 진실을 은폐하며 임금의 총명을 가려서 진실이 드러나지 않으니, 진실로 한탄스럽다."(1808. 9. 28.)고 쓰고 있다.

이런 일이 있고 난 후, 박춘로가 임금께 격쟁(1809. 1. 7.)하기에 이르고, 노상추는 무고 혐의로 의금부에 끌려갔다가 석방(1811. 4. 19.)되면서 산송은 패소로 끝난다. 이 산송은 1807년 1월부터 1811년 4월에 걸쳐 진행되었지만 처음 승소했던 산송이 노론 관료들에 의해서 뒤집힌 사례라 할 수 있다. 영남 남인 출신 무신을 업신여겼던 시대적 상황이 반영된 일이었고, 양반 노상추의 신분적 한계를 엿볼 수 있는 장면이다.

이외에도 법화동 분산을 침범한 원당동 양반 송지한과는 송추벌목으로 1802년에 산송이 있었지만 승소한다. 그리고 25년이 흘러 노상추가 흥덕 수령으로 부임한 아들 익엽을 따라 1827년 출타한 사이에 선산의 김박이 법화동 주변 소나무를 무단으로 작벌하여 다시 산송이 재기된다. 흥덕에서 선산으로 귀향한 노상추는 김박의 분산 침법 행위를 선선부에 소송하여 승소한다.

백련동 분산은 인척인 조석진 가문과 1802년에 분쟁이 있었지만, 분산의 용호 수호를 인정한 수령의 처분에 따라 노상추가 승소한다. 이밖에 1800년 노상추 집안에서 상원에 쓴 묘지가 최익천의 산송으로 노상추가 패소하였으며, 그 묘는 법화동으로 옮겨왔다는 기록(1800. 4. 15.)과 족보와 선산의 벌목 문제로 족친간의 소송도 있었지만 승소(1803. 12. 18.)한다.

노상추의 일기를 통해서 19세기 산송의 유형을 파악할 수 있으며, 노상추 역시 무신 양반의 일원으로 경제적 이익이 창출되는 분산 수호에 적극적이었음을 확인할 수 있다.

노상추의 식목 활동

노상추의 나무 심기와 관련된 가장 이른 기록은 무과 시험에 열중하던 1778년(33세) 대곡사(大谷寺, 현 경북 의성군 다인면 봉정리 895) 잣나무 숲에서 얻어온 잣송이 종자를 화림 거주지 뒷산에 심고, 1779년 삼막산에 밤 300알을 심은 것이다. 그는 화림 집 뒷산에 파종했던 잣나무에서 잣송이가 열린 감회를 일기(1802. 8. 23.)에 남긴다. “무술년(1778) 봄 3월에 대곡사를 지나다 무리 지어 자라는 잣나무 숲에서 잣 한 송이를 얻어서 돌아와 이 언덕 위에 심은 지 지금 25년이다. 그중에서 장성한 것이 17그루인데 비로소 열매를 맺으니 아름답다. 선조 사당에 천신할 뜻으로 이를 보관해 두라고 명하였다.”(1802. 8. 23.)

잣과 밤을 파종했던 젊은 시절은 별개로 노상추가 본격적으로 나무를 심은 시기는 1798년(53세)부터다. 그의 일기에는 수월산에 노비 장불개를 시켜 묘소 남쪽에 소나무를 심고(1798. 2. 27.), 이어 다음 해에는 문동 뒷산 선영 오른쪽 모래바람이 이는 산기슭에 도토리를 파종(1799. 9. 19.)했다. 그리고 한 달여 지난 시점에 낙동강 건너편 수월산(水月山) 선영 남쪽에 도토리 13말도 심는다.(1799. 10. 14.)

그의 나무 심기는 분산 주변에서만 이루어진 것은 아니었다. 문동 종가 근처에 조부가 세웠던 죽월헌(竹月軒) 옛터에 복숭아(3,000립)와 살구(1,800립)를 심고(1799), 홍주 영장으로 근무하던 중, 아들과 조카가 죽월헌 주변에 대추나무 30여 그루를 심고, 개울가 위아래에 버드나무를 심은 소식을 일기에 남긴다. 나무 심기에 대한 노상추의 열정은 "조카 기엽의 말을 들으니, 복숭아와 살구 심은 것은 지금 막 싹이 나고 있으며, 작년 겨울에 심은 상수리 열매도 싹이 났다고 한다. 아마도 앞으로 잘 자랄 가망이 있을 것이다."(1800. 3. 16.)란 소회로 알 수 있다.

홍주 영장 근무를 끝내고 고향으로 돌아온 노상추는 본격적으로 분산에 나무를 심는다. 수월산 묘지 주변에 소나무를 심고(1802. 1. 26.), 죽월헌 옛터 부근에 복숭아 60그루를 심는다. 다음 해 조카 기엽이 수월산에 가서 봄에 심은 상수리를 살펴보고 온 내용을 일기(1803. 8. 23.)에 담고 있다.

마지막 벼슬인 가덕 첨사(1811~1812) 근무를 끝낸 후, 노상추는 1814년(69세)부터 자신이 금양 하던 분산은 물론이고, 말년을 보낼 백운동 별업과 화림 거주지 주변에도 나무를 심는다. 1816년에는 집안 일꾼을 시켜서 수월산 묘역(2월 2일)에 상수리 28말을, 화림 체악당 동쪽 산기슭에(2월 7일) 상수리 3말을 파종하고, 이틀 후에는 문동 가좌산 어머니 묘소 주변에(2월 9일) 상수리 5말을 심는다. 또한 금수공한처를 불법적으로 매립한 벌목꾼 12명에게 소나무와 버드나무를 심게(2월 11일) 한다. 만년에도 그의 나무 심기는 계속된다. 1825년(80세)에는 상수리를 백련동(12말)과 백운동(5말)과 문동 선산(1말)에 심고, 이듬해(1826)에는 백련암 근처 산록(20말)에 파종한다.

현전하는 그의 일기는 법화동 분산에서 이루어진 벌목 활동만 수록하고 있을 뿐 소나무를 심거나 상수리를 파종한 기록은 없다. 법화동 산림이 울창하였기 때문에 파종할 필요가 없었는지 또 다른 이유 때문인지는 확인할 수 없다. 노상추가 낙향 후 금양 사업에 집중하였던 60대 초반 4년간(1804~1807)과 70대 중반 5년간(1817~1821)의 일기가 전해지지 않기 때문에 식목 활동 전모를 파악하는 데는 한계가 있다. 그 전후 시기에 자신이 여러 분산에 파종한 내용을 일기에 꼼꼼하게 기록한 것을 미루어볼 때, 60대 초반 4년간과 70대 중반 5년간에도 나무를 열심히 심었을 것으로 추정할 수 있다.

노상추가 심은 나무는 주로 소나무와 상수리나무였다. 상수리는 열매로 파종하였고 소나무는 종자를 파종하거나 부근에 자라는 어린나무를 캐다가 심었다. 소나무는 백련동에서 키운 어린 소나무를 캐다가 백운동 별업 거주지 주변에 심기도 했다.

그밖에 뽕나무는 꺾꽂이로 심고, 금수(禁藪)와 개울 주변에는 버드나무와 유실수도 심었다. 조부의 사당이 있는 죽월헌 주변에는 복숭아와 살구를, 화림 집 뒷산에는 잣나무와 유실수를 심었다. 유실수는 열매를 파종한 후, 어린 모종이 자라면 원하는 장소에 옮겨 심었다.

노상추는 나무 심기 못지않게 육성에도 신경을 썼다. "산기슭 묘역 주변을 두루 살펴보니 소나무가 무성하였다. 하지만 송계에서 관리하는 곳은 7년 동안 나무를 가꾼 흔적이 없었다. 또 상수리나무와 1년 동안 자란 풀을 농사짓는 대둔사 중이 조금도 남기지 않고 모두 베어버렸다."(1798. 4. 2.)는 기록처럼 심은 나무가 잘 자라도록 사후 관리에도 특별히 신경을 썼다.

표 26. 노상추의 분산별 식재와 벌목 활동

분산	식재	벌목
백련동	1803 상수리 1825 상수리 12말 1826 상수리 20말	1801 소나무 40주 (1802 종가 신축용) 1802 가재 38주(1802 종가 신축용) 1802 충송목 판매용 1803 20주(정용의 가재) 1815 관재 1816 재궁용 소나무 80여그루 (백련암터) 1822 관아 중방목 170주, 권희 17주 1824 서까래 37주, 선산부 20주 1825 100주 (선산부 부용정 증축 연목) 1827 백련암 신축 120주, 선산부 15주 1828 송지를 석역소에 발매 계획
백운동	1814 잣나무 1815 버드나무(개울 위아래) 1825 상수리 5말(동내 어귀)	1814 소나무 8주 (백운동 별업 신축) 1823 대들보 재목 1826 선산부 청사 중수 서까래 20주 1827 상수리 (낙동강 관선 사공의 노목)
수월산	1798 소나무 식재 1799 상수리 13말 1802 소나무, 상수리 1816 상수리 28말	1774 소나무 1주 1801 묘우 신축용 1802 소나무 304주 판매용 1815 소나무 (조카 종인 도벌, 15량 판매)
문동 선산	1799 상수리(늑정공, 확관공 묘지) 1816 상수리 5말 (가좌산) 1825 상수리 1말	1766 소나무 4주, 상수리 1주 1802 송충목 1803 소나무 50주 (화림 신축 가재)
법화동 뒷산		1801 묘우 신축용 1803 서까래감 24주 1823 서까래 재목 80주 벌목 1824 15주 벌목 (백운동 별업 화체당 신축) 1825 소나무 사당 기와 제작 땔감
기타	1779 삼막산 밤 300립 1799 문동 복숭아 3000, 살구 1800립 1802 죽월헌 유허 복숭아 60그루 1814 화림 집 뒷산 잣나무 파종 서산와 주변 복숭아 460립 파종 1816 화림 체악당 인근 상수리 3말	1803 송제(松堤) 소나무 임의처분 1814 화림 거주지 주변 소나무 8주 1816 화림 서산와 벌목

그의 1802년 일기는 분산 금양에 대한 지식을 엿볼 수 있다. 백련동 부친 묘소 주변을 금양 하여 소나무가 숲을 이루었다(1802. 2. 18.)고 만족감을 표하면서, "백련동 상수리나무 금양은 올해가 제일이지만 온 산의 소나무는 온갖 벌레들이 솔잎을 먹어서 살아 있는 것이 거의 없으니 너무나 통탄스럽다."(1802. 5. 27.)며 송충이 피해를 안타까워 한다. 백련동 산림 금양에 태만한 승려를 질책한 탓인지 5년 뒤에는 "올해 상수리나무는 잡초로부터 온전한데, 이는 내가 암자에 우거해서 그렇게 된 것이니 진실로 다행스럽다."(1803. 4. 10.)라고 밝힌다. 싹을 갓 틔운 어린 상수리 모종이 잡초에 파묻히면 제대로 자리지 못하는 특성을 정확하게 알고 있었던 셈이다.

노상추의 벌목 활동

노상추 일기에 기록된 최초의 벌목은 1766년(21살) 부친이 문동 뒷산에서 소나무 네 그루와 상수리나무 한 그루(1766. 8. 1.)를 자른 것이다. 이 이후에도 가끔 벌목은 계속되었다. 수월 선산에서 장례용 관재(1766)와 영당 건축재(1767), 숭암에서 장례용 관재(1768, 1771), 주근동에서 가재(1778) 벌목 기록을 통해서 18세기 후반에 있었던 향촌 사회의 목재 조달 방법을 엿볼 수 있다. 하지만 이들은 노상추 자신이 직접 금양했던 분산에서 이루어진 벌목은 아니었다.

노상추가 직접 금양했던 산지에서 벌목이 이루어진 때는 1800년부터였고, 벌목은 그의 사망 직전인 1828년까지 이어졌다. 벌목이 1800년부터 본격적으로 시작된 이유는 무엇일까? 1760년대부터 노상추가 쏟은 분산 금양의 결실을 보기 시작하였기 때문일 것이다. 또 19세기에 들어 산림 황폐화가 심화함에 따라 급증한 목재 수요에 부응하기 위한 벌목이었을 것으로 추정할 수도 있다.

노상추의 금양처 중에 가장 많이 벌목한 곳은 백련동과 수월산 분산이었다. 백련동은 형의 묘지를 쓴 1762년부터 금양했던 곳이고, 1772년 부친의 산소도 백련동에 모셨기 때문에 40여 년 동안 금양한 곳이다. 또 부친의 산소 주변은 대둔사 4방 승려들과 함께 1791년부터 송계를 결성하여 금양하였던 곳이기에 문중의 간섭이나 백련동 주민의 눈치를 볼 필요도 없었다.

벌목을 많이 했던 또 다른 분산은 수월산으로 노상추의 증조부와 5대조 묘소가 있는 곳이다. 이 분산은 낙동강 옆으로 난 통행로 주변의 낮은 구릉에 있어서 접근하기가 쉽고, 용처가 많은 소나무가 무성한 곳이었기에 목상들이 눈독을 들이던 곳이었다. 그래서 선산에 대한 소유권을 내세우며 소나무를 빨리 처분하려는 족종과 산림을 직접 금양한 노상추 사이에 소나무 처분에 따른 갈등이 수시로 발생했던 곳이었다.

문동 종가 뒷산에 자리 잡은 선산에서의 벌목은 많지 않았다. 종가 뒷산은 오래전부터 여러 사람이 묘지로 썼던 곳이라 넓지 않았고, 인가 주변이라 헐벗었을 가능성도 컸다. 법화동 분산은 식목이나 파종 기록은 없지만, 노상추의 거주지 화림에서 가까운 곳에 있어서인지 1801년부터 1825년까지 빈번하게 벌목이 이루어졌다.

벌목 목적 : 가재(家材) 조달

노상추는 가옥(또는 별당)과 사당 신축(또는 증축, 수리)에 필요한 가사용 목재로 사용하고, 목재를 원하는 지인에게 판매하거나 선산부에 제공하기 위해 분산에서 벌목하였다. 노상추는 분산의 목재로 문동의 종가(1802), 화림의 새 거처(1803)와 별당인 체악당(棣樂堂)과 서산와(西山窩)(1808), 백운동 별업(1814)과 화채당(1823~1824), 백련동 백련암(1827)을 차례로 짓는다.

구체적으로 살펴보면, 문동의 종가를 새로 짓는 데 필요한 소나무를 백련동에서 벌목(1801. 12. 1.)하여 종가의 가재(1802. 1.)와 사당의 서까래로 사용한다. 이듬해(1802. 9. 23.~24.)에도 백련동 일대에서 벌목하며, 족종 상격이 사당 1칸을 짓는 데 필요한 재목을 제공한다. 한편 문동 종가에서 살다가 1778년(33세) 낙동강 건너편 화림으로 이사한 노상추는 1803년 옛집을 헐고 새집을 신축하면서 서까래(24주)는 법화동에서 벌목한 소나무를 사용하고, 그 밖의 목재는 문동 선영에서 1803년 벌목한 소나무를 사용한다. 이때 사용하고 남은 목재는 1808년 화림에 체악당과 서산와를 지을 때 사용하였다.

노상추는 그의 생애 마지막 관직인 가덕진 첨사(1811~1812)를 마친 후, 집에 비축해 두었던 목재와 화림 집 뒷산에서 소나무 8그루를 벌목(1814)하여 백운동 별업(안채 5칸과 행랑 4칸 등 9칸의 초가집)을 짓는다. 그리고 9년 후, 백운동에 순조롭게 정착함에 따라 화체당(華棣堂)을 증축(1823-1824)한다. 화체당의 규모는 안채, 사랑채, 행랑채를 포함하여 30여 칸의 기와집으로 추정된다.[182] 화체당 신축에 필요한 목재는 백운동(1823), 법화동(1824), 백련동(1824)에서 조달한다. 백련동 분산에서 육성한 목재로 지은 백련암(1827)이 그의 마지막 건축물이었다.

벌목에 따른 족종간의 불화

노상추가 홍주 영장을 끝내고 귀향한 1802년(57살)부터 집안의 산림 금양에 본격적으로 관여하면서 족종간의 불화도 발생한다. 그 대표적 사례는 족종 상격의 수월산 소나무에 대한 무단 벌목이다. 수월산 분산은 "원래 족종 상격의 선조 호군공이 주인이었지만 노상추의 부친이 호군공 묘 아래에 조부 노계정의 묘를 옮긴 뒤에는 노상추 집안이 금호(禁護)하였기 때문에 분산의 송추는 우리 집의 힘"(1802. 2. 4.)이라고 인식하던 곳이었다. 노상추는 분산 일대를 실질적으로 금양한 자기 집안의 허락도 구하지 않고 무단으로 벌목한 족종의 태도에 분노한다. 수월산의 벌목 때문에 노상추와 족종 상격 사이의 갈등은 분묘 뒤편 소나무 304그루를 먼저 판매하고, 분묘 아래 122그루는 소나무가 말라 죽을 때 판매하는 것으로 의견을 모은다.(1802. 11. 17.)

벌목과 관련하여 노상추와 족종 간의 갈등은 해를 넘겨도 계속된다. 천곡의 소나무 6그루와 송암 옛터의 소나무 50여 그루를 몰래 베어낸 종인의 행위를 역시 질책(1803. 4. 21.)하고 있다. 선산의 수목을 벌채하면서 족종 간에 분란이 발생한 이유는 18세기 후반부터 산림 황폐로 목재 가격이 급등[183]하였기 때문이다. 경제적 여력이 없는 종인은 분산의 나무를 빨리 처분하길 원했지만, 경제적 여력이 있는 종인은 정당한 문중 협의 절차를 거쳐서 판매하길 원했다. 산림 황폐가 불러온 분산 수목의 처분 문제로 족종 간에도 분쟁이 많을 수밖에 없었던 19세기 초의 시대 상황은 노상추의 일기에도 담겨 있다.

목재 가격이 상승함에 따라 집안 간의 분산 벌목 갈등은 1815년에도 계속된다. 노상추는 집안의 조카가 수월산 소나무를 몰래 팔아 15량을 벌었다는 이야기를 들은 후(1815. 4. 2.) "지난 4개월간 산록은 헐벗고, 또 주민들이 어린 소나무의 껍질을 모두 벗겨버려 온 산이 민둥산으로 변해 차마 말을 할 수가 없어 통곡하기 어려웠다."(1815. 6. 9.)고 적고 있다.

관의 부당한 벌채

노상추는 선산부에서 자행한 부당한 벌목과 분산 목재를 수탈당한 내용도 일기에 기록하고 있다. 분산에 대한 관의 부당한 첫 벌목은 부친이 살아 있을 때(1767. 12. 28.)의 일로, 수월산 분산에서 선산부의 장교와 일꾼이 13그루를 함부로 벌목한 것이었다. 관의 무단 벌목은 그로부터 50여 년이 지난 시점에도 반복되고 있다. 백련동에서 관아의 건축재(중방목)로 쓸 170주(1822), 서까래 37주(1824), 선산부 부용정 증축에 필요한 서까래 100주(1825)와 15주(1827)를 벌목하고, 백운동에서도 청사 중수에 필요한 서까래 20주(1826)를 벌목한다.

그는 선산부에서 목재를 부당하게 요구할 때마다 그때의 심경을 가감 없이 기록한다. "백련동에서 중방목 재목감으로 13개를 관아에서 베어갔다고 하니 관아에서 군과 귀 역할을 하는 자들은 참으로 죽일 놈들"(1822. 3. 15.)이라거나 "고을 수령이 서까래 재목 170개를 빌려주시라고 하니 요구가 너무 심하다. 가혹한 정치가 사나운 호랑이보다 심하다는 것은 이런 일을 두고 하는 말"(1822. 3. 19.)이라고 토로한다. 그리고 3년 뒤, 선산부의 연당에 부용정 1칸을 중수하면서 필요한 서까래 30주를 얻고자 장교가 백련동에서 실제 필요한 양보다 훨씬 많은 50주를 첫날 베고, 다음날 또 50주를 더 벌목(1825. 8. 18.)한 처사를 "관아에서 백성을 괴롭히는 것을 이처럼 지독하게 한단 말인가. 관아에서 그동안 베어간 나무가 1천 그루가 넘을 것이니 통탄스럽다."고 분노한다.

이후에도 관의 수탈이 있을 때마다 그는 기록한다. "관에서 장교를 보내어 추녀 재목으로 쓸 소나무 15개를 베어갔다. 수령의 악행이 맹수보다 심하다는 것이 이런 경우"(1827. 4. 30.)라고 적고 있다. 관의 부당한 요구는 그의 생애 말년인 1829년에도 계속된다. 선산부가 감옥 수리에 필요한 소나무 500~600주를 백련동에서 제공해 줄 것을 요구하지만, 큰아들 익엽은 백련동 조부 무덤 주변의 소나무는 산사태를 막아주기 때문에 벌목해서는 안 될 형편임을 언급하며 정중하게 거절한다.(1829. 4. 13.)

노상추의 송계(松稧) 활동

노상추가 일기에 송계를 언급한 가장 이른 시기는 21세 때, 부친이 서너 일가와 노속(奴屬)들과 함께 송계를 만든 때(1766. 11. 4.)였다. 그의 일기에 부친의 송계 결성 내용을 남긴 이유는 큰형 상식의 이른 죽음에 상심한 부친이 일기 쓰기를 멈추고 그에게 대신 쓰게 했기 때문이다. 부친 사망(1772) 이후 노상추는 직접 송계에 관여한다. 집 주변 산림이 민둥산으로 변할 조짐을 보고 24명을 모아 송계를 결성(1773. 윤3. 6.)하고, 이틀 뒤에는 산림 순시를 시작한다. 송계와 관련된 기사는 송계 강회에 참석(1774. 11. 10.)하고, 몇 년 뒤에는 다시 흐지부지된 송계를 재건하고자 협의(1778. 6. 5.)한다.

무과 과거 준비와 급제 후 무관 외직으로 타지에 근무하면서 한동안 송계 활동에 적극적으로 참여하지 못했던 노상추는 1791년(46세) 부친의 묘소가 있는 복우산 남쪽 기슭을 금양처로 선정하며 본격적으로 송계 활동을 시작한다. 노상추가 관여한 송계는 그의 가족과 대둔사 주변 승려들과 함께 결성한 백련동 송계, 마을 주민들이 이미 운영하던 월학 송계와 도리동 송계, 그의 별서가 있는 백운동 송계 등이다.

이들 송계 중에 금양 활동이 가장 왕성한 송계는 60년 이상 금양하였던 백련동 송계이다. 그다음으로 그가 열심히 참여한 송계는 백운동 송계로 그의 서자 승엽의 정착에 보탬을 주기 위해서였다. 그밖에 수의동 폭포 아래에 서당을 조성할 계획으로 월학 송계도 열심히 참여했지만, 아우 상근의 사망으로 서당 설립 구상은 실행하지 못했다.

표 27. 노상추의 송계 활동

시기	지역	활동	출처
1766	선산 문동	노철(노상추 부친) 송계 결성	노상추 일기 1766. 11. 4.
1778	선산 문동	송계 활동 재개를 위한 재건	노상추 일기 1778. 6. 5.
1791	백련동	3가족과 4방 승려 금양계목(송계) 작성	노상추 일기 1791. 11. 6.
1800	월학 송계	월학 송계 계목 작성, 경계 확정(학산동-도리동-수의동 동쪽 산등성)	노상추 일기 1800. 7. 30.
1802	백운동	송계 지휘	노상추 일기 1802. 1. 17.

백련동 송계

백련동 송계는 세 가족(노상추 형제와 장조카)과 대둔사 4방 승려가 금양절목(禁養稧目)과 완의를 작성하여 결성(1791. 11. 6.)하였다. 송계 기금은 세 가족이 공동으로 1냥, 4방에서 각각 25전씩을 각출하여 전체 2냥으로 시작하였다.

송계 금양처는 복우산(伏牛山) 남쪽 산기슭에 있던 부친 묘소(1772) 주변이었고, 대둔사의 허락을 얻어 산지기와 승려들이 금양하였다. 노상추 집안과 이 지역의 인연은 부친 묘소로 사용하기 이전에 1762년(24세) 큰 형의 묘소를 쓰면서 시작되었다. 큰형의 묘를 쓴 지 15여 년이 흐른 1776년 노상추는 이 지역 윗동네와 아랫동네에 대한 금양권을 확보하기 위해 구역 내에 자라던 나무는 승려들이 베어서 사용하도록 하는 한편, 관에서 금양의 입안을 받는다.

백련동 송계의 금양 활동은 초창기에는 순조롭지 못했다. 그의 부친이 10년간 출입하였고, 자신도 31년 동안 들락거렸음에도 백련동 4방 승려들이 애초의 약조를 준행하지 않고 금양을 게을리하였기 때문이었다. 노상추는 금양 부실의 책임을 물어 승려들을 송계에서 축출하려고도 하였지만, 사찰 측의 간곡한 만류로 계속 참여시킨다.(1798. 4. 2.) 금양 태만에 대한 그의 질책이 있은 지 5년이 지난 시점에 "5년에 이르도록 산의 모든 골짜기를 모두 금양하였다. 지금 그것을 보면 앞으로의 효과가 기대된다."면서 금양 성과에 만족한다. 그 후 묘지기와 산지기의 관리 감독을 통해 백련동의 금양 활동은 순조롭게 진행된다.

백련동 송계는 애초부터 백련동 주민의 참여 없이 노상추 세 가족과 4방의 승려만으로 구성되었기 때문에 아랫마을 나무꾼들이 무단으로 땔감을 채취하는 문제가 1814년부터 발생한다. 송계산 아랫마을 초군들의 출입을 막기 위해 청암길을 막지만(1814. 2. 13.), 초군들이 계속 드나들자 3중 목책을 설치(1816. 4. 9.)하여 출입을 막고 있다. 백련동 주민들이 산림 이용을 위해 그로부터 12년 후에 동계를 설립(1828)하였지만, 노상추 사후에 송계와 백련동 주민 간의 알력이 어떻게 해결되었는지는 확인할 수 없다.

백련동에서의 벌목은 묘지기 집 중건용 가재 벌목(1801. 12. 1.)을 필두로 종가 신축용 벌목(1801, 1802, 1826), 판매용 벌레 먹은 소나무 벌목(1802), 선산부 부용정 증축 서까래 벌목(1825), 말년(83세)에 석역소에 소나무 가지 발매 계획(1828)에 이르기까지 지속해서 진행된다. 송계 금양으로 목재 벌채 역시 적지 않았음을 알 수 있다.

노상추는 매년 11월 11일 전후에 개최된 송계 결산 회의 내용을 일기에 기록하였다. 백련동 송계를 결성한 지 10년이 지난 1801년 송계 결산 회의는 "밤에 여러 승려를 모아 송계의 채전(債錢)을 수합하였다. 돈이 58냥이 되었는데, 30냥으로 3마지기의 논을 사고 4냥은 잡비로 지출하고 14냥은 빚을 놓았다."(1801. 11. 29.)고 밝힌다. 이 일기 내용으로 1791년 2냥으로 시작한 송계 재산이 10년 사이에 꽤 많이 증식되었음을 알 수 있다.

송계 재산이 늘어남에 따라 혈육 간에 분쟁도 생긴다. 큰집 조카 정엽이 자신에게 귀속시켰던 송계 논을 사찰에 배정한 논과 강제로 교환(1813)하자 노상추는 백련 송계에서 조카 몫의 토지와 현금(40여 냥)을 떼어주고 조카를 백련 송계에서 완전히 배제(1815)한다. 조

표 28. 백련동 송계의 재정 상태

일자	송계 재산	비고
1762. 3.		큰형 묘소, 산직 지수재
1772. 9		부친 묘소, 상하동 금양, 산직 지수재
1776	금양처 입안 완료	금양 입지를 선산부에 제출하여 입안을 받음, 산직 검금, 한선, 비주
1791. 11. 6	3가족 합계 1냥 4방승 합계 1냥	3가족 대둔사 4 방승, 금양계목과 완의 작성, 송계기금
1798		금양 부실로 승려 축출 시도, 사찰의 요청으로 잔류 허용
1801.	24냥(방채(放債) 10냥 포함), 논 4마지기	
1813		조카 정엽 부자가 자신에게 배정된 농지를 대둔사 농지와 강제교환
1814. 11. 11	76냥(방채 54냥 포함)	이자는 4푼, 방채 제외한 나머지 22냥은 노상추 소유
1815	논 20마지기, 40여 냥(정엽), 논 18마지기, 40냥(대둔사)씩 배분	정엽 부자 송계 탈퇴로 송계 재산 중 정엽 부자 지분을 분리하여 귀속시킴
1816. 11. 12	102냥 5전(방채 99냥), 논 4마지기(40냥으로) 구매	송계회 도감은 정탄 승려
1817~1821	일기 분실 분	
1822. 11. 13	136냥 3전 3푼(방채 90냥)	등촉계
1823. 11. 11		등촉계 유사 승려는 덕천
1824. 11. 9		산지기 운옥과 남손 쫓아내다
1825. 11. 11	받아들인 빚 36냥 도지 벼 24섬(25냥 92전)	도감은 만익
1827. 11. 11		청련암에서 계회 개최
1828. 11. 13	120금 이상	

카 몫의 재산을 분리했음에도 불구하고, 송계 재산은 그 이후에도 계속 늘어난다. 대둔사 "용화전(龍華殿)에서 송계 모임(1816. 11. 12.)을 했으며, 거두어들인 빚 142냥 5전 중 3냥을 지출하고, 99냥은 빚

을 다시 놓고 나머지 40냥으로 논 4마지기를 샀다."는 일기로 확인된다.

백련동 송계의 결산 회의는 매년 개최되었을 터이지만 노상추가 외지에 근무하던 시기(1802~1813)와 5년간(1817~1821)의 일기가 사라진 까닭에 매년 송계 수익의 발생 여부를 정확하게 확인할 수 없다. 그러나 가덕 첨사를 마치고 낙향한 1814년과 그 이듬해(1815년) 백련동 송계의 결산 명세가 일기에 기록되어 있고, 분실된 일기(1817~1821)를 건너뛰어 1822년 일기에도 결산 내용이 기록되었음에 미루어 볼 때, 송계의 결산 회의도 매년 개최되었을 것이다.

송계 수익은 어떻게 분배되었을까? 정확한 배분 비율을 언급한 기록이 없기에 구체적 내용은 확인할 수 없다. 백련동 송계 결산 명세를 기록한 1814년 11월 11일 일기에는 "이자는 4푼, 본전과 이자 포함 84냥, 지출한 돈 7냥 8전으로 나머지는 76냥이다. 이 돈으로 3방에 빚을 놓고 나머지 22냥은 가지고 돌아왔다."는 기록에 비추어볼 때, 노상추나 또는 각 가족이 적절한 몫의 수입을 배당받았으리라 짐작할 수 있다. 노상추의 일기는 송계 재산이 지속해서 증가하고 있음을 1825년과 1828년의 결산 내용으로 증언한다.

특히 1828년의 송계 결산은 "올해 결산 결과는 곡물이 절반으로 줄었지만, 돈으로 바꾸니 평년보다 갑절로 늘어났다. 돈이 불어난 것은 큰 이익이지만 농사는 흉작이니, 매우 개탄스럽다. 올해는 120금이 넘었다."고 밝히고 있다. 흉작으로 소출은 줄었지만, 곡물 가격의 상승으로 오히려 더 큰 이익을 얻었고, 그 결과 송계 수입도 예년의 2배나 되었던 셈이다.

백운동 송계

노상추의 일기에 백운동 송계가 최초로 언급된 때는 1802년으로 "백운동 송계는 지휘한 대로 되고 있으니, 좋다."(1. 17.)로 확인된다. 이 내용으로 미루어보면 노상추가 백운동 송계에 관여한 때는 1802년보다 좀 더 이른 시기일 것이다.[184] 그는 송계에 자신이 직접 참석하는 대신에 아들 익엽(1802. 11. 18.)이나 조카 정엽(1803. 3. 13.)을 대리로 참석시키기도 했다. 이때는 그의 서자 승엽을 위해 백운동에 별업을 조성하기 전이었다.

그 당시 백운동은 4개 읍(선산, 상주, 비안, 군위)의 월경지였다.[185] 백운동은 월경지라는 지리적 특성으로 인해 인구도 많지 않고, 토착세력의 위세도 미치지 못하는 오지였다. 월경지와 오지란 환경 때문에 가난하고 의지할 데 없는 하층민(노비, 비부, 고공, 목수, 뱃사공)이 백운동에 살고 있었고, 그런 여건은 서자인 둘째 아들이 정착하기에 유리했다. 노상추가 백운동 송계에 적극적으로 참여하고, 이 지역을 별업으로 주목한 가장 중요한 이유도 서자의 생활 기반을 구축해 주기 위해서였다.

그러나 백운동 주변의 산림은 월경지라는 지리적 특성 때문에 인근 상주, 비안, 군위의 읍민들이나 선산 도개의 면민들이 땔감 채취를 위해 쉬 드나들던 장소이기도 했다. 백운동 뒤에 위치한 화산 일대도 인근 고을 초군들의 땔감 채취로 헐벗었지만 가난하고 힘없는 백운동 주민은 외지인의 남벌에 제대로 대처하지도 못했다. 노상추는 그 당시의 상황을 "백운동 송계의 송추(松楸)는 상주 사포리의 나무꾼들이 남김없이 몽땅 베었다고 하니, 통탄스럽다."(1810. 2.

21.)라고 기록하고 있다.

타지역 읍민들의 땔감 채취로 산림이 점점 황폐해지는 상황에서 당상관 무신 경력으로 산림 금양에 관심이 많은 노상추의 백운동 거주는 존재 그 자체로 하층민들에게 큰 힘이 되었고, 노상추도 그런 여건에 잘 부응했다.[186] 그는 백운동 일대의 산림을 지키기 위해 주민들을 결속하는 한편, 힘없는 주민들을 위해 논농사에 필요한 수로를 뚫고 백운동상리동계(白雲洞上里洞稧)를 결성(1814. 11.)하며, 활동에 필요한 좌목(座目)도 제정한다. 이 좌목은 범금자에 대한 처벌, 송계 산지기의 교체 내용을 담고 있다.

노상추는 지역 유지들이 백운동 산림에 가하는 횡포를 막는 역할도 담당했다. 노상추의 일기(1824. 10. 9.)는 선산 무곡의 전창언이 화산에 있는 증조부 분묘의 금양을 핑계로 백운동 주민의 땔감 채취를 막고, 단구와 비안의 주민들에게 나무와 꼴을 판매하여 막대한 수입을 부당하게 얻었다고 기록한다. 이런 잘못을 바로잡기 위해 그의 서자 승엽이 백운동과 대둔동 주민들을 데리고 선산부에 들어가 전창언을 고소하기에 이른다. 전창언은 구금되고, 그의 산지기는 장 30대의 벌에 처했지만 20여 일 후 전창언도 승엽을 모함하여 고소하지만, 승엽은 백운동 주민들에게 유리한 판결을 수령에게 받아낸다. 노상추는 수령의 판결을 다음과 같이 기록한다. "수령의 처분에 '대신처럼 대단한 집에서도 산에 원래 있던 소나무를 제외하고는 나무를 하거나 가축에게 풀을 뜯기는 일을 금지하는 예가 본래 없다. 하물며 전 씨 양반이 어찌 감히 그렇게 할 수 있단 말인가. 예전과 같이 못된 행동을 할 때 즉시 와서 고하면 단연코 법에 비추어 엄한 처벌을 하겠음'이라고 하였다."(11. 4.)

위의 기록은 백운동에서 노상추의 위상을 충분히 헤아릴 수 있는 대목이지만 백운동 송계 금양처에서의 몇몇 벌목 사례만 언급할 뿐 수입에 대한 구체적 기록은 없다. 백운동 송계의 활동은 1814년과 1815년에 이어 1822년에도 계속되며 노상추는 백운 동회의 운영도 한층 강화해 나간다.(1822. 10. 22.) 1814년 동회 결성 당시에는 계속된 흉년으로 계전(契錢)을 모금하지 못했지만, 노상추는 12년 만에 1호당 0.15냥씩의 계전을 모금(1825. 11. 20.)한다. 계전 모금은 그가 백운동에 정착한 지 12년 만에 백운동 송계의 활동이 정상화되었음을 시사한다. 계전의 모금이 늦고, 구체적 금양 활동을 시작한 시기가 늦기 때문에 백운동 송계에서 이익을 얻은 기록은 없을지도 모른다. 노상추의 입장에선 송계 활동을 통해서 서자 승엽의 기반 구축이 더 중요했을 터이니 수익 창출은 오히려 덜 중요했을지도 모른다.

월학 송계

월학송계는 도리동(桃李洞)과 수의동(守義洞) 동민들과 결성한 송계다. 이들 마을은 화산(華山, 701m)과 냉산(冷山, 693m) 사이의 동남향으로 난 골짜기에 있으며 노상추는 이 일대 산림을 금양하기 위한 입안을 1781년에 선산부에서 이미 받은 바 있다.(1828. 7. 2.) 노상추는 벼슬자리를 기다리며 한양에 체류 중이던 때에도 월학 송계에 관심을 놓지 않는다. 그의 아들 익엽이 보낸 월학 송계의 계목 작성과 금양 경계가 확정되었다는 서신(1800. 7. 30.)을 일기에 남기고 있다.

월학 송계의 금양처는 냉산 북쪽 산록으로 추정되며, 그의 일가 모두가 송계 계원으로 참여하였음은 수철점의 점한 남태우 무리와 함께 모여 송계(1801. 8. 15.)를 개최하고, 두 달 후에는 다시 송계에 참석하기 위해 큰아들 기엽과 동행(1801. 10. 3.)한 기록으로 알 수 있다. 그다음 해에도 노상추와 아우 상근은 조카 기엽, 문옥, 증길과 함께 송계에 참석(1802. 3. 28.)하고, 9월에 다시 아들과 조카를 거느리고 철점촌에서 개최된 송계 회의에 참석(1802, 9. 3.)한다.

그가 이렇게 열심히 월학 송계에 참석한 이유는 만년에 수철점 입구 수의동에 서당을 설립할 계획이 있었기 때문이다. 그러나 그의 서당 설립 계획은 아우 상근이 먼저 세상을 떠나면서 이루지 못한다. 10년 뒤 조카들과 함께 송계에 참석하지만, "월학동 좌우의 계곡과 산은 옛 모습이 변함없지만, 형제를 잃은 슬픈 마음은 형언할 수가 없다."고 감회를 적고 있다.(1810. 4. 8.)

노상추가 도리동과 수의동 주민들과 결성한 송계는 금양을 잘했던 것 같다, "송계 산이 모든 나무를 모두 기와집의 서까래 재목감으로 키우니까 수철점의 남태우란 놈이 양반이 골짜기에 드나드는 것을 싫어해 선산부의 이방 강시언을 꼬드겨 남문 누각 축조에 필요한 목재로 베어가게 했음은 물론이고, 강시언의 사내종을 우두머리 삼아서 1천 명의 나무꾼들이 나머지 잡목들까지 베게 했다(1828. 5. 7.)고 한탄하기 때문이다.

그 일의 영향 때문인지, 그는 선산 부사를 만나는 기회(1825. 8. 25.)에 화산과 냉산의 봉산 지정을 관아에 요청한다. 그로부터 3년 뒤, 화산과 냉산은 마침내 봉산으로 지정된다. 노상추의 여러 가족이 월학 송계에 참여한 이유는 화산의 금양 지역이 타 지역보다 넓기 때문일 것이다. 그리고 화산의 일정 부분만 금양하던 월학 송계의 입장에서는 화산과 냉산의 금양 구역이 너무 방대하여 다른 지역 초군들의 출입을 전부 막아낼 수 없는 한계도 있었다. 특히 1828년 호우로 인한 산사태 피해는 면민들은 물론이고, 두 산 아래에 논밭과 거주지가 있는 노상추 가문에게도 큰 위협이 되었다. 그래서 두 산을 나라의 봉산으로 획정시켜 보호하는 것이 노상추 집안의 입장에서는 오히려 더 유리했을 것이다.

노상추의 분산 금양 성과

가재 조달 : 노상추의 분산 금양 성과는 종택과 자기 집 신축에 필요한 가재 조달로 확인할 수 있다. 1760년대와 1770년대에 노상추 집안은 분산에서의 가사에 필요한 목재 조달이 순조롭지 못했다. 그런 흔적은 20대 초반에 부친을 대신하여 종가 신축에 필요한 재목을 도개(桃開) 박상택 아저씨(소나무재)와 고남의 정순(송추)에게 각각 문의"(1767)하는 기록에서 찾을 수 있다. 목재 자급이 순조롭지 못한 사정은 1774년도(29세)에도 계속된다. "종기의 옛집을 부순 재목으로 내 집의 곁채를 짓고, 도개의 목재로는 영중(英仲)의 집을 지을 것이니 실제로는 목재를 서로 바꾼 셈"이라는 내용은 집안의 인척끼리 헌 집의 목재를 서로 교환하여 사용함으로써 목재 부족 문제를 해결했음을 알려준다.

가재로 사용된 목재뿐만 아니라 그의 일기에는 조부와 모친의 관재 구매 사실도 밝힌다. 조부의 관재는 생전에 미리 준비해 두었지만 가까운 지인의 조모가 급작스럽게 별세하여 빌려준 관재를 조부의 장례 시에 돌려받지 못해서 읍내 심씨 집에서 1백 금이나 주고 샀지만(1755), 마음에 들지 않았던 사연을 전한다.[187] 사전에 마련해 두지 못한 어머니의 관재도 구입(1766. 1. 7.)하고 있다.

노상추는 집안에서 필요한 소소한 가재를 분산에서 조달한 기록을 남겼지만 1800년 이후부터는 다량의 목재를 분산에서 조달한다. 산지기의 집을 늘리는 데 필요한 목재를 백련동 벌목으로 충당한 일은 분산 금양의 성과를 알리는 청신호였다. 이후 진행된 화림의 거주할 가옥 증축과 별채인 서산와와 체악당의 신축, 백운동 별업의 신축과 화채당 신축, 문중과 조상을 선양하는데 필요한 종가와 사당의 신축과 정비 등에 사용된 목재는 대부분 노상추가 금양한 분산에서 생산된 것이었다.

재산 증식 : 노상추가 무신 양반의 신분으로 50대 후반부터 산림 금양에 관심을 나타낸 이유는 집안의 경제 사정도 한몫했다. 노상추는 1772년(27세) 부친의 사망으로 논 29두락, 밭 90두락을 상속받았지만, 형수와 조카를 비롯한 10명의 식솔과 10명이 넘는 노비를 건사하기에는 넉넉하지 못했다.[188] 더 큰 문제는 상속받은 논밭을 처분하여 10년 동안 과거 준비로 한양을 오르내리며 경비(500냥)로 썼기 때문에 집안의 경제력이 악화한 상황이었다.

노상추는 관직 생활로 축재도 하지 못했다. 한양에서 근무하던 1800년(55세)의 재산은 대지 5두락과 척박한 논 8두락으로 쪼그라들었고, 부채가 2,000금이라는 한탄을 일기[189]에 쓰고 있다. 무신의 신분임에도 50대 후반부터 노상추가 적극적으로 농업 경영과 함께 산림 금양에 관심을 쏟은 이유는 과거 준비로 탕진했던 재산의 축적이 더욱 절실했기 때문이었다. 물론 무관으로 임용된 장남 익엽과 달리 사회적 기반이 취약한 서자 승엽에게 경제적 도움을 주려는 자구책[190]도 무시할 수 없다.

노상추의 재산은 낙향하여 농업 경영과 산림 금양에 집중하면서 차츰 증가한다. 1816년(71세)에 추정한 그의 재산(논 105두락과 밭 20두락)은 27살 때 상속받았던 재산(논 29두락과 밭 90두락)보다 더 늘어났다. 이렇게 재산이 늘어날 수 있었던 배경에는 노상추가 영농의 다각화(쌀, 보리 외에 면포, 잠상, 담배 재배)를 꾀하고, 높은 관직에 있었던 경력을 활용하여 군역(노동력)을 용이하게 동원하고, 제위답[송계 소유 논밭 포함] 등에서 나온 소출을 식리로 늘렸기 때문이라는 연구[191]도 있다. 그러나 이 연구에서 간과한 부분은 산림 금양으로 창출한 수입원이다.

분산 금양의 수입은 목재와 땔감 판매, 꿀 채취권, 기와 판매 등에서 발생하였다. 수월산의 소나무 판매 이전에도 조부가 심은 제방 소나무를 판매한 적도 있었지만, 재목 판매를 위한 본격적인 벌목은 수월산에서 이루어졌고, 백련동에서도 가끔 있었다. 목재 판매로 수입을 얻는 경우는 수시로 있었는데, 족종 상격의 수월산 소나무 판매(1802. 11. 17.), 큰집 조카 정엽 부자가 수월산 소나무를 판 대금 15냥 중, 5냥을 노상추에게 배분(1815. 4. 2.)하거나 백련동에서 서까래용 목재와 기와 1우리를 권희에게 판매한 사례(1822. 11. 6.)가 그러하다.

노상추는 일기에 목재뿐만 아니라 분산의 땔감으로 구운 기와를 판매하거나 꼴과 땔감을 판매(또는 협의)한 내용도 기록하였다. 조카 가족(벽엽과 명호)의 서울 노자를 마련하기 위해 기와 1우리를 팔았다(1822. 3. 19.)는 기록은 분산 땔감으로 기와를 구워 판매하였음을 구체적으로 증언한다. 기와 제작으로 수입을 얻는 일은 계속된다. 만든 기와 중 쓸 만한 기와 5우리는 45냥으로 맞추어 주고, 숙성되지 않은 기와 2우리는 10냥으로 주기로 했지만, 기와장이 허탕을 치고 가서 2냥을 주었다(1827. 10. 7.)는 일기는 분산의 땔감으로 기와를 제작하여 판매하는 일이 중요한 수입원의 하나였음을 증언한다.

그밖에 승산에서 땔감 채취를 허가하고, 총 12냥 5전 수입(1816. 11. 6.)을 얻거나 백운동 산지기 남손에게 1짐의 땔나무, 솔가지, 마른 풀을 동네 밖에 싸게 파는 일이 있으면 엄히 다스리고 영원히 쫓아낸다(1824. 3. 14.)고 통보하는 것을 미루어 보면 산림에서 창출되는 수입이 절대 적지 않았음을 알 수 있다. 분산 금양에서 얻는 수입과 별개로 백련동 송계에서 얻는 수입 역시 적지 않았으므로 노상추의 산림 금양은 경제적으로 성공하였다고 평가할 수 있다. 하나 아쉬운 점은 산림 금양으로 얻은 수입이 단편적으로 기록되었기에 매년 산림 금양으로 얻는 수입을 산정할 수 없다는 것이다.

화산 냉산의 봉산 획정 : 노상추가 화산과 냉산에 관심을 가진 시기는 삭주 부사를 끝내고 귀향한 1795년부터였다. 그는 "5년 만에 집에 돌아오니, 산골짜기 모습이 변하여 민둥산이 되어서 산은 무너지고 논밭이 모래로 덮이는 일이 모두 일어난 상태"에 대처하기 위해 산지기를 추가로 차출하여 금송에 대처하였다고 밝히고 있다.(1795. 4. 21.)

그로부터 27년이 흘러 백운동에 별업을 조성하고, 월학 송계를 운영하던 노상추는 영농에 직접적인 영향을 끼치는 화산과 냉산의 남벌을 막아야 할 필요성을 절실하게 인식한다. 노상추는 서까래용 목재를 80개나 베어간 부당함을 항의하러 선산부에 들어간 길에 수령을 만나 건축재와 조선재 확보를 위해 화산과 냉산을 봉산으로 획정해야 한다고 피력(1825. 8. 21.)하고, 선산부 수령은 노상추의 제안에 동의(8. 25.)한다. 그에 고무되어 노상추는 화산과 냉산을 봉산으로 지정하는 데 필요한 첩보 보고서(1826. 4. 4.)를 선산부에 제출하고, 감영은 세 고을(상주, 비안, 군위)의 동의(1826. 5. 8.)를 받은 후에 처분하겠다고 통보하고, 최종적으로 감영에서 봉산 절목 성첩이 내려왔다는 소식(6. 5.)을 듣는다.

그러나 순조롭던 봉산 획정 절차는 선산 향교가 이의를 제기하면서 정지된다. 향교에서 화산과 냉산의 초지 일부를 계방촌에서 팔 수 있도록 떼어주고, 그 나머지는 금산 구역으로 정하라는 의견을 감관에게 보냈다(8. 4.)는 소식에 분노한다. 선산 향교는 그동안 산림 금양에 관여한 적이 없었고, 오히려 면민들이 1백여 년 동안 금양하여 울창해진 금산 숲을 성곡 나무꾼들이 남벌로 망가트릴 때 아무런 제어도 없었다고 밝힌다. 이 일은 남인 출신 전직 무신 노상추의 금양 활동을 견제하기 위한 노론들이 장악한 선산 향교의 이관보와 노론 지방관 김재삼이 결탁한 결과였다. 선산 향교는 이 두 산의 분산 지정 시기를 감영에 훨씬 더 이른 시기(1661-1722)로 조작하여 보고하기도 하였다.

노상추는 향교의 이런 방해 공작에도 굴하지 않고, 봉산을 옳게 금양하기 위한 면민 회의를 개최하여 각 마을마다 곗돈을 내기로 합의를 이끌어 낸다.(8. 22.) 각 마을의 곗돈은 화림 40냥, 나머지 60냥은 각 동에 나누어 도개 13냥, 우곡 11냥, 신촌 1냥 5전, 갈현 1냥 5전, 청운동 4냥, 대둔리 4냥, 백운동 3냥, 수철리 7냥 등으로 배정하며, 화림의 40냥은 자신이 전부 부담하였다.

선산 향교의 방해로 화산과 냉산의 봉산 획정이 지지부진해지고 있을 무렵, 1828년의 기록적인 폭우는 냉산 북쪽 기슭에 엄청난 산사태를 불러왔고, 그로 인한 농경지의 피해는 극심(1828. 7. 10.)했다. 산사태 피해로 면민들의 분노가 극에 달하자 선산 관아는 전령을 내려 면회(面會)를 개최하여 좌목을 만들게 하고, 향교에서 풀을 파는 계방을 혁파하라는 제문을 내린다.(7. 20.) 마침내 '고을의 보고서와 백성의 소장 및 감영의 처분을 다시 한 부씩 베껴서 첩으로 만들어 해당 동에 내주는 것이 마땅'하다는 감영의 지시(8. 28.)가 하달되어 화산과 냉산은 봉산으로 지정된다. 노상추는 이런 내용을 일기에 기록하며 "영읍의 이번 처결은 지극히 공정하고 사심이 없으니 선량한 백성에게 만세의 혜택이 될 것이다."라고 감회를 적고 있다.

노상추가 화산과 냉산을 봉산으로 획정하고자 한 이유는 무엇일까? 그의 일기에는 1795년부터 화산과 냉산의 헐벗은 모습이 등장한다. 그는 근 30여 년 동안 화산과 냉산의 남벌로 인해 파생되는 토양 유실과 그로 인한 생산성 저하를 지켜봤을 것이다. 화산과 냉산을 봉산으로 획정하면 나라의 권위를 빌려 남벌을 피할 수 있음은 물론이고 옳게 금양함으로써 산 밑의 여러 마을에 혜택이 돌아가기 때문일 것이다. 물론 화산 아래에 위치한 노상추의 근거지(화림과 백운동)도 봉산으로 획정되면 혜택을 볼 수 있음은 자명하다.

금양 성과 : 노상추의 일기는 18~19세기 민간에서 실행한 조선의 산림 조성 방법을 구체적으로 증언한다. 노상추의 산림 육성 수준은 그 당시 임업 기술이 앞섰던 일본이나 독일과는 비교할 수 없는 기본적인 수준이었지만, 동시대 지도층이 산림에 무관심하여 방치하였던 것에 비하면 간과할 수 없는 소중한 업적이다.

노상추의 산림 금양은 19세기 지방 향촌 사회의 전형적인 개인 산림 운영 형태였으며, 가사용 목재 수요를 충당했음은 물론이고 잉여 임산물을 판매하여 재산 축적에도 보탬이 되었다. 향촌 사회의 송계 활동은 가족 단위 또는 마을 단위로 이루어졌고, 일정액의 목재 수입도 매년 창출되었지만, 곗돈의 이자 수익이 더 컸다.

노상추의 일기를 통해서 조선의 성리학적 통치 체계와 밀접한 관련이 있는 선산 향교가 초지 채취권의 확보에만 관심을 가질 뿐 산림 자원의 보호나 관리에는 무관심했음을 확인할 수 있다. 주자 성리학적 세계관으로 대다수의 유학자(실학자 포함)가 산림 자원에 무관심했던 세태에 무신 노상추는 산림의 가치와 자원의 중요성을 인식하여 산림 금양에 힘썼을 뿐만 아니라 송계 활동으로 방치된 국가 관리 산림(금산)을 봉산으로 획정시키기도 했다.

18~19세기 일본은 지방 정부(번), 산촌의 개별 산주나 마을 공동체, 자본가(도매상), 운송업자(뗏목 및 수레)가 산지 이용의 다양한 결합

체로 목재 생산 체계를 구축했고, 각 주체는 삼나무와 편백의 집약 조림 기술로 생산된 목재 유통으로 이익을 얻었다. 하지만 노상추의 분산에서 생산된 임산물(목재, 꼴, 땔감)은 개별적 거래는 있었지만 목재 상인과의 직접적 연계는 찾을 수 없었다.

기타

노상추의 일기에는 모두 28종의 수목이 수록되어 있다. 그 종류는 소나무, 잣나무, 전나무, 잎갈나무(삼나무), 측백나무, 가래나무, 참나무, 상수리나무, 느릅나무, 계수나무, 자작나무, 황철나무, 밤나무, 수양버들, 대나무, 버드나무, 뽕나무, 닥나무, 앵두, 치자나무, 복숭아, 살구나무, 배나무, 능금, 조팝나무, 매화, 진달래, 잡목 등이다. 남부 지방에서 쉬 접할 수 없는 잎갈나무와 자작나무에 대한 기록은 1787년부터(42세) 갑산 진관의 변장으로 근무한 노상추의 경력 덕분에 수록되어 있다. 그의 일기에는 공물로 진상해야 할 자작나무 수피를 채취하던 화피 꾼의 활동상은 물론이고 화피로 지붕을 덮은 후 돌과 흙으로 눌러둔 '해괴한' 마을 집[여사]의 인상도 담겨 있다. 자작나무 수피로 만든 지붕을 '해괴하다'고 표현한 것은 소나무 문화권에서 살았던 영남의 무관이 자작나무 문화권에 진입하면서 받은 문화적 충격 때문은 아니었을까!

2장

송계를 통한 산림 금양

노상추의 일기는 18세기 중반 선산 지방에 송계가 운영되었음을 증언한다. 선산 이외의 지역에도 송계 활동은 있었을까? 그렇다면 송계는 언제 어디에서 시작되었을까? 개인의 산림 이용에 여러 가지 제약이 급증한 17세기 중반부터 향촌 사회가 자구책으로 송계를 결성하였으리라 추측할 뿐 여전히 시작한 시기와 지역은 명확하지 않다. 최근 역사학계는 유학자 조근(1631~1680)이 남긴 파산송계첨서(坡山禁松契帖序)[192]를 통해서 17세기 후반 경기도 파주 지역의 송계를 보고한다.[193]

조근이 관여한 파산 송계의 개략적 활동은 송계첨서의 서문으로 짐작할 수 있다. 서문에는 파산 선영 아래에 거주하던 그의 종형 처중 씨가 헐벗은 산림을 지키기 위해 마을 사람들의 동의를 얻어 옛 법에 따라 산림 금조(禁條)를 상세히 갖추어서 송계를 결성하였고, 열심히 지킨 결과 오래되지 않아 그 효과가 크게 드러났으며, 그 덕분에 수십 리 주위를 빙 둘러 숲이 무성해지고, 선영은 답답할 지경이 되었다고 밝히고 있다. 그는 서문에 1664년(33세살) 개성 인근의 제릉(태조의 첫 부인 신의왕후) 참봉으로 근무하면서 능역에서 발생한 남벌을 막지 못한 책임으로 투옥된 사실도 밝힌다.[194] 송계와 관련된 17세기 말의 기록은 송광연(1638년~1695년)의 호서순무사서계(湖西巡撫使書啓)[195]도 있다. 그는 충청 수영 소관의 산림이 연해 금산으로 지정됨에 따라 읍진 백성들이 겪는 고충과 함께 송계 결성에 대한 충청도 백성들의 민심을 비변사에 보고한다. "신이 봉산으로 환원하지 않고 양송할 수 있는 방도를 다시 물어본즉슨 모두 말하기를 "저희가 상하·대소를 막론하고 모두 작계(作契)하여 금송하는 방도로 삼으면 소민(小民)들이 이것저것 많이 드는 비용[번비, 煩費]의 폐단을 없앨 수 있고 양송에도 실효가 있을 것입니다."라고 하며, 또 "모읍의 모산은 작계하여 금송하는 곳의 송목이 지금은 자못 무성합니다."라고 건의한다. 이를 미루어 1690년 전후에는 호서 지방 연해 곳곳에서도 송계가 이미 운영되었겠다고 짐작할 수 있다.

송계의 발생 배경

송계는 조선 후기 산림 이용의 급격한 변화가 유발한 역사적 산물이라 할 수 있다. 조선 후기에 왕실과 권세가들이 공공연히 공리지(共利地)*를 분할하고 산림을 사점하면서 마을 인근의 산림에 의존하던 백성들이 자구책을 강구하게 했고, 이를 극복하기 위해 결성된 민간 혹은 관 주도의 자치 조직이 송계였다. 다른 한편으로 임진왜란이 끝난 후, 조선 조정이 군함과 건축에 필요한 소나무재를 확보하고자 송전과 봉산 같은 국용재 생산림을 확대해 가는 과정에서 지역민들이 자구책으로 송계를 결성하였다는 시각[196]도 있다.

성호 이익(星湖 李瀷: 1681~1763년)의 금송계첩서(禁松契帖序)[197]는 18세기 초에 있었던 송계 결성 배경을 증언한다. 성호는 관직을 할 수 없는 형편 때문에 실용 학문에 힘을 쏟아 한전론, 호포론, 개병제, 양반의 생업 종사 등을 주장하였으며, 안산에서 생활했기에 금송계첩의 대상지는 안산 인근으로 추정할 수 있다. 금송계첩 서문 내용은 다음과 같다.

> "소나무에 대한 금령을 설치한 것은 그 유래가 본래 오래되었다. 그러므로 때에 맞추어 나무를 벌채함으로써 아무리 써도 고갈되지 않게 하였으니, 법령이 이미 치밀하고 조리가 있었다. 그 때문에 옛날에는 수목을 기르는 방법이 치밀하면서도 적절하였지만, 지금은 수목을 기르는 방법이 허술하면서도 부적절하다. 허술한 것을 바꾸어 치밀하게 만드는 것은 유능한 사람이라야 실행할 수 있는데, 규약을 민간에서 기초해서 관청에다 재결(裁決)해 줄 것을 통

* 공리지는 모든 백성이 이익을 취하는 공한지, 진황지(陳荒地)를 대상으로 한 공용지이다.

지하면 상하가 서로 따르게 되어 바야흐로 폐단이 없을 수 있을 것이다."

비록 산림에 대한 이해가 부정확할망정 개인이나 마을 단위의 산림 금양(육성과 보호) 활동은 이처럼 17세기부터 존재했다. 양반 권세가가 자행한 공한지에 대한 절수와 입안으로 목재와 시초 조달에 어려움을 겪은 백성들이 자구책으로 마을 단위의 송계를 결성하여 공동으로 사용하던 산림이 줄어드는 것에 공동 대처한 사례이다.

국가의 봉산과 송전은 19세기에 이르러 관리 감독 기관의 부패, 권세가를 등에 업은 목상의 불법적 남벌, 소금가마 운영에 필요한 땔감 조달을 위해 왕실과 관아와 군영의 남벌, 백성들의 도벌로 헐벗었지만, 민간에 의해서 운영되었던 송계는 20세기 초에도 유지되었다.[198] 한일병탄 이후, 조선총독부가 송계를 국가 산림 체계에 편입하고자 시도했던 이유는 송계를 운영했던 지역의 산림이 온전했을 뿐만 아니라 산림 보호에 더 효과적이었기 때문이었다. 결국 송계는 조선 후기에 국가 산림 운영의 한 축이었다고 할 수 있다.

17~18세기 유학자의 산림관

17세기 중반에서 18세기 중반까지 운영된 송계는 대부분 유학자가 관여했다. 조근은 17세기 중반에 개성 인근 제릉 수목을 나무꾼의 도끼질로부터 막지 못한 죄로 투옥된 경험과 헐벗은 파주 일대를 복구하기 위해 송계 서문을 작성했다. 그러나 본인이 직접 나무를 심고 숲을 가꾼 기록은 없다.

이익은 18세기 초·중기에 송계 서문에 주목할 만한 내용을 남긴다.

"그 당시 도성(都城) 문을 나서면 사방으로 교외(郊外)에 이르기까지 항상 사시사철 아름다운 풍광(風光)이 펼쳐져 있어 만물이 이에 따라 번성하였다. 그런데 그것이 변화하여 땅이 평탄해지고 물이 마른 것처럼 되자, 십 년도 되지 않아 옛 모습을 다시 찾아볼 수 없었다."

그는 숲이 사라지니 "산이 무너지고 골짜기가 옮겨 가서 민둥한 언덕과 습지로 변한 모습"으로 마음이 상한다고 밝힌다. 그의 서문을 미루어 보면, 어린 시절 한양 도성을 드나들던 17세기 후반만 해도 한양 교외는 숲이 무성했으나 18세기 전반에는 그 무성했던 숲이 모두 사라졌음을 전한다. 그는 법과 제도를 정비하여 벌목을 막고, 허술하고 부적절한 방법 대신에 식재와 배양 방법을 치밀하고 적절하게 바꾸어야 하며, 그 수단으로 송계 결성이 필요하다고 주장한다. 그러나 산림에 대한 그의 인식은 더 나아가지 못한다. 직접 나무를 심고, 숲을 가꾼 기록은 없다. 그는 관직을 맡지 않고 향리인 안산에서 평생 거주하면서 실용 학문에 힘썼지만, 산림에 대한 직접적인 활동은 없었다.

성호(成灝 : 1764~1834)는 앞의 조근, 이익보다는 좀 더 구체적이다. 송계라는 명칭은 없지만, 반곡식목서((盤谷植木序, 1794)[199]를 통해서 숲의 조성을 강조한다. 반곡(盤谷)은 연기군 반곡리(현 세종특별자치시 반곡동)로, 마을 뒷산(괴화산)의 형상과 삼성천이 마을 앞의 오른편을 감싸며 휘돌아 금강과 만나는 모습이 소반을 닮은 데서 유래된 지명이다. 성호는 이 서문에 수구 주변의 숲이 무성하였을 때 마을이 번성하였고, 남벌로 숲이 사라지자 농경지가 쇠패(衰敗)하고, 마을도 피폐해졌다고 전한다. 수구를 정비하기 위해 하천 바닥을 정리하고 제방 주위에 나무를 심어 마을을 살린 경위를 문답식으로 밝히는 한편 구체적인 내용을 절목으로 소개[200]한다.

“제방에는 버드나무와 회화나무를 심어 북쪽으로 물의 수려한 경치를 담으며, 산에는 송백(松白)을 널리 심어 남쪽으로는 산의 웅장한 모습을 드러내고 있습니다. 물산(物産)과 재부(財富)가 풍족할 때는 인구도 번성하여 가가호호 생활에 어려움이 없고, 마을에는 재해도 적어, 사람들은 장수하고 평안하였으니 어찌 부럽고, 찬탄할 만하지 아니합니까?” 그런데 숲을 잘못 다룬 결과, “물은 산을 침식하고, 집은 점점 줄어들며, 경작지의 농사는 거의 황폐해 버려 농민들의 집은 파괴되고 쇠패(衰敗)해 버렸습니다. 과거에 홰나무와 버드나무가 있던 제방은 녹색을 볼 수 없는 백사장으로 변했고, 이전에 송백이 가득했던 산은 다시는 청산(靑山)의 모습을 볼 수가 없습니다. 재해와 재앙이 빈번히 발생하고, 요절하는 비애가 계속되고 있습니다. 이렇게 된 연유는 어디에 있겠습니까?”라고 물으며 5개 항의 규정을 제시한다.*

* 절목은 1. 매년 동장(洞長)이 나무를 심은 후 육성과 벌채 금지를 착실하게 담당한다. 2. 마을 내에 나무꾼, 목부, 목동 중에서 만약 나무를 베거나 꺾는 자는 곤장 20대를 치고, 물건으로 죄를 대신하려면 백미 한 말을 정식으로 한다. 3. 마을과 골짜기 주위 원림의 풀 한 포기 나무 한 그루라도 각별히 벌채를 금하고 보호해야 한다. 4. 수구를 보수한 뒤로 바라보이는 좌우 산비탈에 묘소를 쓰는 것은 마을에 큰 해로움이 되므로 일체를 금지한다. 5. 동장이란 지위는 한 마을의 법을 집행하는 사람이므로 마을의 남녀노소는 존중하되, 만약 명령을 따르지 않거나 태만하면 곤장 30대를 친다.

성호는 앞의 세 유학자보다는 숲의 역할을 좀 더 깊이 이해하고 있다. 하지만 그 자신도 다른 유학자와 마찬가지로 직접 나무를 심고 숲을 가꾼 내용을 담아내지는 못한다.

17세기 중반에서 18세기 말에 이르기까지 150년 동안 진행된 숲의 파괴 현상을 지켜본 이들 유학자나 농서(문집)를 발간한 그 시대의 지식인들이 산림 황폐에 손을 놓고 있었던 이유는 무엇일까? 수목에 대한 그들의 인식은 재배 수종을 크게 벗어나지 못하는 수준이었지만 산림의 이수적(수해방비) 기능을 이해하고 있었으며, 주민들이 힘을 모아 나무를 심고 숲을 지키면 산림이 울창해진다는 사실도 알고 있었다. 그런데 왜 직접 몸소 나무를 심거나 정부의 나무 심기 정책에 실질적으로 도움이 되는 양묘나 조림 기술을 개발하지 못했을까?

19세기 실학자의 산림관

19세기 실학자들은 자연을 도덕적 인격체로 접근한 성리학의 이기론적 인식을 부정하고, 자연 그 자체로 관찰하여 활용하고자 했다. 그 대표적 사례는 정약전과 정약용에서 찾을 수 있다.

정조가 총애했던 정약전과 정약용은 정조 사후에 일어난 신유사옥으로 1801년(순조 1년) 흑산도와 강진에 유배되었다. 정약전은 우의도(조선 시대의 소흑산도)에서 집필한 『송정사의(松政私議)』를 통해서 나무를 심지 않고, 자랄 틈이 없이 어린나무를 연료로 사용하는 행위와 무분별한 화전과 개간을 산림 정책 실패 원인으로 제시한다. 화전과 개간을 금지하는 법이 제대로 갖추어져 있지 못하고, 소나무가 많고 적은 상태를 가리지 않고 무분별하게 연해 금산을 지정하여 백성들이 소나무를 지키기보다는 오히려 소나무를 제거하며, 소나무 벌채 금령(송금)을 담당하는 관리나 백성 모두가 송금을 위반하여 소나무를 베어내는 도둑이라고 지목한다. 이런 폐단을 극복하기 위해서 백성들에게 동기를 부여하여 나무 심기를 적극적으로 권해야 한다고 주장한다. 이런 내용이 포함된 『송정사의』 초고를 아우에게 보내면서 유배 오기 전에 목숨을 걸고, 정조 임금께 잘못된 산림 정책을 직언하지 못한 점을 스스로 질책한다.

"송정사의 1편을 지었으나, 캄캄한 방에 있는 사람의 말을 누가 있어 살피겠는가, 일찍이 이러한 사정을 알았으면 어찌 경신년(1800년) 전에 죽음을 무릅쓰고 할 말을 아니 하였겠는가, 뉘우치고 탄식한들 미치지 못하네."[201]

다산 역시 강진 유배지에서 『목민심서』를 집필하며 산림 정책을 비판하지만, 그 결은 형 정약전과 달랐다. 정약용은 "나라에서 나무 베는 것을 금지하는 산에서 기르는 소나무는 엄중한 금령이 있으니 마땅히 그것을 삼가 지켜야 하며, 농간하는 폐단이 있으면 마땅히 그것을 세밀하게 살펴야 할 것이다."라고 밝힌다. 나무를 어떻게 심고, 심은 나무를 잘 길러서 어떻게 유통할 것인지에 대한 방책은 없고, 국법을 준수하고, 그에 따른 폐단을 세밀히 살펴야 한다는 주장뿐이다. 자원을 활용할 궁리보다는 성리학적 체제 유지란 고정관념에 갇혀서 그 틀을 벗어나지 못하고 있다.

그런 고정관념은 "소나무를 심고 가꾸어 기르는 것이 비록 법조문이 있긴 하나 해치지만 않는다면 무엇 때문에 다시 심는단 말인가. 여러 가지 나무를 심어 가꾸는 정사는 또한 쓸데없는 법일 뿐이다."라거나 "바람이 불면 솔 씨가 떨어져서 자연히 수풀을 이루는 것이니, 이것을 해치지 않도록 금하면 그만이지 무엇 때문에 심어야 한단 말인가."라는 생각에 갇혀 있다.

소나무 벌채 금지 정책을 현장에서 목격한 정약전은 실패한 산림 정책을 극복하기 위해 나무 심기에 적극 참여할 수 있는 동기를 개인과 마을에 부여하고, 심은 나무에 대한 처분권도 나무를 심은 사람(마을)에게 주고, 나라에서 나무 심은 사람들을 적극적으로 포상하며, 산림 관리 업무는 비리가 많은 수영을 배제하고 민정부서인 본관에 맡기라고 주장하지만, 정약용은 법을 준수하고, 폐단을 세밀히 살펴서 없애자고 주장한다. 그러나 헐벗은 숲을 복구하는 데 가장 필요한 나무 심기는 정약용의 저술에 없다. 조선 제일 경세가가 가지고 있던 숲에 대한 인식은 성리학적 세계관에서 한 발짝도 벗어나지 못했다.

정약전은 『송정사의』에서 나무 심기의 중요성을 강조하고 자신이 더 일찍 정조 임금에게 송정에 난맥상을 목숨을 걸고 직언하지 못한 것을 후회하고 있을 뿐 자원으로서의 산림을 직접 조성하거나 금양한 경험은 없다. 그의 아우, 정약용 역시 성리학적 세계관으로 숲에 접근하고 있을 뿐이다. 그가 주장한 '제도를 지키고 부정부패하지 않는 이(理)를 지키는 일'도 중요하지만, 정작 나무를 심는 행위에 대해서는 성리학자의 고정관념을 그대로 유지할 뿐이다. 그래서 그의 고정관념처럼 솔숲은 솔 씨가 떨어지면 저절로 생기니까 그대로 두면 된다고 주장한다. 역사에 가정이란 없지만, 그가 양묘 기술이나 조림 기술을 개발했더라면 어떠했을까?

설상가상으로 조선 정부는 산림 금양에 민간을 효과적으로 참여시키지 못했다. 조선 초기부터 국가의 소나무 조림 정책은 제시되었지만, 관 주도의 하향식 지시와 금제를 통한 벌채 금지가 주를 이루었을 뿐, 민간 참여로 산림을 조성하여 재화를 창출할 수 있는 동기부여나 장려책은 유명무실했다.

3장

18~19세기 사찰의 봉산 금양

18세기 사찰림의 율목봉산 지정

18세기 조선의 산림은 왕실 의례용 임산물인 위패를 만들던 밤나무, 능원의 제향 자재로 사용하던 향탄(숯)조차 쉬 조달할 수 없는 헐벗은 상태로 변한다. 관곽재용 황장목 소나무는 강원도와 경상도 북부의 오지에서 어렵게나마 구할 수 있었지만, 주로 온난한 충청도와 경상도와 전라도의 각 읍에서 공납했던 위패 제작용 밤나무는 18세기 후반부터 쉬 조달할 수 없는 지경으로 변한다. 밤나무 목재의 고갈은 나무를 심고 육성하는 재생적 이용 방법보다는 심지 않고 벌채 이용만 하는 약탈적 관행 탓도 있었지만, 17~18세기 조선에 엄습한 소빙기의 한랭한 기후도 무시할 수 없을 것이다. 밤나무는 내한력이 강한 나무가 아니기 때문이다.

조선 조정은 위패 제작에 쓸 주재(主材, 밤나무) 조달의 어려움을 타개하고자 산림이 울창한 남부 지방의 사찰림에 주목한다. 숭유억불로 핍박받던 사찰은 그 어려운 시기에도 장구한 세월 동안 산림을 보호하고 이용한 전통 덕분에 울창한 숲을 여전히 보유하고 있었다.[202] 그래서 연곡사의 밤나무 숲이 최초로 사찰의 율목봉산으로 지정된다.[203]

『승정원일기』는 남부 지방의 사찰림을 율목봉산으로 지정하는 과정을 구체적으로 밝힌다. 맨 먼저 연곡사의 사찰림을 율목봉산(1745)으로 지정하고,[204] 연곡사 율목봉산의 밤나무 목재 생산량이 감소함에 따라 하동 쌍계동 일대의 쌍계사, 칠불사, 신흥사의 사찰림을 율목봉산(1748)으로 추가 지정한다.[205] 조정은 하동 쌍계동 일대의 밤나무가 고갈되자 그 대체 장소로 영광의 영취산, 순천의 조계산, 광양의 백운산을 율목봉산으로 지정하고 승려에게 관리를 맡긴다. 승려들이 율목봉산을 관리한다는 내용을 미루어 볼 때, 이들 율목봉산도 사찰이 관리했던 산림으로 추정할 수 있다.[206,207]

표 29. 시기별 사찰의 율목봉산 지정 순서

사찰(山)명	시행 시기	출처
연곡사	1745년	『승정원일기』 영조 21년
쌍계사, 칠불사, 신흥사	1748년	『승정원일기』 영조 24년
영광의 영취산	1765년	『승정원일기』 영조 41년
승주 조계산, 광양 백운산	1769년	『승정원일기』 영조 45년
송광사	1830년	『승정원일기』 순조 30년

19세기 조선 후기 능원의 지방 향탄산

조선 왕실은 능원 관리와 제향에 드는 경비를 한양 인근의 향탄산에서 충당하였다. 향탄(香炭)은 각 능·원·묘의 제향(祭享)에 사용된 신탄재[炭]이고, 향탄산은 향탄을 생산하기 위해 획정된 산지를 의미한다. 『속대전』 공전 시장조에는 향탄산의 지정 절차를 "각 능침의 향탄산은 능관이 적당하다고 인정되는 곳을 보고하면 임금이 그중에서 정하고 표목을 세운다."라고 명시하고, 향탄산의 관리는 "궁방 시장(柴場)의 산지기는 20호를 한정하고 당해 궁에 소속시키며 기타 거주민은 본관의 역에 응하게 한다."라고 밝힌다.[208]

조선 초기에 지정된 한양 인근의 광교산은 헌릉(3대 태종과 원경왕후), 천마산은 현릉(5대 문종과 현덕왕후), 청계산은 선릉(9대 성종과 정현왕후), 수락산은 태릉(11대 중종과 문정왕후)의 향탄산이었다.[209]

한양 인근에서 향탄산을 구하던 왕실의 관행은 조선 후기에 이르러 변한다.[210] 능·원의 숫자가 늘어남에 따라 능·원의 향탄을 감당할 만한 산지를 한양 인근에서 찾을 수 없었기 때문이다. 숙종의 명릉 향탄산을 경기도 포천에 지정한 것을 마지막으로 이후 지정된 능·원의 향탄산은 강원도, 경상도, 전라도에서만 획급하였다. 향탄산이 원거리에 지정됨에 따라 능·원의 제향 경비 조달 방법도 현물(炭)에서 세(금전)로 대체되었다.

향탄산은 얼마나 넓었을까? 태종과 원경왕후의 왕릉 축조 기록을 담은 『헌릉지』에는 헌릉의 향탄산은 수원의 광교산이며, 서쪽과 남쪽은 수원 땅이고, 동쪽으로는 용인에 인접하고 북쪽으로는 광주에 이르며 광교산의 금표 안쪽 거리는 40리라고 경계를 밝힌다.[211]

또 다른 향탄산은 정조의 생부 장헌세자(장조)와 혜경궁 홍씨의 현륭원에서 찾을 수 있다. 현륭원은 강원도 수주면의 금표 내 120리 지역을 향탄산으로 지정하였다.[212]

조선 초기 헌릉의 향탄산은 금표 내 거리가 40리 정도인데 조선 후기 현륭원의 향탄산은 120리로 확장한 이유는 무엇일까? 산림 황폐화가 심화한 1789년에 능·원의 제향 경비를 충당하기 위해 더 넓은 산지가 필요했기 때문이다. 설상가상으로 18세기에는 이미 지정한 능·원의 향탄산도 계속된 약탈적 산림 이용 관행으로 점점 더 황패해졌고, 따라서 새로운 향탄산을 추가로 지정할 수밖에 없었다.

『일성록』은 강원 순영(巡營)이 현륭원 향탄산에 거주하는 백성들의 향탄세 담세 능력을 무시하고, 초기 300냥의 향탄가를 650냥으로 올린 결과 화전민 중 81호가 떠나고, 남아 있는 사람들이 떠난 사람들의 몫까지 향탄세를 납부하는 과정을 담고 있다.[213] 남아 있는 사람들이 향탄가 납세의 가중함을 조정에 호소하였지만, 향탄세 징세의 부조리를 쉽게 고치지 못한다. 최종적으로, 서유방(1796년)이 향탄가 징세의 부조리를 근절하고 마을마다 경작한 면적에 따라 향탄세를 거두는 개선책을 조정에 건의하여 향탄가를 500냥으로 조정하였다.[214]

서유방이 조정에 보고(1796년)한 지 16년 후(1812년)의 기록에는 예전에 500여 호가 거주하던 현륭원의 향탄산 주민이 300여 호에도 미치지 못하고 있다.[215] 거주민의 숫자가 줄어든 이유는 향탄산 일대가 거의 황무지로 변해서 농사짓던 백성들이 뿔뿔이 흩어져

버렸기 때문이었다. 『일성록』에는 "전례에 따라 향탄산을 다른 곳으로 옮겨 정해야 할 것이며, 옮기기가 어려우면 상납하는 향탄가 550냥 중 1/3을 제감해 주자."고 강원도 감진어사로 나간 홍우섭이 건의한다. 결국 현륭원의 향탄산은 강원도 수주면에서 경상도 의성의 옥산, 사곡, 안평, 단촌, 하천면으로 새롭게 지정되었고, 그 이유는 약탈적 산림 이용으로 산림이 황폐했기 때문이다.

1776년 3월 5일 영조가 승하하고 원릉(元陵)을 조성하면서 향탄산을 찾는 과정을 보면 그 당시의 상황을 엿볼 수 있다.[216]

> (1776년 8월 11일) : "원릉 수릉관 은언군이 향탄산을 할 곳을 둘러보고 경상도 청도 운문산사로 잡고 위전으로 할 곳은 같은 도 거제 구조라포로 잡아서 보고함. [조정에서 우선] 본도 감사한테 형편을 살펴보게 한 다음 결정하는 것이 좋다는 뜻으로 아룀."
>
> (1776년 11월 11일) : "수릉관이 원릉 향탄산으로 쓸 땅을 청도 운문산사 포리동 등으로 정했다고 보고함. 원릉 향탄산으로 할 곳을 다시 검토하여 같은 도 고성 욕지도가 적합하다는 회답을 내려보냄."
>
> (1777년 2월 4일) : "비변사에서 통제사가 보고한 바에 따라 향탄산으로 정한 경상도 고성현 욕지도가 통영의 봉산처이므로 수릉관에게 강조하여 천천히 합당한 곳을 결정해야 한다고 아룀."

이상의 기록은 18세기 후반 조선의 산림 상황을 증언한다. 나라 곳곳의 산림이 헐벗은 상황에서 산림이 울창한 남부 지방의 사찰림을 능원의 향탄산 후보지로 논의하고, 군선의 조선재를 생산하는 남해 도서의 소나무 봉산까지도 향탄산 후보로 고려하지만, 통제사의 반대로 다른 곳을 물색하고 있다. 결국 영조와 계비 정순왕후가 묻힌 원릉의 향탄산은 전라도 남원 내외산(內外山)과 광양현 백운산(白雲山)으로 결정된다.[217]

19세기 사찰이 향탄봉산 획정을 자임한 이유

19세기부터 남부 지방의 도갑사, 동화사, 해인사, 송광사, 용문사가 소유한 월출산, 팔공산, 가야산, 조계산, 용문산의 산림이 왕실의 향탄산이 되었다. 사찰이 소장한 기록에는 19세기 초에 도갑사와 기림사의 산림이 건릉과 연경묘의 향탄산으로 지정되고, 19세기 말부터 동화사(1880), 해인사(1891), 송광사(1900), 안정사(1900), 예천 용문사(1900)가 관리하던 사찰림을 국가 관리의 향탄봉산으로 편입한다.

19세기 말에 이르러 남부 지방의 사찰들이 사찰림을 국가 관리 봉산으로 스스로 획정하고 있는 것이 이채롭다. 남부 지방의 사찰들은 왜 소유하던 산림을 향탄봉산으로 획정되기를 자임하고 있을까? 이에 대한 답은 송광사와 해인사와 용문사(예천)의 향탄봉산 관련 기록에서 찾을 수 있다.

『조계산송광사사고』「산림부」의 향탄봉산 조목에는 "근래에 인심이 선량하지 못하더니 모든 서민이 준동하여 두려워하거나 거리

낌이 없이 법을 어겨 장사 지내거나 나무를 베어 내는데도 금지할 수가 없어 민둥산이 될 지경에 이르렀다. 절의 형편을 생각하니 지극히 놀랍고 한탄스러우니, 지금 이후로는 본사를 홍릉에 부속시켜 향탄봉산으로 삼는다."는 내용을 담고 있다.[218] 송광사가 조정에 향탄산 관리를 청원한 이유는 인근 주민의 도벌 피해로부터 사찰 산림을 지키기 위한 고육책이었던 셈이다.

송광사와 유사한 사례는 해인사의 명례궁(明禮宮) 완문(1891년)에서 찾을 수 있다.[219] 이 완문에는 해인사 사찰림 경계를 동(가질령), 서(마정치), 남(무릉지), 북(비지령)으로 획정하고, 소나무와 땔나무의 벌채를 엄금하며, 토호와 이속배의 횡포를 엄단한다고 명시되어 있다.

장례원(掌禮院)에서 1900년 용문사에 발급한 완문 역시 "왕실에서 특별히 사방의 경계를 정하고 사패금양하여 수호한 유래가 오래더니, 근자에 들어 금지하는 기강이 소홀해지고 백성들의 풍습이 무상해서 사방의 경계 안에서 제멋대로 묘를 만들어 매장하며 어려운 줄 모르고 소나무를 베어서 거주하던 승려들은 이를 빌미로 이리저리 흩어지고 절은 이미 보전키도 어렵게 되었으니 이러한 소식을 접함에 지극히 놀라울 따름이요, (중략) 특별히 홍릉의 향탄봉산으로 삼는다."고 밝힌다.[220]

쌍계사와 송광사의 사찰림이 18세기 중반과 19세기 초에 각각 율목봉산으로 지정되고, 19세기 말에 이르러 동화사, 해인사, 송광사, 안정사, 예천 용문사의 사찰림이 향탄봉산으로 획정된 까닭은 왕권의 힘을 빌려 사찰림을 지키기 위한 자구책이었던 셈이다. 나라 전역의 산림이 황폐해짐에 따라 사찰림의 훼손(도·남벌과 입장, 화전 및 개간) 가능성이 늘어났고, 사찰은 왕실의 권위를 빌려 산림을 보호하고자 했다.

표 30. 사찰별 능·원·궁의 향탄(봉)산을 나타내는 기록 및 유물[221]

사찰명	시행 시기	해당 능원·궁	기록/유물(문헌, 완문, 첩지, 금표, 금패)
도갑사	1800년 이후	건릉	'건릉향탄봉안소 사표내금호지지(健陵香炭奉安所四標內禁護之地)' 금표(禁標)
기림사	1830년 이후	연경묘	경주 함월산 '연경묘향탄산인계하불령봉표(延經墓香炭山因啓下佛嶺封標)', '연경묘향탄산인계하시령봉표(延經墓香炭山因啓下柿嶺封標)'
동화사	1880년	수릉	예조 첩지 및 '수릉향탄금계 수릉봉산계(綏陵香炭禁界 綏陵封山界)' 봉표(封標)
해인사	1891년	명례궁	명례궁 완문(香炭封山)
송광사	1900년	홍릉	『조계산송광사사고(曹溪山松廣寺史庫)』 산림부의 향탄봉산, '향탄봉산수호총섭(香炭封山守護總攝)' 금패(禁牌)
안정사	1900년	선희궁	고종의 차첩, 금송패(禁松牌)
용문사(예천)	1900년	홍릉	장례원(掌禮院) 완문(香炭封山)
김용사	1902년	미상	'향탄봉산사패금계(香炭封山賜牌禁界)' 금표(禁標)

이런 추정을 뒷받침하는 증언은 송광사 금명 보정 스님(1861 ~1930)의 행적을 정리한 현봉 스님의 『다송자』 문집에서 찾을 수 있다.[222]

"40세인 경자년(1900). 중략, 총섭(總攝: 주지)의 인수를 차고 소임을 맡으면서 각종 관역의 폐해를 혁파하고 향탄봉산을 칙령으로 제정케 하였다. (중략), 송광사에서는 관청이나 부패한 세도가들과 못된 유생들의 횡포로부터 사운을 유지하기 위해 순조 29년(1829년)에 혜준 대사의 알선으로 본산을 율목봉산으로 칙정하게 되었다."

율목봉산은 종묘나 왕릉에 모시는 위패를 만드는 밤나무를 보호하기 위해서 칙령으로 그 경계 안에 일반인들의 난행을 금하고 출입을 통제하는 것이었다. 그리하여 관청이나 유생들의 주구나 횡포를 조금이나마 벗어날 수 있었다.

금명 스님이 광무 3년(1899년) 해인사에서 인출한 대장경을 본사에 봉안할 때에 별검 김영택이 말하기를 "이제 율목봉산도 칙정된 지가 70년이 지나 그 위광이 실추되었으니, 송광사를 홍릉에 부속시켜 거기에 쓰일 숯을 공급하는 향탄봉산으로 주선함이 어떤가?" 하므로, 산중의 율암, 취암 등 대덕들과 노력하여 송광사 일대가 향탄봉산으로 칙정(勅定)되게 하였다.

사찰에서 향탄산을 자임한 이유를 밝힌 〈한국민족문화대백과〉의 설명도 위의 내용과 다르지 않다. 향탄산의 소재지를 '사원(寺院)의 영역 안과 국유산(國有山)'이라고 밝히는 한편, "사찰에서는 주변의 산에 주민들을 못 들어오게 하고 봉산으로 해줄 것을 청원하는 한편, 마을 사람들로부터 세금을 받을 수 있는 방편을 강구하기도 하였다. 이때에는 사찰의 승려들이 그곳 삼림을 간수하였다."고 설명한다.

이와는 달리 조선 말기에 이르러 나라 전역의 산림이 황폐해져 그나마 온전하던 사찰림을 봉산으로 활용하기 위해 조정에서 사찰에 봉산 관리의 소임을 맡겼다는 주장도 있다.[223] 왕실이 사찰 산림을 봉산으로 지정한 이유나 또는 사찰이 봉산의 임무를 자임한 이유는 결국 비교적 양호한 상태로 보전된 사찰의 산림을 보호하고, 또 그에 따른 다양한 혜택을 왕실과 사찰 간에 서로 누릴 수 있는 상호 보험적 수단이라는 해석이다.

학계에서 향탄봉산과 사찰림의 존재를 놓친 까닭

1880년부터 1902년까지 기록에 나타난 사찰의 향탄봉산은 학술적 관점에서 여러 가지 의미가 있다. 기존에 배재수,[224] 박봉우,[225] 이기봉,[226] 권순구 박사[227]가 발표한 봉산 논문에는 향탄봉산의 존재 자체는 물론이고 기능이나 분포에 대한 논의가 없었다. 이기봉은 시장(柴場)을 금산이나 봉산으로 부르지 않는 이유로 "시장은 수목을 보호하려고 지정한 것은 아니라는 점에서 금산과 다르며, 목재의 조달을 목적으로 하지 않는다는 점에서도 봉산과 다르다. 따라서 시장이 금산이나 봉산으로 불리지 않은 것은 당연하다."라고 주장했다. 이런 주장은 논문이 나올 당시 탄봉산이나 향탄봉산의 존재를 몰랐기 때문일 것이다.

봉산은 "봉표 또는 금표의 유무가 아니라 특수한 용도의 목재를 지속해서 공급하려는 목적의 여부"라는 기준을 향탄봉산에 대입하면, 향탄봉산은 분명 새로운 형태의 봉산이라 할 수 있다. 따라서 학계에서 제시했던 기존의 봉산 분류 체계에 향탄봉산도 새롭게 추가해야 할 것이다.

기존의 봉산이 조선재용 소나무와 참나무, 관곽재용 황장소나무, 위패용 밤나무 등의 목재공급 중심의 시책이었음에 비해, 향탄봉산은 목재 대신 숯을 지속해서 공급하려는(또는 사찰림 보호) 목적이 었고, 사찰이 직·간접적으로 관여한 형태도 기존의 봉산과는 다른 점이라 할 수 있다.

4장

민간의 참여 부재가 불러온 산림 황폐화

18세기와 19세기에 걸쳐 민간에서 전개한 송계 활동은 산림 금양에 분명 긍정적 역할을 하였다. 노상추와 비슷한 시기에 경상도 청도 덕산(德山)현의 유학자 김희조(金熙朝, 1750~?)도 나무 심기의 중요성을 인식하고, 백성의 산림 금양을 정부에서 조직화해야 한다는 주장을 정부의 공식 기록[228]에 남기고 있다.

> "산을 보호하고 나무를 심도록 단단히 타일러서 경계한 것이 그동안 한두 번이 아니었는데 아직도 성과를 올리지 못하고 있으니 어찌 개탄스럽지 않겠습니까. (중략) 이는 필시 백성들이 제각기 금양하게 할 방도가 있은 다음에야 비

로소 효과를 올릴 수 있을 것입니다. 백성들이 제각기 금양하게 한다는 것은 마을마다 계를 조직하여 서로 함께 금양하게 하는 것을 말합니다(洞里作契 互相禁養之謂也). 관에서 두루 금양하려면 날짜가 모자라겠지만, 백성들에게 제각기 금양하게 하면 약속을 지켜 전념할 것입니다. 그러므로 비록 근래 산들이 헐벗었지만 각 읍 중에서는 간혹 울창하게 우거진 곳을 볼 수 있는데, 이는 모두 송계를 설치한 지역이니, 이로써 미루어 보건대 성공하기가 사창(社倉)보다 쉬울 듯합니다. 관에서 힘을 쓸 것은 오로지 마을마다 경계를 나누어 획정지어 주고 근면한 곳을 장려하고 태만한 곳을 벌하는 것뿐으로, 애당초 매년 나무를 심는 수고를 하지 않고도 결국에는 저절로 무성해지는 실제 효험이 있게 될 것입니다."

뜻있는 유학자들이 마을 단위의 자치적 금양 조직을 정부에 제안하였지만, 어떤 이유에서인지 정부는 민간의 제안을 무시했다. 그 구체적 사례는 호서순무사서계[229]에 기록되어 있다. 호서순무사 송광연이 호서 지방을 순무하면서 상하 대소를 막론하고 송계를 결성하여 나무를 기르게 하는 것이 좋다는 백성들의 뜻을 1695년(숙종 21) 정부에 제안[230]하고, 그의 제안에 따라 정부가 호서 지방에 송계 시범사업을 10여 년 동안 운영했던 흔적은 양서양호순무사재거응행절목(兩西兩湖巡撫使齎去應行節目)[231]에서 찾을 수 있다.

1710년 『비변사등록』에는 "을해년에 순무사의 서계 때문에 호서(湖西)는 연해 30리 지역을 백성들이 말한 바에 의하여 상하·대소를 막론하고 모두 계(契)를 구성하여 금송의 바탕으로 삼았는데, 계를 관리하기 위해 어디에서 어디까지를 어느 계에서 하되 상계는 몇 사람이요, 하계는 몇 사람이라고 장부에 기록하여 이어 수령이 관리, 점검하고 신칙하게 하며, 감사가 순시할 때 역시 살펴보기로 규례를 정하여 분부하였다. 그런데 이제 10여 년 사이에 이 법이 해이(解弛)되지 않아 소나무가 과연 잘 길러졌는지를 자세히 살펴서 아뢸 것."을 지시하고 있다.

1710년 비변사의 응행절목 지시 사항을 미루어볼 때, 숙종은 호서 지방에서 시범적으로 운영한 송계 운영 결과에 관심을 가졌음을 알 수 있다. 하지만 아쉽게도 송계에 대한 조정 차원의 논의나 시행 조치를 언급한 기록은 그 이후 100년 동안 나타나지 않는다. 산림이 파괴되고, 자원이 고갈될 때, 국가 차원에서 민력(民力)을 동원하여 훼손된 산림을 복구할 기회가 있었지만, 조선 왕실은 그 절호의 기회를 놓친 셈이다. 조선 왕실은 임진왜란과 병자호란을 겪으면서 분출된 신분제 철폐나 사회적 변혁 욕구를 무시하거나 억눌렀고, 송계의 국가적 시행으로 그러한 욕구가 분출되는 것을 두려워했던 것은 아니었을까?

민간 참여가 없는 나라 전역의 식목 비용

만일 정조가 현륭원 식목 사업에 채택한 조림 방법을 나라 전역의 헐벗은 산림에 적용하면 얼마나 많은 예산이 필요했을까? 1910년 전체 산림 중에 나무가 하나도 없는 헐벗은 산지(무입목지) 비율은

25.9%였고, 이 비율을 남부 지방 산림에 그대로 대입하면 복구해야 할 산림 면적은 약 190만ha(733만ha x 0.259)이다. 남부 지방이 북부 지방보다 인구 밀도가 더 높았기 때문에 추측건대 헐벗은 산림 면적도 남부 지방이 더 넓었을 것이다.

지역에 따른 황폐 정도와 200년이란 시차를 무시하고, 정조가 현륭원 식목 사업에 고군(雇軍)에게 준 노임을 적용하여 산림 황폐화가 심했던 남부 지방의 산림 복구 경비를 한번 추정해보자. 3년에 걸쳐 진행된 현륭원 1차(1789~1791) 식목 사업(300ha)은 처음 2년간은 8읍 백성을 동원하여 280여만 주를 심었다. 셋째 해인 1791년 봄은 고군을 동원하여 15만 주를 식재하고, 노임으로 2,000냥(1,632냥, 쌀 50석 등)[232]을 지불하였다. 계산 편의상 1차 식목 사업으로 300ha 면적에 300만 주(실제로는 295만 주)를 심었다고 가정하면, 1791년 봄에 심은 15만 주 식재 면적은 15ha이다. 현륭원 능역 1ha당 식목 품삯이 133냥(2,000냥/15ha=133냥)이니 헐벗은 산림 190만ha을 복원하는 데 필요한 식목 품삯은 2억7,270만 냥에 이른다.

현재 사용 중인 조림 기술을 적용하여, 1ha에 1만 그루 대신 3,000그루만 심는다면 약 9,000만 냥이 필요하다. 1867년 조선 조정 전체의 재정 규모가 쌀 100만 석(500만 냥)[233]이었으니, 나라 전체 산림 복구 경비는 18년간 정부 운영에 필요한 재정 규모가 된다.

헐벗은 산림을 다시 복구하는 데는 이처럼 엄청난 예산이 필요하다. 막대한 예산을 들이지 않고, 또는 적게 들이고도 산림을 조성할 방법은 송계를 활용하여 자발적 민간 참여를 끌어내는 것이었지만 조선 왕조는 그 방법을 활용하지 못했다. 유학자 김희조는 송계를 운영하는 지역 숲이 울창한 사례를 들면서 민력을 조직적으로 동원하여 나무 심기에 힘써야 한다[234]고 상소하지만, 정조는 관심을 두지 않는다. 그 당시 위정자들에게 산림은 어떤 의미였을까? 궁방이 전선과 병선 건조용 조선재 봉산까지도 왕권 유지를 위해 절수를 공공연하게 감행하는 형태에 비추어볼 때 조선 왕실이 산림 자원을 어떻게 인식하였는지는 앞으로 연구가 되어야 할 부분이다.

송계는 17세기 후반부터 자생적으로 결성되었고, 구성원의 적극적 참여 덕분에 송계산의 금양을 효과적으로 할 수 있었다. 송계는 산림을 지속해서 이용할 수 있는 공용자원으로 육성되었으며, 개인의 다양한 수요도 적절한 수준에서 충족시켰다. 송계는 정부 주도로 호서 지방에서 1710년 전후에 시범 운영되었지만, 지속하지 못하고 단절되었다. 정부가 산림 금양에 민간의 참여를 끌어낼 소중한 수단을 포기함으로써 산림 황폐화를 막을 기회를 놓쳤다.

일본 산촌의 주민들은 17세기 후반부터 시작된 도시화 과정에 필요한 목재 수요에 대응하기 위해 산촌 공유림에 삼나무와 편백을 심었고, 20~30년 동안 집약적으로 재배한 후 목재상에 현금으로 팔았다. 그 결과 지역주민의 조림 기술과 산지 소유자의 토지와 목재 상인의 자본은 다양한 형태로 결합하여 단벌기(短伐期) 집약 조림과 목재 유통업으로 발달하였고, 이러한 결합은 17세기 후반 이후 일본의 산림 복구와 목재 수요를 모두 충족시킬 수 있는 원동력이 되었다.

조선 정부가 송계 운영을 전국적으로 확산시키지 못한(않은) 이유는 성리학적 국가 경영 이념에 합치되지 않거나 왕가 재정의 많은 부분을 부당하게 점유한 산림에서 충당하였던 기득권적 관행의 혁파에 대한 두려움과 백성들의 결집한 힘이 왕권이나 신분제 사회를 위협할 가능성 때문은 아니었을까?

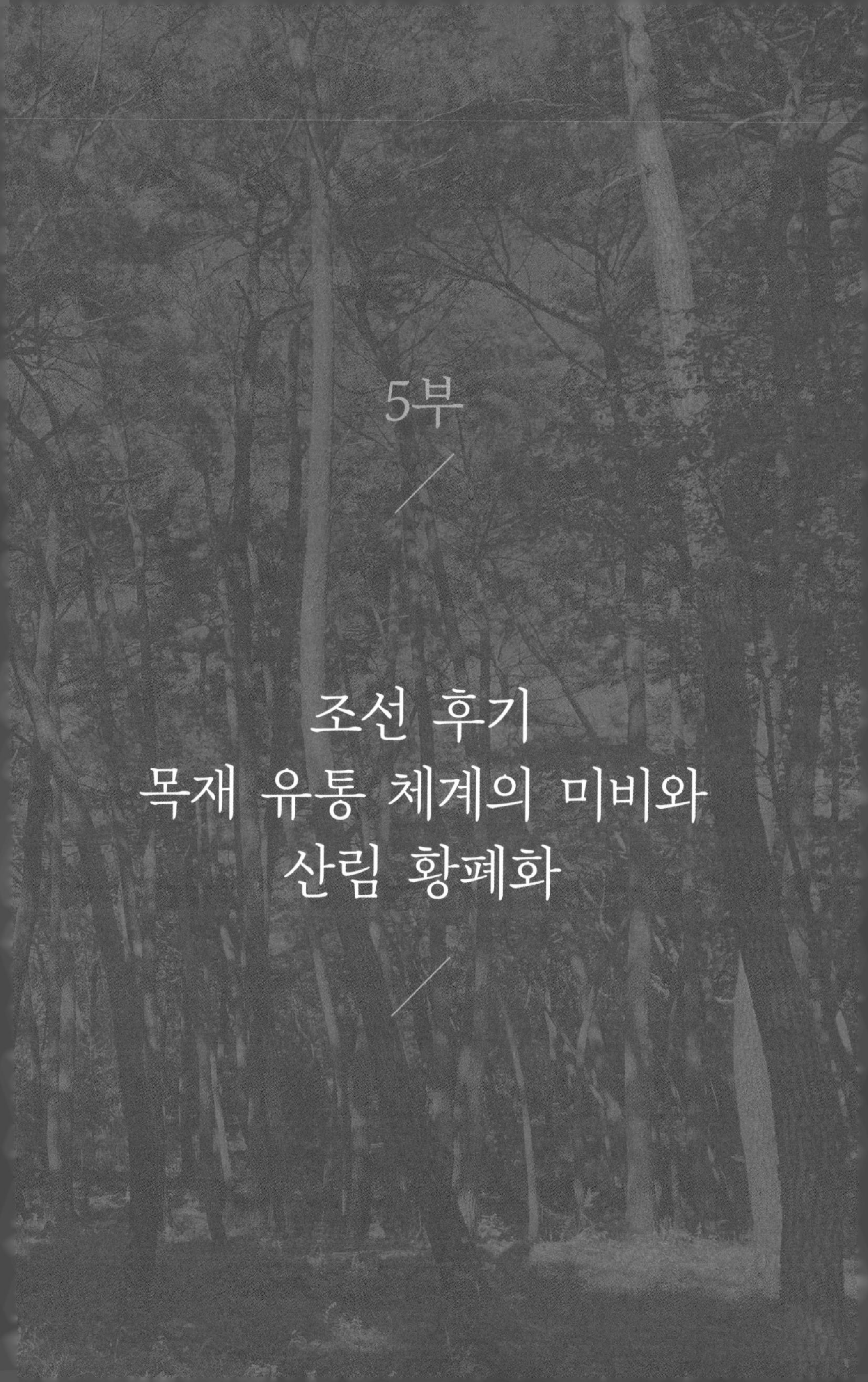

5부

조선 후기 목재 유통 체계의 미비와 산림 황폐화

독일의 여성 생태 활동가 도리스 라우데르트가 『나무 신화』라는 저작에서 19세기까지 유럽의 문화사를 '나무 시대'라고 일컫었듯이 인류의 문명 발달에 목재가 끼친 영향은 지대했다.[235] 나무 중심의 문명체계에서 제재기술의 발달과 보급 여부는 목재 이용 양태에 다양한 영향을 끼쳤다. 일찍부터 수력(물레방아)으로 톱을 사용한 유럽은 참나무와 같은 단단한 활엽수재를 건축재로 활용했지만, 조선과 일본은 동력톱을 개발하지 못해 잘 짜개지는 소나무(조선)와 삼나무와 편백(일본)을 주 건축재로 사용하였다. 일본은 그나마 판재를 켜는 잉거 톱 제작 기술이 16세기 이후에 널리 보급된 덕분에 규격화된 제재목을 저렴하게 공급할 수 있었지만, 조선은 그런 기술조차 없었다.

산림 황폐와 전혀 관련이 없을 것만 같던 조선 시대의 조악한 톱 때문에 사람들이 잘 짜개지는 소나무를 건축재로 선호하게 되었고, 그래서 더욱 소나무 건축재에 의존할 수밖에 없었던 목재 이용 형태가 소나무 자원 고갈을 촉진하는 기제로 작용한 것은 아니었을까? 이 질문에 답하려고 조선 시대의 톱 제작 기법과 보급을 다룬 문헌을 뒤졌지만, 어디에도 관련 기록을 찾을 수 없었다. 그러던 중에 일본 고베의 다케나카(竹中大工) 도구 박물관에서 2014년 개최한 한·중·일 전통 목조 건축 대목장들의 시연 행사 및 세미나에 참석할 기회를 얻었다. 다케나카 도구 박물관에 전시된 여러 종류의 목공 도구와 판자를 켜는 톱질 모형은 산림 황폐화에 끼친 제재 기술 발달의 영향을 거칠게라도 고찰할 생각을 굳히는 데 큰 역할을 했다.

이 글의 뒷부분에서 자세히 다룰 예정이지만, 우리 고건축에 사용된 소나무 마루판은 조선 후기의 열악한 임산물 생산과 유통 과정을 생생하게 증언한다. 소나무를 마루판으로 특히 많이 사용한 이유는 톱을 사용하지 않고도 쐐기로 짜갤 수 있으며, 윗면은 대패질로 편편하게 다듬고, 아래 면은 자귀질로 대충 다듬어서 제작할 수 있었기 때문이다. 오래된 건축물을 찾으면 다른 이들이 고개를 젖히고 한옥의 아름다운 추녀선을 감상할 때, 내가 허리를 숙이고 대청마루 밑판의 두께와 폭을 살펴보는 이유도 목공 도구 사용 여부와 건축물 축조 시기의 산림 황폐 정도를 가늠할 수 있기 때문이다.

1장 / 민수용 목재 조달

농경 사회의 대표적 건축 재료는 목재였다. 이 땅에 살던 사람들은 신분의 귀천에 따라 규모의 대소와 형태의 차이에도 불구하고 가옥은 대부분 나무로 지었다. 향촌 사회의 소수 권세가는 기와집을 지었고 양민과 상민은 대부분 초가를 지었다. 조선 시대 나라 전체의 가옥 중 기와집은 한양과 경주 등 몇몇 특정 고을의 성내에만 10~20% 가량 있었고, 나머지 군현은 기와집이 0.1%도 되지 않았다.[236] 초가는 영건 건축물이나 권세가의 기와집을 짓는 데 필요한 목재보다 훨씬 적은 양의 목재가 소요되지만, 건국 당시보다 인구가 3배 이상 늘어난 조선 후기에는 가옥의 숫자도 함께 늘어나 사용된 목재의 양도 적지 않았다.

민간 가옥이나 사찰, 누각과 정자 건축에 필요한 목재는 소나무뿐만 아니라 주변에서 쉽게 이용할 수 있는 잣나무, 전나무, 비자나무, 은행나무, 느티나무, 밤나무, 상수리나무, 졸참나무, 느릅나무, 물푸레나무, 버드나무, 피나무, 서어나무, 고로쇠나무 등을 건축재로 사용했다.[237]

향촌 사회 : 향촌 사회의 민수용 목재는 건축용 가재(家材)와 가정에서 사용하는 목물(木物)과 농기구와 관재를 들 수 있다. 이들 목재는 대부분 마을 인근 공동 이용 산지나 사양산, 무덤 주변 분산, 송계산에서 생산된 것이었다. 조상 산소 주변의 넓은 임야를 소유한 재지 사족은 집안 살림살이에 필요한 목물과 농경에 필요한 다양한 도구와 장비(장치)까지도 분산의 나무를 목수가 제작하게 하여 사용하였다. 그러한 사례는 통영의 목수가 일정 기간(1771. 2. 26.~3. 28.) 선산에 머물면서 필요한 목물을 제작했다고 밝히는 노상추 일기로 알 수 있다.[238]

민간 장시(場市) : 조선 후기 서유구(徐有榘, 1764~1845)가 펴낸 『임원경제지』의 〈팔역장시〉에는 전국의 대표적 장시에서 유통되었던 물산이 수록되어 있다. 〈팔역장시〉에 수록된 대표적 지방 목물(木物)은 성주, 함흥, 강계, 청주의 소나무 판재(松板) 및 함흥 가래나무 판재(楸板), 괴산 판재 등으로 소수이다. 『오주연문장전산고』(五洲衍文長箋散稿)*

* 이규경(1788~?)이 1850년대에 쓴 이 책에는 삼척 송판을 소개하면서 영서의 질 좋은 소나무 목재가 궁실 관곽용으로 사용되기에 벌채한 나무를 띄워 내려보내는 것을 금지한다(嶺西美松材。爲宮室棺槨之用。浮筏流下有禁)고 밝히고 있다.

의 〈만물잡설〉에 지방 특산물로 언급된 목물도 삼척 송판(松版)과 서산 문송(紋松)뿐이다.

이들 두 문집에 의하면 19세기 민간 장시에서 주로 거래된 목물은 소나무와 가래나무의 판재임을 알 수 있다. 또한 활엽수를 포함한 여타 수종의 각재나 판재에 관한 언급이 없음에 미루어 볼 때, 지방 장시에서 제재목의 생산과 유통이 많지 않았음을 알 수 있다.

한양 : 한양에 거주하는 사족과 민인은 뚝섬과 용산과 마포의 전문 목재 시장에서 건축재를 구입하여 집을 지었다. 권세가의 주택은 소나무를 이용하여 좀 더 세련되고 큰 규모로 지었지만, 양민의 민가는 대부분 초가였다. 한강 주변에는 16세기부터 목재를 다듬어 재목으로 파는 목재상이 생겼으며, 이때부터 도성 내에는 수개소의 내장목전(內長木廛)이 있었고, 한강 변으로는 뚝섬을 비롯하여 용산과 마포 등지에 가옥 건축재를 취급하던 외장목전(外長木廛)과 조리목전(條里木廛)이 있었다.[239] 이 당시 한양에 목재상이 다수 존재했다는 것은 민수용 및 관수용 각재와 판재가 생산 유통되었음을 의미한다.[240] 하지만 서울의 인구는 17세기 중반부터 20세기 초까지 20만 명 정도였기에 목재의 유통 규모는 그 당시 도시화가 진행된 일본이나 유럽과 비교하여 크지 않았다.[241] 한편 조선 후기 한양에는 건축재 이외에 경강선을 유지하기 위해서 조선재 수요도 상존했다.

2장 관수용 목재 조달

정부에서 사용한 관수용 목재는 국용 목재와 국용 목물로 나눌 수 있다. 국용 목재는 왕족의 관곽재로 사용한 황장목과 관영 건축물을 축조하거나 수리[영건, 營建]할 때 사용된 건축재, 군선이나 조운선을 축조하고 수리(개삭)하는 데 사용하는 소나무 조선재를 말한다.

소나무는 주변에서 쉽게 대량으로 구할 수 있을 뿐만 아니라 목재의 물리적 특성(휨강도, 압축강도, 인장강도)도 비교적 양호해서 궁궐 건축재와 조선재로 고려 시대 이래로 널리 사용된 까닭에 조선 시대의 산림 정책은 소나무 중심으로 수행되었다.

국용 목물은 국가의 의례와 궐 내외 다양한 부서에서 매년 사용하는 다양한 종류의 목재를 통칭한다.[242]

국용 목재 조달 방법

황장목 관곽재 : 황장목(黃腸木) 관곽재는 왕족이 사용하는 몸통 속이 누런 소나무 판재이다. 황장목 관곽재의 조달은 조선 초기부터 1906년까지 장생전(長生殿)*에서 담당했다.[243] 조달 방법은 정부에 벌채 허가를 받은 후, 지방의 황장봉산에 경차관을 파견하여 적당한 소나무를 선정하고, 벌채 후 판재로 다듬은 다음 한강을 이용하여 뚝섬까지 흘려보내는 방법을 이용했다.[244]

한편 조선 말 왕족이 사용하던 관곽은 동원비기(東園祕器)라 불렸으며, 동원비기를 만들고 남은 판재는 동원부기(東園副器)라 하여 고관대작이 사망할 경우 조정에서 관재로 하사하였다.[245]

관곽에 사용할 황장판의 규격은 "내재궁(內梓宮)에 쓸 판자의 규격은 길이가 7자 1치인데 여분으로 2자 5치를 두며, 너비가 2자 4치인데 여분으로 4치를 두며, 두께가 4치인데 여분으로 3치를 두어 베어낸다."고 ≪전록통고(典錄通考)≫에 규정되어 있다.

따라서 관곽용 판자의 길이는 7자 1치+2자 5치 = 9자 6치 = 9.6자×30㎝ = 288㎝, 관곽용 판자의 너비는 2자 4치+4치 = 2자 8치 = 2.8자×30㎝ = 84㎝, 관곽용 판자의 두께는 4치+3치 = 7치×3cm = 21㎝에 이른다.**

너비 84㎝의 판재를 만들기 위해서는 지상 3.5m 높이에 줄기 직경이 1m(수피 포함)는 되어야 한다. 황장 판재는 대경목(가슴높이직경

* 장생전은 조선 왕실에서 사용하는 관곽을 제작하고 관리하던 관서였다.

** 황장목 판재(규격 9.6자×2.8자×7치)당 부피는 156.8재(0.533m3)에 이르고, 한 장당 무게는 약 250kg(533m3×비중 0.47)에 달한다.

120㎝)을 배어야 만들 수 있었는데, 세종 때에도 이런 소나무를 구하기란 쉽지 않았다. 그래서 몸통인 심재는 물론이고 바깥쪽의 변재도 사용하거나 그도 부족하면 이어 붙여서 관재로 만들었다.

영건 건축재 : 궁궐과 관아의 신축과 수리에 들어가는 국용 목재는 부피가 크고 무게가 무거워서 정부가 19세기 후반[246]까지 주로 한양 가까운 지방에서 직접 조달했으며 그 절차는 다음 순서로 진행되었다.[247]

① 규모가 큰 공사는 영건 도감(都監)을 설치하고 목재 소요량을 파악한다.
② 목재 소요량을 각 읍·진에 할당한다.
③ 비변사에서 벌채허가증[관문, 關文]을 발급받는다.
④ 관문을 소지한 목수나 패장(牌將)을 벌채 현장에 파견한다.
⑤ 목수가 벌채 감독관[감작차사원, 鑑斫差使員]과 함께 알맞은 목재를 선정한다.
⑥ 선정 후에는 벌채 감독관의 지휘 아래 벌채한다.
⑦ 벌채목을 육로 운반 감독관[독운차사원, 督運差使員]의 지휘 아래 강가나 바닷가로 운반한다.
⑧ 수운 감독관[영운차사원, 領運差使員]의 책임 아래 벌채목을 배에 실어 물길을 따라 용산 나루터나 그 밖의 장소로 운송한다.
⑨ 도감은 운반된 목재를 이용하거나 비축한다.

조선재 : 해안 방비와 조운(漕運)용 조선재는 지역에 따라 조달 절

차가 달랐다. 호남 봉산의 벌채 허가는 4단계의 절차가 필요했고, 호서와 영남의 봉산에서는 5단계를 거친 후에 벌채하여 이용할 수 있었지만, 품의 절차는 지방에 따라 달랐다.

호남 봉산 : 호조→ 비변사→(관문발급)→감영(관찰사)→수영(수사)

호서 봉산 : 아산현감→순영(관찰사)→호조(계하: 임금의 허가)→비변사→수영(수사)

영남 봉산 : 차사원(특수임무 임시 관원)→선혜청(낭청)→ 비변사→순영(관찰사)→통영(수사)

임진왜란 이후 전라 좌수영에서 군선을 만들기 위해 진행한 봉산 소나무의 벌목과 운반 과정은 무인도와 해도의 소나무 조선재는 만호, 천호, 진무가 전담하여 벌목하며, 육지의 소나무는 벌채할 수량을 감사에게 먼저 보고한 후, 감사가 건조할 선박의 등급에 따라 벌목량을 관문(벌채 허가서)으로 정해주면 벌채를 진행하였다.*[248]

그 과정을 구체적으로 살펴보면, 선소에서 먼저 군선에 필요한 선재량을 산출한 후, 순천부사에 보고하면, 순천부사는 전라 좌수사에게 보고하고, 좌수사는 정부(비변사)에 벌채 허가를 요청하고, 비변사에서 벌채 허가서(관문)를 발급하여→좌수사→순천부사→포진의 첨사·만호→군선 목수(이장)가 의송산(숙종 이후 선재봉산)의 조선재를 선목한 후 벌목하였다,

* 좌수사 이순신이 수군 1,000명을 동원하여 벌목한 선재를 해변까지 운송했으며, 벌채지에서 해안으로 운반한 조선재는 군함에 실리거나 뗏목으로 선소까지 물길로 운반하였다.

3장 / 국용 목물 조달

건축재와 조선재로 사용하는 국용 목재와 달리 국용 목물의 공납 수취 제도는 시대마다 달랐다. 조선 전기에는 국용 목물 대부분을 현물 공납으로 조달하였지만, 대동법이 정착된 17세기부터는 현물 공납을 쌀로 대신하고, 필요한 자재는 시전(市廛)이나 공인(貢人)에게서 구입했다. 그리고 공납 제도가 폐지된 18세기 후반부터는 목재 상인(외도고[249])을 통해서 구입하였다. 그 변화 과정을 살펴보면 다음과 같다.

국용 목물의 조달 방법

공납 : 조선 전기에 주로 시행된 공납은 공적 체계와 반공적 체계

로 이루어졌다. 공적 공납은 선공감(繕工監)의 공인과 귀후서(歸厚署)에서 담당했다.* 그밖에 반공적 공납은 내장목전과 외장목전과 조리목전에서 일정 부분 담당했다.

공인: 조선 후기 국용 목물의 수취는 대동법 시행으로 현물에서 대동미, 포, 전으로 바뀜에 따라 공인은 정부에서 공물가를 대동미나 돈으로 지급받아 각 부서에서 요구한 목재를 구입하여 바쳤다. 공인의 공물 조달은 정기 조달[원공, 元貢**]과 부족분이나 새 물품 조달[별무, 別貿***] 형태로 진행되었다. 정기 조달 경비[원공가, 元貢價]는 선혜청에서, 부족분 조달 경비[별무가, 別貿價]는 호조에서 각각 지급하였다. 별무는 정기 조달에 없는 물품의 조달(무원공별무)과 부족량을 보충하는 조달(유원공별무, 有元貢別貿) 형태로 진행되었다. 별무는 본래 1년에 몇 차례(1회~4회)에 걸쳐 물품 종류, 수량 등을 정해서 부정기적으로 조달하는 방식이었으나 수시로 조달하는 경우가 대부분이었다.

선공감 공인의 명칭은 취급하는 목물 종류(목재, 판자 등)에 따라 각

* 선공감은 토목과 영선을 관장하였던 부서였다. 부서에는 국용 목물을 다루는 재목색과 장목색이 있었다. 선공감의 분사인 자문감과 구영선이 궐 내외 각처를 수리하는 일을 분담하였다. 자문감은 양자문이라고도 불렀다. 귀후서는 관곽 판매와 장례에 필요한 물품을 공급해주던 관서였다. 1777년(정조 1) 공인들의 농간으로 관재 수급 문제가 발생하자 업무를 선공감으로 이관하였다. 귀후서에서 판매한 관곽재는 주로 소나무였고, 그 값은 관재의 공급 물량과 질에 따라 달랐다. 세 등급의 관재 중 최상품은 붉고 누른빛을 띠는 황장목이고, 그다음은 잣나무재이며, 하품은 토삼이라 일컫던 소나무재였다. 관재는 두께 2.5~3치(7.5~9cm)의 송판으로 천판(관 뚜껑)과 지판(바닥 판) 1매씩, 사방판(네 옆면) 각 1매로 구성된다. 그 밖에 칠성판(두께 5푼의 송판)이 관 바닥에 깔렸다.

** 원공 : 공안에 들어 있는 원래의 공물, 곧 정기적인 공물, 세공으로 보통 바치는 일정한 공물. 반면 사무는 궁궐에서 쓰는 물품을 공계를 통하지 아니하고 임시로 상인에게서 사들이던 일.

*** 별무 : 원공의 품목과 수량이 부족하거나 원공에 포함되지 아니한 물품.

각 달랐다. 긴 목재를 다루는 장목계공인(長木契貢人), 피나무 판자를 취급하는 단판계공인(椴板契貢人)과 가판공인(椵板貢人), 소나무 판자를 다루는 송판공인(松板貢人), 건축재를 납품하던 외선공목물차인(外繕工木物差人), 관재를 공급하던 귀후서공인(歸厚署貢人) 등이 있었다.

공인을 통해서 조달하던 국용 목물은 임산 자원이 고갈된 조선 후기에 다양한 어려움에 봉착한다. 그 구체적인 사례는 관곽재를 공급하던 귀후서에서 "수백 년 이래로 봉산과 사산을 막론하고 모두 민둥산으로 되었으므로 판재가 귀하기를 전보다 10배 이상"으로 어렵다는 1739년의 문제 제기로 확인된다.[250] 영조는 공물 제도의 운영 병폐에 대한 관서별 공인과 공계의 상언이나 상소(上所)한 내용과 정부의 조처 내용을 대화체로 정리하여 『공폐』(貢弊, 1753)* 로 묶고, 정부에서 공인에게 지불하는 싼 납품(목재 포함) 가격과 비싼 시장 가격 차이로 인해 발생하는 공납의 폐해를 타파할 개선책을 지시했지만 그때뿐이었다.

『공폐』에 수록된 조선 후기 목물 납품에 따른 폐단 사례는 다음과 같다. 선공감의 장목계공인은 한양의 여러 영(광지영, 집춘영, 여수영, 역마영, 서영, 남영)에 겨울 석 달 동안 풍차에 사용하는 긴 목재를 매년 수천 개 납품하지만 돌려받지 못하며, 대소 도감과 별공작,** 수리 영건 등에서 납품한 몇천 개의 긴 목재도 제대로 돌려받지 못한다

* 『공폐』는 비변사에서 1753년(영조 29) 공물 제도의 운영 병폐를 관서별 공인과 공계가 상언이나 상소(上所)한 것에 대한 정부의 조처 내용을 대화체로 정리하여 묶은 책으로, 조영준과 최주희의 번역으로 아카넷(2019)에서 번역본으로 출간되었다.

** 나라에 큰일이 있을 때 특별히 선공감에 두던 임시 부서.

고 상소한다.

송판공인은 귀후서에 인장판(人葬板)과 수기판(壽器板)*을 관곽재로 공급하지만, 판재 1장에 10~20냥 하는데도 기준 두께 2치 5푼보다 과도하게 두꺼운 판자를 요구하거나 좁은 판자는 제값을 쳐주지 않는 사례를 하소연한다. 특히 성균관 유생이 사망할 경우, 호조에서 송판 5장의 값(9냥 5돈)을 지불하지만, 성균관 관비들이 술값(40~50냥)을 과도하게 요구하고, 실제 시중의 관판 가격(40~50냥)이 너덧 배나 높기에 도저히 감당할 수 없는 형편이라고 상소한다. 영조 당시 산림 황폐로 인해 송판 조달이 순조롭지 못했으며, 그 결과 관재 가격이 급등했음을 알 수 있는 대목이다. 또한 단판계공인이 왕실에서 사용하는 피나무 목재와 판재 등을 납품하고자 호조의 공문을 가지고 각 생산지에서 매입하였지만, 생산지 고을에서 부당하게 세금을 부과하거나 단속당한 사례도 기록하고 있다.

그밖에 군기시에 납품할 과녁판은 2치 5푼 두께의 송판이지만 송판 1장을 톱질하여 2장으로 만들어 팔기 위해 납품 기준보다 두꺼운 송판을 군기시에서 부당하게 요구하거나 각 부서에 목물을 납품할 때 하인배들이 목물을 탈취하거나 뇌물[情債]을 요구하는 폐해도 전하고 있다.

공인이 겪은 공납의 병폐를 정리하면, 1) 과외 납봉 : 공안에 규정된 수량보다 더 많은 양의 공물 납품 요구, 2) 강제 납품 : 공물대가 수취의 문제로 낮은 시가를 책정하여 납품을 강요, 3) 공물 조

* 인장판은 죽은 이를 위한 관재이고, 수기판은 살아 있을 때 미리 준비해 둔 관재

표 31. 『공폐』에 수록된 공물 제도 운영의 병폐

기구	용도	목물명	수량/규모
선공감(각 영) (장목계공인)	풍차용	진장목 잡장목	수천 개 납품하지만 돌려받지 못함
선공감 (송판공인판계)	인장판 (人葬板) 수기판 (壽器板)	송판 광송판	송판가(1냥 5돈) 실가 10여 냥 광송판(2냥 5돈) 실가 20여 냥 무백변판 30~40냥 성균관유생 관재(9냥 5돈) 실가 40~50 냥
선공감 (가판공인)	추목, 가목과 추판 가판	추목, 추판 가목, 가판	판재 10장 옛 구입가로 현재 2~3장 만 구입 가능. 뗏목이 들리는 곳마다 세금 징수로 원래 목재 40~50%만 이용 가능
군기시	과녁판	송판	두께 2.5치 대신에 3~4치 송판를 요구하여, 한 해 40~50장의 송판 납품에 큰 손해 발생
의빈부, 종친부, 중추부	병풍 교체	송판	호조에서 병풍1좌 송판1장 값(1냥 5푼)만 지급하여 시중가(7~8냥)에 훨씬 못 미치고, 다수의 송판을 무상 납품 요구
호조	준절	가판	길이 7자, 너비 1자, 두께 2치 대신에 두꺼운 가판과 뇌물 요구
선공감 구영선	가설 가옥	장목	수천 개를 납품하지만 10분의 1도 돌려받지 못함
각 부서	목물 납품시		하인배들이 목물 탈취, 뇌물[情債] 요구

달 과정에서 발생하는 부대비용(부비, 정채, 인정, 방구전)의 과다 발생, 4) 신구 공인이 서로 다른 경우, 공물의 납품과 관련된 기록의 거짓 또는 허위 작성 사례 발생, 5) 되돌려 받을 때 파손되거나 숫자 부족으로 발생하는 손실 등을 들 수 있다.

목재 상인(외도고공인) : 공인에 의해 국용 목물을 조달하였던 공납 제도는 목재의 시장가보다 낮은 가격으로 책정된 조정 예산 등 여러 가지 병폐로 인해 정조 때 폐지된다.[251] 이후 선공감의 공인제도는 개인 상인인 외도고공인(1784~1850)제도로 대체된다. 한편 국용 목물의 반공적 조달 체계로 운영되었던 내·외 장목전과 조리목전 역시 책정된 소액 예산과 목재가격 급등으로 관청과 난전에 피해를 발생시켜 더 존속할 수 없었다. 그래서 생겨난 것이 목재 상인이었다.

조선 후기의 목재 상인은 크게 내륙 목상과 연안 목상으로 나눌 수 있다. 내륙 목상은 북한강과 남한강 상류의 목재를 취급한 상인으로, 이들은 양반, 산지기, 벌채꾼과 결탁하여 계방을 구성하고 궁방, 상사, 내사와 결탁하여 이익을 나누었다.[252] 내륙 목상은 벌목 현장에 인부들을 동원할 수 있는 능력이 있었으며, 지방 각 영이나 수령, 양반과 산지기 등과 결탁하여 벌목 허가서[관문]를 발급받고, 국가 관리 산림(금산, 봉산)에서 허가량보다 더 많은 목재를 벌채하여 산림을 황폐시켰다. 이들이 취급한 임산물은 목재뿐만 아니라 땔감도 있었다.

연안 목상은 삼남지역 연안과 한강 하구를 통해서 용산이나 마포로 운송된 조선용 목재를 취급한 경강선상이었다. 경강선상은 나라에 사용될 목재를 공물로 조달하던 외선공감 공인(外繕工監 貢人)이 1749년 외도고공계(外都庫貢契)를 설립하고, 1769년부터는 외도고(外都庫)라 불리던 경강의 목재 상인에게서 유래되었다.[253]

경강선상은 왕실과 아문과 내수사(內需司)*와 상호 이익 공동체적

* 조선 왕실 재정의 관리를 맡아보던 관아

관계에 있었다. 왕실과 내수사 등은 서해안의 봉산을 절수하여 확보한 농장[庄處], 소금가마, 어장에서 생산한 수확물은 경강선을 이용하여 한양으로 운반할 필요가 있었고,[254] 경강선상은 세금 납부를 피하며, 불법으로 벌채·수집된 소나무를 운송하고, 관의 갈취를 회피할 수단으로 경강선을 왕실과 관청에 예속시켜 다양한 혜택을 누렸다. 경강선상이 취급한 목재는 왕실과 관청에서 절수한 봉산에서 현지 산지기나 관리들이 불법으로 벌채한 소나무를 수집한 것이었으며, 왕실의 수확물과 함께 서울로 실어와 조선재와 관재와 목재로 판매하여 이익을 얻었다.[255]

18세기 전반에 경강에서 운행 중이던 2천여 척(미곡 운송선, 어선, 나룻배, 참선 등)의 선박을 유지하기 위해서는 경강선 한 척에 최소 소나무 160주가 필요했고,[256] 배 한 척을 수리하는 데도 최소 소나무 8주가 필요하였다. 그 수요를 충족시키기 위해 경강선상들은 탈법 행위를 권세가와 결탁하여 자행함으로 연해 소나무 숲의 고갈에 일조하였던 셈이다.

내륙 목상과 연안 목상은 목재 생산지와 소비자(정부와 개인)를 연결하여 수익을 극대화하였을 뿐, 벌채한 산지를 벌목 후 다시 숲으로 조성할 어떤 책무도 없었다. 목재 판매 수익은 계방을 비롯한 권세가(궁방, 아문)와 지방 관리와 목상들 몫이었다. 즉 산림 벌채로 수입만 얻었을 뿐, 벌목 임지에 다시 숲을 조성하거나 비용을 지불할 의무가 없었다.

숙종의 제도연해송금사목(1684)과 정조의 제도송금사목(1788) 조문에는 재조림에 대한 규정이 없을 뿐만 아니라 목상과 결탁한 왕실과 관청의 봉산 절수 행위에 대한 어떤 금지 규정도 없다. 금송 정책의 한계를 나타내는 이런 내용은 왕권의 강화가 국가의 산림 정책보다도 더 우선적이었음을 시사한다.

시대별 국용 목물의 종류

국용 목물의 시대별 종류는 『세종실록지리지』(1454), 〈외감국용목물수효마련절목(外監國用木物數爻磨鍊節目. 이후 〈국용목물절목〉으로 표기)(1759), 『육전조례』*(1867)로 확인할 수 있다(표 2). 조선 초기의 국용 목물은 『세종실록지리지』에 영선 잡목이라고만 표기되었을 뿐 그 구체적 종류나 규격을 확인할 수 없다. 그밖에 자작목(自作木, 목궁의 화살로 사용된 목재), 행목(杏木, 은행나무 목재), 가목(椵木, 피나무 목재), 황상목(黃桑木, 궁재로 사용된 산뽕나무), 앵목(櫻木, 예장(禮葬)에 사용된 앵두나무 목재), 황양목(黃楊木, 호패 제작용 회양목) 등이 선공감 목물로 등재되어 있다.

그러나 세월이 흘러 18세기 중반의 〈국용목물절목〉에는 영선 수리에 필요한 목재는 대·중·소 부등목(不等木, 대·중·소 아름드리 굵은 소나무 목재), 대·중·소 연목(椽木, 서까래용 통나무 연목), 누주(樓柱, 누각의 기둥감용 굵고 긴 통나무)와 작판차누주(作板次樓柱, 판재로 만든 누주), 궁재(宮材, 벌목지에서 벌목한 후 가공하지 않은 상태로 운반한 궁궐에서 쓸 원목), 재목(材木, 궁궐에 사용할 다듬은 목재), 장송목(長松木, 건축재로 사용할 긴 소나무 목재)과 장이기차대장송목(長耳機次大長松木, 우물 마루 틀의 한 부재로 쓰이는 긴 소나무 목재),

* 『육전조례』(1867)는 각 관아의 사무 처리에 필요한 행정법규와 사례를 편집한 행정법전이다.

두리목(豆里木, 둥근 재목. 통나무) 등으로 종류도 다양하고 규격도 대·중·소로 구체적으로 나누고 있다.

한편 『만기요람』에 수록된 19세기 초반의 영선과 수리용 목물의 종류는 대·중·소 부등목(不等木) 대·중·소·소소 연목(椽木)과 누주(樓柱), 궁재(宮材), 장송목(長松木), 물레목[文乃木, 물레에 사용된 나무], 장후정판(長厚正板, 길고 두꺼운 판재), 후정판(厚正板, 두꺼운 판재), 장송판(長松板, 3.6m 이상으로 긴 소나무 널판때기), 박송판(薄松板), 변판(邊板), 장(長) 대·중·소 조리목(條里木, 원목을 잘게 제재한 각목) 등으로 18세기 중반과 비교할 때 크게 변하지 않는다.

그러나 19세 중 후반의 『육전조례』에는 영선 수리용 목물을 더 이상 찾을 수 없다. 국가가 관리하던 봉산이나 송전에서 규모가 큰 재목(소나무와 참나무 등)을 이미 국용재로 모두 벌목하여 이용하였거나 목상이나 목상배가 향리와 정부의 각 부서나 양반과 결탁하여 부정한 방법으로 남벌하였기 때문이다,

선공감에서 조달한 국용 목물의 특성은 다음과 같다.

진장목(眞長木) : 물건을 받치는 데 쓰는 굵고 긴 참나무 장대

잡장목(雜長木) : 벽을 만들 때 중간재목으로 사용하는 활엽수 잡목

조리목(條里木) : 원목을 켜서 만든 각재

외목(椳木) : 벽체를 만들기 위해 벽 속에 넣는 가로 세로로 엮은 싸리와 같은 가는 나무들

가판(椵板) : 피나무 판재

대·소 박달목(大小朴橽木) : 대·소 박달나무 목재

진연목(眞椽木) : 서까래용 참나무 통나무

파회목(破回木 또는 朴回木) : 바퀴로 사용하는 박달나무와 시무나무 목재

표 32. 조정 기록물에 수록된 국용 목물

종류	『세종실록 지리지』(1454)	〈외감국용목물수효마련 절목〉(1759)	『만기요람』(1807)	『육조례』 (1867)
영선 건축재	영선잡목 (營繕雜木)	대·중·소 부등목 (不等木) 대·중·소 연목(椽木) 누주(樓柱) 작판 누주 (作板次樓柱) 궁재(宮材) 재목(材木) 장송목(長松木) 두리목(豆里木) 장이기차대장송목 (長耳機次大長松木)	대·중·소 부등목 대·중·소·소소 연목 누주 궁재 장송목 물레목[文乃木] 장후정판(長厚板正) 후정판(厚正板) 장송판(長松板) 박송판(薄松板) 변판(邊板) 장대·중·소조리목(條里木)	
귀후서 선공감		인장판(人葬板) 수기판(壽器板)	송판(松板) 광송판(廣松板)	송판
선공감 장목색	자작목(自作木) 행목(杏木) 가목(椵木) 황상목(黃桑木) 앵목(櫻木) 황양목(黃楊木)	진장목(眞長木) 잡장목(雜長木) 외목(椳木) 가판(椵板) 대소 박달(朴㯖) 진연목(眞椽木) 파회목[朴回木] 수청목(水靑木)	진장목 잡장목 후판(厚板) 단판(椴板) 소 박달 추목(楸木) 단목(椴木) 파회목 진연목	진장목 잡장목 외목 단판 단목 대소박달 진연목 파회목 수청목
선공감 재목색		오종판(五種板) 송판(松板) 후판(厚板) 광송판(廣松板) 후송판(厚松板) 광후판(廣厚板)	자문감 [眞長木] 잡장목(雜長木) 외목(椳木) 싸리바자[杻把子]	오종판 송판 후판 광송판 후송판 광후판

수청목(水青木) : 연장의 손잡이로 사용하는 물푸레나무

뉴파자(杻把子]) : 싸리바자

오종판 : 송판(松板, 소나무 판자), 후판(厚板, 두꺼운 판자), 광송판(廣松板, 넓고 두꺼운 판자), 후송판(厚松板, 두꺼운 소나무 판자), 광후판(廣厚板, 넓고 두꺼운 판자)

조선 후기 국용 목물의 규모

조선 후기 정부에서 공적인 목적으로 1년 동안 사용한 국용 목물의 물량은 얼마나 되었을까? 1759년(영조 35) 외선공감에서 그 명세를 정리하여 비변사에 제출한 〈국용목물절목〉을 참고하면 목물의 물량을 개략적으로 파악할 수 있다. 이 절목은 목재 조달의 어려움을 대비하기 위해 조달 물량이 가장 많고 적었던 해를 제외한 후의 조달량을 매년 평균 소요량으로 산정하였다. 하지만 이런 노력에도 불구하고, 매년 구매하는 목물의 규모는 달랐다. 목재 상인(외도고공인)을 통해서 구입한 목물의 예산은 1778년 18,640냥, 1785년 3,380냥, 1798년 3,845냥으로 해마다 목재를 구매한 액수도 달랐다.[257]

〈국용목물절목〉에 나타난 목물의 양은 대부등 9조 8척, 중부등 5조 9척, 소부등 10조이며, 서까래로 사용한 목재로는 대연목 1,220조, 중연목 2,020조, 소연목 2,320조이고, 그밖에 누주 690조, 작판차누주 520조, 궁재 590조, 재목 1,000조, 장송목 60조, 두리목 210조, 장이기차대장송목 220조도 책정하고 있다. 이들 목물은 대부분 궐 내외 각처의 수리와 보수에 사용된 목재로 판단된다. 〈국용목물절목〉에는 대부등과 중부등의 길이만 표시할 뿐 나머

표 33. 18~19세기 국용 목물의 규모

	수량단위	〈외감국용목물수효마련절목〉(1759)	『만기요람』(1808)			『육전조례』(1867)		
		수량	수량	길이	두께	수량	길이	두께
대부등	조	9(8척)						
중부등	조	5(9척)						
소부등	조	10						
대 연목	조	1,220						
중 연목	조	2,020						
소 연목	조	2,320						
누주	조	690						
작판차누주	조	520						
궁재	조	590						
재목	조	1,000						
장송목	조	60						
두리목	조	210						
장이기차대 장송목	조	220						
추목	조		21	7	1.2			
진장목	개		5,235	15	0.12	5,235	15	0.12
잡장목	개		6,846	15	0.04	6,846	15	0.04
외목	개,단,동		7,937			7,900		
단판	닙		52	7	1	75	7	1
단목	주		19	7	1.2	30	7	1.2
대박달	조		1.5	10	1.1	1.5	10	1.1
소박달	조		4	9	0.9	4	9	0.9
진연목	조		29	12	0.25	29	12	0.25
파회목	닙		150	3	1.5	150	3	1.5
수청목	개		600	8~13	0.22	600	8~13.2	0.22

지 재목에 대한 길이와 두께(원경) 정보는 없다.*

부피가 큰 부등목, 연목, 누주, 궁재, 재목, 장송목 등의 목재는 〈국용목물절목〉이 제정된 50~90여 년 후에 발간된 『만기요람』(1808)과 『육전조례』(1867)에는 더 나타나지 않는다. 공인의 손을 거쳐 조달되던 규모가 큰 국용 목물조차 모두 목재 상인이 취급하였음을 의미한다.

국용 목물의 지역별 납품 수량은 『만기요람』(1808년)과 『육전조례』(1867)에 수록되어 있다(표 34). 60여 년의 시차를 두고 19세기 초와 중반에 한양 가까운 충청, 경기, 강원, 황해도에서 납품한 목물은 규모에서 큰 차이를 발견할 수 없다. 추목(가래나무)의 경우, 1808년에는 납품되었지만 1867년 목물에는 없다. 외목(벽체용 목재)의 경우 7,937개(1808년)에서 7,900개(1867)로, 피나무 단판의 경우 52닢(1808)에서 127닢(1867)으로 변했을 뿐, 다른 목물에는 차이가 없다. 도별 납품 규모도 대부분 그대로 따르고 있다.

조선 후기 국용 목물의 규격

납공하는 국용 목물의 규격은 조선 후기에 구체화한다. 『영녕전수개도감의궤』(1667)[258]에는 각 지역에서 공납한 부등목을 비롯한 다양한 목물이 수록되어 있다. 강원도, 충청도, 전라도, 황해도에서 공납한 부등목과 누주, 대재목(大材木), 대연(大椽)의 조달 수량은 도(道)마

* 목물의 단위는 긴 목재는 개(介), 판자는 닢(立), 직경이 굵은 개개 목은 조(條)를 사용했다. 그리고 벽체를 만들 때 벽 속에 넣는 얽은 나뭇가지는 개와 단과 동을 함께 사용하였다. 목물의 규격은 길이, 두께, 지름(근원경)을 사용하였다.

표 34. 『만기요람』(1808년)과 『육전조례』(1867)에 수록된 국용 목물의 지역별 납공 규모

목물	연도	규모	충청	경기	강원	황해	부족분
추목	1808	21 조	1		15		별도 9+9
	1867						
진장목	1808	5,235	1,741	204	1,471	1,819	
	1867	5,235	1,741			1,819	
잡장목	1808	6,846	1,946	1,288	2,856	756	
	1867	6,846	1,946	1,288	2,856	756	
외목	1808	7,937	2,240	1,377	3,200	1,120	
	1867	7,900			3,200	1,000	
단판	1808	52					
	1867	127	15		12		별무75
단목	1808	19	7				별무11
	1867	19	7		12		별무11
대박달	1808	1.5			1		
	1867	1.5					
소박달	1808	4			4		2회 8
	1867	4			4		
진연목	1808	29		29			별도
	1867						
파회목	1808	150		150			
	1867	150		150			
수청목	1808	600					
	1867	600					

다 각기 다르지만, 대·중·소 규격(길이와 말원경)은 모두 동일하다.

목물 종류별 규격[259]은 대부등(길이 20자, 말원경 2.4자), 중부등(16자, 1.9자), 소부등(16자, 1.6자), 누주(14자, 1.4자), 대재목(10자, 1자), 대연(24자, 0.6자)으로 나타났다. 이로 미루어 17세기 중반 이후부터 공납하

는 국용 목물은 규격이 통일되었을 것으로 추정할 수 있다.

『육전조례』(1867)에는 공물로 수취하는 목물의 규격(길이, 두께, 지름)과 수량 및 구매가가 제시되어 있다. 참나무와 기타 활엽수의 장목(각재)의 길이는 15자(4.6m)였고, 피나무(각목이나 단판)의 길이는 7자(2.15m)였다. 그밖에 수취한 목물에 따라 길이가 각기 달랐는데 박달나무(대 10자, 소 9자), 참나무 서까래(12자), 파회목(3자), 수청목(8~13자 2치)으로 나타났다.

조정 기록물에 나타난 국용 목물의 종류는 조선 초기보다 조선 후기에 이르러 보다 다양해졌다. 하지만, 목재 생산에 사용된 수종은 소나무, 참나무, 피나무, 박달나무, 물푸레나무 등의 한정된 소수 수종으로 큰 변화가 없었다. 국용 목물의 규격화는 17세기 후반부터 일부 영건 건축물에 나타났다. 대부등과 같은 규모가 큰 영선 수리용 목물은 조정 조달 기록물에 19세기 초반까지 수록되었지만, 19세기 후반 이후는 찾을 수 없다. 목상들의 약탈적 벌목과 벌목 이후 재조림의 강제 시행이 없었기에 초래된 임산 자원 고갈이었으며, 규모가 큰 목물을 더 조달할 수 없었던 하나의 증거라 할 수 있다.

4장

목상의 봉산 침탈과 취약한 목재 유통 구조가 촉진한 산림 황폐화

조선 후기 공인이 운영하던 목재의 공적 유통 체계는 벌채지 관할 감영의 벌채에 따른 부당한 요구, 곳곳의 운송지에서 세금[收稅] 갈취로 인해 최종적으로 손에 쥘 수 있는 목물은 처음 확보한 물량의 절반 정도였다.[260]

반면 목상이 운영하던 사적 조달 체계는 권력과 결탁하여 허가난 물량보다 더 많은 양을 탈법적으로 벌목하고, 권세를 핑계로 세금 징수를 회피하며 이익을 극대화하여 목재 유통 영역을 키웠다. 조선 후기에 이루어진 목상의 탈법적(사적) 목재 유통 구조는 종국에는 정부의 공적·반공적 공납 제도를 붕괴시키고[261] 산림 황폐를 촉진하는 데 일조했다.

목상의 봉산 침탈

조선 시대 목재 상인은 언제부터 활동했을까? 실록에 목상(木商)이 최초로 나타나는 때는 1614년(광해 6년)이지만 한양의 내·외장목전에 목재를 공급하기 위해서 이미 16세기부터 활동하였을 것이다.[262] 그러나 민수용 목재를 제공하던 목상들이 탈법적 목재 유통에 적극적으로 나선 시기는 산림 황폐로 인한 임산 자원의 고갈이 극심한 18세기부터였다.

정부의 공식 기록은 목상의 탈법적 봉산 침탈 과정을 18세기 초부터 비교적 자세히 기록하고 있다. 『승정원일기』에 나타난 목상 기사는 1722년부터 1891년까지 모두 61건이나 되며, 시기별로 1750년까지 28건, 1800년까지 21건, 1850년까지 4건, 1891년까지 8건이 나온다. 기록에는 목상의 주 벌채 대상지가 강원도(관동) 31건, 서해안 연해 지방 9건, 양남 지방과 기타 7건, 관서 지방 1건 등이었고, 광주 분원의 우천 수세와 관련된 것도 8건이나 되었다. 18세기 초부터 목상의 기사가 조정 기록에 빈번하게 등장하는 이유는 봉산에서 탈법적으로 나무를 베어내는 행위가 나라 곳곳에서 그만큼 만연했음을 의미한다.

봉산에서 목상이 자행한 탈법적 사례를 구체적으로 살펴보자. "비록 소금을 굽고 숯을 굽는 무리와 수철점(水鐵店) 사기점(沙器店) 등에서 밤낮없이 베어다가 집을 짓고, 이 밖에도 그곳 주민들이 장사할 상품을 싣고 다니는 배와 몰래 거래하는 일은 모두 진장·감색·산지기들이 목상의 뇌물을 받거나 값을 받고 한통속이 되어 농간을 부린 소치"[263]라고 연해의 봉산 침탈탐을 전하고 있다. 목상들의 탈법 행위는 강원도나 평안도에서도 이루어졌다. 강원 감사의 장계는 우두머리 목상배가 벌채지의 백성을 동원하고, 한양의 영문(營門)과 한통속이 되어 봉산에 상인을 잠입시켜 벌목한 후, 밤중에 강물에 나무를 띄워 보내어 봉산을 민둥산으로 만든다고 밝히고 있다.[264] 평안 감사 역시 적유령(평북 회천과 강계를 잇는 고개)을 비롯한 험준한 고개 일대에 목상이 판재를 생산하느라 산림이 벌거숭이가 되었다는 장계[265]를 올리고 있다.

정부에서 100칸 규모의 선혜청 창고를 짓는 데 필요한 목재를 강원도 각 읍의 개인이 소유한 사양산에서 목상이 사서 강물로 띄워 보내면 추후 값을 지불하겠다고 하지만, 한편으론 사양산에서 조달한다는 핑계로 봉산에서 모두 베어와 헐벗은 봉산을 민둥산으로 만들까 걱정한다.[266] 목상들의 남벌 행위는 목재는 물론이고 땔감 채취에도 자행되었다.

조정에서 관동 지방의 땔감 채취 허가를 취소하는 이유로 "목상들이 피를 본 파리처럼 하나를 허락하면 열을 취할 것"이라고 그 탐욕스러운 형태를 언급하고 있다.[267] 목상과 산지기와 토호의 결탁은 계속되어 강원도 춘천과 홍천의 봉산에서 군사용 초약(硝藥)을 굽기 위해 금양하던 소나무 숲이 민둥산으로 변한 사례를 『비변사등록』은 기록하고 있다.[268] 18세기 나라 곳곳의 봉산은 목상들의 탈법적 남벌로 이처럼 헐벗고 있었다.

취약한 목재 유통 구조

목상의 탈법 행위가 광범위하게 발생한 배경에는 원활한 목재 유통을 가로막은 취약한 유통 구조가 있었다. 임목이 울창한 생산지에서 크고 무거운 목재를 소비처에 공급하기 위해서는 운송에 필요한 도로 시설과 운송 장비가 있어야 하나, 조선은 그러한 운송 설비를 갖추지 못했다. 17~19세기 조선의 도로는 부실했고, 수레는 조악했다.

한양에서 유통되던 관수용 또는 민수용 목재는 조선 초기에는 경기도, 황해도, 충청도 지방에서 조달했고, 조선 후기에는 강원도와 호남과 호서 지방의 연해 도서에서 조달했지만 모두 물길로 운송되었다. 강원도 산판에서 벌목한 통나무는 한강 수운을 이용하여 뗏목으로 흘려보낸 것을 뚝섬에서 제재하여 유통하였고, 연해 도서에서 벌목한 원목은 선박으로 운송하거나 뗏목으로 끌어서 한강을 거슬러 올라와 유통되었다. 목재 운송에 물길을 이용할 수밖에 없었던 이면에는 부실한 도로와 조악한 수레가 있었다.

도로와 수레를 쉬 사용할 수 없었던 시대에 크고 무거운 대부등 소나무(한 그루 재적은 3~4㎥, 무게는 1.5~2t)를 산에서 끌어내기 위해서는 인력이나 축력을 이용해야 했고, 따라서 벌채지에서 물길을 이용할 수 있는 장소까지 거리는 짧으면 짧을수록 유리했다. 서해 연안과 섬에서 벌목하면 운송 거리가 2~3리로 짧았지만, 산림 자원이 고갈된 조선 후기 강원도에서 벌목한 목재는 벌채지에서 남한강과 북한강 상류까지의 운송 거리가 멀고 험해서 목재를 끌어내는 일이 쉽지 않았고 민력을 동원할 때마다 원성이 자자했다. 또한 목재를 한강 상류에서 하류로 흘려보내는 뗏목도 갈수기와 결빙기에는 운행할 수 없었다.

운송 수단의 미비

18세기 조선의 실학자들은 목재 유통의 가장 큰 제약으로 무거운 목재를 쉬 운반할 수 없는 수레와 부실한 도로 사정을 들었다. 특히 운송 기기로 사용한 수레의 바퀴는 원판 하나 또는 반 원판 둘을 잇대어서 바큇살이 없이 만들었으며, 바퀴 외곽에 철판을 덧대지도 않았다. 수레 자체의 무게 때문에 소나 말이 빈 수레를 끌어도 힘에 부칠 지경으로 조악했다.[269]

수레가 널리 사용되지 못한 이유는 또 있었다. 우리나라 곳곳의 도로는 고갯길과 개울이 많은 산악 지형을 통과해야 하고, 그래서 수레가 다니기 힘들었을 뿐만 아니라 바퀴가 부서지기도 쉬웠다.[270] 그 밖에 소와 말이 많지 않았기에 수레를 끄는 가축을 쓰기도 쉽지 않았다.* 이런 복합적 이유로 조선은 수레가 널리 보급되지도 못했다.[271]

박제가는 『북학의』(1778)에서 조선의 조악한 수레로 인해 파생된 목재 유통의 부작용을 정확하게 지적한다.[272]

> "중국의 물건은 비록 귀하다 하나, 우리나라의 물건은 비록 천한 것이 적지만 무엇 때문인가, 요야(遼野)의 천 리는 산이 없어도 큰 재목이 장성처럼 쌓이고 만약 사람의 힘으로 미칠 수 있는 것이 아니라면, 모두 장백산으로부터 압록강을 좇아 뗏목을 만들어 바다에 이르는 것처럼 우리나

* 조선은 건국 초기부터 1450년까지 명나라에 7만 필의 말을 조공으로 바쳤으며, 명나라의 조공 요구를 회피할 목적으로 소와 말 사육을 게을리한 결과, 국영 목장에서 사육한 말이 조선 초에 4만 필에서 1870년에는 5,646필로 줄어들었다.(김용만. 2010. 『세상을 바꾼 수레』. 도서출판 다른)

라의 백여 리 밖에 소나무와 잣나무가 하늘을 덮어 궁실(宮室)과 관곽으로 쓰이고, 그 근원을 파헤쳐 보면 모두 기용이 불편한 것과 같기 때문이고, 또 그 목재와 치수도 조금도 들쭉날쭉한 것이 없어서 그 정교(精巧)가 이와 같다."

무겁고 부피가 큰 목재 유통에 필요한 도로와 운반 수레의 미비와 규격이 제각각인 목재의 조악함을 지적하고 있다.

박제가의 지적이 있은 5년 뒤, 홍양호는 수레 제작법을 중국에서 배우자고 다시 조정에 상소한다.[273] 상소문은 "여러 고을이 모두 한두 마리의 우차(牛車)를 사용하여, 곡식을 운반하고 시탄을 실어 나르느라 수백 리를 오가고 했는데, 제작이 거칠고 둔하여 멀리 가기는 불가능했음은 오로지 법도가 제대로 되지 않았기 때문"이라며, "여러 군문 및 양서(兩西)의 감영·병영과 의주 등의 곳이 수레 공장(工匠)을 연경에 보내어 모든 수레의 제작을 모사(摸寫)해다가" 각 고을이 본받게 하자고 제안한다. 하지만 박제가와 홍양호의 이런 제안에도 조선 조정은 별다른 반응이 없으며, 화성 성역에는 여전히 재래식 수레를 그대로 사용했다.[274]

조선 조정이 도로 정비와 수레 개선을 도외시했던 배경에는 잘 정비된 도로가 외적의 침략 통로가 되어 한양이 쉽게 점령당할 수 있다는 군사적 우려[275]와 수레의 보급이 성리학적 통치 이념에 반하는 상공업의 발달을 촉진할 수 있다는 우려가 잠재되어 있었다.[276]

조악한 제재 도구와 보급 미비

목재 유통의 또 다른 제약은 조선 시대의 목재 제재 도구에서 찾을 수 있다. 고대·중세 사회에서 목재 가공 도구는 주로 도끼와 자귀였다. 그래서 채택된 목재 가공법은 도끼로 벌목한 원목을 쐐기로 쪼갠 후, 자귀질로 대략적 형태를 취하고 표면을 다듬는 것이었다. 소나무는 이와 같은 가공법을 용이하게 적용할 수 있는 잘 쪼개지는 수종이었기에 국용 목재는 물론이고 민수용 목재로도 널리 사용되었다. 일본도 비슷했다. 삼나무나 편백처럼 나뭇결을 이용해서 잘 쪼개지는 침엽수가 건축 재료로 선호되었다.[277]

조선 정부가 오동나무를 지방 관아 주변에 배양하여 국용 목물로 이용하고,[278] 피나무를 판재나 각재로 많이 이용한 이유도 활엽수 중에 판재나 각재로 제재하기 쉬운 물리적 특성도 한몫했지만 조악한 제재도구의 탓도 컸다. 참나무를 비롯하여 대부분의 활엽수종은 재질이 단단하여 쉬 제재할 수 없었기 때문이다.

원목을 제재하기 위해 켜는 톱이 필요했지만, 철을 다루는 전문 제작 장인이 많지 않았기에 널리 보급되지도 못했고, 물레방아와 같은 수력 제재*도 이용할 수 없었던 까닭에 재질이 단단한 활엽수종은 물론이고 다양한 크기별로 목재를 켜는 데는 제약이 많았다.

톱은 언제부터 사용되었을까?

우리 역사상 톱은 언제부터 사용되었을까? 오래된 톱은 대구

* 물레방아를 이용하는 수력 제재소는 11세기경에 스페인과 북아프리카, 중동 및 중앙아시아에 널리 퍼졌고, 그 후 수 세기 동안 유럽 전역에 퍼졌다. 하지만 조선과 일본은 19세기에도 수력 제재소를 이용하지 못했다.

달성 가야 시대 고분군과 전남 나주 고분군 옹관묘에서 출토되었다.[279] 나주 고분군에서 1917년 출토된 백제 시대(5~6세기) 톱(길이 26.5㎝, 너비 3㎝)[280]은 나무를 자르는 톱이었다. 백제 시대의 톱이 출토된 이후에는 톱의 발달 과정을 확인할 수 있는 추가 출토 사례를 쉬 찾을 수 없다. 톱은 철물을 야금하여 제작하기에 농경사회에서 쉽게 구할 수 없는 공구였다.[281] 농경사회에서 철은 귀한 원료였고, 톱 제작 과정은 제련-정련-강철판 제작-톱날 새기기-톱날 벼리기[282] 등으로 복잡하여 대량생산은 쉽지 않았다. 따라서 중세 사회에서 톱의 보급은 느렸고, 목재 제재 방법은 주로 도끼와 자귀를 이용하여 자르고 쪼갠 후 다듬는 것이었다.

철제 톱은 중국에서 5세기경[283]에 사용되어 우리나라엔 삼국시대에 전래하였지만, 널리 보급된 시기는 더 더뎠을 것이다. 톱은 사용 방법에 따라 원목이나 나무를 자를 때 사용하는 단거(短鋸, 단거톱)와 원목을 나무 널[판재, 널판자]로 켤 때 사용하는 인거(引鋸, 잉거톱)로 분류한다. 일본은 가마쿠라 시대(鎌倉時代: 1185년~1333) 건축 현장에서 자르는 톱을 사용한 기록이 있지만, 수직으로 켜지는 못했다.[284] 따라서 그 당시에도 각목이나 판자는 통나무에 쐐기를 박아 찢어서 만들었다. 나뭇결을 따라 쪼개기 쉬운 삼나무와 편백이 건축 재료로 선호된 이유였다.

조선 시대 톱은 어떻게 제작되었을까? 묵재 이문건(李文楗, 1494~1567)*이 성주에서 귀양살이하던 중에 쓴 일기에서 톱 제작 과정을

* 이문건의 『묵재일기』는 41세부터 73세까지 쓴 일기로, 17년 8개월 치만 현존한다.

간접적으로 유추할 수 있는 단서를 찾을 수 있다. 묵재가 "대장장이 권동을 불러 작은 자귀와 톱 등을 만들게 했다."[285]거나 "곽진을 불러 절단용 톱과 거문고 배를 파내는 데 쓸 굽은 칼을 다시 만들게 했다."[286] "판관에게 못 제작 문제를 얘기했더니 바로 대장장이(철장, 鐵匠)를 보냈기에, 대장장이에게 편철 9개를 주었다. 판관이 숯 1섬을 주었다."[287]는 내용은 대장장이를 불러 집에서 쓸 톱과 못을 부탁할 뿐만 아니라 원료인 편철과 숯을 조달하였음을 증언한다.

『묵재일기』는 사대부가에서 톱을 빌려오거나[288] 빌려주는[289] 형태도 증언한다. 『묵재일기』는 조선 전기에 톱 판매소가 없었으며, 권세가가 대장장이에게 톱을 주문 제작하였음을 밝히고 있지만 잉거톱의 제작 여부는 확인할 수 없다.

잉거톱의 보급과 잉거장의 출현

잉거톱은 언제부터 사용되었을까? 자르는 톱이 켜는 톱보다 먼저 보급된 일본 사례*를 참고하면 우리나라에 잉거톱이 도입된 시기는 14~15세기로 짐작할 수 있지만, 잉거톱 제작과 유통을 본격적으로 다룬 연구는 없다.[290] 1502년 『연산군일기』에 관재를 켜는 전문 '잉거군'이 등장하는 것으로 미루어, 잉거톱은 조선 초기에 이미 사용되었고, 켜기 전문 장인도 존재했음을 알 수 있다.[291] 이문건이 성주에 귀양 가기 전, 서울에서 벼슬살이하던 1536년에는 "얇은

* 와타나베 아키라(2012)는 일본은 무로마치 시대(室町時代, 1336~1573)에 대륙이나 한반도에서 제재용 대형 잉거톱(引鋸)이 전래한 이후 다양한 수종을 각재와 판재로 가공할 수 있었고, 세로 켜기 톱 기술도 전국에 보급되었으며, 그 덕분에 에도 시대에는 일반 서민들도 목재를 저렴하게 이용할 수 있었다고 밝힌다.

판자[박판, 薄板]를 톱질해 자르는 문제"를 누님과 의논하고,[292] 다음날엔 "판자를 자르기 위해 술과 음식을 준비해서 청파로 보냈는데, 해지기 전에 톱질을 마치고 판자 2장 반 닙을 가지고 왔으니 기쁘다."고 쓰고 있다.[293] 청파로 보냈다고 하니 16세기 초반에 판자 켜는 잉거장이 용산(청파)에서 활동했음을 의미한다. 따라서 이 당시에 잉거톱을 제작하는 야장이나 별도의 전문 장인이 활동하고 있었겠지만, 구체적 톱 제작 방법이나 유통 여부를 확인할 수 없다.[294]

잉거톱은 어떻게 제작되었을까? 잉거톱은 톱냥, 톱자루, 동발, 탕개로 구성되며 탕개를 조여서 사용하기에 흔히 탕개톱이라고도 하지만 구체적 톱날 제작 기록은 찾을 수 없다. 특히 자르는 톱과 달리 켜는 톱(잉거톱)은 예치의 각도를 적절하게 유지해야 하며, 또 수시로 톱날을 갈아주어야 했지만, 그에 적합한 좋은 도구(줄)도 없었다.[295]

목공 도구 발달사를 다루면서 톱 종류(밀기용 및 켜기용)보다 대패 종류를 더 많이 논증하는 이유도 남아 있는 톱 유물이 많지 않기 때문일 것이다.* 목재 유통을 위해서는 대패보다는 다양한 용도로 사용된 제재용 톱이 더 필요했을 터이지만 현실은 그렇지 못했다.

판(각)재 제작과 잉거장

잉거장은 전문 장인으로 뚝섬이나 용산(마포)에서 잉거꾼[鉅軍]을

* 이왕기(2012)는 톱보다 대패를 더 세분화하여 논증하고 있다. 톱은 자르는 톱과 켜는 톱으로 나누지만, 대패는 자루대패(외날대패, 양날대패)와 틀대패(홑날대패와 겹날대패)로 나누고, 다시 겹날대패는 평대패, 장대패, 사밀이, 등밀이, 모끼, 개탕, 병탕 등으로 더 세분하여 분류한다.

두어 무리지어 일했다. 잉건꾼에는 원목을 제재하는 걸톱장이(巨乙鉅匠), 대목이 사용하는 큰 목재를 두꺼운 널반지로 켜는 기거장(岐鉅匠), 수장판(修粧板)이나 얇은 널반지를 마감용 재목인 가늘고 긴 조리목(오리목)으로 켜는 조리장(條里匠)이 있었다.[296] 이들이 생산한 판재와 각재는 내·외장목전과 조리목전을 통해서 국용 목물로 납품하거나 시중에 민수용으로 유통하였다.[297]

잉거장의 노임은 원목의 특성을 숙지하여 판재와 조리목을 켜는 전문 장인이었기에 상당했다. 조선 말, 하재(荷齋) 지규식(池圭植, 1851-?)의 일기*는 잉거장의 비싼 노임을 다음과 같이 증언한다. "석촌 톱질한 품삯이 20냥이요, 판재(板材) 져 드린 품삯이 2냥 4전이다."[298], "재목 다듬은 공전으로 8냥을 주고, 톱질한 공전으로 25냥을 주었다. 판자를 져서 들여온 품삯으로 1냥, 땔나무 값으로 71냥 2전을 주었다."[299] 분원의 공원으로 일했던 하재의 일기는 19세기 말까지도 여전히 잉거장의 노임이 비쌌음을 증언한다.

이문건과 지규식의 일기를 참고하면, 조선 후기까지도 톱은 주문으로 제작되었으며, 그 보급도 지극히 제한적인 형태였을 것으로 추측하는 것이 합리적이다. 조선 시대에 잘 짜개지지 않는 강한 활엽수재를 재목으로 가공할 성능 좋은 제재 도구(잉거톱이나 물레방아 동력 톱)가 적었거나 없었던 탓에 사람들은 짜개기 쉬운 소나무재를 건축재로 더욱 선호하였고, 잘 짜개지는 소나무재의 특성은 소나무 숲을 더욱 고갈시키는 기재로 작용하였으며, 그 결과가 소나무 관

* 『하재일기』는 도자기를 생산하던 분원공소의 공인 지규식이 1891년부터 1911년까지 약 20년 7개월 동안 쓴 일기로 현재 서울대학교 규장각에 소장되어 있다.

재 가격의 지속적 폭등으로 이어졌다고 추론할 수 있다.

판재를 켜는 노임이 많이 들었기 때문에 판재 값은 비쌌고, 가옥 건축에도 꼭 필요한 부분에만 판재를 사용했다. 예를 들면, 마루에 까는 마루판이나 지붕에 얹는 개판은 잉거장의 노임 때문에 어지간한 경제력을 갖지 않고서는 판재를 사용할 수 없었다. 그래서 민가에서는 서까래를 덮는 개판 대신에 보통 싸리와 대나무를 엮은 산자를 사용하였다.

비싼 노임으로 판자를 쉬 사용하지 못한 관행은 국가의 영건 건축에도 마찬가지였다. 나라에서 축조한 숭례문 1층 마루판이나 경회루 마루판도 잉거톱으로 켠 판재가 아니라 원목을 쪼개어 자귀질로 한 면은 대충 다듬고, 다른 면은 대패질로 다듬어 사용한 판재였다. 일반 세도가의 대청 마루판 역시 잉거톱으로 켠 판재가 아니라 쪼갠 판목을 자귀로 다듬고, 윗면만 대패로 마감 질하여 사용했다.

우리나라에 제재란 용어가 사용된 시기는 1905년[300]이고, 제재소(製材所)는 1910년에야 비로소 운영되었다.[301] 따라서 잉거장은 20세기 초는 물론이고 1965년 월정사 복원공사 때에도 활동하고 있었다.*

* 1962년 숭례문 중수공사와 1965년 월정사 복원 공사에 목수로 참여한 신응수 대목장의 증언

5장

조선과 일본의 목재 생산과 유통 구조

조선 후기 목재 상인의 거래 규모는 영세하였다. 목재 상인의 영세성은 1800년경 조선의 낮은 도시화 비율에 기인한다. 그 당시 전 세계의 도시화 비율은 9~10%, 러시아를 제외한 유럽은 12%로 추정하며, 중국과 일본의 도시화 비율은 각각 7~8%, 18%로 조선의 2.5%보다 몇 배나 높았다.[302]

19세기 말 한양의 가옥은 5만여 채 정도로 대부분 흙벽의 초가였다. 대부분의 가옥이 목재를 많이 사용하지 않는 초가였고, 낮은 도시화 비율(2.5%)로 인해 목재에 대한 수요는 크지 않았다. 또한 정부의 영건 건축물 축조에 사용될 규모가 큰 목재는 주로 봉산에서 자체 조달하였고, 규모가 작은 목재만 목재 상인에게서 매입하였음을 고려하면 목재 시장 규모도 영세할 수밖에 없었다. 화성 축조 공사비 804,963냥 중, 민간에서 조달한 목재 매입비는 4,920냥 5전 5분으로 전체 예산의 0.6%뿐이었던 사례에서도 그 영세성을 엿볼 수 있다.[303]

국가의 목재 조달과 달리 개인의 경우, 사족은 사양산이나 문중 선산을 보유하고 있어서 필요한 목재를 자체적으로 조달할 수 있었고, 향촌 사회의 주민들 역시 송계를 결성하여 필요한 목재를 공유림(송계산)에서 어느 정도 자체 충당할 수 있었다. 결국 목재 상인이 유통할 수 있는 목재는 조정 건축물 수리에 필요한 소량의 영선 목재나 영건 건축에 필요한 규모가 작은 목재, 한양 도성 주민들의 가재(家材)와 그밖에 소소한 국용 목물 정도였다.[304]

조선의 경우 19세기 중앙 재정 규모는 쌀 100만 석 정도였고, 공물가로 지급하는 재정 규모는 쌀 246,645석이었다.* 그중에 공가액이 가장 높은 공물은 제조품(39.5%)이었고, 다음 순으로 농산물(17.2%), 수산물(8.1%), 축산물(4.6%)로, 목재(2.7%)와 연료(2.3%)의 공가액은 상대적으로 적었다.[305]

일본의 목재 유통 규모는 조선과 달랐다. 18세기 초 에도 막부의 목재 유통 규모는 전체 거래액의 13%를 차지하여 농산물(39%) 다음으로 컸고, 장작 등의 연료재(9%)와 목탄(4%)도 적지 않았다.[306] 따라서 조선의 영세한 목재 상인과 달리 일본의 경우는 목재 생산을 담당한 산촌 주민, 운송업자, 도·소매업자의 자본을 결합하여 다양한

* 이영훈은 18세기 말 조선의 재정 규모는 총 178만 석, 중앙재정이 약 100만 석, 나머지 78만 석은 지방재정이었으며, 왕실재정 수입도 약 20만 석이었다고 보고한다.

형태의 계약 조건(분수림, 공동 이익림 등등)으로 이익을 각각 공유하고, 목재 상인은 자본을 축적할 수 있었다.

일본의 산촌 주민은 개인이 소유한 좁은 임지에서 삼나무와 편백을 심고, 20~30년 동안 육성한 후, 목재상에게 현금을 받고 판매했다.[307] 지역에 따라 집약적으로 실시했던 인공 조림은 산촌 공유림에까지 확산하였고, 조림업자, 벌목업자, 운송업자, 도매상(자본가)과 소매상이 연대하여 목재 생산과 운송과 판매 체계를 구축하였으며, 각 참여 주체는 그에 상응하는 수입을 얻었다.[308] 벌채 후 산지를 그대로 방치하지 않고, 개인이나 산촌 공동체는 나무를 다시 심었고, 목상은 산주와 다양한 조건(분수림, 임지 임대, 공유 수익림, 계약림, 공동 투자림)으로 계약을 맺어 생산된 목재를 도시 소비자에게 공급하였다. 이 모든 선순환은 조림 기술의 발달, 목재의 사적 생산 체계를 묵인하고 유통 과정에 부과된 세금을 재정 수입으로 확보할 수 있었던 지방 정부는 물론이고 생산자와 소비자와 중간 유통 상인 모두가 이득을 보는 구조였기에 가능했다.[309] 17세기 초반까지 천연림 벌채로 산림 파괴가 심각했던 일본은 목재 유통 체계가 구축됨에 따라 18세기부터는 산림도 따라서 복구되었다.

조선이 중앙 집권 조직을 활용하여 일률적 벌채 금지 정책을 시행한 것과 달리 일본은 지역 실정에 맞게 다양한 구성원들이 결합하여 생산과 벌채, 운반과 유통 체계를 구축하여 수익을 창출하고, 산림을 복구할 수 있었던 이유는 무엇일까? 그 이유는 중앙 집권적 전제군주제와 지방 분권적 봉건제의 제도적 차이는 물론이고, 목재를 다량 소비할 수 있는 도시화한 시장(에도, 오사카, 나고야)의 존재도

표 35. 조선과 일본의 목재 생산과 유통체계의 발달에 따른 영향

구성요소	조선	일본
생산자(지)	- 육지 봉산(금산) - 연해 봉산(금산, 송전) - 사양산과 송계산	- 번주(藩主)의 산림[御林] - 산촌 주민의 임지[百姓山] - 산촌 공유림[入會地]
생산체계	- 국가 관리 산림의 약탈적 이용	- 부분림(部分林) 제도 : 번의 임지를 주민이 조림하여 벌채 수익을 번과 공유 - 넨키야마(年季山)제도 : 번주와 지역 주민 사이의 기간제 산지 임대로 목재 생산
유통 체계	- 내륙 목상: 윤작배, 산직, 양반, 지방관의 계방과 궁방·아문 결탁 - 연안 목상(경강선상): 궁방·아문, 상사, 내사 결탁	- 목상+도매상(자본가)+운송업자(뗏목, 수레 업자)+소매상
가공 체계	- 잉거톱의 제작과 보급 미비로 각재와 판재의 생산 능력 미약으로 제재품의 가공 유통이 적음	- 잉거톱의 발달과 보급 촉진으로 각재와 판재의 생산 능력 증대로 저렴한 제재품의 가공 및 유통이 촉진
소비자(처)	- 정부의 영건 건축 - 경강의 사선 선주 - 한양의 일반 주민	- 중앙정부 및 번의 성곽 건설 - 대도시(에도, 나고야, 오사카, 교토)주민 - 일반 주민
정부의 재정 수입	- 뗏목 통과 지점마다 수세 부과(공적 체계) - 목상과 경강선상 : 수세 회피	- 뗏목 최종 상륙지 수세 징수(1~10%)
영향	- 과다벌채 후 재조림 의무 없음 - 생산자 이익 환원 없음 - 목상과 권세가의 수익 극대화 - 정부 재정에 기여비율 낮음 - 봉산 등의 황폐화	- 수익 창출을 위한 벌채 후 재조림 - 단벌기 집약재배(20~30년) - 주민, 목상(운송업자), 소매상 이익 공유 - 번 재정에 기여 비율 높음 - 산림 복구에 기여

무시할 수 없을 것이다.*

역사에 가정법은 부질없는 짓이지만, 그래도 조선 후기에 재질이 단단한 활엽수류를 각목이나 단판으로 제재할 수 있는 잉거톱이나 수력(물레방아)을 이용한 동력톱이 널리 보급되었으면 어떠했을까? 추측하건대 소나무에 집중된 목재 소비를 분산할 수 있었을 것이며, 호서 지방과 남해안 지방에 산재해 있던 소나무 봉산의 고갈 속도도 늦출 수 있었을 것이다. 따라서 18~19세기 연해 도서 지방에서 발생한 산림 황폐의 참상도 완화되었을 것이다.

* Totman(1989)은 1601년에서 1866년 사이에 에도에서 주택가를 태운 큰 불이 총 93회(평균 2년 9개월에 한 번씩) 발생했고, 그때마다 주택 복구용 건축재가 대량으로 필요했으며, 인구가 많았던 오사카와 나고야 역시 주요 목재 소비처였다고 밝히고 있다.

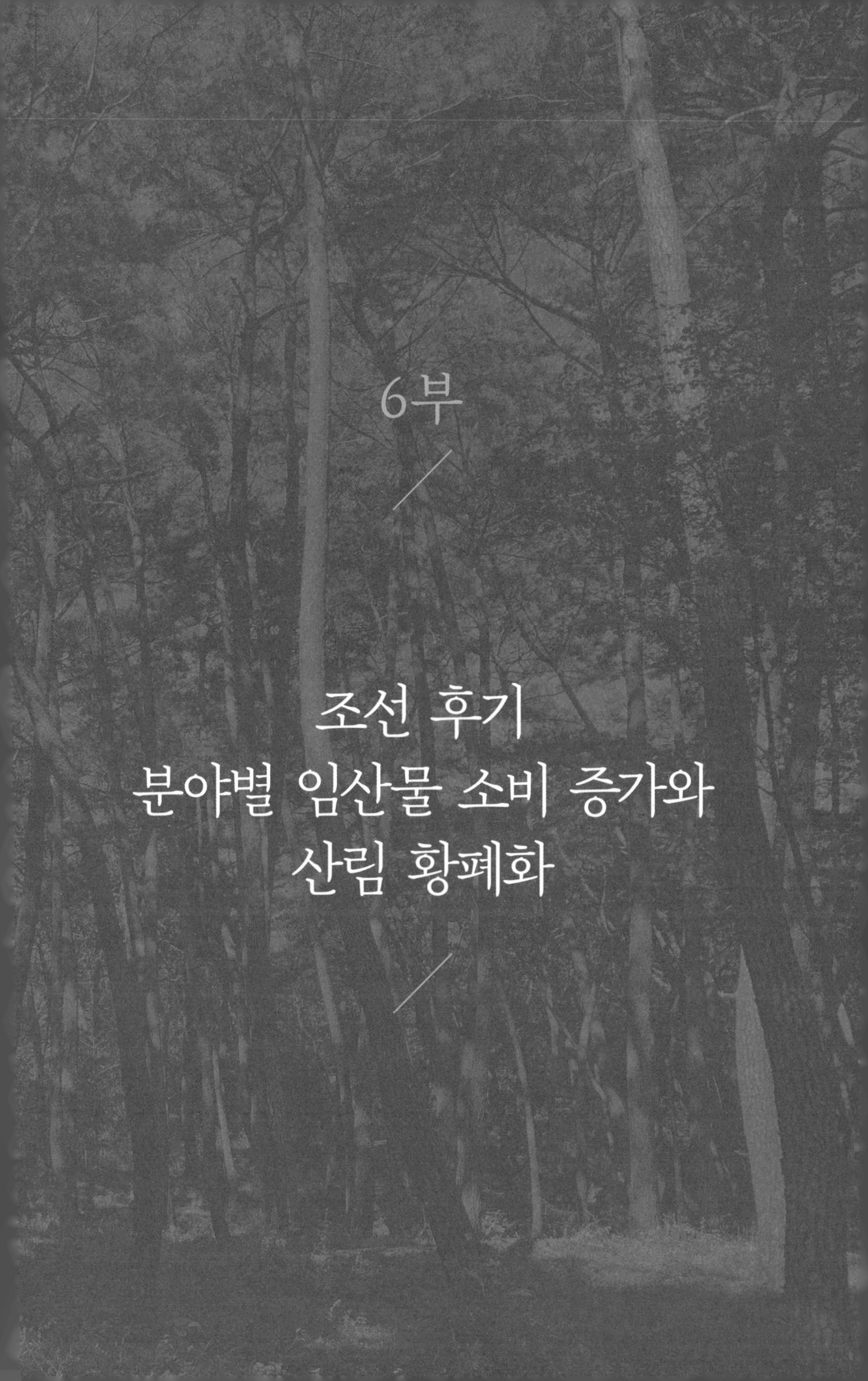

6부

조선 후기 분야별 임산물 소비 증가와 산림 황폐화

조선 시대의 임산물은 목재와 땔감으로 대별할 수 있으며, 임산 부산물은 약제, 버섯과 산채, 종실, 야생동물 등을 들 수 있다. 이들 중 목재와 땔감은 농경 사회의 삶을 영위하는 데 없으면 안 될 필수 자원으로 중요했다.

역사학계에서는 조선 후기에 발생한 산림 황폐의 한 원인으로 가내 수공업의 발달에 따른 목재와 임산 연료의 수요 증대를 제시한다.[310] 나라 전역의 임산물 소비량을 추정할 수 없는 상태에서 산림 황폐를 초래한 요인을 지목하는 일은 조심스럽다. 따라서 산림 황폐화와 목재 및 땔감 소비량 증대 사이의 연관성을 분석하기 위해 먼저 조선 후기 가옥 건축과 선박 축조에 사용된 목재의 양과 가정과 각 수공업 분야에서 소비한 임산 연료의 양을 추정할 필요가 있다.

1장

조선 후기 가옥 건축재의 소요량

전통 가옥은 기둥 상부의 결합 구조(가구) 형태로 양식을 구분한다. 건축 규모가 큰 궁궐과 사찰의 가구 구조는 익공(굴도리)과 다포 형식이다. 사대부 가옥의 본채는 익공, 납도리 구조이고, 부속채는 납도리 구조이다. 따라서 가옥 형태에 따라서 1칸(2평) 당 목재 사용량은 납도리(홑처마)는 약 4,800재, 익공(겹처마)은 약 8,000재, 초가(홑처마)는 약 2,400재 정도였다.

조선 가옥의 대부분을 차지하는 초가를 지을 때는 얼마나 많은 목재가 필요했을까? 흔히 초가 3칸이라고 일컫는 작은 집은 맨 왼쪽에 부엌, 가운데와 오른쪽에 방으로 배열된 일자(一) 형태의 3칸 가옥이다. 초가 3칸 집은 사방 8자(2.4m), 3칸은 192평방 자(24 x 8

자)로 넓이는 17.3㎡(5.3평)이며, 툇마루(1평)를 끼워 약 6평집이다. 이때 사용하는 목재는 기둥과 도리와 들보와 서까래용으로 굵은 재목과 처마나 추녀, 창방용으로 가는 재목을 사용한다. 대목으로 활동 중인 김부섭 선생의 자문에 의하면 1칸당 약 2,400재가 필요하니, 이를 미터법으로 환산하면 1㎡당 약 원목 1.65㎥(목재 0.83㎥), 3칸당 32㎥(목재 16㎥)가 필요하다. 일본도 건축재로 사용된 수종은 달라도, 사원(0.7㎡)과 신사(0.4㎡)와 민가(0.2㎡) 건축에 사용한 1㎡당 목재의 양이 점차 줄어드는 경향은 비슷했으나 그 양은 조선보다 적었다.[311]

한양에서 권세가가 집을 짓는다면 얼마나 많은 목재가 필요했을까? 대군은 최고 60칸, 왕자 50칸, 고관 40칸, 하관 30칸, 서민 10칸으로 규정된 『경국대전』을 따른다면 일반 서민은 최고 10칸 즉 건평 640평방자, 17.8평을 지을 수 있었다. 대군의 60칸은 건평으로 3,840평방자이고 평수로는 106평이다.

고관(40칸)과 서민(10칸)이 집을 짓는데 필요한 목재는 얼마나 될까? 경제력과 목재 수급 사정에 따라 달랐겠지만, 대체로 기와집 1칸당 필요한 목재는 10.7㎥(원목 21.3㎥), 초가집은 1칸당 목재 5.3㎥(원목 10.7㎥) 정도였다. 그밖에 적당한 부재로 원목과 각목이 사용되었다. 창호와 문을 내는 곳에는 원목 대신에 각목이 필요했다. 그밖에 문틀, 지방, 설주, 문살에는 각재가 필요했고, 제재한 각재와 판재는 시전이나 장목전에서 구입하였다.

1인당 가옥 건축에는 얼마나 많은 목재가 들었을까? 조선의 모든 백성이 3칸 초가에 5식구[312]씩 살며, 200년마다 전체 가옥을 새로 짓는다고 거칠게 가정하여 소요되는 목재의 양을 추산해보자. 1600년에서 1700년까지 인구가 263만 명이 늘어나고 1700년에서 1800년까지 408만 명이 늘어나 52.6만 채와 81.6만 채를 각각 새로 지어야 한다. 또 200년 만에 새로 개축하기 위해 1400년에서 1500년 사이에 늘어난 368만 명의 가옥과 1500년에서 1600년 사이에 늘어난 231만 명의 가옥 수도 각각 73.6만 채와 46.2만 채에 이른다. 이를 합산하면 대략 1700년대 100년 동안은 126만 채, 1800년대는 128만 채를 새로 지어야 하며, 매년 새로 짓는 가옥 수는 1만 3,000여 채 내외이다.

따라서 17~19세기 동안 매년 1인당 가옥 신축에 필요한 원목량은 보수적으로 산정해도 매년 0.025㎥ 정도에 이른다.* 그러나 가옥 규모를 초가 3칸 대신에 5칸이나 7칸으로 늘려 짓거나 한옥의 개축 주기를 200년 대신에 100년마다로 단축하면 가옥 건축에 필요한 목재량은 2~3배 또는 5~6배로 증가할 것이다. 이런 조건을 적용해도 가옥 건축에 필요한 1인당 매년 목재 사용량은 0.1㎥ 내외로 여전히 미미한 수준이다.

조선 시대 목재 가격

15세기 중반 소나무 원목 가격은 공물 대납가로 추정할 수 있다.[313] 경기·충청·황해도의 각 고을에서 부등목을 대납할 경우, 풍년의 경우, 대부등목 1조는 쌀 30두, 중부등목 1조는 쌀 24두 5승, 소

* 1인당 가옥 건축에 필요한 목재량은 1700년대는 0.028㎥(12,620채x32㎥/1,435만 명), 1800년대는 0.022㎥(12,700채x32㎥/1,843만 명)로 추정할 수 있다.

부등목 1조는 쌀 19두, 토막나무 1묶음은 쌀 10두 가격으로 수납하고 있다. 이 당시에 길이 4.8m, 줄기 밑지름 48㎝ 정도로 추정되는 소부등 소나무* 1조가 쌀 19두(약 2냥)의 가격으로 거래되었음을 알 수 있다.

18~19세기 초의 목재 가격은 얼마나 되었을까? 전라도 보성 이리 송계를 결성할 1803년 당시 계원들이 소나무를 벌목할 경우, 큰 소나무는 1냥, 중간 소나무는 7전을 내야 했다.[314] 집안의 "종인이 수월산 소나무를 몰래 팔아 15냥을 벌었다는 이야기"는 1815년 노상추 일기로 소나무 판매를 확인할 수 있지만 몇 그루를 15냥에 팔았는지 확인할 수 없다.[315] 보성의 이리 송계 계원들에게 큰 소나무 1그루를 1냥에 팔았으면, 경상도 선산의 목상에게는 1그루의 가격을 비슷하게 받았을 가능성이 크지만, 확인할 수는 없다.

소나무 원목 한 주가 1냥의 가격으로 거래되었지만, 제재한 재목은 노임 때문에 훨씬 더 비쌌다. 그러한 사실은 1755년 노상추의 조부(노계정)가 별세했을 때, 관재를 100냥에 샀지만,[316] 50여 년 뒤에 목재값이 3~4배나 올라 관재 값이 4~5백 냥에 달한다고 정약전은 『송정사의』(1804)에 밝히고 있다. 소나무가 고갈되고, 판자를 켜는 잉거톱이 발달하지 못해 단단한 활엽수재를 켜기 쉽지 않고, 잉거톱 자체도 널리 보급되지 못했기 때문이다.

19세기 당시 1냥의 화폐가치는 어느 정도였을까? 경상도 고성

* 1667년의 『영녕전수개도감의궤(永寧殿修改都監儀軌)』.(奎14224)에는 대부등과 중부등과 소부등의 길이와 말원경이 각각 20자와 2.4자, 16자와 1.9자, 16자와 1.6자로 기록되어 있다.

지역(1717~1760년 동안)의 벼 1석(벼 20두)의 평균 가격은 3.755냥이었으며,[317] 전라도 영암 지역은 1810년경 2냥 내외였다.[318] 또 쌀 1섬(약 144kg)을 5냥으로 산정하였던 조선 시대의 기준*을 현재의 쌀값(2022년 현재 쌀 20㎏의 소매가 6만 원)에 대입하면 조선 시대의 1냥은 현재 화폐로 8만 원[319] 정도가 되니 무시할 수 없는 금액이다. 소나무 판매 대금 15냥은 쌀 3섬을 살 수 있는 금액으로 18세기 종9품의 1년 연봉이 쌀 6.7석과 콩 0.7석이었음을 고려하면 결코 적은 액수가 아니다.

* 조선 시대의 쌀값(미가)은 풍흉에 따라 달랐다. 1731년(영조 8년)은 1석당 11냥이었고, 1749년에는 1석당 2.85냥으로 가격 변동의 차가 심했다. 1710년~1740년대까지 쌀 1석은 3~4냥 수준(한국문화사, 금속화폐시대의 돈)이었지만, 편의상 1석에 5냥으로 산정하기도 한다.

2장 / 조선 후기 조선재 소요량

조선 시대의 군선이나 조운선 한 척을 건조하는 데에는 얼마나 많은 목재가 사용되었을까? 몇몇 문헌에는 한선의 바닥판[저판, 底板]과 외판과 멍에(배의 대들보)와 가룡[加龍, 좌우 삼판에 가로질러 댄 긴 나무]에 사용한 소나무 그루수를 대·중·소로 나누어 기록하지만, 조선재로 사용한 실제 크기를 확인할 수 없어서 목재의 양을 정확하게 산정하기란 쉽지 않다.

다행스럽게도 해양문화재연구소가 2011년 복원한 조운선은 조선 시대 선박의 종류나 크기에 따른 조선재의 수요량을 추정할 수 있는 근거를 제시한다.[320] 특히 해양문화재연구소에서 복원한 조운선은 조선 후기에 운용된 전선, 사신선, 조운선의 크기[321]와 유사해서 선박 건조에 필요한 조선재의 양을 비교적 정확하게 추정할 수 있다. 다음 표는 조선 시대의 전선, 통신사선, 조운선과 2011년 복원한 조운선의 배밑판 길이와 폭, 배의 깊이를 나타내며, 길이와 폭은 편의상 영조척(營造尺) 대신에 1척당 30cm로 환산한 수치이다.

표 36. 조선 후기의 국용 선박 종류별 규모와 목재 사용량

선박 종류	배밑판 길이(m)	배밑판 폭(m)			깊이 (m)	목재사용량(㎥)	원목사용량(㎥)
		선수	중앙	선미			
전선	19.5	3.7	4.5	2.3	2.4		
통신사선	19.8	3.4	4.8	3.2	-		
조운선	17.1	3	3.9	2.3	3.3		
복원 조운선	17	3	3.9	2.3	3,3	66.8	190㎥=20m x 0.4m x 147 주

해양문화재연구소에서 2011년 복원한 조운선의 크기는 전선과 통신사선 보다 길이 2~3m, 중앙 폭이 약 90㎝ 더 좁다. 영조척을 적용할 경우에는 조금 더 큰 차이가 날 수도 있지만, 목재 부피를 환산할 경우에는 무시해도 좋은 수준이다. 복원된 조운선에 사용한 조선재 재적(材積)은 약 66.8m³이었고 원목으로 환산하면 190m³(사용된 조선재의 재적=벌채 원목의 30~40%)로 소나무 147그루(가슴높이직경 40cm, 높이 20m)에 해당한다.

2021년 역시 동일한 연구소에서 판옥선을 복원하면서 사용한 목재 재적은 260㎥로, 조운선보다 4배 정도 더 많은 목재가 사용되었다.[322] 판옥선은 격군과 수군을 태우는 한편, 갑판 위에 덮개가 있는 판잣집을 얹은 전선이기에 배의 규모가 더 클 수밖에 없다. 판옥선

복원에 사용된 원목의 부피를 환산하면 743㎥로 소나무 572그루에 해당한다.

소나무 조선재 소요량

조선 후기 선박 건조에 사용된 소나무 조선재의 양을 산정하기 위해서는 선박 1척당 소요되는 조선재 양뿐만 아니라 선박의 숫자도 파악할 필요가 있다. 『속대전』과 『만기요람』은 각 수영과 진에 배치되었던 배가 776척이며, 『탁지지(度支志)』와 『공세요략(貢稅要略)』은 조창에 152여 척의 조운선이 운용되었다고 밝힌다.[323] 그밖에 관에서 운영하던 나룻배[진선, 津船][324] 100여 척 내외를 포함하면 국가에서 운영하던 배는 1,030여 척에 이른다. 여기에 경강선의 숫자가 군선이나 수송선보다 많아 2,000여 척에 달했으며[325] 18세기 말 지방민이 소유하고 있던 배[사선, 私船]도 10,307척 이상이라는 기록[326]을 참고하면 13,400척 이상의 배가 조선의 강과 바다에서 운행하였음을 알 수 있다.

표 37. 조선 후기 군선 보유 현황(척)

출처	전선	구선	방선	병선	사후선	기타선*	계
『속대전』	117	14	76	161	318	90	776
『만기요람』	94	30	79	154	292	131	780

* 기타선은 쾌선(快船), 정탐선(偵探船), 해골선((海鶻船), 급수선(汲水船) 등을 말한다.

크고 작은 13,400여 척의 군선과 조운선과 사선을 건조하고 수리하는 데 필요한 목재는 주로 소나무였다. 나라 전역의 배를 건조하고 수리하는 데는 얼마나 많은 목재가 필요했을까? 국가에서 관리하는 군선(조운선)과 개인이 소유한 선박[사선]은 종류가 다르고, 크기와 수리 주기도 다른 상태에서 소요 목재량을 산출하기 위해서는 여러 가지 전제가 필요하다. 예를 들면 군선과 조운선의 경우, 대·중·소의 크기를 저판의 규격으로 알 수 있지만, 어염상선(漁鹽商船)의 경우에는 그런 정보가 없다. 그런데도 조선재의 소요량을 추정하고자 하는 이유는 조선 후기에 발생한 소나무 조선재의 고갈과 산림 황폐화의 관련성을 파악할 수 있기 때문이다.

표 38. 조선 후기 조운선 보유 현황(척)

도별	충청도		전라도			경상도		
출처	가흥창	공진창	성당창	군산창	법성창	마산창	가산창	삼랑창
『탁지지』	16	15	14	23	29	20	20	15
『공세요략』	14	12	12	19	24	28	20	15

나라 전체에서 필요한 조선재의 양을 파악하기 위해서는 먼저 배의 크기를 대·중·소로 분류하고, 다시 대·중·소별로 드는 목재의 양을 산출할 필요가 있다. 군선으로 사용된 전선과 조운선이 판옥선만큼은 크지 않지만 비교적 큰 배의 조선재 물량으로 산출되었으니, 13,400여 척의 배를 규모별로 먼저 나누어 보자. 이 역시 추정하기에 무리가 따르지만 매년 필요한 조선재의 수요량을 산출하기 위한 수단이기에 임의로 나눌 수밖에 없다.

조선 후기의 군선 중 큰 배는 전선(배밑판 길이 18~19.5m)과 거북선이고, 병선(12m)과 방선은 중형 무장함이며, 소선은 전선과 병선에 부속되는 사후선(7.2m)이었다. 전선과 구선(龜船)의 척수는 124~131척이고, 조운선은 152척으로 파악되었다. 이 수치를 기준으로 경강선 2,000여 척과 사선 10,300여 척을 대·중·소로 나누어 보자. 경강선은 왕실의 비호 아래 쌀과 소금을 운송하던 개인 선박으로, 그 규모는 조운선 못지않게 컸으리라 짐작하지만 정확하게 확인할 수 없다. 또 사선 중에도 드물게 큰 배도 없지 않았겠지만 대부분 소형 어선과 나룻배(진선)로 구성되었을 것으로 추정하였다.

13,400여 척을 크기별로 대·중·소로 나눌 경우, 전선과 병선, 조운선과 일부 경강선 400척을 대선으로 분류하고, 나머지 군선과 경강선 대부분을 포함하여 전체 5,000여 척을 중선으로, 그리고 나머지 8,000여 척을 소선으로 편의상 분류하여 필요한 조선재 양을 추정해보자.

대·중·소형 선박에 드는 소나무재는 대형 선박은 2011년 조운선 복원으로 확인된 원목 190㎥와 매년 수리 보수에 드는 양 19㎥(10%)를 합쳐 약 210㎥로 추정하였으며, 중형 선박은 그 2/3인 140㎥, 소형 선박은 그 1/3인 70㎥로 임의로 상정하였다.

표 39. 선박 크기별 척수와 1척당 매년 필요한 조선재 재적

선박 크기	선박수	10년마다 신조 선박수	1척당 신조 조선재 +보수재(㎥)	매년 소요 조선재 총재적(㎥)
대선	400	40	210	8,400
중선	5,000	500	140	70,000
소선	8,000	800	70	56,000
	13,400	1,340		134,400

나라에서 운영하는 군선은 새로 건조한 3년 후에 처음 수리 하고, 다시 3년 후 두 번째 수리한 후, 3년을 더 사용하여 9년 후에는 새 배를 만드는 관행을 무시하고, 선박의 평균 수명을 최대 10년으로 가정하고, 매년 수리 보수에 드는 목재는 건조 시 소요되는 조선재의 10%가 필요하다고 가정했을 때, 매년 새로 건조해야 할 배의 수는 1,340여 척(13,400척÷10년)이다.

선박 건조에 드는 소나무재는 대선 한 척에 210㎥, 중선은 140㎥, 소선은 70㎥의 조선재가 소요된다고 가정하면, 나라 전체에서 매년 필요한 소나무 원목은 134,400㎥로 가슴둘레직경 50㎝, 높이 20m에 이르는 소나무 103,000그루에 해당한다. 이 추정량을 1800년 인구 1,843만 명으로 나누면 1인당 매년 소나무 0.007㎥를 사용한 셈이다.

3장

조선 후기 관수용 민수용 임산 연료 소요량

농경 사회에서 산림에서 얻는 임산 연료는 목재 자원 못지않게 중요했다. 오늘날이야 땔감보다 목재를 30배나 더 많이 사용하지만*, 석탄이나 석유와 같은 화석연료가 없었던 조선 시대에는 가사에 필요한 조명과 조리와 난방은 물론이고, 생활필수품인 소금, 사기, 철을 생산하는 데 필요한 연료는 대부분 임산물로 조달했기 때문에 목재보다는 훨씬 더 많이 사용하였다. 독일의 경우, 1800년경까지도 연료용 목재와 건축용 목재의 비율이 약 9 : 1이었지만, 오늘날

* 2019년 현재 목재 임산 연료의 사용량은 약 417,000t(통계청 바이오에너지-임산 연료 자료)이고, 이를 소나무 전환계수(2.2)로 산정하면 917,400㎥이다. 목재 사용량은 27,666,000㎥(산림청 「임업통계연보」 2019년 목재수급실적)로, 이는 전체 임산물(목재와 임산 연료만의 단순 합계)의 97%에 달한다.

은 그 반대라고 한다.[327]

취사와 난방 중 어디에 땔감을 더 많이 사용하였을까? 취사용 아궁이로 난방을 했기 때문에 큰 차이가 없을 것으로 짐작하기 쉽지만, 다른 방에도 온돌 설치가 늘어남에 따라 난방용 땔감 수요는 점차 증가할 수밖에 없었다. 그 구체적인 사례는 궐내에 사용된 땔감이 취사용보다 난방용이 4~8배나 더 많이 소비되었다고 일성록(1786)은 밝힌다.[328]

가사에 필요한 땔감은 지방 향촌 사회에서는 인근 분산(墳山)이나 공리지와 송계산(松契山)에서 구했고, 한양에서는 배[시선, 柴船]로 실어 온 땔감을 한강변(마포, 용산, 서강, 서빙고, 두모포, 뚝섬, 흑석리)의 시목전에서 구했다. 개별 나무꾼이 소나 말에 싣거나 지게로 운반하여 도성에서 팔았던 땔감 한 바리[태, 駄]는 1554년 쌀 한 말*[329]이나 1753년경 100전 안팎에 거래되었다.[330] 땔감 값이 이처럼 비싸고 200년 사이에 6~8배**나 오른 까닭은 세도가들이 한양 둘레 30리 안의 땔감 채취장을 장악함에 따라 나무꾼들이 먼 곳에서 땔감을 채취하여 힘들게 운반하였기 때문이다.[331]

승정원일기(1740)는 그 내용을 구체적으로 기록하고 있다.

* 1554년 12월 10일의 명종실록은 "올해는 흉년이라 쌀이 매우 귀한데도 나무 1바리의 값이 쌀 1말이나 되어 서울의 백성들이 이미 먹고살기도 어려운데 또 나무 마련이 어려우므로 원통해 하는 고통 소리를 차마 들을 수 없습니다."라고 땔감 구하기의 어려움을 헌부에서 토로하며, "시장(柴場)이나 초장(草場)을 사사로이 점유하는 자는 장 팔십(杖八十)에 처한다.라는 율을 거듭 밝혀 경기 관찰사가 특별히 금지하도록 하되 만일 그만두지 않는 자가 있다면 적발하여 죄를 다스리게 하소서."라고 밝히고 있다.

** 땔감 1바리는 1554년에 쌀 1말로 살 수 있었지만, 1753년경에는 100전(10냥)으로 구입할 수 있었다. 10냥은 쌀 2석을 구입할 수 있는 금액으로 조선 시대 쌀 20말이 1석이었으니까 그사이 오른 쌀값을 감안해도 땔감 값은 적어도 6~8배 올랐음을 알 수 있다.

"백성이 땔감을 구하는 일이 더욱 어렵습니다. 예전에 30~40리 가서 땔감을 구한 자가 지금은 70~80리를 가야하니 땔감이 어찌 귀하지 않겠습니까? 이 때문에 서울의 산이 민둥산이 되는 것은 금할 수 없습니다. 조종조에는 어침 외는 궐내에 온돌이 없었고, 여항에는 더욱 온돌이 없었습니다. 그런데 사대부 집안에서는 노복들도 온돌에서 자지 않는 자가 없으니, 땔감 구할 길이 어려워진 것은 또한 이러한 이유에서입니다."[332]

한강을 따라 배에 실려 온 땔감은 어디에서 왔을까? 한양 인근 팔당[333]은 물론이고, 강원도에서 한강을 타고 내려왔지만, 인천 자연도(紫燕島)[334], 영종도[335]와 강화도[336]를 비롯하여 서해 지방의 금산에서도 땔감을 조달했다. 영조(1725년)는 변산의 금산에서 참나무와 잡목을 베어내어 소금가마에 땔감을 발매한 전 충청 감사의 잘못을 지적하며, 땔감 배가 변산 근처에 운행하지 못하도록 지시하고 있다.[337] 그러나 서해안의 땔감 선박 운행은 1790년에도 계속되어 조정에서는 땔감 배와 소금 배에 대한 세금 징수 여부를 논의하고 있다.[338] 1894년 거룻배를 타고 북한강과 남한강을 여행한 이사벨라 비숍은 한강 수운을 이용하여 떠내려오는 뗏목과 장작을 실은 선박을 여행기에 묘사하고 있다.[339]

관수용 임산 연료

조선 정부는 관아에서 필요한 땔감은 관용 시장을 지정하여 이용하게 하였다. 『경국대전』 공전에는 "땔감[시목]을 사용하는 여러 관사에는 강가에다 땔감 채취장[시장, 柴場]을 지급한다."고 밝히고 있으며, "봉상시·상의원·사복시·군기시·예빈시·내수사는 모두 주위 20리, 내자시·내섬시·사재감·선공감·소격서·전생서·사축서는 모두 15리, 사포서는 5리의 땔감 채취장을 지급한다."[340]고 밝혔듯이 관서에 따라 규모를 달리하여 땔감 채취 장소를 배정하였다.

그러나 관용 시장 제도는 인구가 늘어나고, 땔감 채취 장소를 거듭 배정한 결과 산림을 황폐시키는 여러 가지 폐단을 낳았다. 지정된 땔감 채취장에서의 연료 고갈은 다른 관사가 보유한 채취장을 침범하거나, 경계를 확장하여 벌채함으로 종국에는 산림 황폐를 촉진하였기 때문이다. 특히 임진왜란 이후, 중앙 정부의 재정 고갈로 각 관사가 자체적으로 재정난을 해결할 목적으로 시행한 시장 절급 제도는 각 관아가 산림을 더 넓게 점유하는 계기가 되었고 따라서 벌채지(伐採地)도 확대했다. 땔감 채취장의 독점적 권리 인정[시장 절급]에 따라 확장된 둔전시장(屯田柴場)은 궁방시장(宮房柴場)과 아울러 조선 후기 산림 정책을 문란하게 하는 주된 원인의 하나가 되어 산림 황폐를 더욱 악화시켰다.

조선후기 대동법이 정착됨에 따라 궐 내외에서 필요한 땔감 조달 방식도 조선 전기부터 시행해 왔던 현물납 대신에 시장에서 연료(장작, 싸리, 숯)를 사는 방식으로 바뀌었다. 18세기 궐 내외 조정 관서에서 사용한 땔감의 규모를 전부 파악할 수 없지만, 궐내 왕실 가족에게 조달된 땔감은 장작[소목, 燒木] 4,700,338근, 숯 72,058석(石), 싸리 홰 6,021병(柄), 싸리나무[杻木] 2,806속(束)이었고, 조정 관서에서 공물가로 지급한 땔감 예산은 전체 공물가의 19.1%(18세기 중반)에서 17.8%(19세기 초)에 달했다.[341] 이런 연구 결과를 참고하여 왕실 가족이 사용한 연료를 입목 부피로 환산하면 장작 1근은 0.642kg, 숯 1섬의 도량 정보는 일본의 자료를 참고하여 15㎏을 적용하면 소목은 3,017t과 숯은 1,080t으로 산정되었다. 장작으로 사용한 소목은 참나무라고 가정하여 전환계수 1.4를 적용하고, 숯은 소나무로 상정하여 무게(10배)를 환산한 후, 전환계수(2.2)를 적용하여 부피를 추정하면 매년 28,000㎥였다.

그 밖에 조정 관서에 납품하는 땔감과 잡목도 『각사정례(各司定例)』에 정리되어 있지만, 구체적인 물량을 확인할 수 없다. 조선 후기 땔감 구입 예산이 전체 예산의 18% 내외인 조선과 달리 일본은 18세기 초 상품 유통에서 차지하는 목재 비율(19%)이 연료재(9%)와 목탄(4%)보다 더 많았다.[342] 이것은 임산 자원의 고갈로 인해 조선 후기의 땔감 가격이 저렴하지 않았음을 의미한다.

나라 전역의 일반 가정에서 사용한 연료는 규모 면에서 궐 내외에서 사용한 양보다 훨씬 많았을 것이다. 기인에게 지불한 땔감과 잡목가가 조정 재정의 18% 내외였지만, 조정 재정은 국내 총생산의 약 1.2%에 불과한 실정[343]을 고려하면 그렇다.

민수용 임산 연료

임산 연료는 소비 주체에 따라 주거용 연료와 산업용 연료로 나눌 수 있으며, 종류는 장작과 숯(목탄)으로 나눌 수 있다. 주거용 연료는 일상생활을 영위하는데 필요한 조명용, 취사용, 난방용 연료로 나눌 수 있다. 취사용 연료는 농산 부산물이나 지엽(枝葉) 등은 물론이고 난방용 연료인 장작도 함께 사용되었다. 횃불에 사용된 횃대 조제에 굵은 봉산 소나무가 사용되어 그 사용을 금지하자는 논의[344]도 있었지만, 그 자체는 우리 산림(축적)에 영향을 끼칠 만큼 소비량이 많지 않았다. 반면 취사와 난방용 연료는 인구가 늘어남에 따라 사용하는 땔감 양도 매년 증가하였다.

조선 후기 널리 보급된 온돌은 우리 산림에 직접적으로 영향을 끼쳤다. 주거 시설에 부분적으로 온돌이 설치되기 시작한 때는 조선 전기였지만, 본격적으로 온돌이 설치된 시기는 17세기였다.[345] 특히 17~18세기에 도래한 '소빙기(Little Ice Age)' 기후는 남부 지방의 가옥뿐만 아니라 궐내까지도 온돌 보급을 촉진하였다. 온돌이 보급된 17세기부터 왕실과 권세가들은 연료 확보를 위해 산림 점유를 강화했고,[346] 그 부작용으로 산림 황폐도 점차 확산하였다.

실학자 박지원과 서유구가 온돌을 개량하기 위해 여러 가지 개선안을 제시한 이유도 과도한 온돌 땔감 소비로 산림이 황폐해지는 것을 막기 위해서였다.[347] 박지원은 온돌 고래 둑과 울퉁불퉁한 구들장, 넓은 방고래 등의 개선안을 제시했고, 서유구는 민둥산이 되는 걸 막기 위해서 열효율이 높은 온돌 개량을 제안하였다.[348]

조선총독부 조사에 의하면 1911년 가구당(4.88인 기준) 가정용 연료 사용량은 연간 7,402㎏으로, 지엽 2,739㎏(37%), 장작 2,221㎏(30%), 잡초 1,554㎏(21%), 농작물 껍질 888㎏(12%)이었다. 중부지방에서 소나무와 신갈나무 장작을 반반씩 사용한다고 가정하여 추정한 1년 동안 한사람이 가정에서 사용하는 땔감 양은 0.82㎥(약 450

㎏)였다.[349] 임산물을 주로 난방용 땔감으로 이용한 조선의 경향은 1800년 이전의 독일과 비슷했다. 독일은 난방용 연료로 석탄을 사용하기 이전인 1800년경까지 땔감용 목재의 소비량이 건축재용 목재의 소비량보다 9배나 더 많았다.[350]

조선의 1인당 한 해 소비한 땔감 양은 그 당시 외국과 비교하면 어느 정도일까? 임산 자원이 풍부한 미국의 경우, 19세기 1인당 한 해 소비한 임산 연료량은 14㎥였으며,[351] 스페인은 1,131㎏(1860년), 730㎏(1910년)이었고, 독일은 땔감을 석탄으로 대체하면서 그 양이 줄어들었지만 1872~75년에 1㎥(620㎏)로 보고되었다.[352]

소빙기 기후 변동의 영향

소빙기는 지구의 평균 기온이 정상보다 낮았던 시기인 1400년부터 1900년까지를 말하며, 한반도 역시 비슷한 시기에 소빙기가 있었다.[353] 북반구의 다른 지역과 마찬가지로 한반도에서 관찰된 소빙기의 대표적 시기는 태양 흑점이 가장 적게 나타난 스푀러 극소기(1410~1540), 몬도 극소기(1645~1715), 달톤 극소기(1790~1830)였다.[354] 조선 시대에 있었던 이들 3 극소기 중에 몬도 극소기는 경신대기근(1670~1671)과 을병대기근(1695~1699)의 참화를 겪을 만큼 저온 피해가 극심했다. 따라서 조선의 소빙기가 몬도 극소기가 시작된 1645년경부터 달톤 극소기가 끝난 1830년까지 약 200년 동안 지속되었다는 주장도 있다.[355]

조선 시대 소빙기의 기후 변동에 대한 연구는 『증보문헌비고』를 활용하여 기후 변동의 구간이나 극대기를 나눈 지리학계의 보고[356]

를 필두로 다양한 연구가 수행되었다. 국사학계는 주로 『조선왕조실록』과 『승정원일기』에 나타난 이상 기상 자료를 활용하여 소빙기 위기설을 주장하였고, 소빙기 기후 변동으로 발생한 대기근,[357] 농업의 위기,[358] 사회 문제[359] 등을 그 근거로 제기했다. 그러나 소빙기가 진행된 약 200년 동안에 조선의 인구가 전례 없이 급증한 사실에 근거하여 위기설을 반박하는 연구도 있다.[360]

소빙기 기후의 가장 큰 특징은 평년과 달리 나타나는 저온, 서리, 때 이른 눈, 혹한, 바다 결빙 등의 기상 현상이다. 일반적으로 작물의 풍흉은 작물이 자라는 하절기의 기온에 크게 영향을 받지만, 보리와 밀 같은 작물은 동절기 기온도 작황에 영향을 끼친다. 몬도 극소기에 있었던 저온 피해는 작물의 생육뿐만 아니라 수목에도 큰 영향을 끼쳤다. 제주도 하논 분화구 주변에서 자생하던 활엽수림 중에 상록 활엽수의 비율이 몬도 극소기에 급격히 감소한 화분 분석 결과는 대표적인 사례이다.[361]

유사한 사례는 차나무에서도 확인된다. 차 산지는 조선 초기와 중기와 후기에 각각 34개소, 35개소, 37개소로 비슷하게 문헌에 나타나지만, 『여지도서』(1770)에는 진귀한 공물[진공, 珍貢]로 차를 생산하던 산지가 29개소에서 7개소로 줄어들고 있다.[362] 특히 전북 지역에서 17세기 후반부터 19세기 중반까지 약 200년 동안 기존의 차 산지에서 차 생산이 없다가 1850년 이후부터 다시 차를 생산하면서 차나무가 소빙기 기후 변동에 영향을 받았음을 확인할 수 있다. 차나무의 적정 생육 온도는 연평균 기온이 14~16℃이고, 가장 추운 동절기의 평균 기온이 -5~-6℃이며, 최저 기온이 -13~-14℃

이하로 떨어지면 한해로 고사한다.

차의 생산지 감소 사례로 볼 수 있듯이 소빙기 기후 변동은 수목의 생육과 분포에도 영향을 끼쳤으며, 이러한 현상은 조선은 물론이고 북반부에 공통으로 나타났다. 소빙기 기후 변동으로 미국 미시간주 산림의 너도밤나무는 생장률이 급격하게 감소하였고, 임분의 흉고단면적(biomass)도 역시 감소하였다.[363] 소빙기가 진행되는 동안 미국 북동부 지역의 산림에서 한대성 가문비나무(Picea rubens)의 개체 수는 꾸준히 증가하여 1600년과 1900년 사이에 정점을 이루다가 20세기에 감소했지만, 단풍나무(Acer saccharum)와 자작나무(Betula alleghaniensis)의 개체수는 반대 경향을 나타내었다.[364] 한편 소백산과 설악산에 생육하는 주목과 잣나무의 연륜 연대기를 활용하여 복원한 18~19세기의 고기후는 『증보문헌비고』나 한국 고대 관측 기록 조사 결과와 유사한 소빙기의 경향을 보였다.[365] 조선의 소빙기는 조선만의 이상 현상이 아니었고, 중국과 일본에서도 유사하게 발생했으며, 북반구의 기후 변동 경향과도 유사했다.[366]

소빙기가 촉발한 땔감 채취장의 사적 소유 확대

『조선왕조실록』은 17세기 후반에 궁방에서 땔감 채취장 소유권을 확보(절수)하기 시작하였으며 18세기 후반에 민둥산(동탁) 발생이 급증하였다고 증언한다. 『조선왕조실록』에 기록된 한랭한 기상 이변의 징후를 50년 단위로 분석하여 우박과 서리와 때 이른 눈 같은 기상 이변의 자료 중에 초여름이나 가을에 잦은 우박을 제외하고 난방과 관련이 있는 서리와 때 이른 눈은 1551~1600년 구간에 가장 빈번했고, 그 다음으로 빈번했던 때는 경신 대기근(1670~1671)과 을병 대기근(1695~1699)이 발생했던 1651~1700년 구간이었다.[367]

소빙기 동안은 오늘날보다 훨씬 한랭하여 평균 기온이 1.5~2℃ 정도가 더 낮았고, 그에 따라 1651~1700년 사이에 동해안의 결빙 현상이 강원도(1654~55, 1658~59)와 함경도(1696~97)에서, 1700~1750년 사이에도 강원도(1708~09, 1709)와 함경도(1742~43)에서 관찰되었다.[368]

서리와 때 이른 눈과 같은 기상 이변이 두 번째로 빈번했고, 동해의 결빙이 있었던 17세기 후반(1651~1700)에 왕실[궁방]은 땔감 채취장을 확보하기 위해 시장 절수처를 급격하게 늘렸다(표 1 참조). 이 시기는 몬도 극소기(1645~1715)와 겹치는 기간으로 두 번의 대기근도 발생했던 시기였다.

조선 조정이 왕실의 시장 절수처 확대를 지속해서 반대하지만 제대로 통제하지 못한 이유는 국왕의 묵인도 있었지만, 임진왜란과 병자호란으로 파탄 난 국가 재정 여건에서 왕족에게 지원할 부족한 재원을 보충할 수 있는 다른 수단이 없었기 때문이다. 왕가에서 시장 절수처를 급격히 확대한 근본적 이유는 사적 이익을 확대할 수 있는 손쉬운 수단이 땔감 판매였고, 그 배경에는 소빙기의 혹한을 이겨낼 온돌 난방용 땔감 수요가 급증함에 따라 땔감 가격도 급등하였기 때문이다.* 왕가가 시장 절수처에 탐을 낸 또 다른 이유는

* 『비변사등록』 정조 16년(1792) 5월 22일자 기사는 소금가마에 사용할 땔감 값이 "근래 땔나무를 이어대는 것이 매우 어려워서 옛날에 8~9냥이면 사던 것이 지금은 30~40냥"으로 네댓 배 올랐음을 밝히고 있다.

생존에 필수적인 대체재가 없는 소금 생산에 필요한 땔감을 확보하여 안정적인 수익을 지속할 필요가 있었기 때문이다.

표 40. 『조선왕조실록』에 시기별로 나타난 소빙기 기상, 시장 절수, 산림 황폐 기록의 빈도[369, 370]

시기	소빙기 기상 기록			동해 결빙	시장 절수 기록			산림 황폐 기록		
	서리	때아닌 눈	합계	횟수	궁방	사대부	합계	민둥산	동탁	합계
1392~1450	62	41	103							
1451~1500	10	22	32					1		1
1501~1550	138	22	160					2		2
1551~1600	268	43	311	3	2		2			
1601~1650	87	49	136		2		2	4		4
1651~1700	123	119	242	3	29	1	30	5		5
1701~1750	73	65	138		3		3	6	3	9
1751~1800	7	8	15		2	2	4	11	26	37
1801~1863	1	1	2	1				4	5	9

17세기부터 온돌이 전국에 보급되기 시작했음을 고려할 때, 소빙기 기후는 임산 연료 소비에 직접적으로 영향을 끼쳤다.[371] 조선이 건국 초기부터 200년 이상 전개했던 송금 정책을 숙종이 1684년 소나무 벌채 금령을 강화하여 제도연해송금사목을 제정한 이유도 소빙기의 기후 변동으로 산림 황폐가 확산하였기 때문으로 추정할 수 있다.

정리하면 소빙기 기후 변동의 영향으로 추운 겨울을 이겨낼 온돌이 전국적으로 보급되었고, 온돌 난방용 장작의 소비 증대는 소나무 조선재 생산기지로 보호받던 금산, 의송산, 연해금산까지 왕실의 절수처로 전환되어 남벌했던 셈이다.

소빙기 기후의 영향으로 온돌 난방용 땔감 소비 증대와 관련 있는 시장 절수의 기록이 1651~1700년 구간에 급증하였지만, 민둥산과 동탁의 기사가 100년 이후인 1751~1800년 구간에 급증한 이유는 무엇일까? 온돌이 나라 전역으로 보급되면서 땔감 소비 급증의 영향이 시차를 두고 반영된 것일 수도 있고, 1790년부터 시작된 달톤 극소기의 저온 영향도 무시할 수 없을 것이다. 그 밖에 화강편마암으로 구성된 우리 산지의 특성은 한두 세대(30~60년)의 남벌은 견뎌낼 수 있었지만, 그 이상 계속된 남벌은 쉬 회복할 수 없는 상태로 산림 토양을 악화시켰기 때문에 많은 산지를 민둥산으로 만들었던 것은 아닐까?

4장

수공업용 임산 연료

조선 시대 수공업에 종사한 사람은 얼마나 되었을까? 『경국대전』은 서울의 경공장은 129종에 2,800여 명, 지방의 외공장은 27종에 3,700여 명이 활동한다고 밝힌다.[372] 상주에서 유배 생활을 한 묵재 이문건은 『경국대전』에 규정된 외공장보다 더 많은 장인이 관청과 민간 영역에서 활동한다고 일기에 밝힘으로 16세기 후반에 이미 관영 수공업 못지않게 민영 수공업이 나라 전역에 왕성하게 발전하였음을 알 수 있다.[373]

조선 후기에 있었던 상품화폐 경제의 진전, 도시의 인구 급증, 대동법 실시, 부역제 해이 등은 관영 수공업을 쇠퇴하게 했고, 그 자리를 민간이 대신하면서 민영 수공업이 발전하였다. 그에 따라 민영 수공업 형태도 변하여 물주가 지배하거나 공인이나 상인들에게 주문받기도 하고 미리 자금과 원료를 받는 선대제(先貸制)도 성행했다.

조선 후기에 이렇게 발전한 수십 종의 민간 수공업 중에 임산 연료를 대량으로 소비한 분야는 철(동 포함)과 사기와 소금 생산업이었다. 국가의 엄격한 통제를 받았던 소금과 달리 철(동)과 사기 생산업은 18세기 후반부터 독립 수공업인 수철점(水鐵店)과 유기점(鍮器店)과 사기점(沙器店)으로 발달하여 점촌(店村)을 형성하기도 했다.

철제품은 철광석을 채굴하여 제련하고 정련하거나 단야하여 최종 산물로 생산·제작하였다. 이들 철제품은 제련로나 용광로에서 용해 과정을 거쳐야만 생산할 수 있었고, 따라서 그 과정에 임산 연료를 많이 사용했다. 사기 역시 가마에서 그릇이나 옹기를 높은 온도로 구워서 제작했기 때문에 화력이 좋은 연료를 조달해야 했다. 소금도 천일염이 도입된 1907년 이전에는 바닷물을 철 솥이나 흙솥[염분]에 끓여서 생산했기 때문에 화력이 좋은 임산 연료가 대량으로 필요했다.

농경 생활에 필수 불가결한 제품을 생산하던 이들 사철점(유기점), 사기점, 소금가마가 한 해 동안 소비한 임산물의 양은 얼마나 될까? 수공업에 사용된 임산 연료와 건축재와 조선재로 이용된 목재의 양을 비교하면 어느 영역이 임산물을 더 많이 사용했을까?

산림학계는 물론이고 역사학계에서 조선 후기 수공업과 연료 소비량을 본격적으로 고찰한 사례는 없다. 이 분야 연구가 드문 이유는 우선 조선 후기 철(유기), 사기, 소금의 생산 규모를 파악하기 어렵고, 각 수공업품을 생산하는 데 소요된 연료량을 추정하기가 쉽지 않기 때문이다. 한정된 자료와 다양한 가상 시나리오를 적용하여 매년 임산 연료 소비량을 거칠게라도 추정하고자 하는 이유는 조선 후기에 발생한 산림 황폐화에 임산 연료가 끼친 영향을 파악하기 위함이다.

소금 생산에 들어간 소나무 연료

예나 지금이나 소금은 공기나 물처럼 사람이 살아가는 데 없으면 안 될 대체 불가능한 물질이다. 오죽 소중하면 농경에 필수적인 가축인 '소'와 귀한 재화인 '금'을 붙여 이름 지었을까. 오늘날 그 용처가 1만 4,000가지나 된다는 소금은 옛날에도 사람에게 꼭 필요한 물질이었다. 인체는 소금을 자체 생산하지 못한다. 소화와 호흡에 절대적으로 필요한 소금을 섭취하지 못하면 인체는 영양분을 흡수할 수 없고, 산소를 몸 구석구석으로 운반할 수 없어 결국 죽게 된다.

더운 지방 사람들이 추운 지방 사람들보다, 채식을 많이 하는 사람이 육식을 많이 하는 사람보다 소금을 더 많이 섭취한다고 알려져 있다. 그것은 더운 지방에 사는 사람들이 땀으로 염분을 더 많이 배출하기 때문이고 육식을 많이 하는 사람은 고기 속에 포함된 염분을 섭취할 수 있지만, 곡물이나 채소 속에는 염분이 거의 없기 때문에 채식을 많이 하는 사람은 따로 염분을 섭취해야 한다. 야생 육식 동물은 인간처럼 다른 동물의 고기를 섭취함으로써 필요한 염분을 충족하지만, 야생 채식 동물은 따로 염분을 섭취해야만 했기에 소금을 찾아다녔다. 따라서 채식 중심의 문화권에서는 소금을 구하는 일은 식량 생산만큼이나 필수적인 과업이었다.

성인이 1년에 섭취해야 할 소금의 양에 관한 학자들의 추정은 저마다 다르다. 국내의 경우, 1915년부터 1923년까지 국내 소금 생산량으로 1인당 소금 사용량을 추정한 결과 1년에 11㎏이라고 한다. 이것은 개인별 섭취와 함께 염장 식품의 원료로, 그리고 소와 말 같은 가축의 소모량을 모두 합친 양이라고 추정할 수 있다. 그러나 성인 한 사람에게 필요한 소금의 양은 한 해에 300g에서 7㎏ 이상이고, 말은 인간의 5배, 소는 인간의 10배나 되는 염분을 섭취한다는 외국의 보고도 있다.[374] 하지만 오늘날 한국인은 소금을 1일 15g 내외, 1년에 약 5.5kg 섭취한다고 알려져 있다.[375]

태안문화원에서 자염 생산을 재연하면서 발표한 자료는 1,200ℓ의 함수를 8시간 정도 끓여서 4섬(240㎏)의 소금을 생산하려면 모두 8짐의 마른 솔가지(또는 8짐 × 60㎏=480㎏)가 연료로 필요하다고 했다.[376] 즉 마른 솔가지 2㎏으로 1㎏의 소금을 생산하는 셈이다. 한사람이 1년 동안 사용하는 소금 11kg을 생산하기 위해서는 소나무 연료 22kg이 필요하고, 이것을 부피로 환산하면 0.048㎥에 이른다.

제철 생산에 들어간 임산 연료

철은 어느 시대나 없어서는 안 될 자원이었다. 조선 정부도 선공감(수도 건설)과 군기감(무기 공장)에서 필요한 철을 다양한 방법으로 조달했다. 조선 초기에는 토지면적으로 수취[염철, 斂鐵]하거나 철장제[영·진에 철 공급]로 조달했다.[377] 그 후, 농한기에만 농민을 동원하여 철을 수취[철장도회제, 撤場都會制]하다가 종국에는 철강을 보유한 마을만

공철을 부과하는 각읍채납제(各邑採納制)를 채택하였다.

17세기에 이르러 민간에 광물 채굴을 허가하며, 효종 때는 광산 경영을 허가하고 별장을 파견하여 세금을 징수하였으며, 18세기에는 본읍의 수령이 직접 징수하였다. 철 생산지는 1454년경 66읍(세종실록지리지)에서 1530년 82읍(동국여지승람)으로 점차 늘어났다.[378] 매년 국가에 공납하는 공철량(貢鐵量)과 종류(생철, 정철, 연정철)는 철장(鐵場)에 따라 달랐다.

정부에서 수취한 철은 무기나 도구 제작에 사용되었지만, 철물은 민간에서도 농기구와 다양한 생활 도구 등으로 필요했다. 19세기 조선 정부가 운용한 한해 재정 규모(쌀 1백만 석)가 국내 총생산액의 1.2% 수준이라는 점을 고려하면 민간 각 분야에서 운용하였던 수공업 규모도 80배 이상이었을 것이다. 따라서 철물 생산량도 정부가 한 해 동안 공납한 물량보다는 민간에서 생산한 물량이 훨씬 더 많았을 것으로 추정하는 것이 합리적이다.

철 생산 과정은 용도에 따라서 ① 채광(석철, 사철, 토철)→제련(철괴 생산)→정련(철괴 재가열로 양질 철괴 생산)→단야(가열로 철기 형태 제작) 과정과 ② 채광→제련→정련→용해(철괴를 녹여 무쇠솥 등 제작), ③ 채광→제련→정련→제강(탄소 가감으로 철강 생산) 공정으로 나눌 수 있다. ①은 철제 연장이나 농구와 같이 강한 철기를 생산할 때 사용한 공정이고, ②는 주형에 쇳물을 부어 무쇠솥을 만드는 주조 공정이며, ③은 병기류나 견고하고 정밀함을 요구하는 각종 도구 제작에 필요한 강철을 만드는 공정이었다.[379]

조선 시대의 대장장이는 ①공정으로 생산된 철을 신철(숙철)로, ②

공정으로 생산된 철을 수철(생철)로, ③공정으로 생산된 철을 정철로 불렀다.[380] 철광석을 제련하여 수철(또는 신철)을 얻기 위해서도 많은 연료가 필요하였지만, 신철(숙철)을 단조하여 정철(강철)을 만드는 과정에도 각각 고온을 낼 수 있는 정제된 연료(목탄)가 다량 필요하였다.

철 생산에는 어떤 종류의 연료가 얼마나 필요했을까? 영국에서는 16세기 중반, 제련 철 1t을 생산하는 데 임산 연료 79t을 사용하였고, 철광 생산량을 계속 늘렸기에 수년 만에 매년 목재 20만t을 벌채해야만 했다.[381] 그 결과 제철소 주변의 산림 황폐는 즉각적으로 나타났고, 17세기 이후에는 연료(숯)를 공급하던 숲이 황폐해져 제철 산업도 위기에 직면하기도 했다.[382]

예로부터 철을 제작하기 위해 사용한 연료는 화력이 높은 숯(목탄)이었다.[383] 철광석을 제련하여 철 1t을 생산하기 위해 숯은 얼마나 필요했을까? 서구에서 용광로 1기를 온종일 가동하는 데는 활엽수림 0.4㏊의 숯이 필요하였기에 제련 산업은 '끝없는 숲의 고갈'을 불러왔다.[384]

일본의 경우, 풀무 제철법[たたら製鉄]을 적용한 초기에는 철 1t 생산에 숯 6t[385]이 필요했으며, 독일에서도 철 1t 생산에 임산 연료 30t(목탄 5t x 목재 6t)이 필요했다.[386] 그러나 1800년대 목탄 2t(활엽수 18㎥)으로도 철 1t을 생산할 수 있는 기술이 유럽에서 개발되었다. 제련기술의 발달에 힘입어 연료로 사용된 목탄의 양은 그 후로도 더 줄어들어 1900년대에는 1.6톤(침엽수 12㎥), 오늘날은 0.7t(침엽수 5㎥나 활엽수 3.6㎥)으로 줄어들었다.[387]

국내에서 제련에 사용된 연료량은 조선 시대 대표적 철 산지인 울산 달천 광산 쇠부리가마(제철로)에서 실시한 제철 복원 실험 결과를 참고할 수 있다. 복원한 조선 시대 제철 방식으로 광석(토철) 300㎏을 목탄 1,230㎏으로 제련하여 선철과 철괴 188㎏을 얻었다.[388] 사용한 연료량을 단순하게 계산하면 철 1㎏을 얻는데 목탄 6.5㎏이 필요했던 셈이다.[389]

제철 생산용 목탄

철 제련 과정에 필요한 숯은 나무를 탄화해 만든다. 목재를 숯으로 탄화시키는 데 적용하는 전환율은 수종에 따라서 3:1~10:1로 다양하다.[390] 제련 과정에 목탄으로 많이 사용하는 소나무를 숯으로 전환할 경우, 무게 기준으로 10:1에 이른다.[391] 정리하면 제련 과정에 필요한 연료는 생철(신철) 무게의 2~9배 목탄이 필요하고, 목탄 생산은 목탄 무게의 3~10배에 달하는 원목이 필요하며, 숯을 만든 나무 무게를 서 있는 나무 부피(입목)로 환산하려면 비중을 고려하여 전환(소나무의 경우, 2.2배)해야 연료로 사용한 나무의 재적(부피)을 구할 수 있다.

따라서 단순하게 제련한 철 1㎏을 생산하는데, 6.5배 무게의 소나무 숯이 필요하고, 소나무 숯 1㎏은 소나무 목재 10㎏을 탄화시켜야 얻을 수 있고, 소나무 목재 10㎏을 부피[입목, 立木]로 전환하면 0.022㎥가 된다.

나라 전역의 철 생산에 필요한 임산연료 소요량

다음은 나라 전역의 철 생산량을 추정할 차례이다. 일각에서는 “추정 최대 잡쇠 생산량은 만 단위로도 두 자릿수를 기록할 것이고, 이런 수치라면 잡쇠가 아니라 판장쇠로 가공한다고 해도 만 단위 톤수를 기록할 가능성이 있다.”라며, 정철도 “연간 약 3.3~3.9t의 정철을 생산”하였다고 주장하지만 논증할 근거를 제시하지는 못하고 있다.[392]

1904년 북한의 전거리 쇠부리 가마를 방문한 폴란드인 아너트(Ernst Ahnert)의 만주 여행기[393]를 참고하면, 3일 동안 선철괴 600㎏을 생산한다고 기록하고 있다.[394] 이 여행기를 참고하면, 쇠부리 한 가마의 매일 선철 생산량은 200㎏ 정도였고, 이 선철 생산량은 15세기 독일 바이에른 지방의 200여 곳 대장간에서 매년 10,000t을 생산한 양(10,000t/200/300일=167t)과 유사하다.[395] 2015년까지 발굴된 조선 시대 제철 장소가 118개소[396]이고, 『임원경제지』(1840)에 철기를 취급하는 장시의 숫자가 115개소[397]임을 고려하면 개략적인 철물 생산량을 가늠할 수 있다.

거칠지만 이들 수치를 활용하여 조선 후기 철 생산량을 산정해보자. 제철(쇠부리)장소 118곳에서 하루 제련철[생철, 신철] 200㎏을 생산한다고 가정하면 생철(신철) 1년 생산량(200㎏x300일x118곳)은 7,080t이다.[398] 연료로 사용된 목탄은 그 6.5배인 46,020t이며, 소나무는 그 10배인 460,200t이다. 다시 부피로 환산하면 1,012,440㎥이다. 그런데 철 생산은 무쇠솥과 같은 철기 주조에 사용된 수철뿐만 아니라 용도에 따라서 강철도 필요했다. 철광석을 제련하는 데 필요한 연료와 함께 용도에 맞는 철물(주물이나 연장)

을 생산하는 연료뿐만 아니라 정철(연장, 무기) 생산에 더 많은 연료가 단계마다 필요했다.

강철의 생산은 여러 차례 탄소를 감소하는 정련(단조) 과정이 필요하고, 그때마다 고열을 낼 수 있는 목탄이 최종 생산물 무게의 15~24배나 필요했다. 그 대표적 사례는 조선왕실의 산릉도감의궤에 기록된 강철(정정조, 精精造) 생산에 사용한 연료(목탄)량으로 확인된다. 산릉도감의궤(화성성역의궤)에는 강철 1근을 생산하기 위해 강철 무게의 15~24배나 되는 목탄을 매 단계 연료로 사용하였다.

표 41. 의궤에 나타난 시기별 강철 제작에 사용된 연료(목탄)

시기	정철+열철	최종 산물 정정조(精精造)	연료(숯)	산물 대 연료 배율
현종숭릉산릉도감의궤(1674)[400]	1근(0.642kg) +1근(0.642kg)	1근 (0.642kg)	2두4승(15.36kg)	24배
인원왕후산릉도감의궤(1757)[401]	1근(0.642kg) +8냥(0.514kg)	1근 (0.642kg)	2두4승(15.36kg)	24배
화성성역의궤 (1801)[402]	1근 (0.642kg)+5.5냥 (0.353kg)	1근 (0.642kg)	1두5승(9.6kg)	15배

1년 동안 생산한 정철량을 생철 생산량의 1/10로 가정하면 708t이며, 그 무게의 24배만큼 목탄이 필요하기에 연료로 사용된 숯은 16,992t(708t x 24)이며, 소나무는 그 10배인 169,920t이 연료재로 사용되며, 부피는 373,824㎥이다.

폴란드인 아너트의 여행기에는 북한 전거리에 쇠부리 2곳이 운영 중이었고, 울산 달천 광산 지역에도 쇠부리 유적지가 여러 곳에서 발견된 사례처럼, 한 지역에 다수 쇠부리(제련소)가 운영되었을 수도 있다. 또한, 3일 동안 600kg을 생산한 전거리 쇠부리보다 생산량이 더 많았을 수도 있으며, 연료가 많이 소모되는 정철(강철) 생산량도 추정치보다 더 많을 수도 있다. 물론 그 반대의 경우도 추정할 수 있다.

이런 점을 고려하면서 제철 생산에 든 연료량을 보수적으로 산정하면, 매년 7,080t의 생철과 708t의 정철(강철)을 생산하기 위해서는 제련 과정에 1,012,440㎥과 단야 과정에 373,824㎥, 합계 1,386,264㎥를 연료로 필요하였고, 이 양을 1700년대 추정 인구 1,435만 명으로 나누면 매년 1인당 철제품 생산에 들어간 추정 임목량은 0.0966㎥에 이른다.

유기 생산에 들어간 임산 연료

조선 후기 일상생활과 밀접한 관련이 있는 또 다른 금속은 구리와 주석을 합금하여 만든 유기였다. 유기는 청동기시대 이래로 이 땅에서 널리 제작 사용되었으며, 고려 시대에 이어 조선 전기에는 왕실과 부유한 권세가나 가질 수 있던 귀중품이었다. 유기는 조선 전기에 의례용 제기에 이어 (嘉禮), 군례(軍禮), 빈례(賓禮)와 같은 궁정 연의(宮中 宴儀)에 빈번하게 사용되었고, 종국에는 의례 용구(촛대, 제기)와 식기(반상기 주발, 수저, 국자), 생활 용구(세숫대야, 요강), 악기 제작에까지 그 용처를 확장하였다.

17세기에 이르면 장인들이 생산한 유기 제품이 지방의 장시나 유기상을 통해서 유통되었고, 그 덕분에 18세기 후반에는 나라 전역에서 유기를 사용하게 되었다. 1783년의 『일성록』은 "온 나라의 놋그릇과 구리 그릇을 통틀면 억만 근(斤)"으로 추정할 만큼 유기 사용은 보편화하였다.[402]

조선 초기부터 유기장은 전국에서 활동하였다. 『경국대전』에도 경기도 3명, 충청도 4명, 경상도 7명, 전라도 6명, 강원도 2명, 황해도 2명, 영안도 4명, 평안도 8명 등 총 36명의 유기장이 전국 각처에서 활동한다고 밝힌다. 관영 유기점은 호조, 상평청, 진휼청, 어영청, 사복시, 훈련도감 등에서 왕실이나 관가에서 쓸 그릇과 도구와 동전을 제작하였고, 지방 감영과 주요 관아에서도 동전을 제작하였다.

조선 후기에 이르러 서울의 관영 수공업장에서는 상평통보를 주조하였으며, 지방에서는 크고 작은 사영 유기점이 있었다. 지방의 사영 유기점은 경기도(안성·개성·수원·광주·양주), 충청도(충주·청주·공주·홍주), 전라도(전주·남원·나주·장흥·순천), 경상도(경주·상주·고령·안동·진주·김해·김천), 강원도(원주·강릉), 평안도(평양·영변·안주·의주·정주·강개·숙천) 등에 있었다.[403] 전국 각지에 활동하던 유기장들은 유기 제품에 대한 선호도가 증가하고, 유기 수요가 증가하자 유점촌에 모여서 활동하였다. 오늘날도 '놋점골'이라 불리는 지명을 전국 곳곳에서 찾을 수 있는 이유다.

조선 후기에 이르러 유기의 유통과 보급은 일반화된 흔적은 유기 제품을 거래하던 장시의 숫자로 확인된다. 18세기 후반에 전국에는 1,060여 개의 장시가 있었고,[404] 그중 80여 장시에서 유기를 거래하였다. 유기 제품이 전국에 유통될 수 있었던 배경에는 유기 기술자들이 조선 초기부터 지방에서 활동하였으며, 주원료인 구리를 쉽게 확보할 수 있었기 때문이다. 특히 구리는 1609년(광해 1년) 일본과 을사조약을 체결하여 수입을 재개함으로 매년 3만 근을 충당할 수 있었고, 한때(1697년) 수입 물량이 1,436,000근에 이르기도 했다.[405] 1717년에서 1819년까지 매년 10만 근을 일본에서 수입한 기록도 있다.[406]

조선 후기 나라 전역에 30여 곳의 동광이 있었지만, 채굴한 구리 물량을 확인할 수 없다.[407] 마찬가지로 전국에 유기점이 얼마나 있었으며, 전국에 유기장이 활동한 구역에 대한 정확한 정보도 없다. 몇몇 연구에 의하면 대표적 유기점은 북한 정주의 양대 유기, 봉화, 함양, 안성을 들 수 있다. 이들 유기점 중, 봉화 유기점촌에서 1919년 연료로 사용한 목탄 30만 근이 현재까지 유기 생산에 사용된 연료량을 추정할 수 있는 유일한 근거이다.[408]

봉화 유기점촌에서는 소나무 숯이 최소 30만 근에서 최대 60만 근 사용[409]되었으며, 이 양을 호수별로 나누면 한해 일점(一店)당 사용한 연료[목탄, 木炭]는 약 20,000여 근이라고 추정할 수 있다. 조선 초기에 나라 전역에서 36명의 유기장이 활동했고, 조선 후기에 사영 유기점이 전국 30여 곳[410]에서 운영된 사실을 고려하여 집단 유기점촌 4곳(봉화, 정주, 함양, 안성)과 사영 유기장 36곳에서 유기 생산에 사용한 연료량을 거칠게 추정해보자.

유기점촌을 형성한 4곳은 1점촌 당 30만 근을 사용한다고 가정하면 숯 120만 근을 매년 사용하며, 유기장이 활동했던 36곳은 1곳당 10만 근을 사용한다고 가정하면 매년 숯 360만 근을 사용하는 셈이다. 전국의 유기 제작에 사용된 숯 480만 근은 3,081t(480만 근 x 0.642=3,081,600㎏)이며, 소나무는 그 10배인 30,816t이며, 부피는 67,795㎥이다. 이를 1700년대 인구 1,435만 명으로 나누면 유기생산에 사용된 연료는 1인당 매년 0.0047㎥에 이른다.

사기 생산에 들어간 소나무 양

조선 시대 사기 생산 형태는 초기의 분청사기에서 후기의 백자기 생산으로 바뀐다. 17세기부터 백자기에 대한 민간 수요가 늘어남에 따라 관영 사기점에 이어 전국 곳곳의 민영 사기점에서도 다량으로 백자기를 생산하였다.

대표적 관영 사기점인 광주 분원은 1700년대 전후로 사옹원의 관리 아래 전속 사기장을 고용하여 분업화된 공정으로 도자기를 생산하여 왕실과 관가에 진상했다.[411] 분원 장인들이 왕실에 진상해야 할 사기는 연간 13,720개[412]였고, 그밖에 왕실의 가례나 연례행사가 있을 때는 추가로 제작하여 진상하였다. 분원 사기장들이 분원에서 필요한 땔감(장작) 채취장[분원시장절수처, 分院柴場折受處]은 1623년(인조 1년)부터 광주 일원을 10년마다 옮겨 다니면서 조달하였지만, 산림 고갈로 연료 조달이 순조롭지 못하자 1752년(영조 1년) 이후에는 분원리에 정착하여 우천강 목물 수세로 연료를 조달했다.[413]

민영 백자기 생산은 공물 제도가 폐지된 17세기 후반에 도자기용 토양[도토, 陶土]과 연료 자원이 풍부한 전국 각 지방에서 사기점촌 형태로 번창하였다. 민영 사기점 중에는 사기장을 많이 고용하여 분원의 운영 형태로 백자기를 대량으로 생산하고 판매하였던 공장제 수공업 사기점도 나타났다.

15세기 도자기를 생산하는 자기소 139개소와 도기소 185곳이 있었다.[414] 자기소 139곳 중에서 왕실과 관공서에 납품할 상품(上品) 자기를 생산하는 곳은 상주 2곳, 고령 1곳, 광주 1곳으로 모두 4곳이었다. 나머지 도자소는 대부분 일반 서민을 위한 민수용 도자기를 생산하는 곳이었다. 조선 후기에 운영된 사기점은 286곳으로 그중 6곳은 상품 도자를 생산하던 곳이었고, 나머지 280곳은 서민용 민수용 도자소라는 연구도 있다.[415]

사철점이나 유기점과 마찬가지로 사기 가마는 화력이 좋은 영사(소나무 장작)로 구워야 하므로 사기점 운영에 임산 연료의 확보는 필수적인 과정이었다. 사정이 이러함에도 도자소에서 얼마나 많은 연료가 사용되었는지를 고찰한 연구는 없다. 그나마 재래 방식으로 사발 생산에 사용한 연료량을 밝힌 권병탁의 연구 덕분에 개략적인 연료 사용량을 추산할 근거가 생겼다.[416]

이 연구는 민수용 도자기 1,500점을 생산하는 데 필요한 연료량은 소나무 장작 3,600㎏이며, 소요 기간은 20여 일이 필요하다고 밝힌다. 이 자료를 원용하면 전국에 산재한 민수용 도자소 280여 곳에서 필요한 연료 소비량을 추정할 수 있다. 사기점마다 생산물량이 달라서 사용 연료량도 각각 다르겠지만, 한 사기점에서 1달 동안 사용하는 연료량을 3,600㎏으로 거칠게 가정하면 일 년에 3600x12=43,200kg, 전국 280곳에서 한 해 동안 사용하는 소나무 장작은 12,096t이다.

왕실에 납품하던 광주 분원에 필요한 연료는 얼마나 됐을까? 기록은 장작 8,000거(法)가 매년 분원 관요 땔감으로 필요했다고 밝히고 있다.[417] 장작 1거는 5~6태(馱)를 말하며, 1태는 2짐에 해당하는 분량이고, 장작 1짐의 무게는 약 50㎏이다.[418] 다시 말하면 전성기 광주 분원의 관요에서는 1년에 대략 5,000t(10만 짐=5만 태=8,000거×6태)의 땔감이 필요했다는 것이다.

광주 분원처럼 상품 도자기를 생산하던 도자소가 4곳이었다는 것을 참고하여 전체 연료 사용량을 추정해보자. 상품 도자기를 생산하는 다른 3곳은 분원이 사용하는 연료량(5,000t)의 절반을 사용한다고 가정하면, 7,500t(2,500tx3)으로 상품 도자기 자기소 4곳(분원과 3곳)에서 필요한 연료량은 12,500t(5,000t+7,500t)이다. 따라서 나라 전역에 자기소에서 필요한 연료량은 민수용 자기소 12,096t과 관수용(상품) 자기소 12,500t를 합하면 24,596t이고 부피는 54,111㎥이다. 이 부피를 1700년대 전체 인구 1,435만 명으로 나누면 1인당 사기 생산에 사용된 임산 연료는 0.0038㎥로 산정된다.

5장

조선 후기 가사용 땔감 소비 증대가 불러온 산림 황폐

조선 후기에 수공업 형태로 운영되었던 소금, 철, 유기, 사기 생산에 필요한 연료량을 다양한 가상 조건으로 추정해 보았다. 이들 수공업품에 대한 구체적 정보가 없는 상황에서 임산 연료의 사용량을 추계하는 데는 여러 가지 한계가 있었다. 그러한 한계 중에는 온돌 난방용 장작으로 소나무와 참나무를 반반씩 사용한다고 가정하거나 철제품과 유기와 사기 생산량을 정확하게 파악할 수 없는 형편이기에 기록에 나타난 생산지 숫자로 생산 물량과 연료량을 추정한 방법도 포함된다. 그밖에 건축재와 조선재를 지나치게 보수적으로 추계함으로 1인당 목재 사용량을 과소평가하였을 수도 있다.

이와 같은 한계에도 불구하고 목재와 땔감으로 사용된 임산물 규모를 거칠게라도 파악하여 영역별 임산물 소비량을 비교할 근거를 마련한 것은 의외의 소득이었다. 특히 18세기 전후에 1인당 매년 사용한 임산물 1㎥ 중 건축재와 조선재로 사용한 목재의 양(0.032㎥)과 수공업에 연료로 사용된 땔감의 양(0.154㎥)은 각각 3%와 15%로 많지 않았고, 가사에 사용된 조리 난방용 땔감의 양(0.816㎥)은 80% 이상이었다. 이러한 결과는 조선 후기 수공업의 발달에 따라 임산 연료의 소비량이 증대하여 산림이 황폐해졌다는 기존 연구와는 다른 내용이었다.[419]

표 42. 18세기 전후 1인당 매년 임산 자원 사용량 추계

항목	용도	세부 명세	사용량(㎥)/1인/년	전환율
연료	가정용	조리 난방용 장작 2221kg (소나무 0.5, 신갈나무 0.5)	0.816	부피 2.2(소나무), 1,4(참나무)
	수공업	염분: 1인당 소금 11㎏/년=소나무 22㎏/년 사기: 3 관요 12,500t, 280민요 12,096t 제철: 생철 7,080t, 정철(강철) 708t 유기: 4 점촌 7704t, 36 유기점 23,112t	0.048 0.004 0.097 0.005	부피 2.2 부피 2.2 숯 10, 부피 2.2 숯 10, 부피 2.2
목재	가옥	초가3간(5인 가족) 32㎥ 1700년대: 12,620채x32㎥/1435만 명 1800년대: 12,700채x32㎥/1843만 명	0.025	
	선박	매년 134,400㎥/1843만 명	0.007	
합계			1.002	

조선 후기 건축재의 사용량을 추계하기 위해 적용한 '5인 가족이 초가 3간에 산다'는 추정이 건축물 규모를 과도하게 축소한 것일

수도 있기 때문에 초가 3간의 규모를 3~4배로 더 늘려도, 건축재의 사용량은 전체 임산물 사용량의 10% 내외일 뿐이다. 반면 가사(家事)에 사용한 온돌 난방용 땔감이 여전히 전체 임산물의 70%가 넘는 사실은 임산 연료 채취가 산림 황폐화의 주된 원인이었음을 시사한다.

1970년대에 국민소득의 증대와 함께 가정용 땔감이 임산 연료에서 연탄 등의 화석연료로 전환되면서 치산녹화에 성공할 수 있었다는 일각의 주장이 일정 부분 타당한 이유이기도 하다.

한편 수공업에 사용된 땔감의 양(15%)은 많지 않지만, 군선과 조운선을 건조하고 수리하는 데 큰 지장을 초래한 연해 소나무 자원의 고갈에 직접적인 영향을 미쳤을 것으로 추정된다. 연해 소나무 숲의 고갈은 조선재로 사용한 소나무보다 높은 화력이 필요한 소금가마와 사철점과 사기점 등의 땔감으로 사용하기 위해 왕실과 권세가들이 탈법적으로 소나무를 남벌한 영향이 더 컸을 것이기 때문이다.

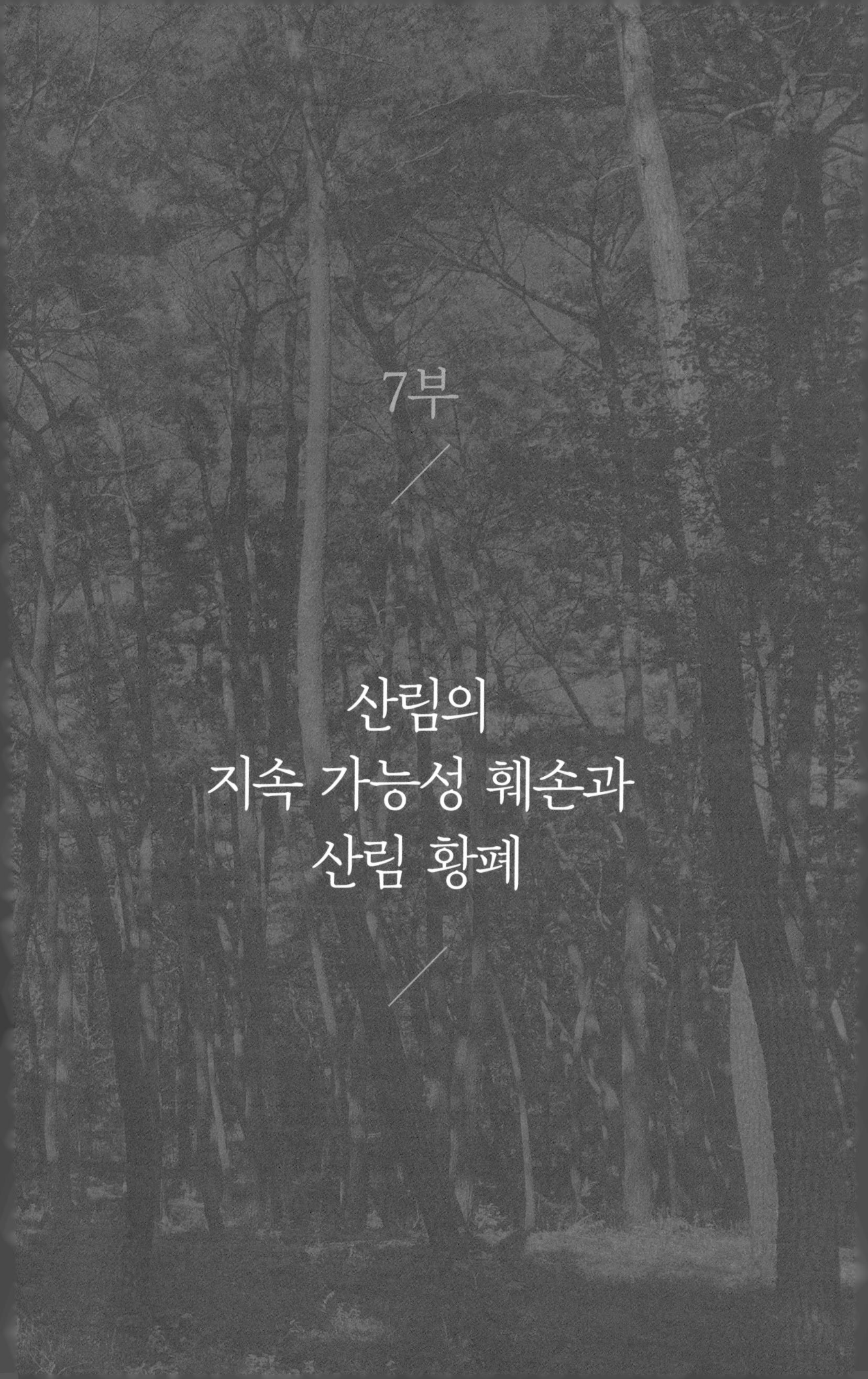

7부

산림의 지속 가능성 훼손과 산림 황폐

조선의 산림 황폐를 보는 시각은 다양했다. 정약전은 220년 전 『송정사의』(1804)를 통해서 나무를 심지 않고, 자랄 틈이 없이 어린나무를 연료로 사용하며, 무분별한 화전과 개간을 송정 실패의 원인으로 제시한다.[420] 화전과 개간을 금지하는 국법의 미비와 솔숲의 유무를 가리지 않고 연해 금산을 무분별하게 지정함으로 백성들이 소나무를 지키기보다는 오히려 소나무를 없애고, 송금을 담당한 관리나 백성 모두가 송금을 위반하여 소나무를 베어내는 도둑이라고 지목한다.

당대의 산림 정책을 목격한 정약전은 송금 실패를 극복하기 위해 개인과 마을이 나무를 심도록 권장하고, 심은 나무에 대한 처분권도 나무를 심은 사람이나 마을에 주고, 나무를 심은 사람들을 나라에서 적극적으로 포상하며, 송금 업무는 비리가 많은 수영을 배제하고 민정부서인 본관에 맡기라고 주장한다.

노성룡과 배재수[421]는 정약전과 궤를 같이하며 조선 정부가 국방체계의 일환으로 송정 관리를 수영에 맡김으로 인해 생긴 다양한 폐단이 송정에 난맥상을 불러왔다고 분석한다. 이들의 주장과 달리 이우연은 '전형적인 과소 투자(재조림 없음)와 과대 소비(남벌) 현상'이라고 주장한다.[422] 특히 김대길이 제시한 송금 실패 원인은 정약전의 주장과는 200년이라는 세월의 간극만큼 다르다.[423] 김대길은 송금의 실패 원인을 조선 후기 사회의 변화상에서 찾는다. 농업 생산력의 증대와 화폐 경제의 발달은 다양한 분야에서 목재 수요를 촉진했고, 목재 공급이 부족한 여건에서 그 수요를 충족시키고자 목상들은 관리들과 결탁하여 불법적으로 봉산 소나무를 남벌하였고,

송금에 대한 범법자의 부정행위가 발각되어도 속전으로 죄를 감면 받는 제도를 악용함으로 송금의 난맥상이 심화하였다고 주장한다.

200년의 시차를 두고 송금(넓게는 산림 정책)의 실패 원인을 제시한 정약전과 김대길과 노성룡 등의 주장은 일견 타당하다. 그러나 이들이 조선 시대의 산림 정책을 고찰하면서 간과한 부분도 존재한다. 그것은 산림 자원의 고유특성인 지속 가능성을 간과한 사실이다. 산림이 보유한 지속 가능성이 훼손되거나 파괴될 때 산림은 사회 안정을 무너트리고, 종국에는 한 국가의 존립 기반이나 문명까지도 붕괴시킬 수 있음을 무시했다.[424] 지금껏 산림학계와 역사학계는 17~18세기 산림 황폐 원인으로 소나무 정책 해이와 봉건제도 등을 제시하였지만 산림이 보유한 독특한 특성인 보속성(지속 가능성)과 연계하여 고찰한 사례는 없었다.

1장 / 지속 가능성과 산림

흔히 산림을 대표적 재생 가능한 자연자원(renewable resource)[425]이라고 일컫는다. 이 말은 산림을 적절하게 관리하면 지속해서 이용할 수 있다는 의미이다. 산림은 원한다고 언제나 이용할 수 있는 자원은 아니다. 적절하게 관리할 때만 지속하여 이용할 수 있다.

산림을 지속해서 이용하는 방법은 무엇일까? 가장 단순한 방법은 매년 자라는 양만큼만 벌채하고, 자라는 양 이상으로 벌채할 경우에는 적절하게 나무를 심어 숲의 총량을 계속 유지하는 것이다. 오늘날 울창한 우리 산림은 매년 생장률이 5~6% 정도이지만 숲이 빈약했던 1970~1980년대는 연 생장률이 4% 내외였다. 연 4% 산림 생장률은 비유하자면 예금 이자율과 다르지 않다. 원금(산림)에서 불어나는 이자(생장량)만큼만 매년 찾아서(벌채하여) 사용하면 원금(산림)은 줄어들지 않고 그대로 유지되는 이치와 같다. 그래서 산림학은 원래의 산림을 훼손하지 않고 한해 자란 양만큼만 벌채 이용하는 상황을 보속 수확(sustained yield)이라고 일컫는다.[426]

한해 자라는 양보다 더 많이 벌채하여 원래 산림(임목 축적량)보다 줄어들 경우에는 보속성을 유지할 수 없다. 보속성이 훼손되는 것을 피하고자 벌채한 곳에 새롭게 숲을 조성하는 것은 그래서 중요하다. 만일 벌채한 곳에 나무를 심지 않고 벌채만 계속한다면 어떻게 될까? 산림 총량은 점차 줄어들고, 산림 보속성(지속 가능한 이용)은 파괴되어 종국에는 산림에 의존하던 사회나 문명도 지속 가능하지 못해 붕괴하거나 사라진다.

오늘날 회자하는 '지속 가능성'과 '지속 가능한 발전'은 각각 로마클럽의 연구 보고서, 『성장의 한계』(1972)[427]와 유엔 환경과 개발에 관한 세계위원회의 브란트란트 보고서, 『우리 공동의 미래』(1987)[428]에서 유래된 것으로 알려져 있다. 그러나 지속 가능성에 대한 개념은 '성장의 한계' 보다 260여 년 앞서 독일 산림학자 카를로비츠(Hans Carl von Carlowitz ; 1645-1714)에 의해서 창안되었다는 것이 학계의 중론이다.[429] 카를로비츠는 1713년 『조림 경제학』[430]을 펴내면서 지속 가능성(Nachhaltigkeit) 개념을 최초로 제시한다. 그는 나무를 심고, 재배하고, 수확할 동안 적절한 균형으로 그 이용 혜택이 지속하도록 산림을 신중하게 이용하고, 숲을 벌채할 경우에는 대체할 숲을 새로 조성해야 한다고 피력한다.[431]

지금부터 310여 년 전의 지속 가능성 개념을 산림 현장에서 창안한 역사적 배경 덕분에 산림학은 타 학문보다 지속 가능성에 대한 건전성과 훼손 과정을 구체적으로 평가할 수 있는 수단을 갖고 있다. 따라서 조선 후기에 발생한 산림 황폐(또는 산림 고갈) 과정도 지속 가능성 훼손 여부로 파악할 수 있다.

조선 조정의 공식 기록물[432]에 의하면 나라 전체에서 지속 가능성이 훼손되기 시작한(생산량보다 소비량이 초과하는) 시점은 1700년대 후반으로 추정되지만, 인구 밀집 지역인 서해안과 남해안을 한정하여 조망하면 오히려 그 시기는 더 앞당겨질 것이다. 1700년대 초부터라도 연해 지역 봉산과 의송산과 송전에 적극적으로 나무를 심었더라면 부족분을 충당할 수 있었을 터인데, 조선 조정은 손쉬운 약탈적 산림 이용을 선택했을 뿐, 인공적으로 산림을 조성하거나 육성하는 데에는 무능했다.

18~19세기의 산림 황폐화와 농업 생산성에 대한 기존의 연구는 봉산에 대한 은밀한 벌채(잠채)가 17~18세기에 증가하고, 18세기 전반에는 현감과 수사와 같은 지방관의 불법 벌채도 늘어나며, 왕실과 고위 관청의 봉산 침탈이 빈번하였다고 보고한다.[433] 이러한 내용은 18세기부터 산림의 지속 가능성이 훼손됨에 따라 부족한 임산물 공급을 보충하기 위해서 개인이 육성하던 산(사산)에서 불법적 벌목이 광범위하게 진행되었기 때문이다.

임산물(목재와 땔감)과 관련된 산송 증가 추세를 추적한 연구도 흥미롭다. 17세기에는 단 2건뿐이었던 임산물 관련 산송이 18세기 전반에는 4건, 18세기 후반에는 12건으로 급증하고, 다시 19세기 전반에는 23건으로 2배 늘어났다가 19세기 후반에 이르러서는 68

건으로 급증한다.[434] 조선 후기, 산송은 개인 소유 산지에 대한 법적 권리분쟁을 다룬 송사이고, 그중에 목재나 땔감 도벌과 관련된 산송이 이처럼 급증하는 이유는 산림 황폐로 인해 목재와 땔감이 고갈되었기 때문이다.

산림 황폐화는 시중에 유통되던 목재 가격의 급격한 상승을 불러왔다. 선공감 가판공인(椵板貢人)[435]은 산림이 헐벗은 탓에 옛날보다 3~4배 더 비싼 값으로 목재를 현지에서 산다고 영조(1753)에게 글을 올린다.[436] 그와 유사한 사례를 50여 년이 지난 후, 정약전(1804)이 『송정사의』로 주장한다.[437] 정약전은 "20년 전보다 나뭇값이 3~4배 올랐다. 20년을 지나면 반드시 오늘날보다 3~4배 오르는 정도에 그치지 않을 것이다."라고 주장한다. 전라남도 영암 구림리 동계 계원들에게 지급한 관 가격을 시기별로 조사한 결과, 17세기 중반에서 19세기 초반의 150년 사이에 관 가격이 6~9배나 급증한 연구 결과[438]도 산림 황폐로 인한 자원 고갈과 궤를 같이한다.

목재(연료)값 상승세가 꺾인 때가 천일염을 수입하기 시작한 1900년이라는 시점에 주목할 필요가 있다. 국내에서 바닷물을 끓여 생산하던 자염 대신에 천일염을 처음 생산한 때가 1907년임을 미루어볼 때, 임산 연료 가격 하락은 소금 생산에 필요한 연료 수요의 감소와 밀접하게 관련되었음을 확인할 수 있다. 특히 조선 후기에 발생한 봉산 황폐화 이면에는 왕실과 부패한 관리와 소금 생산업자(염한)들이 결탁하여 소금 생산에 필요한 땔감을 절수한 봉산에서 공공연하게 조달하였기 때문이다.[439]

산림 지속성의 훼손

산림 자원을 지속 가능하게 이용하는 방법은 임목이 매년 자라는 양보다 적게 벌채하거나 자라는 양만큼만 벌채하면 된다. 나라 전체에서 매년 벌채하는 임목의 양이 매년 자라는 양(연 생장률)보다 적으면 산림의 지속 가능성은 유지되고, 매년 벌채하는 양이 자라는 양보다 더 많으면 지속 가능성은 훼손되어 종국에는 산림 고갈로 이어진다.

산림의 지속 가능성 여부는 인구 1인당 이용할 수 있는 임목 축적으로도 평가할 수 있다. 조선 8도 인구[440] 중 함경도, 평안도, 황해도 인구 비율은 1678년(숙종 4)에 26%, 1726년(영조 2)에 24.7%였다.[441] 따라서 산림 황폐화가 심했던 남부 5도 인구는 조선 전체 인구 75%로 상정할 수 있고, 5개도 산림 면적은 1910년 조선통감부 임적조사사업으로 확인된 733만㏊를 적용하여 1인당 이용할 수 있는 임목 축적량을 추정할 수 있다.

산림 생장률은 일반적으로 침엽수림은 빠르고, 다음이 혼효림이며, 활엽수림은 느린 편이다. 숲이 헐벗었던 1973년(임목 축적량 11.3㎥/㏊)의 연 생장률은 4% 내외였지만, 오늘날(2020년 임목 축적량 165.2㎥/㏊)은 5.8%로 증가하였다. 1927년 헐벗은 산림 상태(임목 축적량 17㎥/㏊)를 고려하면, 조선 후기에도 1년에 약 3~4% 정도의 생장률로 추정할 수 있다.

단위 면적당 임목 축적량은 산림의 울창한 정도를 나타내는 지표이다. 산림청은 우리 산림에서 최대 임목 축적량(180㎥/㏊)은 2040년경에 도달하고, 그 이후는 차츰 감소할 것이라고 예상한다. 심은 나무가 점차 노령화하고 수확 연령에 도달한 나무들을 지속해서 벌채함으로 2040년부터는 오히려 나라 전체 산림 축적은 더 줄어들 것이라고 예상한다.[442]

5년마다 임목 축적량을 조사하는 오늘날과 달리, 나라 전역의 임목 축적량을 제대로 조사한 때는 1927년이 처음이었다. 따라서 그보다 앞선 시기의 축적량은 가상의 추정치라는 한계가 있다. 이런 점을 고려하면서도 시대별 임목 축적량을 추정하는 이유는 산림이 보유한 재생성과 임산물 공급 능력을 파악할 수 있는 가장 기본적인 기초 자료이기 때문이다.

시대별 임목 축적 산정

조선 초기의 임목 축적은 어떻게 추정할 수 있을까? 조선 시대의 산림 형태를 비교적 잘 유지하고 있는 경기도 광릉 소리봉 일대에서 그 단서를 찾을 수 있다. 소리봉 일대는 세조의 능역으로 500여 년 동안 벌채나 화전과 같은 인간의 간섭 없이 철저하게 보호되었던 숲이기 때문이다. 오늘날 광릉 숲(시험림도 포함)의 ha당 축적은 침엽수 279.8㎥, 활엽수 178.1㎥, 혼효림 229.3㎥로 조사되었으며 편의상 혼효림의 축적을 조선 시대의 임목 축적으로 대입하였다.[443]

철저하게 보전된 능역 임목 축적이 230㎥/ha이면 촌락 주변 산림은 어떤 상태였을까? 능역 주변이나 오지 산림과 달리 축적량이 훨씬 적었을 것이다. 특히 인구가 밀집한 촌락 지역 산림에서는 벌목, 화전, 개간, 경작이 계속되었으므로 임목 축적량이 더 적었을 것이다. 그 이유는 조선 시대 인구가 500여 년 사이에 3배 이상 늘어남으로써 주거에 필요한 목재와 난방 조리용 땔감 수요가 계속 늘어났기 때문이다. 더구나 17세기 후반에 닥친 소빙기[444]와 그로 인해 나라 전역에 보급된 난방용 온돌은 임산 연료 소비를 더 늘렸을 것이다.

조선 초기 인구가 570여만 명이었고, 임진왜란을 겪으며 200만 명의 인명 손실이 있었지만, 1600년에 두 배가 넘는 1,170만 명, 1700년에 1,430만 명, 1800년 1,840만 명, 1900년에 1,780만 명으로 급격히 늘어남에 따라 목재와 연료 수요는 나날이 늘어났다. 조선 정부는 소극적 보호 대책인 송금(松禁)만 시행하였고, 적극적으로 나무 심기를 권장하거나 육성 정책을 펴지는 못했다. 그래서 1인당 산림 면적은 분명 줄어들었지만, 단위 면적당 임목 축적량의 감소 정도는 정확하게 확인할 수 없다.

표 43. 조선 시대 연도별 인구와 추정 임목 축적량

연대	1400	1500	1600	1700	1800	1900	1927
인구(만 명)	573	941	1172	1435	1843	1782	1961
임목 축적(㎥/㏊)	100	75	60	45	30	20	17

이런 한계에도 불구하고, 조선 개국 당시의 임목 축적을 100㎥/㏊로 추정했다. 오늘날 광릉 소리봉 일대 혼효림 축적(230㎥/㏊)보다 절반에도 못 미치는 임목 축적량으로 추정한 이유는 촌락 주변 산림은 농경 사회를 유지하는 데 필요한 목재나 연료를 지속해서 제공하였고, 그래서 덜 울창하다고 가정하였기 때문이다. 이 가상 추정치는 산림청이 추정한 2040년 나라 전역의 예상 최대 임목 축적

량 180㎥/㏊와 비교하면, 낮은 축적량이라기보다는 오히려 높게 책정한 추정치일 수도 있다.

임목 축적 감소에 영향을 끼칠 인구는 세월이 지날수록 계속 늘어났기 때문에 그에 반비례하여 축적량은 줄어들 수밖에 없어서 1500년에 75㎥/㏊, 1600년에 60㎥/㏊[445]로 추정했다. 1700년에는 임진왜란과 병자호란으로 발생한 유민들이 화전과 개간으로 산림을 더욱 훼손하였던 상황을 반영하여 45㎥/㏊로 추정하고, 1800년에는 인구 증가 추세를 고려하여 30㎥/㏊로 가정하였다. 1900년의 추정치 20㎥/㏊는 인구 증가가 지체되었고, 1927년의 임목 축적량(17㎥/㏊)을 고려한 수치이다.

국립산림과학원이 1639년의 임목 축적 추정치를 35㎥/㏊ 내외로 상정한 연구와 비교할 때, 이 글에서 제시한 시대별 임목 축적량은 과대한 추정치일 가능성이 더 크다. 연구자 간에 추정한 시대별 임목 축적량이 달랐음에도 불구하고, 산림 고갈의 결말은 빠르고 느린 시간상의 차이만 있을 뿐 피할 수 없었다.

2020년 임목 축적(165.2㎥/㏊)도 조선 개국 당시 추정한 임목 축적(100㎥/㏊)의 적정성 여부를 판단할 지표로 삼을 수 있다. 오늘날 숲은 1973년부터 우리 산림 면적 40%를 인공림으로 새로 조성하고, 숲 가꾸기를 통해서 지난 50년 동안 육성한 산림이다. 농업 사회에서 산업 사회로 발전한 덕분에 난방과 조리와 조명에 필요한 연료는 산림에서 채취한 임산 연료 대신에 석유나 석탄과 가스와 같은 화석연료나 전기로 대체되었다. 반면 조선 시대는 적당한 나무를 심고 숲을 가꾸기보다는 저절로 자란 숲을 계속 베어서 쓰는 형편이었다. 결국 오늘날 산림은 재생 가능성을 염두에 두고 관리 육성했지만 조선 시대 산림은 재생성에 대한 고려 없이 약탈적 방법으로 벌채 이용만 하였기에 세월이 갈수록 임목 축적량은 점차 줄어들 수밖에 없었다.

인구 증가와 1인당 이용 가능한 임목 축적량 감소

지속 가능성의 훼손 과정은 시대별 가상의 임목 축적을 산림 황폐화가 심했던 남부 5도에 대입하여 1인당 이용할 수 있는 임목 축적으로 추정할 수 있다. 조선 건국 초기 남부 5도의 1인당 산정 임목 축적량은 170.5㎥로 추정되었다. 건국 후 200년이 지난 시점인 1600년 1인당 임목 축적량은 건국 초의 30%(50.0㎥)로 감소했다. 임진왜란과 병자호란을 겪은 후, 1700년에 이르러서는 건국 당시보다 1인당 임목 축적량은 18%(30.6㎥)로 감소하고, 1800년에 이르러서는 건국 당시의 9% 수준인 15.9㎥로 줄어든다. 100년마다 임목 축적량이 급격하게 감소한 이유는 인구(분모)는 570여만 명에서 1,800여만 명으로 계속 증가하고, 그에 반비례하여 새로운 산림 조성 없이 계속 벌채 이용한 결과 임목 축적량(분자)이 점점 감소하였기 때문이다.

조선 통감부에서 실시한 1910년 임적 조사 사업 결과, 북한 지역 숲은 73%가 울창한 성림지였지만, 남한 지역 숲은 80%가 치수 발생지와 무입목지로 헐벗은 상태였다. 이것은 남부 지방의 산림 황폐화가 북부 지방보다 훨씬 더 심했고, 남부 지방의 임목 축적량이 더 적었음을 의미한다.

조선 시대 임목 축적은 활용할 수 있는 자료가 없어서 가상 수치를 임의로 대입하였지만, 인구 증가는 조선 건국 200년 만에 2배 이상 늘어났다. 조선 인구가 농업 생산성 증대에 따라 건국 당시보다 18세기 후반에는 거의 3배 수준으로 늘어난 추세를 고려하면, 임목 축적량은 가상으로 대입한 수치에 따라 대소의 차이가 있을 수 있지만, 인구 증가에 따라 1인당 이용 할 수 있는 임목 축적량 감소 추세는 부정할 수 없다.

표 44. 조선 시대 연도별 인구와 추정 임목 축적량

연대	1400	1500	1600	1700	1800	1900	1927
인구(만 명)①	573	941	1172	1435	1843	1782	1961
5도의 인구(만 명)②	430	706	879	1076	1382	1337	1471
임목 축적(㎥/ha)	100	75	60	45	30	20	17
5도(733만ha)의 임목 축적량(백만㎥)③	733	550	513	367	257	257	125
5도의 1인당 임목 축적량(㎥)④	170.5	77.9	50.0	30.6	15.9	11.0	8.5
5도의 1인당 임목 축적의 연 생장량	6.8	3.1	2.0	1.2	0.6	0.4	0.34㎥

① 조선 시대 인구는 통계청이 발간한 인구대사전(2016),

② 함경도, 평안도, 황해도를 제외한 5도 인구(전체의 75%)는 오기수(2010) 논문을 참고함.

③ 5도 임목 축적량은 1910년 실시한 임적조사사업 5도 산림 면적(733만ha)으로 구함.

④ 남부 5도 1인당 임목 축적량 = 임목 축적(㎥/ha) x 700만ha/5도 인구로 구함.

2장

산림의 지속 가능성 훼손과 산림 황폐화

조선 시대 1인당 매년 땔감으로 소비한 임산물 양이 0.4㎥라는 추계[446]도 있지만, 장작으로 사용한 소나무와 신갈나무의 양이 0.82㎥라는 보고[447]도 있다. 조선 시대 대체 불가능한 소금 생산에 든 연료량은 소금 1㎏을 생산하는데 마른 솔가지 2㎏이 필요했다. 1인당 소금 생산에 필요한 소나무 땔감 22㎏은 부피(부피 전환 계수로 소나무는 2.2, 참나무는 1.4를 적용)로 환산하면 0.048㎥이다.[448]

조선 시대 정확한 제철 생산량 통계는 없다. 조선 후기에 관영과 민영 철장에서 7천여t의 철이 생산되었으리라 보수적으로 산정하고, 매년 철 생산에 1인당 사용한 임산 연료(목탄)를 추정한 결과 0.097㎥였다. 그 밖에 유기와 사기 생산에 사용된 연료는 매년

0.0047㎥과 0.0038㎥에 이른다

가옥 건축에 사용된 목재를 산정하기 위해 조선의 모든 백성이 3칸 초가에 5식구가 살며, 200년마다 초가삼간을 새로 짓는다고 가정하였다. 많은 이들이 실제로는 좀 더 넓은 집에 살았겠지만, 보수적인 조건으로 목재 소요량을 추계하면 17~19세기에 매년 1인당 가옥 신축에 사용한 원목량은 0.025㎥였다. 그밖에 당시의 주요한 국방과 운송 장비였던 군함과 조운선을 포함하여 나라 전역의 선박을 건조하는데 사용된 목재는 1인당 매년 0.07㎥였다.

분야별 1인당 임산물 이용 추계를 정리하면, 18세기 전후에 1인당 매년 사용한 임산물 1㎥ 중 목재(건축재와 조선재)는 0.032㎥(3%)였고, 임산 연료가 0.97㎥(97%)였다. 임산 연료는 주로 가사용 난방 연료(0.816㎥)가 전체 임산물의 81.6%를 차지하였고, 수공업용 연료(0.154㎥)는 15.4% 수준이었다. 바로 임산 연료가 조선 후기 산림 황폐화의 주된 요인이었음을 시사한다.

1700년대 1인당 매년 소비하는 임목을 1㎥로 추정하여 산림의 지속 가능성을 거칠게 조망해 보자. 1600년의 경우, 1인당 보유한 임목 축적량 58.4㎥에 매년 4% 생장률을 적용하면 임목 축적 2.0㎥(50.0㎥ × 0.04=2.0㎥)을 이용할 수 있기에 지속 가능성은 비교적 여유가 있다. 그런데, 1700년 축적량 30.6㎥(30.6㎥ × 0.04=1.2㎥)를 대입하면 매년 1인당 평균 사용량 1㎥보다는 조금 많은 1.2㎥이어서 지속 가능성 유지에는 문제가 없다. 그런데 1800년 축적량 15.9㎥(15.9㎥ × 0.04=0.6㎥)의 생장량 0.6㎥를 대입하면 문제는 심각해진다. 1인당 매년 사용할 수 있는 임목 축적량(0.6㎥)보다 벌채 이용하는 양(1㎥)이 더 많기 때문이다. 매년 생장량보다 60% 이상을 더 많이 벌채 이용함에 따라 산림 고유 특성인 지속 가능성이 훼손된 상태로 변한다(그림 6).

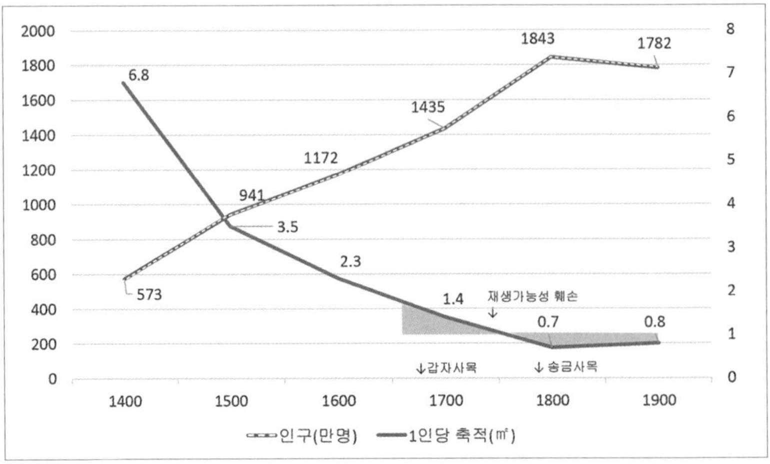

그림 6. 시기별 인구증가와 1인당 임목 축적량의 변화 추이

1인당 임목 축적량은 나라 산림 전체를 대상으로 한 추정치이기에 남부 지방 5도(인구 밀집 지역)는 1인당 임목 축적량이 더 적었을 것이고, 그래서 1800년보다 더 이른 시기에 남부 지방 5도는 이미 지속 가능성의 훼손 단계에 진입했을 것으로 판단하는 것이 합리적이다. 따라서 인구 밀집 지역인 서남해안 지방에서 소나무 조선재 고갈 징후가 나타나기 시작한 때는 1700년대 초반으로도 추정할 수 있다. 앞서 적용한 여러 가지의 가상 조건 중 연 생장률을 4% 대신에 3%로 적용하면 그 상황은 더 엄중해지고, 고갈 징후가 나타난 시기는 더 빨라졌을 것이다.

남부 지방 5도에서 17세기 전후에 훼손된 산림의 지속 가능성을 산림 황폐화 과정에 대입하면 조선 정부가 전개한 산림 정책을 더욱 분명하게 이해할 수 있다. 15세기부터 시행한 소나무 벌채 금지 금령[송금]과 벌채를 금지한 소나무 숲[금송]이 재등장한 시기가 소빙기가 엄습한 17세기이고, 숙종이 제도연해송금사목(1684)을 제정한 104년 뒤 정조가 송금사목(1788)을 다시 제정한 이유는 나라 전역의 임목 축적량과 달리, 연해의 인구 밀집 지역은 임목 축적량이 이미 지속 불가능한 상태로 훼손되었기 때문에 정부에서 그 대비책으로 송금 정책을 정비했음을 의미한다. 송정(松政)이 18세기 초에 대두된 이유도 불안한 지속 가능성을 안정시키기 위한 대책이었던 셈이다.

조정 공식 기록에서 지속 가능성의 훼손을 나타내는 구체적 수치는 찾을 수 없다. 하지만, 헐벗은(민둥산) 산림 기사가 17세기에 9건, 18세기에 46건, 19세기에 27건으로 나타나 그 당시의 산림 상태를 간접적으로 증언한다.[449] 또한 산림의 지속 가능성이 위협받기 시작한 17세기 중반부터 150년간 목재 가격이 급등하고, 연료와 관련된 산송이 18세기 후반부터 갑작스럽게 증가한 까닭도 그 당시 산림 상태를 엿볼 수 있는 간접 증거라 할 수 있다.

조선 초기의 산림 축적은 얼마나 되었을까?

조선 초기(1400년경) 우리 산림의 ha당 산림 축적은 어느 정도였을까? 필자는 ha당 100㎥로 추정하지만, 김동진 박사는 600㎥로 상정한다. 김 박사는 그 근거로 ① 조선 초기 오지의 산림이 원시림 상태였고, ② 사재감의 매년 땔감 조달량을 역으로 계산하면 이 추정치를 얻을 수 있으며, ③ 한반도의 북부 지역과 비슷한 위도의 외국 원시림 축적이 600㎥/ha이기에 조선의 산림도 비슷했을 것이고, ④ 각 관서에 배정한 강변의 땔감 채취장(시장)이 울창한 참나무 숲이었고, 오늘날도 강변에서 600㎥/ha가 넘는 참나무 숲이 존재하며, ⑤ ha당 300㎥/ha에 달하는 울진과 안면도 소나무 숲의 높은 임목 축적량을 참고하면 조선의 산림도 울창했을 것으로 추정한다.

김 박사가 조선 초기의 산림 축적을 600㎥/ha로 제시한 논리적 근거의 타당성을 좀 더 자세히 살펴보자. 김 박사는 ① 오지의 산림 상태가 원시림이라는 것을 영안도(평안도) 북청(北靑)·갑산(甲山)·삼수(三水) 공한지(空閑地)를 둘러본 곽치희가 "신이 두어 리(里)를 더 들어가 보니 수목이 하늘에 닿고 나무들이 자빠져서 길을 막아 넘어가기가 어렵기에 전진하지 못하고서 도로 나와 단지 지도만 그려 감사에게 보고했었습니다."라는 실록 기사를 예로 들면서 사람이 살지 않던 많은 지역이 원시림이었다는 주장을 편다.[450] 김 박사가 사례로 든 기록처럼 15세기에 사람이 살지 않은 서북 지역의 산림은 원시림도 없지 않았을 것이다.

그러나 김 박사가 인용한 비슷한 시기의 실록에는 "지금 강원도에서 목재가 나는 지역은 모두 민둥산이 되어 남은 곳이 없으므로, 모름지기 좋은 재목은 반드시 멀고 험한 곳에서라야 구할 수 있기 때문에 보통 때보다 힘이 배나 듭니다."라고 밝힌다. 이어서 목재 운반을 담당한 백성들의 고초를 "관에서 독촉하는 것이 성화같고, 또 채찍질이 뒤따르기 때문에 운반할 때 우마(牛馬)가 지치고 백성에게 큰 고통이 됩니다."라고 기록한다.[451] 정리하면 15세기 후반 8년의 시차를 두고, 관서 지방의 일부 지역은 사람이 나아갈 수 없을 만큼 숲이 울창하였지만, 강원도 목재 산지는 민둥산이었을 알 수 있다. 따라서 조선의 숲은 지역에 따라 울창한 상태가 달랐으며, 사람들이 많이 몰려 살았던 남서부 지방의 산림은 오래전부터 이용되었음을 알 수 있다.

지역과 상관없이 모든 원시림은 비슷한 산림 축적을 가지고 있는 것일까? 자라는 나무의 종류가 다르고, 산림 토양의 비옥도가 다르기 때문에 같은 지역일지라도 나무들이 자라는 장소(입지라고 하며 방향, 산지 비옥도, 경사, 토양 수분)에 따라서 산림 축적은 다를 수밖에 없다. 정리하면 개별 수종의 생산능력(지위)*은 임지마다 다르기 때문에 원시림이라 해서 산림 축적이 같을 수 없다.

김 박사는 ②의 근거로 사제감과 선공감**의 매년 땔감 조달량

* 지위는 임지의 생산 능력을 의미하며, 토양, 지형, 입지 및 기타 환경 인자에 의해서 결정된다.

** 사제감은 조선 시대 궁중에서 사용하는 어류·수육·식염(·연료·횃불·진상물에 관한 일을 맡아본 관청이며, 선공감은 공조에 딸려 토목과 영선에 대한 일을 맡아보던 관아.

(3,163.7t)을 땔감 채취장(시장, 柴場)에서 전부 조달했을 것으로 추정하지만, 왕실과 조정에서 사용한 땔감은 기인에게 할당된 양 이외에도 한양 인근의 경기도, 충청도, 강원도, 황해도에서 공물로도 충당하였다.[452] 따라서 사제감에 배정된 땔감 채취장에서 모든 땔감을 조달했다는 그의 가정은 잘못된 것이다. 조선 정부는 초기부터 각 관서에 땔감 채취장을 배정했고, 사제감 역시 자체적으로 필요한 땔감을 배정된 땔감 채취장에서 조달했을 것으로 이해하는 것이 더 합리적이다.

김 박사는 사제감이 조달한 땔감의 양을 역으로 추산하여 사제감과 선공감에 배정된 땔감 채취장(둘레 15리, 면적 5.6㎢)의 임목 축적을 ha당 600㎥로 상정한다. 그는 매년 3,163.7t의 땔감을 조달하기 위해 ha당 600㎥의 산림 9.3ha를 매년 모두베기하면 60년 동안 사용할 수 있으며, 벌채 후 다시 60년이 지나면 숲이 울창하게 재생되리라 추정한다. 우리 산림의 2/3는 풍화가 용이한 화강암과 화강편마암으로 구성되어 있기 때문에 숲의 구성이 불량해지면 황폐 현상이 발생하기 쉽다. 따라서 약탈식 벌채로 불량해진 임지에서 60년 만에 600㎥/ha의 생산력을 발휘할 임지는 없거나 극히 드물 것이다. 인공 조림 기술(양묘, 제벌, 간벌, 가지치기 등)이 고도로 발달한 오늘날에도 우리 산지의 생산력은 60년 만에 600㎥/ha의 숲을 키워내는 일이 절대 쉽지 않다.

김 박사는 ③의 근거로 배상원 박사가 소개한 슬로바키아의 사례(도브록스키 활엽수림의 축적)를 조선의 산림에 대입한다.[453] 활엽수 원시림이 있는 도브록스키의 해발고(720~1,000m), 연평균 기온(4.5~5.0℃), 강수량(800~960㎜) 등의 생육 환경을 제시하며, 이들 환경 인자가 한반도 북부 지방의 연평균 기온(3~11℃), 연평균 강수량(926㎜)과 비슷하기 때문에 조선의 북부 지방 임목 축적도 도브록스키와 비슷할 것이라고 가정한다. 해발고와 연평균 기온과 강수량이 설사 비슷하더라도 사람의 손길이 닿지 않은 조선의 북부 산림과 슬로바키아의 원시림 생육 상태가 유사하리란 추정은 논리적 근거가 없다.

슬로바키아 도브록스키 원시림은 임령 200~300년의 전나무-가문비나무-너도밤나무 혼효림으로 산림 축적이 600㎥/㏊인 숲도 대면적이 아니라 소면적으로 구성되어 있기에 나라 전역의 우리 산림에 그대로 적용하는 데는 무리가 따른다. 오늘의 산림을 500년 전의 산림과 유사하리란 추정을 용납하더라도, 임지의 생산 능력에 영향을 끼치는 중요한 두 가지 요인, 생육 수종과 산림 토양의 비옥도를 고려하지 않고 일반화시켰기 때문이다. 단적으로 도브록스키에 자라는 전나무, 가문비나무, 너도밤나무는 수고 50~60m까지 자라지만, 우리나라 소나무나 전나무의 최대 수고는 30~40m 정도일 뿐이다. 따라서 두 지역 간에 물리적 생육 환경(고도, 연평균 기온, 강수량)이 설사 비슷하더라도 자라는 나무의 종류와 생장 형태는 지역에 따라 다르며, 부피 생장의 양태도 다를 수밖에 없는 것이 당연하다.

김 박사는 ④의 근거로 이정호 박사의 논문과 연합뉴스에 따라 조선의 강변에 울창한 참나무 숲이 많았을 것으로 추정한다.[454] 조선에 울창한 참나무 숲은 있었겠지만 ha당 600㎥의 참나무 숲의 존재 여부는 알 수 없다. 이정호 박사는 오히려 박원규 교수의 논문[455]을 인용하여 조선 시대의 주 건축재가 기존에 사용하던 활엽수류에서 소나무로 바뀐 상황을 언급하지만, 원시림 상태인 조선 시대 참나무 숲에 대한 언급은 이 박사의 논문에 없다. 연합뉴스는 금관리 일대의 참나무 숲을 소개하지만, 울창한 정도를 밝히지 않고 있다.[456] 국립산림과학원에서 2021년 조사한 91개소 신갈나무 임분의 최대 임목 축적은 ha당 350~430㎥였으며, 상수리나무나 굴참나무림의 최대 임목 축적은 500㎥에 달하는 임분도 있을 것이라 예상한다.[457]

김동진 박사는 ⑤의 근거로 소나무가 울창한 울진 소광리(300㎥/ha)와 안면도(370㎥/ha)의 임목 축적을 사례로 들고 있다.

더 나아가 연해주 잣나무 임목 축적(800㎥/ha)을 제시하면서 원시림의 축적은 더 높았을 것으로 예측한다. 그뿐만 아니라 "소나무의 임목 축적은 수령 40년에 250㎥/ha에 도달하고, 수령 80년에는 400㎥/ha 이상에 도달할 수 있다"고 주장한다. 그의 주장은 생산 능력(지위)이 최상인 임지에서나 가능하다. 산림청이 보고한 소나무 생육에 적합한 강원도 태백산맥 일부 지역의 수확표는 지위지수가 좋은 80년생 임분에서는 513㎥/ha, 40년생 임분에서는 308㎥/ha의 임목 축적을 얻을 수 있고, 지위지수가 중급인 80년생 임분에서는 309㎥/ha, 40년생 임분에서는 230㎥/ha의 임목 축적을 얻을 수 있다고 밝힌다.* 그러나 소나무 생육에 적합한 이런 지역은 강원도 일부 지역(태백산맥 일대)에 한정되어 있을 뿐, 전국을 대상으로 적용하기는 어렵다.

정리하면, 김 박사의 주장과 달리, 조선 초기의 전체 산림은 원시림이 아니었으며, 일부 지역에 부분적으로 원시림이 존재했을지라도 수종과 입지가 다르고, 태백산맥 일부 지역을 제외하고는 우량한 산림 축적을 나타내는 소나무 임지도 많지 않았기 때문에 ha당 600㎥의 산림 축적은 과도한 추정이라 할 수 있다. 참나무 역시 ha당 400~500㎥의 임목 축적을 나타내는 최상의 생산력을 갖춘 임지도 없지 않았겠지만, 나라 전역에 그대로 적용하기에는 무리다.

* 지위지수는 지위를 판정하기 위하여 수종별, 지역별로 기후, 지세, 토양 조건 등의 환경 요인을 조사하고 점수화한 것이다. 우리나라에서는 일정 기준의 임령(20~30년)일 때 우세목(수관이 상층 임관을 형성하는 잘 자란 나무)의 수고를 지위지수로 하고 있다. 이 방법은 한정된 임지에서 동일한 임령에서만 적용할 수 있으며, 다른 수종이나 다른 임령에는 그대로 적용할 수 없다.

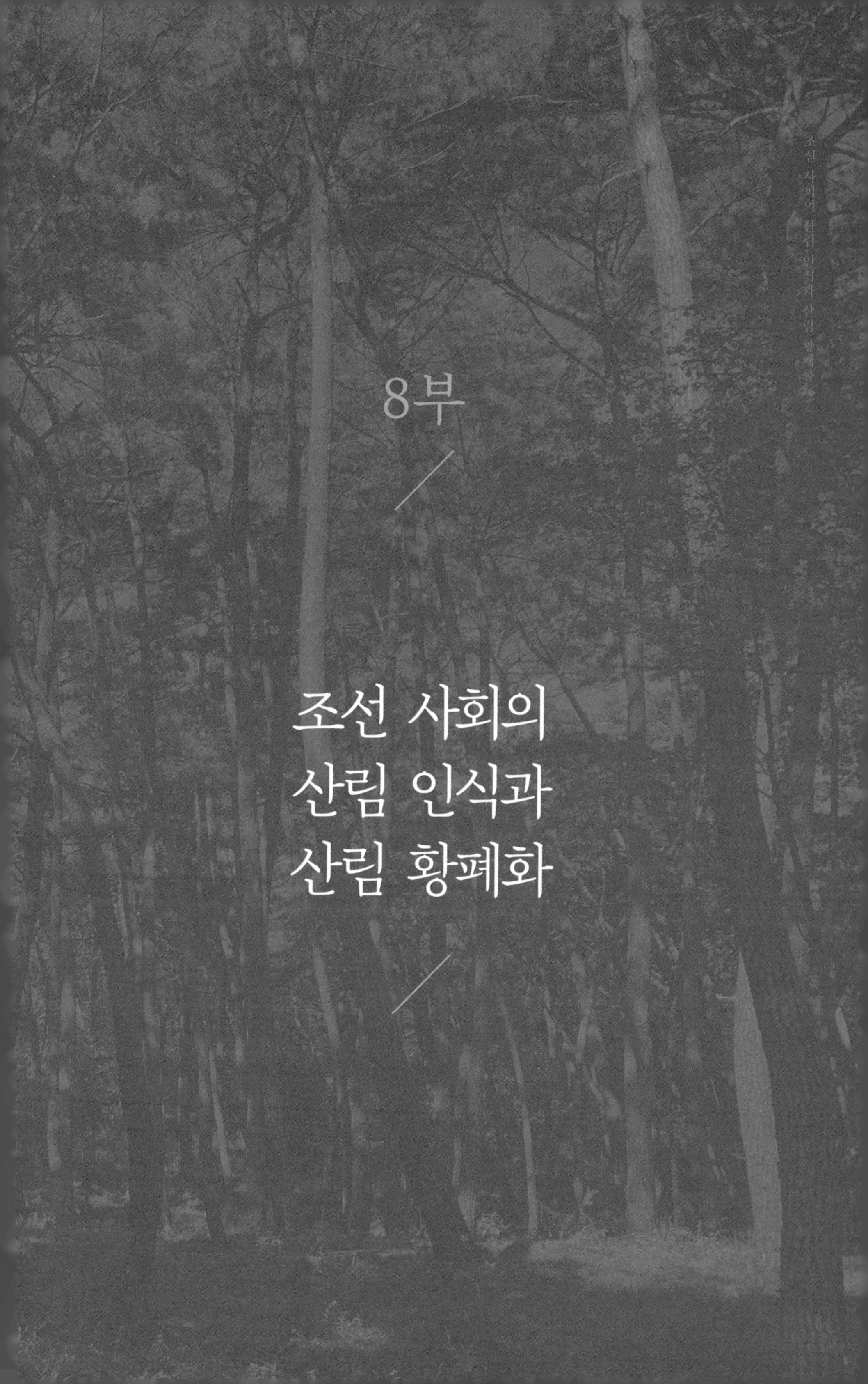

8부

조선 사회의 산림 인식과 산림 황폐화

조선 사회의 산림 인식과 산림 황폐화

1장

조선 사회의 수목 인식

조선 후기에 일어난 산림 황폐의 근본 원인을 찾고자 궁리하면서 머릿속에서 계속 떠나지 않던 의문은 산림에 대한 조선 지배층의 인식(의지, 구상)이었다. 뒤주에 갇혀 죽은 아버지 사도세자를 현륭원에 모시고자 11년 동안 소나무와 참나무 525만 그루[458]를 심은 정조는 나라 산림이 파괴되고 있을 때 왜 두 손을 놓고 있었을까? “바람이 불면 솔 씨가 떨어져 자연이 송림이 이루어지니 금양만 하면 되는 것인데 무엇 때문에 심을 것인가”라던 다산이 산림 육성에 무지했던 이유나 자작나무와 나무 화살로 사용하던 자작목(自作木)을 연암(燕巖)이 구분하지 못했던 이유는 무엇일까?

조선 지배층은 18세기에 발생한 산림 황폐화를 어떻게 인식하였으며, 어떤 형식으로 대처했을까? 조선 지배층에 대한 궁금증은 예일대 콘래드 토트만(Conrad Totman) 교수*가 쓴 일본 근세 산림사와 목재 유통사를 다시 읽으면서 더 커졌다. 존 리(John S. Lee) 박사[459] 역시 임진왜란이 끝난 이후, 조선과 일본이 각기 다른 산림 정책을 추구한 결과 조선은 산림 파괴로, 일본은 산림 육성으로 이르게 되었다는 논문을 발표하여 호기심에 불을 지폈다. 토트만 교수가 펴낸 두 저작은 도쿠가와 임정사연구소(徳川林政史研究所)**가 소장한 에도 막부시대 산림 기록을 활용하여 17~19세기에 진행된 일본 산림 복구와 목재 유통업 발달 과정을 논증하고 있다.

용어로 보는 조선의 산림 인식

조선 사회가 산림을 어떻게 인식했는지 엿볼 수 있는 사례는 산림 조성보다 산림 이용에 사용된 용어를 보면 알 수 있다. 조선 시대에 사용된 벌채 용어는 '작벌(斫伐)', '남작(濫斫)', '남벌(濫伐)', '투작(偸斫)', '잠채(潛採)', '도벌(盜伐)'과 같은 단어가 조정 공식 기록에 등장한다.*** 산림 벌채와 관련된 다양한 용어가 사용된 사례와 달리,

* 토트만 교수는 하버드대학교에서 아시아 역사학 박사 학위(1964)를 받았다. 6.25 전쟁 이후 한국에서 주한미군 예방의학통제단(1954년)으로 복무한 후, 일본에서 복무를 이어가면서 아내가 될 Michiko Ikegami를 만났다. 그의 일본 산림사 저작물은 『The Green Archipelago: Forestry in Pre-Industrial Japan』(1989, Ohio Univ. Press)와 『The Lumber Industry in Early Modern Japan』(1995, Univ. of Hawai'i Press) 등이 있다.

** 도쿠가와 임정사연구소(徳川林政史研究所)는 도쿠가와 가문 제19대 당주 도쿠가와 요시치카가 설립한 여명회의 민간 임업사 연구기관이다. 오와리 번 '기소 산' 연구와 전국에서 수집한 에도 시대 임야 관계 사료와 고문서, 기록 등을 78,000점 소장하고 있다.

*** 작벌은 나무를 찍어서 벰, 투작과 도벌은 허가 없이 산의 나무를 몰래 베어감, 잠채는 몰래 채취함을 의미한다.

조선 시대에 산림 조성과 육성에 관련되어 사용된 공식 용어는 극히 한정적이다. 산림 조성과 관련된 공식 용어는 '재식(栽植)'과 '식목(植木)'을 들 수 있지만, 이들 용어는 대부분 공납에 필요한 뽕나무와 옻나무, 닥나무와 같이 집약적으로 재배했던 수종(이후 재배 수종으로 칭함)을 대상으로 사용되었다. 건축재와 조선재로 중시한 소나무 숲의 조성에는 어린 소나무를 의미하는 '치송(稚松, 어린 소나무)'과 '하종(下種, 종자로 번식)'을 주로 사용했다. 용재를 생산할 산림을 육성하는 데 사용된 용어는 '금양(禁養, 지키고 양성함)'과 '배양(培養)'이 전부였다.

산림을 계속 이용하기 위해서는 벌채와 산림 조성이 함께 이루어질 때 가능한데도, 조선 시대 산림 조성과 관련된 용어는 드물고, 약탈적이거나 불법적 이용을 뜻하는 벌채 용어가 여럿 나타나는 이유는 무엇일까? 나무를 심고 기르는 재식 정책이 공납 대상인 재배 수종의 육성에 초점을 맞추었지만 재목으로 사용할 산림 수종의 육성에는 관심이 적었기 때문은 아닐까? 재배 수종과 달리 산림 수종에 관심이 적었던 이유는 산림에 대한 인식이 나무를 심고 가꾸어서 베어 쓰는 재생적 이용보다는 울창한 산림을 찾아서 벌채한 후 방치하는 약탈적 이용을 당연시하였던 관행 때문은 아닐까?

『조선왕조실록』에는 공납과 노동력 징발로 육성된 뽕나무와 닥나무와 옻나무가 등장한다. 흥미롭게도 이들 수목이 자라는 곳을 나타내는 용어는 닥나무는 모두 밭[저전, 楮田]으로 표기됐지만, 옻나무는 칠림(漆林)과 칠전(漆田)이 반반씩 나타나고, 뽕나무는 상림(桑林)이 상전(桑田)보다 6배(95회 대 16회)나 더 많이 쓰이고 있다. 공납 수종에 따라서 재배지를 밭과 숲으로 나누어 사용한 이유는 정확하게 알 수 없다. 비슷한 사례는 조선재를 생산하던 소나무 숲에서도 역시 나타난다. 조선 초기부터 정부의 공식 기록에 의송산과 금산으로 표기하던 소나무 목재 생산지를 소나무 자원이 고갈되기 시작한 때부터 송전(1684년)과 봉산(1687년)으로 병기하였다. 조선재 생산림을 송전으로 사용한 이유는 무엇일까? 공납용 수종 재배지를 전으로 표기한 것처럼 공납용 소나무를 적극적으로 길러내겠다는 의지였을까? 아니면 공납용 수목처럼 밭 단위로 적극적으로 육성했던 흔적일까? 조선 정부가 수종에 따른 재배지 또는 생산지를 밭[전, 田]과 임(林)과 산(山)으로 각각 달리 표기하고 있지만 그 정확한 의도는 알 수 없다.

"이름을 알아야 쓰임새를 궁구할 수 있다"

조선 지배층이 가졌던 산림 인식을 확인할 방법을 궁리하다가 조선 시대에 통용된 나무 이름, 나무 심기와 숲 가꾸기와 관련된 용어에 주목하게 되었다. 그 이유는 산림을 조성하고 가꾸며 이용하는 데 사용된 언어나 문자는 그 시대 생각을 읽을 수 있을 뿐만 아니라 사회 체계를 엿볼 수 있는 수단이라 판단되었기 때문이다.

독일 철학자 자크 데리다(Jacques Derrida)[460]는 '말해진 것만이 세계다'라고 설파한다. 어떤 행위를 규정하는 적절한 용어가 정립되어야 그 과정을 제대로 설명할 수 있다는 의미로도 받아들일 수 있는 주장이다. 나무를 심고 키우는 과정을 설명할 수 있는 용어는 그래서 중요하다. 서유구(1764~1845)도 유사한 의견을 피력한다. "명물학적 차원에서 이름을 알아야 쓰임새를 궁구할 수 있기 때문에 한 사물이나 자연물을 가리키는 표준 지시어를 보급"하는 일은 "특정 사물이나 자연물에 대한 명칭이 성립된 뒤에야 비로소 그 재배법, 보관법, 치료법 등을 적용할 수 있다."[461]고 밝히고 있다.

소나무·측백나무·옻나무·닥나무·오가피나무 등 나무류 25종을 다루는 『임원경제지』 권4 「만학지」는 인용한 128종의 문헌 중, 조선 문헌이 전체 분량 26.4%이고 나머지는 중국 문헌이라고 밝힌다. 이 내용은 조선 시대에 수목 관련 문헌이 많지 않았고, 수목을 재배하거나 다루는 데 필요한 적절한 용어는 물론이고 통용되었던 수목명도 다양하지 못했음을 의미한다.

우리나라에 자생하는 목본 식물이 1천여 종, 도입된 수종까지 합하면 1,200여 종이 한반도에 분포한다.[462, 463, 464] 그렇지만 시대를 200년만 거슬러 올라가도 그 당시 지식인이 문자로 표기할 수 있는 수종은 최대 100여 종이었다.* 이처럼 조선 시대에 알려진 수목명은 한정되어 있었다. 공납이나 노동력 징발로 수취했던 재배 수종(과수 포함)과 약용 수종을 제외하고 순수하게 산지에 조성하여 벌채·이용했던 수종은 더욱더 소수였다. 산지에 조성하여 이용했던 수종이 소수 수종에 한정되었음은 무엇을 의미할까? 그 시대 지식인과 지배층이 가진 세계관인가 아니면 조선 사회가 지닌 보편적 지적 수준일까? 그 사례부터 먼저 살펴보자.

* 한글 수목명이 수록된 조선 시대의 문집에는 조선 시대의 번역서, 『역어유해』(1690), 『동문유해』(1748), 『몽어유해』(1768), 『방언집석』(1778) 등에 50종 내외가 수록되어 있으며, 『재물보』(일명 『만물보』)에도 100여 종의 한글 수목명이 수록되어 있다.

자작나무는 화(樺)인가 자작목(自作木)인가?

조선 조정 공식 기록에 수목명(樹木名)으로 표기된 한자 중에 흥미로운 나무 이름은 자작나무를 의미하는 화(樺)와 자작목(自作木)이다. 먼저 정부에서 펴낸 지리지*(『세종실록지리지』, 『신증동국여지승람』, 『여지도서』)에 출현하는 화피(樺皮)와 자작목부터 살펴보자. 벚나무 껍질로 번역된 화피는 세 지리지에 모두 나타난다. 자작나무로 번역된 자작목은 『세종실록지리지』에만 등재되어 있다.

화피와 자작목 용례는 지리지에 어떻게 기록되었을까? 화피는 『세종실록지리지』에 함경도 갑산과 삼수, 평안도 강계와 여연군의 토산 공물[토공, 土貢]로 등재되어 있으며, 『신증동국여지승람』에 평안도 귀성도후부와 강계도후부, 함경도 함흥부와 단천군, 이성현, 갑산도후부, 삼수군, 길성현, 명천현, 부령도호부의 토산(土産)으로 올라 있다. 『여지도서』에는 함경도 남병영, 갑산, 삼수, 무산의 진귀한 공물[진공, 珍貢], 북병영 수령이 조정에 바치던 특산물[방물, 方物], 함흥, 길주, 명천, 북청, 단천, 삼수, 부령, 무산의 지방 생산품[물산, 物産]으로 기재되어 있다. 이 3종 지리지에 화피는 벚나무 수피로 잘못 번역되어 있다. 『세종실록지리지』에만 등재된 자작목은 경기도, 충청도, 강원도, 황해도에서 도 단위로 대궐에 보낸 공납품[궐공, 闕貢]으로 등재되어 있으며, 역사 자작나무로 잘못 번역되어 있다.

이들 3종 지리지에 등재된 화피와 자작목이 제대로 번역되었는

* 『세종실록지리지』, 『신증동국여지승람』, 『여지도서』의 고문헌 토산물 자료는 전주대학교 한국고전학연구소의 번역 작업으로 공개하고 있으며, 이들 세 지리지에 화피를 벚나무 껍질로 표기하고, 『세종실록지리지』에는 자작목을 자작나무로 번역하고 있다.

지 확인하기 위해서 두 용어를 『조선왕조실록』으로 살펴보았다. 자작나무 수피를 의미하는 화피는 『세종실록』에 "대저 저 도적들은 화피선(樺皮船)을 타고 강을 건너와서 노략질하여 죽이고 사로잡기를 방자히 행하였다가, 아군이 깨닫고 준비하면 즉시 강을 건너 돌아가므로, 아군이 비록 쫓고자 하나 건너갈 배가 없어서 쫓아 잡지 못하니 진실로 염려스럽습니다."라면서 소형 군선을 요청하는 기사에 등장한다.[465] 화피선 기사는 이듬해에도 다시 등장하는데, "마파라(馬波羅)가 와서 고(告)하기를, '만주(滿住)가 4, 5월 사이에 은밀히 여연(閭延)으로 들어와 도둑질하려고 화피선(樺皮船)을 많이 만들고 있으며, 만주가 또 조선 전하(殿下)의 다섯째 아우님이 북경 간 것을 듣고, 그가 귀환할 때 동팔참에서 몰래 공격하려고 밤낮으로 노리고 있다."고 밝힌다.[466]

화피선은 자작나무 수피로 만든 배

실록에 등장하는 화피선은 구체적으로 어떤 배였을까? 『위서』(魏書) 열전(列傳) 편 물길(勿吉) 연흥(延興: 고구려 장수왕 59~63) 중*에 "처음 나라에서 출발하여 배를 타고 난하(難河)를 거슬러 서쪽으로 오르다가 배를 물속에 감추어 두고, 남으로 육로로 걸어서 낙고수(洛孤水)를 건너 거란 서쪽 국경을 따라 화룡(和龍)에 이르렀다."는 구절에 달린 주석은 화피선을 다음과 같이 설명한다.

* 화피선에 대한 설명은 국사편찬위원회 홈페이지의 중국정사조선전 去延興(471~475)中, 遣使乙力支朝獻를 참고하면 자세히 나온다.

"만주(滿洲)에는 배를 물 위에 두면 다른 사람들이 탈취하여 갈 가능성이 컸다. 이러한 배는 '화피선'이었을 가능성이 크다. 만주 지역에서는 화피를 그릇이나 배를 만드는데 사용하였으며, 여름철에 수상 교통에 화피선을 이용하는데, 배의 골격은 버드나무를 사용하고, 바깥을 화수피(樺樹皮)로 덮는다. 뱃머리와 꼬리 모양이 뾰족하며, 배 몸체는 또한 가볍기 때문에 매우 빨리 달리게 된다. (중략) 화피선은 대단히 가볍기 때문에 한 사람이 능히 이것을 짊어지고 가다가 물을 만나면 곧 타고 건넌다. (중략) 오늘날 송화강 하류에 사는 혁철족이 이러한 화피선을 사용하였는데, (중략) 그 앞서 물길족(勿吉族)·말갈족(靺鞨族)·여진족(女眞族)도 이러한 화피선을 일반적으로 사용하였으리라 추측된다."

이 설명을 참조하면 화피선은 북방민족이나 아메리카 원주민들이 자작나무 수피로 만들어 탔던 카누였던 셈이다.

화피에 대한 기사는 성종 때에도 계속된다. 영안도 갑산부 공물과 진상품의 삭감을 요청하는 기사 중에 "갑산부 공물 수량은 다른 도에 비하면 가벼우니, 담비 가죽[초피, 貂皮]·족제비 가죽[서피, 鼠皮]·자작나무 수피[화피, 樺皮]를 감하는 것은 불가합니다."라고 언급하고 있다.[467] 화피가 자작나무 수피라고 정확하게 번역한 기사는 "활은 모름지기 자작나무 껍질(화피)을 써서 겉을 감싸야만 안개가 끼거나 비가 오는 날에도 사용할 수 있습니다."라는 구절에서 찾을 수 있다.[468]

실록의 화피 기사는 조선 후기에도 계속된다. 영·정조 시대에는 채색과 물감을 자작나무 껍질로 포장하여 팔던 화피전(樺皮廛)을 논의[469]하거나 비변사에서 "사사로운 화피 거래를 전례대로 금단"하고 있다.[470] 조선 말기에도 화피기사는 계속 등장하여 함경도 "소농(小農)과 구갈파지진(舊乫坡知鎭)에서 남병사군영(南兵使軍營)에 바치던 사향노루[사향, 麝香]와 자작나무 껍질(樺皮)로서 삼수와 갑산의 각 진에 배정하던 것은 그만두는 것이 타당"하다고 공납처를 조정하고 있다.[471] 자작나무를 의미하는 화(樺)는 조선 초기(1437)부터 말기(1883)까지 이처럼 일관되게 사용되었다.

자작목은 목궁의 나무 화살

자작나무 수피를 의미하는 화피가 조선 전 시기에 등장한 데 비해 자작목은 『세종실록』 경기 지리지 토공(土貢)에 "영선 잡목(營繕雜木), 자작나무[自作木], 은행나무[杏木]" 등으로 기재되어 있다. 또한 충청도 토공에도 자단향(紫檀香), 백단향(白檀香), 애끼찌[弓幹木], 나무활[木弓], 자작나무[自作木]" 등이 나타난다. 특히 충청도 토공에 애끼찌[弓幹木], 나무활[木弓], 자작나무[自作木]가 순서대로 기재된 사실에 미루어 보면, 자작목(自作木)은 자작나무가 아닌 활과 관련된 수목이나 활을 제작하는 목재임이 분명하다.

자작목은 실록에도 나타나는데, 각도 병기 제조 관리에게 총통 제작에 있어 그 재료를 잘 선택하여 민폐를 덜도록 지시하면서 "화살 재료[전재, 箭材]는 반드시 자작목(自作木)을 쓸 것이 아니라, 느릅나무, 참나무, 수청목(水清木)도 또한 쓸 만하다고 하니, 이처럼 시험하여 만들어서 민폐를 덜라."고 지시[472]하거나 삼도 체찰사 어유소에게 "화약(火藥) 50근(斤), 신기전(神機箭) 3백 개(箇), 차중전(次中箭) 1천 개, 새로 만든 자작목(自作木) 1천 개" 등을 가져가라고 지시[473]한다. 이들 내용을 참고하면, 자작목은 자작나무가 아니고, 나무로 만든 화살이 더욱 정확한 해석이다.[474] 특히 '새로 만든 자작목'에만 유의했어도 수종명을 의미하는 자작나무가 아님이 자명하다.

자작목이 나무 화살이라는 근거는 "본국(本國)에서 활[弓]을 만들 때는 모두 아교(阿膠)를 썼고 본도(本道)에서 화살[箭]에 나무[木]를 쓴 지 그 유래가 이미 오래되었는데, 근래에 부레풀[어교, 魚膠]를 쓰기를 숭상하고 대나무 화살[죽전, 竹箭]을 좋아하지만, 그러나 그 지방에서 나지 않고 멀리서 수송하기도 또한 어려우니, 풍토에 따라서 정성스럽게 만들어 많이 비축하는 것이 편한 것만 같지 못하다."는 세조의 지시를 통해서도 확인된다.[475]

함길도 관찰사에게 내린 세조의 이 지시로 고려 때부터 사용하던 싸리 화살이 북부 지역에서 계속 사용되었음을 알 수 있다. 나무 화살에 사용된 나무는 주로 싸리나무였다는 보고[476]와 태조가 쐈던 화살을 참고하면 자작목은 나무 화살로 사용하던 다듬은 나무였지 결코 자작나무가 아니었다.*

이런 추론을 뒷받침하는 보다 확실한 증거는 또 있다. 『세종실록 지리지』에 자작목의 공납지역이 자작나무가 자라지 않는 경기, 충

* 『태조실록』 1권, 총서 33번째 기사는 "태조는 대초명적 쏘기를 좋아하였다. 싸리나무로써 살대를 만들고, 학의 깃으로써 깃을 달아서, 폭이 넓고 길이가 길었으며, 순록의 뿔로써 소리통을 만드니, 크기가 배만 하였다. 살촉은 무겁고 살대는 길어서, 보통의 화살과 같지 않았으며, 활의 힘도 또한 보통 것보다 배나 세었다."고 밝히고 있다.

청, 강원, 황해도인 데 반해 지리지 3종에 언급된 화피는 자작나무가 자라는 평안도, 함길도의 공납품으로 등장하기 때문이다. 따라서 이들 지리지에 화피를 벚나무 수피로, 자작목을 자작나무로 번역한 사례는 잘못된 것이지만 최근의 몇몇 저술*은 오역 내용을 그대로 인용하고 있다.

화피를 벚나무 껍질로 오역한 지리지 3종의 번역 사업은 어디에서 잘못된 것일까? 잘못된 번역이 면책되는 것은 아닐지라도 근거는 있다. 지금부터 반세기 전(1971년)에 『만기요람』**을 한국어로 옮기면서 화피를 벚나무 껍질로 잘못 번역하였고, 오늘날은 국립국어원 표준국어대사전[477]에서조차 화목을 벚나무로 설명하기 때문이다. 그러나 정작 일본의 『식물명사전』에는 (樺木)을 "자작나무와 자작나무속의 낙엽 교목의 총칭으로, 벚나무는 桜(앵, 櫻)"으로 설명한다.[478]

自作木(자작목)과 음이 유사한 資作木(자작목)은 조선 초기에 호패 제작에 "4품 이상에는 녹각을 쓰나 황양목(黃楊木)으로 대용하며, 5품 이하에는 황양목을 쓰나 자작목을 대용하며, 7품 이하에는 자작목을 씁니다."에 출현한다.[479] 이로 미루어보면 한글 창제 이후 자작나무를 음차한 한문 이름으로 자작목이 『세종실록지리지』에 수록되었다

* 화피를 벚나무 수피로 서술한 사례는 공우석의 『한반도 식생사』(2003년 아카넷)의 『동국여지지』와 『여지도서』의 식물 분포 지역 서술에서 찾을 수 있다. 또한 자작목을 자작나무로 서술한 사례는 김기원 편 『자작나무와 우리 겨레』 2020, (도서출판 숲과 문화)의 제2장 '자작나무의 세계적 분포 및 분류군의 목록과 이름 비교'에서 찾을 수 있다.

** 한국고전번역원 고전종합DB의 『만기요람』 군정편 소장사목 화피제급 란에 "벚나무 껍질은 함경도 감영과 남병영·북병영에 할당하여 공출시키는데 중앙과 지방에서 청구가 있을 때는 참작하여 지급을 지시하되 모두 살대의 예처럼 한다."고 명시한다.

는 주장[480]은 설득력이 없다. 자작목(資作木) 역시 나무 이름을 가리키는지 재목 종류를 일컫는 용어인지 현재로서는 정확하게 확인할 수 없다.

조선 사회의 수목 인식

자작목이 자작나무로 오역된 사례는 오늘날에만 일어난 것은 아니다. 흥미롭게도 18세기 조선에서 제일가는 천재라던 연암 박지원도 비슷한 잘못을 저질렀다. 연암이 1780년 청나라를 다녀온 연행록으로 쓴 「열하일기」 동란섭필(銅蘭涉筆)[481]에는 자작목을 자작나무로 잘못 이해하고 있는 내용이 나온다.

"세 줄기에 다섯 잎. 해를 등지고 그늘을 향했구나. 나를 구하고자 온다면. 가나무 밑으로 찾아오너라. 중국 문헌에 이 노래가 많이 실려 있다. 가나무[椵樹]는 오동나무를 닮아 잎이 매우 커 그늘이 많이 생기기 때문에, 인삼이 그 그늘에서 잘 자란다고 한다. 가나무는 곧 우리나라에서 말하는 자작나무로, 그 목재는 책 판각에 이용된다. 우리나라에서는 지천으로 널렸지만. 중국에서는 대개 무덤 주변에 이 나무를 심는다. 청석령에 숲을 이루고 있다."

후세 사람들이 자작목을 자작나무로 잘못 번역한 것은 물론이고 연암 역시 잘못 알고 있었음은 다음의 설명으로 알 수 있다. '자작나무 잎이 오동나무를 닮아 잎이 매우 크고 우리나라에 지천으로 널려 있는 나무'라거나 중국 '가나무가 조선 자작목'이라는 구절이 그렇다. 18세기 조선 최고 천재라고 일컫던 연암 박지원조차 나무 화살로 쓴 목재와 수피가 흰 자작나무를 제대로 구별하지 못한 이유는 무엇일까? 도대체 조선 지배계층은 나무 이름을 어떻게 인식하였던 것일까?

수목에 대한 인식은 그 당시 조상들이 가진 수목에 대한 지식에서 시작된다. 수목에 대한 정확한 이해는 나무 이름에 대한 지식이다. 나무 이름은 나무에 고유한 이름을 부여함으로 완성된다. 조선 사회의 수목 인식은 민망한 수준이었다.

2장 조선 정부의 수목 인식

조선 정부의 수목 인식 정도를 파악하고자 지리지 3종(『세종실록지리지』, 『신증동국여지승람』, 『여지도서』)과 법전(『경국대전』과 『육전조례』)에 나타난 나무 이름을 조사하였다.

『세종실록지리지』에 수록된 나무

『세종실록지리지』(1454)에 수록된 전체 수목 종류는 총 59종이다. 지리지에는 정부에서 사용할 목물이 등재되어 있다. 공물로 등재된 목물 중 나무 이름을 확인할 수 있는 산림 수종은 경기도는 은행나무·피나무·뽕나무·앵두나무이고, 충청도는 잣나무·회양목·대추나무·피나무·가래나무, 황해도는 회양목·가래나무·피나무·잣나무이며, 강원도는 책판 나무와 나무 활에 사용될 재목이라 밝히지만 정확한 나무 이름은 밝히지 않고 있다.

『세종실록지리지』에 가장 많이 수록된 수목은 약제 수목으로 대략 35여 종이다. 이들 약제 수목은 열매, 종자, 잎, 수피(껍질), 꽃 등이 한약재로 사용되었다. 목물과 약제로 사용된 수목 이외에도 유실수(밤, 호두, 대추, 감 등), 과수(배, 살구, 앵두, 복숭아, 유자, 귤, 밀감 등), 생활용품에 사용된 수목(송연, 송진, 옻칠, 안식향 등)이 수록되어 있다. 그밖에 국내에 자생하지 않지만, 약제로 사용된 오수유, 팔각, 자단 등도 수록되어 있다.

『신증동국여지승람』에 수록된 나무

『신증동국여지승람』(1530)에 표기된 수목은 모두 36종으로, 대부분 공납 대상인 재배 수종과 수피, 뿌리, 열매, 잎 등을 한약재로 사용하는 약제 수종이었다. 산림 수종인 산뽕나무(궁간목)는 활을 만드는 특수 목재로 수록되었다.

『여지도서』에 수록된 나무

『여지도서』(~1765)에는 진공과 토산품으로 등재된 약제[482] 483종 중, 수목으로 등재된 수종은 62여 종이었으며 대부분 약제 수종이었고 일부만 군사적 목적으로 사용된 수종이었다.

법전의 나무 이름

법전[483]에 출현하는 나무 이름은 『경국대전』(1458)과 『육전조례』(1867년)를 조사하여 얻었다. 『경국대전』 공전(工典) 재식 조에는 "각 고을에서는 옻나무·뽕나무·과일나무 수효 및 닥나무·왕골밭·대나무밭의 생산지에 관한 대장을 만들어 비치하고 옻나무·뽕나무·과일나무는 3년마다 대장을 정비한다." 그밖에 오동나무와 화살 제작용 대나무에 관한 사항과 제주도와 남해안 지방 귤을 비롯한 난대성 과수와 구충재로 사용된 비자를 확보하기 위해 비자나무 식재 규정도 수록되어 있다. 제주도에서는 홍귤나무[柑木]·귤나무[橘木]·유자나무[柚木]·비자나무[榧木]·노나무[櫨木]·산유자나무[山柚子木]·이년목(二年木)이 올라 있고, 경상도·전라도 바닷가 고을의 홍귤나무·귤나무·유자나무도 수록되어 있다. 마지막으로 외방(지방) 금산에는 어린 소나무를 옮겨 심거나 종자를 뿌려 소나무 숲 조성에 힘써야 한다고 밝힌다.

『육전조례』에는 장목색의 목물과 재목색의 목물이 규정되어 있다.* 정리하자면, 『경국대전』과 『육전조례』에는 건축재와 조선재로 사용된 소나무는 식재 조문이 법령으로 규정되어 있을 만큼 중요성이 확인되었고, 소나무 이외 수종은 정부에서 사용하는 국용 목물(참나무, 피나무, 가래나무, 박달나무, 기타 활엽수 목재와 판재)만 수록되어 있다. 이를 미루어보면, 정부에서 조달한 목물 종류는 소수의 산림 수종

* 『육전조례』의 장목색 취급 목물은 진장목·잡장목·외목, 단판·단목, 대박달·소박달, 진연목, 파회목, 수청목이었다. 이 중 파회목은 바퀴 제작용 목재로 흔히 재질이 단단한 박달나무와 시무나무를 의미한다. 시무나무나 자유로도 표기하는데, 그 유래는 예로부터 중국에서 "차축의 으뜸 재료는 초유라 일컫는 박달나무였고, 다음을 자유로 여겼다."는 기록에서 찾을 수 있다. 파회목은 떡 틀 제작용 재목으로 사용되었다. 재목색 취급 목물은 오종판송판, 후판, 광송판, 후송판, 광후판이다.

에 한정되었음을 알 수 있다.

공식 기록물의 수목들

조선 시대 지리지 3종을 분석한 결과, 공물, 토산, 물산 명세 중에 원목이나 목재 등의 산림 수종을 지역 특산으로 다룬 지리지는 1454년에 간행된 『세종실록지리지』뿐이었다. 『세종실록지리지』에 수록된 목재는 피나무·잣나무·가래나무 재목과 판재, 은행나무·앵두나무·회양목·뽕나무 재목이다. 이들 중 뽕나무는 활 제작에, 은행나무 목재는 판각에, 그리고 회양목은 호패 제작에, 앵두나무는 왕실 의례에 사용되었다.[484]

군사용 무기 활 제작에 필요한 궁간목(산뽕나무)과 자작나무 껍질은 중요한 군수용 목물로 수급되었기 때문에 3 지리지에 모두 등재되어 있었다. 나무 화살(자작목) 공납처는 경기도와 충청도와 황해도와 강원도였으며, 호패를 만들던 회양목 공납처는 주로 경기도와 충청도와 황해도였다.

지리지에 수록된 수목 숫자는 『세종실록지리지』(59종)와 『여지도서』(62종)가 비슷하지만, 300여 년에 걸친 시차에 따라 『여지도서』에는 개오동나무, 검양옻나무, 능금, 마가목, 모감주나무, 무환자나무, 버드나무, 사시나무, 사철나무, 조록나무, 자금우, 일본 닥나무 등이 새롭게 수록되었다. 『세종실록지리지』에 등재되었던 노간주나무, 다래, 두충, 떡갈나무, 철쭉 등은 『여지도서』에서는 더 나타나지 않았다. 또 공납 및 노동력 징발 대상이 된 재배 수종들은 큰 변화가 없으나 산야에서 약제로 사용하기 위해 채취한 약제 수종의 종류에는 변화가 있었다. 나라 간 교류 확대에 따라 중국에서 사용된 약제 수목과 일본 닥나무[왜저, 倭楮]가 조선 후기에 국내에 도입되었기 때문이다.

산림 수종과 재배 수종

수목에 대한 조선 사회의 인식은 모든 수종을 한 묶음으로 취급하기보다는 특성별로 나누어 산지에서 자라는 산림 수종과 인가나 경작지 주변에서 키우던 재배 수종으로 분류하여 살펴볼 수 있다.

산림 수종은 크게 땔감용 수목과 약제용 수목과 용재용 교목으로 나눌 수 있다. 일반적으로 관목을 땔감[柴木]으로 많이 사용하였지만, 소금가마(염분)나 분원(分院)과 사기(철)점에서 사용하던 주요 땔감이 소나무였음을 고려하면 용도에 따라서 높이 자라는 나무(교목)도 땔감으로 사용하였다. 따라서 산림 수종은 건축재, 조선재, 관곽재 등으로 사용했던 재목이나 약제와 무기 제작을 위해 사용한 채취용 수목과 땔감용 수목으로, 조방적으로 관리된 장소(산지 등)에서 생육한 수목으로 정리할 수 있다. 소나무, 참나무와 같이 일부 용재수는 식재·파종하여 육성하기도 했지만, 대부분 약탈적 이용 관행으로 채취했던 수종일 가능성이 더 크다.

재배 수종은 인가와 경작지 주변에서 재배하던 수종으로, 오동나무, 뽕나무, 닥나무, 옻나무, 은행나무, 비자나무, 밤나무, 호두나무, 대추나무, 대나무 등을 들 수 있다. 재배 수종 중에는 사과나무, 배나무, 복숭아, 살구나무, 앵두나무, 제주도와 남해안에 재배하던 귤, 유자도 포함되고 주로 공납과 요역 대상이었던 수종들이다.

나라에서 요구하는 공납과 요역의 대상은 재배 수종에만 부과된 것은 아니었다. 약제와 무기 제작에 필요한 산림 수종 역시 공납과 노동력 징발 대상이었음은 자작나무 수피[화피, 樺皮], 애끼찌로 사용된 궁간목(弓幹木), 나무 화살인 자작목(自作木)의 사례로 이미 살펴보았다.

조정의 수목 인식

한반도에 분포하는 1천여 종 수목 중에 조선 조정의 공식 기록물(지리지와 법전)에 등장하는 수목은 겨우 60여 종 내외였다. 약제 수종과 재배 수종의 종류는 시대에 따라 변했지만, 산림 수종은 500여 년 동안 변화가 거의 없었다.

지리지와 법전에서 추출한 60여 종 수목명과 사대부의 문집(농서)에 나타난 110여 종 수목명으로 『조선왕조실록』을 검색한 결과, 실록에 등장하는 수목 종류는 90여 종으로 파악되었다. 실록에 나타난 90여 종 수목명은 지리지의 60여 종보다 많지만 지리지가 특정 시기를 반영하는 것임에 비해, 실록의 수목명은 500년간의 장구한 세월을 반영한 결과이기에 결코 많다고 할 수 없다.

실록에 나타난 90여 종 수목명은 한정된 기록물에서 도출한 수목명(110종)만으로 재검색한 결과이다. 따라서 검색 대상이 아닌 수목이 등재되었는지 확인할 수 없는 한계가 있다. 이런 한계에도 불구하고 조정 기록물을 통해서 실록에 등장하는 수목명 실태를 조사함으로써 산림 수종을 파악한 것은 의미 있는 일이다.

조정 기록물에 나타난 산림 수종으로 조선 시대의 산림 인식을 정리하면 다음과 같다. 산림 수종 활용은 해당 수종에 대한 이해에 기반을 두어야 하며, 이해를 위한 가장 첫 단계는 정확한 수목명이라고 전제할 때, 조선 조정이 가진 산림 인식은 고정된 틀 속에 갇혀 있었다. 조정 기록물에 나타난 90여 수종 중, 목재 생산용 산림 수종은 소나무·피나무·잣나무·가래나무 등에 한정되어 있었고, 대부분은 약제 수종과 재배 수종이었다.

조선 조정이 목재 생산을 위해 소나무를 대체할 수 있는 수종을 적극적으로 모색하지 못했던(않았던) 이유는 건축재와 조선재로 사용할 만한 적당한 대체 수종이 존재하지 않았기 때문일 수도 있다. 조선 지배층이 가졌던 산림 수종에 대한 인식은 한정되어 있었고, 그 연장선에서 산림 자원이 지닌 가치나 중요성에 대해서도 무지했다. 산림에 대한 집단적 무지는 지속 가능한 자원 이용에 무관심으로 이어졌고 산림 황폐화가 초래할 영향에 적극적으로 대처하지 못했다.

3장

조선 사대부의 수목 인식

조선 시대 사대부들의 산림 인식을 간접적으로 파악하기 위해 문집(농서와 사전류)에 나타난 수목 종류를 살펴보았다. 사대부 문집은 조정 기록물과 마찬가지로 대부분 한문으로 작성되었고, 수목명도 한자로 기록되었기에 나무 이름을 통해서 조정과 민간의 수목에 대한 인식을 간접적으로 비교할 수 있었다. 비교 대상으로 삼은 사대부 문집 중에는 나무 이름을 한자와 한글로 표기한 『재물보』도 포함되었다.

사대부 문집에 나타난 나무 이름

나무 이름은 다양한 문집에서 나타난다. 그래서 편의상 비교적 널리 알려진 강희안(姜希顔, 1417~1464)의 『양화소록(養花小錄)』, 이수광

(李睟光, 1593~1629)의 『지봉유설(芝峯類說)』*(1614년), 홍만선(洪萬選, 1643~1715)의 『산림경제(山林經濟)』(1715년 전후), 이만영(李晩永)의 『재물보(才物譜)』(1798)와 서유구(徐有榘, 1764-1845)의 『임원경제지(林園經濟志)』 중 『만학지(晩學志)』(1840년)를 대상으로 조사하였다.

『양화소록』

강희안의 『양화소록』은 조사 대상 중 가장 이른 시기인 15세기 중반에 펴낸 문집이다. 이 문집은 옛사람들이 완상(玩賞)했던 꽃과 나무의 품격과 상징성을 논하면서, 구체적인 재배법과 이용법을 설명하고 있다. 원예와 관련된 저술이기에 산림 수종에 대한 정보는 없고 재배 수종에 초점을 맞추고 있다. 이 책에 수록된 나무는 소나무[老松]와 향나무[萬年松] 이외에 매화(梅花), 석류[安石榴], 치자(梔子), 월계화[月季花], 동백[山茶], 백일홍[紫微花], 일본 철쭉[日本躑躅], 귤수(橘樹) 등이고, 화초는 국화, 혜란, 서향화, 연화, 석창포 등이다. 수록한 수목 대부분은 정원수나 화목으로 일본 철쭉이 수록된 것으로 미루어볼 때, 완상용 외래 식물이 조선 전기에 일본에서 도입되었음을 알 수 있다.

『지봉유설』

이수광의 『지봉유설』(1614년)은 천문, 지리, 관직, 문장, 훼목, 금충 등을 다루는 백과사전적 책으로 그의 사후 두 아들에 의해 목판

* 『지봉유설』은 이수광이 1614년(광해군 6) 20권 10책으로 편찬한 일종의 백과사전이다. 그의 사후 1634년(인조 12) 두 아들에 의해 목판본으로 출간되었다.

본(1634)으로 출간되었다. 훼목 편에 수록한 수목은 산림 수종인 소 소나무[松], 잣나무[栢], 잎갈나무[油衫], 물푸레나무[水青木] 등과 약제와 화훼 수목인 은행나무[鴨脚樹], 무환자나무[無患木], 붉나무[安息香, 辟邪樹], 자귀나무[合歡樹], 박태기나무[蘇方木], 소철(蘇鐵), 매화(梅花), 철쭉(躑躅), 동백(冬栢), 치자(梔子), 영산홍(映山紅) 등이다.

이수광이 세 차례나 중국 사신을 다녀온 견문 덕분인지, 17세기 초에 중부 지방에선 쉬 접할 수 없는 잎갈나무를 관재로 사용한다고 밝히고 있다. 그밖에 북나무는 안식향으로, 무환주나무 열매 껍질을 비누 대용으로 사용한다는 내용도 흥미롭다. 그 외 수종은 대부분 화훼 수종이다.

『지봉유설』은 소나무[松]와 잣나무[栢]만 외자 표기이고 다른 수목은 2~3자의 한자로 표기하고 있다. 잎갈나무[油衫]나 물푸레나무[水青木]를 제외하면 역시 대부분 화훼 수목 중심으로 서술하고 있다.

『산림경제』

홍만선의 『산림경제』는 1715년 전후로 발간된 조선 시대 대표적 농서이다. 이 책 종수(種樹) 편에는 22 수종이 수록되어 있으며, 수록된 개별 수종의 번식과 방제 방법은 『거가필용』, 『양화소록』, 『사시찬요』, 『산거사요』, 『동의보감』 등에서 발췌한 것[485]이다.

종수 편에 수록된 수종 대부분은 농경 생활에 필수 불가결한 유실수(대추, 밤, 은행, 잣, 호두), 과수(능금, 모과, 배, 복숭아, 사과, 살구, 앵두, 자두, 포도), 양잠과 제지와 칠(닥나무, 뽕나무, 옻나무), 약제 수종(두릅나무, 측백나무, 옻나무)으로 대부분 재배 수종이다. 대표적 산림 수종은 소나무,

잣나무, 느티나무, 버드나무, 회화나무 등을 들 수 있다.

『산림경제』 종수 편에는 소나무와 잣나무 식재와 관련된 내용을 설명하면서 잎갈나무와 전나무를 거명할 뿐, 이들 수목에 대한 구체적 서술은 없다. 그밖에 양화 편에는 『양화소록』에서 채록[486]한 노송(老松) · 만년송(萬年松) · 매화 · 산다화 · 치자화 · 석류 · 정향 등과 원예 식물도 수록하고 있다.

『재물보』

이만영의 『재물보』*(1798년)는 모두 4책으로 구성되어 있다. 나무 이름은 『물보(物譜)』에 수록되어 있으며 과(果)항과 나무(木)항에 한자명과 한글명이 병기된 100여 종과 한자로만 표기된 수목명을 포함하여 총 116종이 수록되어 있다.

『재물보』에 수록된 수목들은 유실수와 과수, 화훼수목, 칠, 종이, 양잠 등 생활필수품 조달에 필요한 재배 수종이 대부분이고 약제 수목도 다수 포함되어 있다. 산림 수종으로 분류할 수 있는 수종은 가래나무, 물푸레나무, 박달나무, 버드나무, 사시나무, 소나무, 시무나무, 오리나무, 자작나무, 전나무 등을 들 수 있는데, 피나무가 제외된 점이 특이하다. 그밖에 『재물보』 나무(木) 항에는 나무 형태와 산림 작업을 나타내는 한자 단어들도 수록되어 있다.

『만학지』

* 고려대학교 해외한국학자료센터(http://kostma.aks.ac.kr/)에서 미국 버클리대학교 동아시아도서관 소장본(4책)과 일본 동양문고 소장본을 열람할 수 있다.

서유구의 『만학지』[487](1840년)에는 나무류 25수종과 과일류(菓類) 31수종을 수록하고 있다. 나무류에는 잡식(雜植)에 수록된 차나무와 별도 책에서 재배법을 다루는 뽕나무를 포함하면 모두 27수종이고, 과일류에는 만경류인 포도, 머루, 다래를 포함하면 모두 34종이다. 그래서 총 61종 나무를 수록하고 있다.

『만학지』가 농촌 생활에 필요한 과수 재배에 초점을 맞춘 사전류이기에 소나무, 전나무, 측백나무와 속성수인 오동나무, 사시나무, 버드나무 등이 산림 수종으로 수록되었고, 나머지 수종들은 대부분 공납 재배 수종인 유실수와 과수 등과 몇몇 약제 수종들이다.

사대부의 수목 인식

조선 사대부들이 파악하였던 나무 종류는 제한적이었다. 정원식물 양성을 다룬 『양화소록』을 제외하더라도, 『지봉유설』과 『산림경제』와 『만학지』에 나타난 수목은 과수나 유실수 등 재배 수종 중심으로 서술되었고, 산림 수종에 대한 서술은 부수적이었다.

『양화소록』, 『지봉유설』, 『산림경제』와 사전 격인 『재물보』와 『만학지』에 등장하는 수목은 대략 10여 종, 15종, 32종, 100여 종, 60여 종으로 조선 후기로 내려올수록 수목 종류는 증가한다. 민간 기록물에 수종이 점차 증가하는 이유는 재배 및 특용 수목에 대한 지식이 확산하였거나 중국과 교류를 통해서 한자 수목명이 보급된 덕분으로 해석할 수 있다. 그 밖에 약제나 완상 목적으로 도입된 외국산 수목(소목, 왜철쭉, 후추나무)이 사대부의 문집에 함께 수록된 점도 주목할 만하다.

『재물보』는 조사한 사대부 문집 중에서 가장 많은 수목명을 수록하고 있다. 가장 많은 수목이 수록된 이유는 1) 그 당시 국내외에 통용되었던 수목 명칭을 백과사전식으로 종합하였고, 2) 물명고 구실도 할 수 있도록 각기 한자명·별명·속명·서역명·범명도 함께 수록하였으며, 3) 한문과 한글 수목 명칭을 종합하여 기술하였기 때문이다.

홍만선의 『산림경제』(1715년경)와 서유구의 『만학지』(1840년)는 조선의 대표적 백과사전식 농서이다. 『만학지』가 『산림경제』보다 2배나 더 많은 수목 종류를 수록한 까닭은 『만학지』 저술이 3대에 걸쳐 이루어진 것도 한몫하였지만, 120년 시차로 조선 후기에 제 분야가 이룬 성과도 무시할 수 없다.

그런데 의문은 남는다. 이들이 문집에 대부분 재배 수종과 약제 수종을 선택한 이유는 무엇일까? 아마도 조선 후기 선비들이 추구한 이상적 전원 생활 지침서로 활용하도록 저술되었기 때문일 것이다. 따라서 산림 수종보다는 조경과 화훼, 과수 및 특용 수목이 전원 생활에 더 중요했다. 비록 이들 농서에 산림 수종인 소나무와 전나무와 잣나무가 수록되었을지라도 목재 생산에 적극적으로 활용하기보다는 조경 수종이나 종자와 열매를 얻는 재배 수종으로 고려하였을 뿐이다.

그 대표적 사례는 잣나무를 재목[목류, 木類]으로 취급하기보다는 잣을 맺는 나무[과류, 果類]로 취급하는 『만학지』의 분류 체계에서도 찾을 수 있다. 잣나무와 비슷한 사례는 참나무류에서도 나타난다. 『재물보』에 수록된 수목명 중, 상수리나무와 떡갈나무를 나무[木]

항에 수록하지 않고, 과(果) 항 상수리 도토리[橡實]와 떡갈나무 도토리[槲實]로 수록하고 있다. 농경 사회에서 잣나무나 참나무를 재목보다는 기호식품(잣)이나 구황 식량(도토리)으로 인식했던 흔적이라 할 수 있다.

소나무조차도 조경(정원) 수종으로 취급한 이유는 무엇일까? 조선시대 소나무는 건축재와 조선재로 가장 중요한 용재 수종이었지만 사대부나 지배층이 인식하기에는 소나무가 가진 정신적 가치가 더 컸던 것에서 그 이유를 찾을 수 있다. 농경 사회에서 물질적 유용성이 지대했던 소나무를 육성하기보다는 완상에서 얻는 상징적·정신적 가치를 더 의미 있는 일(『양화소록』)로 인식하거나[488], 소나무는 다른 나무와 달리 베어도 다시 살아나는 나무(『지봉유설』)[489]라고 생각할 만큼 특별한 나무였기 때문일 것이다. 조선 지배층은 재목 생산을 감당하는 물질적 소나무와 상징 체계에 자리 잡은 정신적 소나무를 달리 인식하였던 셈이다. 수목에 대한 물질과 의식 사이에 발생하는 문화 차이는 추후 본격적으로 다루어볼 만한 주제이다.

사대부의 문집에 나타난 수목명에 의하면 사대부들이 관심을 두었던 수목은 조선 중기는 화목류였고, 조선 후기에는 재배 수종이었으나 목재를 생산하는 산림 수종에는 확장되지 못했음을 의미한다. 재배 수종과 산림 수종 간에 왜 이런 불일치가 발생할까? 당시 조선 산림 상황과 관련하여 생각해 보면 조선 중기까지만 해도 산림 상태는 비교적 온전했다. 따라서 산림이 비교적 잘 유지되었던 15세기에 펴낸 『양화소록』이나 17세기 초에 펴낸 『지봉유설』에는 특별히 산림 수종에 관한 관심을 가질 필요가 없었을지도 모른다.

그러나 세월이 흘러 18세기에 접어들면 나라 전역이 헐벗기 시작하고, 나라에서 사용할[국용, 國用] 조선재를 생산하던 연해 도서 지역의 소나무 생산지(의송산, 금산, 봉산, 송전)도 헐벗고, 조선재 소나무 고갈 상황은 조정 대신들에게도 직접적으로 전해진다. 그런데도 17세기 말 민간 기록물에는 그런 심각한 상황을 반영하지 않고 있다. 그 당시만 하더라도 헐벗은 연해 도서 지역과 달리 민수용 건축재와 관곽재를 조달하던 육지 소나무 숲은 덜 고갈되었을 것이란 추정도 가능하다.

4장

산림에 대한 조선 사회의 무관심이 불러온 산림 황폐화

조정 공식 기록물과 민간의 문집에 나타난 수목명을 통해서 조선 조정의 산림 인식 수준을 가늠할 수 있었다. 이 땅에 생육하는 1,000여 종의 목본식물 중 정부에서 간행한 지리지에 나타난 수목은 최대 60여 종이었고, 『조선왕조실록』에는 90여 종이었다. 민간에서 발행한 문집에 나타난 수목명은 조정의 기록물과 크게 다르지 않았다. 조정과 민간 기록물에 나타난 수목은 대부분 공납과 노동력 무상 징발(요역)로 생산하던 재배 수종과 약재 수종이었고, 목재로 사용할 산림 수종은 소나무를 포함하여 소수였던 것으로 미루어 보아 산림 자원에 대한 조선 사회의 인식은 저급한 수준이었음을 알 수 있다.

그 시대 일본은 어떠했을까? 일본 에도 막부가 요구한 식물자원 활용 연구를 수행한 가이바라 에키켄(見原益軒, 1630~1714)은 중국과 조선 문헌을 참고하고, 일본 식물을 채집 조사하여 『야마토본초, 大和本草』(1709)를 펴내었고, 이노오 쟈쿠스이(稲若水, 1655~1715)는 막부와 번 재정 확보에 필요한 동·식물 물산 자원을 조사하기 위해 『쇼부츠레이산, 庶物類纂』을 편찬하던 중 362권까지 완성하고 세상을 떠났다. 일본은 17~18세기 서양과 인적 교류를 통해서 엥겔베르트 캠퍼(Engelbert Kaempfer, 1690), 칼 페테르 툰베리(Carl Peter Thunberg, 1775), 필리프 프란츠 폰 지볼트(Philipp Franz von Siebold, 1823)가 일본 식물을 유럽에 체계적으로 소개하였다.[490] 툰베리가 라이프치히(Leipzig)에서 발간한 『일본 식물, Flora Japonica』[491]에는 침엽수 30여 종(소철, 전나무 속 8종류, 소나무 속 3종류, 삼나무, 향나무 속 2종, 편백 속 3종, 나한백 속 3종, 나한송, 주목, 개비자나무 속 2종)이 수록되어 있다. 조선에서 발간된 18~19세기 농서에 수록된 침엽수는 기껏 5~6종뿐이었다.

18세기 조선통신사 조명채(1700~1764)의 기행문에는 방문한 일본의 지역마다 오래된 소나무와 삼나무를 재목으로 베지 않아 산과 언덕에 나무가 무성하다고 밝혔지만, 그 숲의 조성 방법이나 유래에 대한 설명은 없다.[492] 그 당시 선비 중에는 앵무새, 비둘기, 담배, 탐라 귤, 화초에 전문 식견을 갖춘 지식인도 있었으나 산림 수종에 관심을 가진 지식인은 없었다. 선물로 받은 국화에 감사하여 국화 163품종을 답시에 언급한 추사나 국화는 48품종을 가져야 겨우 구색을 갖춘다는 다산의 화훼 완상 취미[493]를 나무랄 수 없지만, 유학자들의 관심은 우리 산림 수종이나 산림 자원에까지 확장되지 못했다.

이토오 케이스케(伊藤圭介, 1803~1901)는 툰베리의 『일본 식물, Flora Iaponica)』을 번역하여 일본에서 최초로 라틴어 학명으로 분류한 『다이세혼조메이소, 泰西本草名疏』(1829)를 출간하였고, 이이누마 요쿠사이(飯沼慾齋, 1783~1865)는 초본 2,000여 종과 수목 600여 종을 그림 도판과 함께 수록한 『쇼모쿠즈세츠, 草木図説』(1856)를 펴냈다.[494] 일본 지식인들은 중국과 조선 문헌을 참고하는 한편 유럽 선진 학문까지 수용하여 채집과 조사를 통하여 수목 지식체계를 넓혔지만, 조선 유학자들은 중국 문헌에 의존하였을 뿐이다.

수목과 산림 자원에 관심을 가졌던 일본 지배층과 지식인의 호기심이 개별 수목에 대한 연구와 활용 방안 검증에 이어, 종국에는 양묘와 조림 기술의 발달로 확장되었지만, 조선은 지배층은 물론이고 지식인들조차 산림 수종과 자원 육성에 관심이 없었다. 18세기 일본과 독일과 프랑스 지배층이 산림 자원 가치 증진과 지속적 이용을 위해 보속 수확을 창안하였던 사례와 비교하면 조선 지식인(지배층)은 자연 자원 이용과 보전에 대한 사고체계는 농본사회의 이상을 추구한 성리학적 고정관념이나 세계관에서 벗어나지 못했다. 결국 산림에 대한 조선 사회의 총체적 무지와 무관심이 조선 후기 나라 전역에서 발생한 산림 황폐화의 심화에 일정 부분 책임을 면할 수 없는 셈이다.

사대부들이 펴낸 『산림경제』(1715)나 『만학지』(1840)에 수록된 산림 수종 재배 지식은 18세기 일본 농서에 수록된 양묘 및 조림 지식과 대비된다. 조선 사대부는 소나무와 잣나무를 정원 수종으로 취급하여 이들 농서에 옮겨 심거나 파종에 필요한 기초 정보를 수록하고 있을 때, 일본 농서는 삼나무, 편백, 밤나무, 참나무의 양묘 기술을 구체적으로 기술하고 있다. 삼나무, 편백, 소나무와 같은 세립 종자 양묘는 발아 촉진을 위해 물에 침적 과정이 필요하며, 밤나무와 참나무 같은 대립 종자를 양묘하기 위해서는 종자 한 알씩 점점이 파종(점파)한 후, 짚 덮기가 필요하다는 정보를 담고 있다. 그뿐만 아니다. 산에 심을 묘목의 뿌리 발달을 촉진하여 활착률을 높이기 위해서 묘포장에서 한두 번 옮겨 심어 키운 묘목(상채묘) 양성 방법을 제시한다. 나무 심을 구덩이 크기는 얼마만 하고, 5인 1조로 한 사람당 몇 그루씩 심으며, 식재 몇 년 후에는 가지치기와 솎아베기를 하는 방법까지 구체적으로 제시하고 있다.[495]

수목 인식은 수목에 대한 지식을 획득하고, 이 성과를 산지에 적용하여 산림을 육성하는 근간이라 할 수 있다, 따라서 조선 사대부의 빈약한 수목 인식은 산림 자원 육성에 관한 지식의 부족을 의미한다.* 조선의 지배층이 산림 전문 관료는 물론이고, 산림에 관심을 가진 유학자나 실학자를 양성하거나 보유하지 못했던 것은 저급한 산림 인식 수준의 당연한 결과였다.

* 철학 사전은 인식은 "지식과 같은 뜻이지만, 지식은 아는 작용보다도 이미 알고 있는 성과를 가리키는 데 반해, 인식은 성과와 함께 아는 작용도 포함한 의미가 있다."

맺는말

17~19세기 조선에서 발생한 산림 황폐의 원인을 규명하고자 조선 정부가 500여 년 동안 지속해서 시행한 소나무 중심의 산림 제도와 조림 기술 수준, 임산물 생산과 유통 구조, 조악한 목공 도구가 끼친 영향을 살펴보았다. 산림 황폐화에 영향을 끼친 가장 중요한 요인은 인구 증가로 늘어난 목재와 땔감 수요를 충족시킬 수 있는 산림 생산(양묘와 조림) 기술의 부재였다.

산림 자원 육성에 가장 필요한 양묘와 조림 기술의 부재와 함께, 산림 황폐화를 더 심화시킨 요인은 17~18세기에 닥친 소빙기의 혹한이었다. 소빙기의 혹한은 온돌 난방 시설을 나라 전역으로 확산시켰고, 비례하여 땔감 수요도 급증했다. 땔감 수요가 급증함에 따라 궁방과 중앙관청과 병영은 부족한 국가 재정을 보충하기 위해 연해 곳곳의 국가 관리 산림을 절수하여 온돌과 소금가마용 땔감 판매로 이익을 얻었다. 재조림이 없는 계속된 약탈적 남벌은 종국에는 산림 황폐와 자원 고갈로 귀결되었다.

임산 자원 고갈, 더욱 정확하게는 소나무 자원 고갈을 완화할 수 있는 대안은 소나무를 대신할 수 있는 대체 수종의 활용이었지만, 제재 도구가 발달하지 못하고, 도로와 운송 장비가 변변치 못해 적당한 대체 수종도 개발하지 못했다. 이런 제약 요소를 어느 정도 완화하거나 극복할 방안은 송계와 같은 민간 자치 조직이 산림 육성에 적극적으로 참여하는 것이었지만 조선 정부는 산림 육성에 민간 참여를 배제했다.

숙종 때 송계를 통한 대대적인 산림 금양 기회가 있었지만, 정부는 그 기회를 제대로 활용하지 못했다. 조선 왕실은 민간이 산림 금양에 참여함으로 인해 왕실이 봉산 등 국가 관리 산림에서 누렸던 독점적 이익을 침해받거나 민간이 요구할 다양한 산림 소유 권리가 왕권 유지에 필요한 왕토 사상에 끼칠 부정적 영향을 고려하지 않을 수 없었을 것이다. 이와 관련된 사회·경제적 관련성은 앞으로 좀 더 연구해야 할 부분이다.

그러나 산림 황폐화에 영향을 끼친 이 모든 요인에 관해서 조선 사회는 무지했다. 숲을 보호하기 위해 벌채 후 의무 조림을 강제하거나 보속 개념을 창안했던 그 시대 다른 나라에서 채택한 산림 정책과 비교하면 조선의 산림 정책과 임업 기술은 민망한 수준이었다. 도로와 운송 장비가 옳게 구비되지 못한 상황에서 북부 지방의 울창한 산림은 충분히 옳게 이용할 수 없었고, 인구 밀도가 상대적으로 높았던 남부 지방의 산림은 인구 증가와 함께 땔감 수요의 증대로 더욱 황폐해졌지만 조선 정부나 지도층은 별다른 대책을 강구하지 못했다.

표 45. 산림 황폐화에 영향을 끼친 인자

산림 황폐화 발생 인자	산림 황폐화 복원 인자
과다벌채 인구 증가와 온돌 보급의 확산 가내수공업의 발달 공유 산림 면적의 감소 궁방(왕실), 군영과 관청의 절수와 입안 권력층의 절수와 입안 목상의 영세성과 남벌 약탈적 남벌	재조림 양묘 기술 X 조림 기술 X 전문정보(전문가 및 전문 서적) X 생산 및 유통 체계 벌채 후 재조림 의무 X 제재 도구 X 운송유통체계 X
관리 부실 수군의 재정 축소로 인한 학정 지방관, 주민의 도·남벌	민간 동원 체계 구축 송계 활용 X 사유림 육성 X

과거에서 배우는 교훈

1. 산림 조성 기술의 중요성

우리는 산림 육성 경험이 일천하다. 조선 시대의 산림 제도는 목재상이 좋은 임상에서 벌채 이익을 얼마를 얻든 벌채지에 대한 재조림 의무는 없었다. 산림의 약탈적 이용 관행이 일상적이었던 시대 상황에서 산림을 조성하거나 육성하는 임업 기술은 무의미했다.

정약용은 "바람이 불면 솔 씨가 떨어져서 자연히 수풀을 이루는 것이니, 이것을 헤치지 않도록 금하면 그만이지 무엇 때문에 심어야 한단 말이냐."고 『목민심서』에 밝히고 있다. 그의 저술을 참고하면 조선 시대에 채택된 임업 기술은 벌채지에 몇 그루의 어미나무(모수)를 남긴 후, 남긴 모수에서 떨어진 솔 씨로 숲을 조성하는 단순한 모수 작업이었을 것이다.

모수 작업의 재조림 성공률은 1) 임지의 숲 바닥이 풀이나 관목과 같은 식생이 없이 맨흙으로 노출된 상태로, 2) 모수의 종자 결실이 많아야 하고, 3) 나무에서 떨어진 종자가 맨흙에서 많이 발아되어야 높아진다. 하지만 이런 조건을 동시에 충족하기란 쉽지 않으며, 그래서 벌채한 모든 임지를 다시 숲으로 재생하기란 쉽지 않다. 종자가 많이 결실한 해에 모수에서 떨어진 종자가 맨흙에서 설사 많이 발아하더라도 가뭄과 병해충의 위험에서 살아남는 5년 후의 생존율(0.5~1%)이 아주 낮은 것을 고려하면 더욱 그렇다.

2. 산림 경영 경험의 축적

산림 경영은 산지에 숲을 조성하고, 육성하여 벌채 이용(판매)하는 것을 다룬다. 지난 50년 동안 우리는 다양한 방법으로 산림을 조성했지만, 아쉽게도 제대로 된 숲을 경영한 경험이 거의 없다고 해도 과언이 아니다. 본격적으로 나무를 심기 시작한 때가 치산녹화 사업이 시작된 1973년부터이니 장구한 시간이 소요되는 산림 경영에 50년이라는 기간은 짧고, 그래서 벌기령에 도달하지 못한 임상이 대부분이다. 용재로 사용할 나무는 산림 조성 후 벌채하기까지의 벌기령이 60년~100여 년이기 때문에 앞으로는 경영 대상이 될 산림이 차츰 늘어나겠지만, 현재는 소수일 뿐이다. 따라서 벌채 이용에 대한 경험은 당연히 일천하다.

산림 경영 역사가 오래된 독일과 프랑스와 일본은 지난 수백 년 동안 다양한 시행착오를 거치면서 산림 벌채와 경영 기술을 축적하였고, 상황에 맞는 벌채(간벌 포함) 방법도 개발하였다. 하지만 우리는 그런 경험이 일천하기 때문에 정부의 탄소 중립 정책과도 어울리지 않는 '대면적(大面積) 모두베기' 방식의 벌채를 지속해 여론의 지탄을 받고는 2021년 9월 15일에야 비로소 '대면적 모두베기'를 금하고, '벌채 예정지 사전 타당성 조사'를 실시하기로 한 바 있다. 비슷한 사례는 또 있다. 2022년 3월의 동해안 산불 피해지가 20년 전에 대면적 조림 사업으로 복구한 소나무 숲임을 지켜보면서 산불에 취약한 소나무 숲을 피해지에 다시 조성한 산림청(또는 우리 사회)의 결정을 산림학계는 제어하지 못했다.

3. 산림 인식 제고를 위하여

오늘날 우리 사회의 산림 인식은 어떤 수준일까? 지난 300년 동안 우리 사회가 체득한 산림 파괴와 산림 복구의 학습 효과는 산림 인식 수준을 향상하는 데 도움이 되었을까? 우리 정부는 물론이고 세계적으로 탄소 중립 정책을 실시하는 상황에서 산림청이 임의로 대면적 모두베기 사업을 전개한 형태는 왕실과 권세가들이 국가 관리 산림(봉산과 금산)을 침탈하도록 암묵적으로 허용했던 조선 시대의 허술한 산림 정책과 오버랩 되기도 한다.

산림청의 대면적 모두베기 사업을 수립하고 집행하던 과정을 지켜보면서 자연 자원인 산림에 대한 우리 사회의 인식은 21세기에도 크게 달라지지 않았다는 것이 나의 판단이다. 산림은 한번 잘못된 정책을 실행하면 그 잘못을 복원하는 데는 수십 년에서 수백 년이 필요함을 조선의 소나무 정책에서 확인하였다. 따라서 우리 산림 자원에 적합한 기술과 경영 원칙을 조심스럽게 모색할 필요가 있으며, 정치권력에 휘둘리지 않는 우리 고유의 임업 기술을 지속하여 개발 축적해야 한다. 그래서 예나 지금이나 지배층은 물론이고 우리 사회의 산림에 대한 인식 제고는 언제나 중요하다.

이 책이 지속 가능하며 재생 가능한 산림 자원의 특성을 바르게 이해하고 우리 산림의 가치와 중요성을 제고하는 데 작은 도움이라도 되었으면 하는 염 간절하다. 산림에 대한 인식(지식), 조림 기술, 민간 참여, 건전한 생산 체계, 지속 가능성의 중요성은 21세기에도 여전히 유효한 가치이다.

부록 /

조선의 지리지와 문집에 수록된 수목

『세종실록지리지』(1454)에 수록된 수목

가래나무[楸木]·감(柿)·감귤*(柑橘,柑子,乳柑)·개암씨[榛實]·구기자나무열매(枸杞子)·넓은잎딱총나무[蒴藋]·노간주나무[粟楔]·느릅나무속껍질[楡皮]·다래[獼猴,獼猴萄]·닥나무 열매[楮實]·단풍나무잎 진[楓葉,白膠香]·대추나무[棗]·두릅나무 뿌리[獨活]·두충(杜沖)·떡갈나무[櫟木]·매실(梅實)·멧대추[酸棗仁]·모과(木瓜)·밤[栗]·배나무[李]·복숭아씨[桃仁]·북나무진[安息香]·붓순나무[八角]·비자(榧子)·뽕나무[桑,黃桑木]·산뽕나무[柘]·산사나무[棠]·산앵도씨[郁李仁]·산초(초피)나무[椒目,川椒]·살구씨[杏仁]·상수리[橡實]·석류(石榴)·소나무그을음송진[松煙,松脂]·소태나무열매[川楝子]·순비기나무[蔓荊子]·앵두나무[櫻木]·엄나무껍질[海東皮]·오가피(五加皮)·오미자(五味子)·오수유(吳茱萸)·옻[漆]·유자(柚子)·은행[杏木]·자작나무껍질[樺皮]·잣나무[栢木]·종가시나무[二年木]·주엽나무열매[皀莢]·차나무[茶]·철쭉꽃[躑躅花]·측백나무잎 열매[側栢葉,栢子仁]·탱자[枳殼]·말린 포도[乾葡萄]·피나무[椵木]·향나무[香木, 白檀香, 紫檀響]·호도(胡桃)·황벽나무껍질[黃蘗]·회양목[黃楊木]·회화나무꽃[槐花]·후박(厚朴)나무 등이다.

* 귤(橘)[동정귤, 금귤, 청귤, 산귤, 감귤(柑子), 동정귤, 유감 청피, 진피(陳皮)]을 감귤로 분류했다. 근거는 1521년 충암 김정(金淨)의 『제주풍토록』에 9종류의 귤(금귤, 유감, 청귤, 동정귤, 당유자, 감자, 산귤, 왜귤, 황귤)을 언급하고 있기 때문이다.

『신증동국여지승람』(1530)에 수록된 수목

가마귀쪽나무[蓽澄茄]·감(柑)·검양옻나무[櫨木]·구기자(枸杞子)·귤(橘,乳柑)·닥나무[楮]·대추[棗]·두충[杜冲]·매실(梅實)·무환자(無患子)·밤나무[栗]·배나무[梨]·북나무[安息香]·붓순나무[八角]·비자[榧子]산뽕나무[弓幹桑,弓幹木]·산수유(山茱萸)·산초(초피)나무[蜀椒]·석류(石榴)·엄나무껍질[海東皮]·오미자(五味子)·오수유(吳茱萸)·옻[漆]·왜닥[倭楮]·유자(柚子)·자작나무껍질[樺皮]·잣나무[海松子,栢子]·조록나무[山柚子]·종가시나무[二年木]·차나무(茶)·치자(梔子)·탱자[枳殼]·향나무[紫檀香]·호두(胡桃)·회양목[黃楊]·후박(厚朴)나무 등이다.

『여지도서』(~1765)에 수록된 수목

가래나무[楸]·감나무[柿,柑]·개암나무[榛]·개오동나무[檟]·검양옻나무[櫨木]·구기자[枸杞子 地骨皮]·귤[乳柑,金橘,山橘,唐柚子]·꾸지뽕나무[赤栗]·느릅나무[楡白]·능금나무[楨楂]·닥나무[楮]·대추(大棘)·두릅나무[獨活]·마가목[木汁]·매화[梅]·멧대추[酸棗]·모감주[木串子]·모과[木瓜 木果]·무환자(無患子,木槵子)·밤나무[栗]·배나무[梨]·버드나무[柳]·복숭아나무[桃]·북나무[安息香]·붓순나무[八角]·비자나무[榧子]·뽕나무[桑]·사시나무[靑楊木]·사철나무[正木]·산뽕나무[弓幹桑]·산사나무[山査]·산초(초피)나무〈?〉* [川椒,蜀椒,椒目]·살구나무[杏]·석류(石榴)·소나무(松)·소태나무[苦桐]·순비기나무[蔓荊子]·앵두(櫻桃)·엄나무[海桐]·오가피(五加皮)·오미자(五味子)·오수유(吳茱萸)·옻나무[漆]·유자나무(柚子)·은행나무(銀杏)·일본닥나무[倭楮]·자금우[梔子]·자작나무껍질[樺皮]·잣나무[栢]·조록나무[山柚子]·종가시나

* 『세종지리지』에는 천초(川椒)를 초피나무로 번역하지만, 초목(椒目)은 그냥 초목으로 명기하고 있다. 『여지도서』에는 촉초(蜀椒)를 초피나무로 번역한다. 『한자사전』에는 천초는 산초나무, 초목은 산초나무열매의 씨, 촉초도 산초나무로 번역한다. 반면 『한의학대사전』에는 초목을 초피(왕조피)나무라고 번역한다.

무[二년木]·주엽나무가시[皂角刺]·차나무(茶)·측백나무(側栢)·탱자나무[枳,枳殼]·포도(葡萄)·향나무[紫檀香]·호두나무(胡桃)·황벽나무[黃栢]·회양목[黃楊]·회화나무[槐]·후박나무(厚朴) 등이다.

『양화소록』에 수록된 수목

소나무[老松]와 향나무[萬年松] 이외에 매화(梅花), 석류[安石榴], 치자(梔子), 월계화(月季花), 동백[山茶], 백일홍[紫微花], 일본철쭉[日本躑躅], 귤수(橘樹) 등이고, 화초는 국화, 혜란, 서향화, 연화, 석창포 등이다.

『지봉유설』(1614년)에 수록된 수목

소나무[松], 잣나무[栢], 잎갈나무[油衫], 물푸레나무[水青木], 은행나무[鴨脚樹], 무환자나무[無患木], 붉나무[安息香,辟邪樹], 자귀나무[合歡樹], 박태기나무[蘇方木], 소철(蘇鐵), 매화(梅花), 철쭉(躑躅), 동백(冬栢), 치자(梔子), 영산홍(映山紅) 등이다.

『산림경제』(1715년 전후)에 수록된 수목

능금나무[林檎], 닥나무[楮], 대추나무[棗], 두릅나무[頭菜木], 모과나무(木瓜), 밤나무[栗], 배나무[梨], 버드나무[柳], 복숭아[桃], 뽕나무[桑], 사과나무[楂果], 살구[杏], 소나무[松], 앵두나무(櫻桃), 오얏나무[李], 옻나무[漆], 은행나무(銀杏), 잣나무[柏], 측백나무(側柏), 포도나무(葡萄), 회화나무[槐], 호두나무(胡桃)이다.

『재물보』(1798)*의 『물보』(物譜)에 수록된 수목

나무(木) 항에 수록된 70여 종 수목명은 가래나무[楸, 梓 가ᄅᆡ나무, 노나모], 가죽나무[樗 가쥭나모], 갈매나무]雀梅 갈뫼나무], 구기자[枸杞], 구지뽕나무[柘 구지], 노간주나무[刺松 노가ᄌᆞ나모], 느릅나무[楡, 榔楡 느릅나모], 느티나무[櫰槐 黃楡], 다릅나무[炮火木 다릅나모], 닥나무[楮 닥나모], 단풍[丹楓], 당버들[聖柳 당버들], 동백[山茶 冬柏 동박], 두릅[楤木 두릅], 두충[杜沖], 들메나무[梀 들믜], 마가목[靈壽木], 머귀나무[岡桐], 모감주나무[無患子 모감쥬], 무궁화[木槿], 물푸레[梣木 水靑木 苦理木], 박달[檀 牛筋木 曲理木], 박태기나무[蘇方木 다목], 버들[柳 버들], 벽오동[梧桐], 보리수나무[胡頹子 보리슈], 북나무[山樗 安息香 북나모], 뽕나무[桑], 비파나무[枇杷], 사시나무[白楊 사싀나무], 산뽕나무[柘], 소귀나무[山桃 벗], 소나무[松 솔], 소목[蘇方木 다목(외국산)], 수수꽃다리[紫丁香], 시무나무[刺楡 쓰믜나모], 신나무[茶條樹], 싸리나무[杻檍]; 엄나무[刺楸, 海桐 엄나모], 영산홍[暎山紅], 오가피[五加], 오동나무[桐 머귀 오동], 오리나무[楡理木 오리나모], 옻나무[桼 漆 옷나무], 왜철쭉[倭紅 왜철쥭], 월계수[月季花 월계], 잎갈나무[衫 油衫 杉 檜柏 익가], 자귀나무[合歡 자귀나모], 자작나무[樺木 沙木 봇나무 ᄌᆞ작나모,] 전나무[杉松 젓나무], 잣나무[松子松 잣나모], 정향나무[紫丁香], 조팝나무[常山], 주엽나무[皀莢 쥬엽나모], 쥐똥나무[鼠李 쥐똥나모], 진달래[杜鵑花 딘달늬], 참나무류[柞木], 참죽나무[杶 참쥭나모], 철쭉[山躑躅], 측백[柏 측ᄇᆡᆨ나모], 치자[梔子 치자], 탱자[枳], 화류[花榴 화류], 화살나무[衛矛 鬼箭 회닙나무], 황벽[黃蘗 黃栢], 황칠나무[黃漆], 향나무[檜柏], 회양목[黃楊木 화양목], 회화나무[槐 회화나모], 후박나무[厚朴] 등이다.

* 고려대학교 해외한국학자료센터(http://kostma.aks.ac.kr/)에서 미국 버클리대학교 동아시아도서관 소장본(4책)과 일본 동양문고 소장본을 열람할 수 있다. 『재물보』는 일명 『萬物譜』로도 불렀다.

재물부의 과(果) 항에는 열매 수목 28수종이 수록되어 있다. 열매가 달리는 나무 이름은 감(枾)감, 개암[榛 ᄀᆞ얌], 귤[橘 귤], 능금[林檎 능금], 떡갈나무[槲實 떡가나무 도토리], 다래[獼猴桃 다릐], 대추[棗 되흐], 머루[蘡薁 머루], 매실[梅 매화열매], 모과[木瓜 모과], 무화과[無花果], 밀감[柑 감ᄌᆞ], 배[梨 ᄇᆡ], 밤[栗밤], 복숭아[桃 복쇼아], 비자[榧子 비자], 사과[菴羅果 사과], 산사나무[山樝 아가외], 산앵도[山櫻 불열매], 살구[杏 살고], 상수리[橡實 상수리], 석류[安石榴 석뉴], 앵도[櫻桃 잉도], 유자[柚 유ᄌᆞ], 은행[銀杏 은행], 자두[李 외얏], 잣[海松子], 호도[胡桃 호도] 등이다.

『만학지』*(1840년)에 수록된 나무

나무 류[木類]는 가래나무[楸梓], 가죽나무[春樗], 광나무[女貞], 구기자나무(枸杞), 노송나무[栝], 느릅나무[榆], 닥나무[楮], 멀구슬나무[楝], 물푸레나무[梣], 버드나무[柳], 북나무[膚木], 뽕나무[桑], 사시나무[白楊], 삼나무[杉], 소나무[松], 오갈피나무[五加], 오구나무[烏臼], 오동나무[桐], 옻나무[漆], 자작나무[樺], 전나무[檜], 주엽나무[皂莢], 차나무(茶), 측백나무[柏], 풀명자[樝], 회양목[黃楊木], 회화나무[槐]이다.

과일류(菓類)는 감나무(柹), 개암나무[榛], 고욤나무[君遷子], 귤나무(橘), 능금나무[柰], 다래[獼猴桃], 대추나무[棗], 매실나무[梅], 머귀나무[食茱萸], 머루[山葡萄], 모과나무(木瓜), 무화과나무(無花果), 밤나무[栗], 배나무[梨], 복숭아나무[桃], 비자나무(榧子), 사과나무(蘋果), 산사나무(山樝), 산초나무[蜀椒], 살구나무[杏], 상수리나무[橡], 안석류[安石榴], 앵두나무(櫻桃), 오미자(五味子), 유자나무

* 『임원경제지』『만학지』 권2 과일류(菓類)와 권4 나무류(木類). 한국고전종합DB

[柚], 은행나무(銀杏), 임금나무[林禽], 자두나무[李], 잣나무[海松子], 팥배나무[棠梨], 포도(葡萄), 호두나무(胡桃), 홍귤나무[柑], 후추나무[胡椒]이다.

『역어유해』(1682)에 수록된 나무

가죽나무[臭椿樹 虎目樹 개듁나모], 가중나무[山椿 개듁나모], 갯버들[靑楊樹 청양목], 계수나무(桂樹), 노간주나무[刺松 노가주], 느릅나무[白楡樹 르릅나모], 느티나무[黃槐樹 黃楡樹 느틔나모], 다래나무[水苦梨木 돌외나모], 다릅나무[炮火木 다릅나모], 다목[蘇木 다목], 단풍[秋景 丹楓], 떡갈나무[槲木 柞木 鐵櫟樹 撥欏樹 靑杠樹 소리촘나모 넉갈나무 가랑나모], 모과나무[花梨木], 물푸레나무[苦理木 무프레], 박달나무[曲理木 牛筋木 박달나모 들믜], 백양나무[白楊樹 비양목], 버드나무[柳樹 버들나모], 뽕나무[桑樹 뽕나모], 싸리[荊條 뿔리], 산이스랏나무[郁李樹 묏이스랏나모], 산초나무[山椒樹 분디나모], 소나무[松樹 소나모], 시무나무[刺楡樹 스믜나모], 신(고로쇠)나무[色木 茶條樹 신나모], 엄나무[刺楸樹 엄나모], 오동나무[梧桐樹 머괴나모], 오리나무[楡理木 오리나모], 은행나무[白果樹 鴨脚樹 은힝나모], 잎갈나무[杉木 익개나모], 자작나무[樺皮木 沙木 봇나무 주작나모], 잣나무[油松 果松樹 잣나모], 전나무[檜松 젓나모], 주엽나무[皂角樹 주엽나무], 참죽나무[椿樹 튱나모], 측백나무[匾松 栢松 측빅], 탱자나무[醜橙樹 팅즈나모], 피나무[椴木 피나모], 황벽나무[暖木 黃檗木 황벽나모], 회나무[鬼箭樹 회나모], 회양목[黃楊木], 회화나무[槐樹 靑槐樹 회화나모] 등이다.

『동문유해』(1748)에 수록된 나무

갯버들[柳樹 개ㅅ버들], 느릅나무[白楡樹 느릅나모], 다목[蘇木 다목], 떡갈나무[柞木 촘나모], 모과나무 [花梨木 모과나모], 물푸레나무[苦理木 무푸레], 박달나무[牛筋木 박달나모], 백양나무[白楊樹 白楊나모], 버드나무[楊樹 버들나모], 뽕나무[桑樹 뽕나모], 소나무[松樹 소나모], 수양버들 [垂楊], 시무나무[刺楡樹 스믜나모], 신(고로쇠)나무[茶條樹 싯나모], 싸리[荊條 ᄊᆞ리], 엄나무 [刺楸樹 엄나모], 오동나무[梧桐 梧桐나모], 잎갈나무[杉木 잇개나모], 자작나무[樺皮樹 봇나모], 잣나무[果松樹 잣나모], 주엽나무[皂角樹 주엽나모], 전나무[杉松 젓나모], 참죽나무[椿樹 츈나모], 초피나무[花椒樹 젼쵸나모], 측백나무[匾松 측빅], 피나무[椴木 피나모], 황벽나무[暖木 황빅나모], 회화나무[槐樹 회화나모] 등이다.

『몽어유해』(1768)에 수록된 나무

가래나무[楸 가래나모], 갯버들[柳樹 개ㅅ버들], 느릅나무[白楡樹 느릅나모], 다목[蘇木 다목], 떡갈나무 [柞木 참나모], 물푸레나무[苦理木 무푸레], 박달나무[檀木], 백양나무[白楊樹 白楊나모], 버드나무[柳樹 버들], 뽕나무[桑樹 뽕나모], 소나무[松樹 소나모], 수양버들[垂楊], 시무나무 [刺楡樹 스믜나모], 신(고로쇠)나무[茶條樹 싯나모], 엄나무[刺椿樹 엄나모], 오동나무[梧桐 梧桐나모], 잎갈나무[杉木 잇개나모], 자작나무[樺皮樹 봇나모], 잣나무[油松 잣나모], 전나무 [檜松 젓나모], 주엽나무[蒺藜木 주염나모], 참죽나무[椿樹 츈나모], 초피나무[花椒樹 젼쵸나모], 측백나무[匾松 측빅], 피나무[椴木 피나모], 황벽나무[暖木 황빅나모], 회화나무[槐樹 회화나모] 등이다.

『방언집석』(1778)에 수록된 수목

가래나무[楸樹 가래나모], 가죽나무[臭春樹 개쥭나모], 계수나무[桂樹 게슈나모], 구기자나무[普盤果 구긔ᄌᆞ], 노간주나무 [刺松 노가ᄌᆞ], 느릅나무[白楡樹 르릅나모], 느티나무[黃槐樹 느틔나모], 다래나무[水苦梨木 돌의나모], 다목[蘇木 다목],

닥나무[楮木 독나모], 단풍[楓樹 단풍나모], 들메나무[曲理木 들믜], 떡갈나무[檞櫂 鐵櫟樹 柞木 넙갈나모 소리춤나모 가랑나모], 모과나무[花梨木 화리목], 물푸레나무[樞梨木 무프레], 백단나무[白檀 빅단], 백양나무[白楊樹 楊樹 비양슈], 넙둥군버들, 버드나무[栁樹 버들나모], 뽕나무[桑樹 뽕나모], 싸리[荊條 뽈이], 산초나무[山椒樹 분지나모], 상수리나무[橡樹 도토리나모], 소나무[松樹 소나모], 신(고로쇠)나무[茶條樹 신나모], 엄나무 [刺楸樹 엄나모], 오동나무[梧桐樹 머귀나모], 오목[烏木 오목], 잎갈나무[杉木 잇개나모], 자단[紫檀 자단], 자작나무[樺皮樹, 沙木 봇나모 자작나모], 잣나무[果松樹 잣나모], 전나무 [檜松 젓나모], 주엽나무[皁角樹 주엽나모], 종려(棕櫚 종녀), 측백나무[栢松 측백], 탱자나무 [醜橙樹 팅즈나모], 피나무[椵木 피나모], 황벽나무[暖木 황벽나모], 회양목[黃楊木 황양목], 회화나무[槐樹 회화나모] 등이다.

참고문헌 /

1 중앙일보 2020. 10. 14. "전쟁 후 산림복원 성공한 세계 유일 국가".

2 에른스트 폰 헤세-바르텍 저. 정현규 역. 2012. 『조선, 1894년 여름』. 책과함께.

3 이사벨라 B. 비숍 저. 신복룡 역. 2006. 『조선과 그 이웃나라들』. 집문당.

4 荒川五郎. 1906. 『最近朝鮮事情』. 清水書店.

5 朝鮮總督府, 1928, 『朝鮮總督府統計年報』.

6 임업연구원. 2001. 『한국의 근·현대 산림소유권 변천사』. 임업연구원 연구자료 182호.

7 일본 國立公文書館 デジタル archives(https://www.digital.archives.go.jp/).

8 배재수. 2000. 林籍調査事業(1910)에 관한 硏究, 한국산림과학회지 89권 2 : 260~274.

9 『광해군일기』 3년(1611) 1월 26일.

10 『광해군일기』 13년(1621) 3월 21일.

11 『영조실록』 28년(1752) 1월 27일.

12 신병주. 2013. 『영조의 청계천 준설』. 한국학중앙연구원.

13 『영조실록』 19년(1743) 4월 20일.

14 『정조실록』 10년(1786) 3월 29일.

15 『헌종실록』 8년(1842) 6월 5일.

16 『철종실록』 8년(1857) 2월 28일.

17 『고종실록』 23년(1886) 12월 25일.

18 『숙종실록』 6년(1680) 1월 6일.

19 안대회. 2002. 정약전의 『송정사의』. 문헌과 해석 20.

20 이우연. 2003. 18·19세기 산림 황폐화와 농업 생산성. 경제사학 34 : 31-57.

21 김대길. 2005. 조선후기 송금 정책에 관한 연구. 도시역사문화 3 : 95~126.

22 Osamu Saito, 2009. Forest history and the Great Divergence: China, Japan,and the West compared. Journal of Global History 4 : 379~404.

23 Osamu Saito의 앞의 논문.

24 Totman, Conrad. 1989. 『The Green Archipelago: Forestry in Pre-Industrial Japan』. Ohio Univ. Press.

25 Totman, Conrad. 1995, 『The Lumber Industry in Early Modern Japan』. Univ. of Hawai'i Press.

26 전영우. 2020. 『우리 소나무』. 향문사.

27 국립김해박물관. 2005. 창녕 비봉리 유적-신석기시대 배 출토-현장설명자료(2005. 9. 5).

28 김응호, 홍순재, 김병근, 한규성. 2021. 수중 출수된 고선박의 구조와 목재 수종의 변화. 해양문화재 14: 263-285.

29 박재광. 2007. 조선의 주력 전함 '판옥선'. 과학과 기술 462. 국립해양문화재연구소. 2021. 『판옥선 학술복원 보고서』. 전통선박 조선기술 VII.

30 『선조실록』 33년(1600) 1월 29일.

31 장한식. 2018. 『삼국수도통제영』. 산수야.

32 한국민족문화대백과사전(http://encykorea.aks.ac.kr/Contents/Index?contents_id=E0059680).

33 국립산림과학원 2008. 『경제수종 1. 소나무』. 국립산림과학원 연구신서 제59호.

34 전통건축수리기술진흥재단. 2021. 『전통 건축에 쓰이는 우리 목재』.

35 Aria Brunetti, 2017. Seeing the Forest for the Trees: Reflections on the Sustainable Forestry Narratives of France. Thesis of College of Sustainability, Dalhousie University

36 John Perlin. 1989. 『A Forest Journey』. The Role of Wood in the Development of Civilization. W. W. Norton & Company.

37 『목민심서』 공전 육조 제1조 '산림'의 乃我邦山林之政 唯有松禁一條 檜柏楓椺 一無所聞.

38 『승정원일기』 숙종 1년(1675) 3월 9일.

39 『승정원일기』 숙종 9년(1683) 3월 13일.

40 『비변사등록』 숙종 10년(1684) 2월 30일.

41 『만기요람』 財用편.

42 김현구. 1998. 조선후기 조선업과 조선술에 관한 연구. 국사관논총 81. 국사편찬위원회.

43 하동부의송전계유식개도안(河東府宜松田癸酉式改都案) 奎12325.

44 『備邊司謄錄』 영조 8년(1732) 3월 12일.

45 『고종실록』 4년(1867) 6월 17일.

46 통영관하우연각읍진봉산잡이송주수성(統營管下右沿各邑鎭封山雜頉松株數成冊). 규장각 奎17031.

47 『만기요람』 재용편 조전(漕轉)조선재·조복미포·퇴선(漕船材漕復米布退船).

48 井出, 雄二黄, バーナード永龍指村. 2013. 奈穂子文書に記録された1811年の伊豆天城山の森林状況. 東京大学農学部演習林報告 1288号 : 87~120.

49 統營管下右沿各邑鎭封山雜頉松株數成冊.

50 『일성록』 정조 11년(1787) 12월 22일.

51 https://en.wikipedia.org/wiki/Forestry

52 戸隠神社(杉並木関連) 歴史年表(https://www.togakushi-jinja.jp/okusha/cedar.pdf).

53 Conard Totman. 1989의 앞의 책.

54 Conard Totman. 1989의 앞의 책.

55 『승정원일기』 영조 28년(1752) 6월 7일.

56 국역 『비변사등록』 영조 8년(1732) 1월 7일.

57 『비변사등록』 영조 15년(1739) 11월 6일.

58 『영조실록』 21년(1745) 6월 3일.

59 『영조실록』 21년(1745) 10월 16일.

60 국역 『비변사등록』 정조 1년(1777) 10월 22일.

61 『승정원일기』 숙종 8년(1682) 8월 23일.

62 『승정원일기』 숙종 8년(1682) 7월 15일.

63 『비변사등록』 숙종 17년(1691) 5월 3일.

64 『승정원일기』 숙종 25년(1699) 7월 20일.

65 노성룡, 배재수. 2020. 조선후기 송정(松政)의 전개과정과 특성: 국방(國防) 문제를 중심으로. 아세아문제연구. vol.63, no.3, 통권 181호 pp. 39-78.

66 김경종. 1984. 조선후기 제염에 있어서 연료문제. 대구사학 26집 : 147~175.

67 『숙종실록』 14년(1688) 6월 14일.

68 송기중. 2016. 조선후기 수군제도의 운영과 변화. 충남대학교 대학원 국사학과 박사학위논문.

69 송은일. 2012. 조선 시대 전라좌수영의 군선 재목 관리와 조달. 해양문화연구 4 : 121~151.

70 안대회. 2002. 정약전의 『송정사의』. 문헌과 해석 20.

71 『목민심서』 공전 재식 조.

72 『승정원일기』 효종 6년(1655) 5월 30일.

73 『승정원일기』 효종 10년(1659) 3월 23일.

74 박평식. 1997. 朝鮮前期 鹽의 生産과 交易. 國史館論叢 第76輯 : 71~112.

75 김호중. 1984. 조선후기 제염에 있어서 연료문제. 대구사학 26 : 147~175.

76 『숙종실록』 2년(1676) 8월 20일.

77 『숙종실록』 18년(1692) 2월 13일.

78 『숙종실록』 26년(1700) 7월 22일.

79 『영조실록』 3년(1727) 3월 18일.

80 『비변사등록』 정조 2년(1778) 6월 5일.

81 John S, Lee. 2018. Postwar pines: The Military and the Expansion of State Forests in Post-Imjin Korea, 1598~1684. The Journal of Asian Studies 2018 : 1~14.

82 Totman, Conrad. 1989. 『The Green Archipelago: Forestry in Pre-Industrial Japan』. Ohio Univ. Press.

83 김화임. 2015. 지속 가능성(Nachhaltigkeit) 개념의 형성사. -18세기 독일 산림학 이론과 실제에서의 의미 내용을 중심으로. 인문논총 72(1) : 453~478. 서울대학교 인문학연구원.

84 Conrad Totman. 1989. 『The Green Archipelago: Forestry in Pre-Industrial Japan』. Ohio Univ. Press. p. 297.

85 Conrad Totman. 1995. 『The Lumber Industry in Early Modern Japan』. Univ. of Hawai'i Press.

86 John S, Lee. 2018. Postwar Pines: The Military and the Expansion of State Forests in Post-Imjin Korea, 1598~1684. The Journal of Asian Studies 77(2) : 319~332. John Lee. 2017. Pine Policies and Pine Associations: The Two Courses of Institutionalized Forestry in Late Chosŏn Korea, 1598-1876. AKSE 2017 Agenda. Harvard University.

87 統營管下右沿各邑鎭封山雜頃松株數成冊의 앞의 내용.

88 井出, 雄二黄, バーナード永龍指村의 앞의 논문.

89 Aria Brunetti, 2017. Seeing the Forest for the Trees: Reflections on the Sustainable Forestry Narratives of France. Thesis of College of Sustainability, Dalhousie University

90 도리스 라우데르트. 이선 옮김. 2021. 『나무 신화』. 수류산방.

91 Ulrich Grober. 2013. Die Entdeckung der Nachhaltigkeit: Kulturgeschichte eines Begriffs. Kunstmann. 300pp.

92 고영주. 2010. 숲에 대한 독일인의 인식과 산림작업의 적용. 산림과학 22 : 7~52.

93 西田又二 등. 1905. 『韓國森林調査書摘要』(1905년 12월). 국사편찬위원회.

94 임경빈 역, 오카 에이지(岡衛治). 2000. 『조선임업사』(1944). 산림청.

95 『현륭원원소도감의궤』([莊祖]顯隆園園所都監儀軌) 규장각 奎13627-v.1-2.

96 국역본 『현륭원등록(顯隆園謄錄)』 장서각 한국학자료센터.

97 『원소정례』 현륭원(顯隆園) 편(編). 디지털 장서각.

98 정해득. 2009. 『정조시대 현륭원 조성과 수원』. 신구문화사.

99 문화재청. 2015. 『세계유산 조선왕릉 보존·관리·활용 중장기계획 수립 연구 보고서』.

100 정해득의 앞의 책.

101 정해득의 앞의 책.

102 정해득의 앞의 책.

103 정해득의 앞의 책에서 재인용.

104 정해득의 앞의 책에서 취합하여 인용.

105 정해득의 앞의 책에서 재인용.

106 『여유당전서』 文集 卷十四. 跋. 跋植木年表, 한국고전종합DB.

107 『일성록』 정조 14년(1790) 10월 21일.

108 『정조실록』 14년(1790) 10월 21일.

109 『승정원일기』 정조 14년(1790) 10월 21.

110 『성종실록』 3년(1472) 2월 11일.

111 Conrad Totman.1989의 앞의 책.

112 국역본 『현륭원등록』 장서각 한국학 자료센터.

113 『현륭원등록』 국역자료 해제 학국학 자료센터.

114 국역본 『현륭원등록』 해제에서 인용. 장서각 한국학자료센터.

115 『원소정례』 현륭원(顯隆園) 편(編). 디지털 장서각 1792년 10월 .

116 국역본 『현릉원등록』 장서각 한국학 자료센터.

117 『원소정례』 현륭원(顯隆園) 편(編) 己酉 八月 初十日 디지털 장서각.

118 『현륭원등록』 己酉八月初十日 디지털 장서각.

119 江原道各邑植松株數及植松人役姓名幷錄成冊 규17114, 규17166.

120 忠淸水營所管島陸興沿海邑鎭松田標內壬甲條植松數爻及山名周回幷錄成冊 규16379.

121 배재수. 2000. 조선 후기 국용 영선 목재의 조달체계와 산림 관리-창덕궁 인정전 중수를 중심으로-. 배상원 편, 『숲과 임업』. 숲과 문화총서 8. 171~187. 수문출판사.

122 정해득. 2009. 앞의 책.

123 배재수. 2000. 앞의 논문.

124 김현섭, 오재헌, 조구현, 문호성, 정준모, 최윤성, 정도현. 2017. 『주요 수종의 천연갱신 메커니즘 및 중·대경재 수확작업』. 국립산림과학원.

125 『승정원일기』 숙종 18년(1692년) 3월 9일.

126 『승정원일기』 숙종 22년(1696) 4월 1일.

127 『승정원일기』 숙종 28년(1702) 6월 20일.

128 『승정원일기』 영조 16년(1740) 4월 11일.

129 『승정원일기』 숙종 1년(1675) 12월 21일.

130 『승정원일기』 영조 4년(1728) 1월 5일.

131 『승정원일기』 효종 10년(1659) 4월 8일.

132 『승정원일기』 정조 22년(1798) 8월 4일.

133 『승정원일기』 순조 2년(1802) 3월 3일.

134 『승정원일기』 철종 9년(1858) 2월 1일.

135 김태우. 2018. 한강 유역 국행 기우제 터에 대한 기억과 변화 - 한남동 용단마을, 보광동 우사단마을, 광장동 용당산을 중심으로. 동아시아고대학. Vol. 52 : 529~556.

136 『전록통고(典錄通考)』 (1707) 공전(工典) 잡령(雜令) 後續錄 [禁山及宮闕臨壓處].

137 『續大典』 刑典 禁制 [京城十里內入葬者].

138 국립중앙도서관. 2010. 『고지도를 통해 본 서울지명연구』.

139 『승정원일기』 정조 13년(1789) 4월 14일.

140 『승정원일기』 정조 19년(1795) 7월 7일.

141 『승정원일기』 정조 19년(1795) 8월 18일.

142 『승정원일기』 정조 19년(1795) 8월 18일.

143 국역 『비변사등록』 정조 20년(1796) 2월 1일.

144 『비변사등록』 정조 20년(1796) 11월 3일.

145 『승정원일기』 정조 21년(1797) 3월 17일.

146 『승정원일기』 정조 22년(1798) 8월 4일.

147 『승정원일기』 순조 1년(1801) 10월 4일.

148 『일성록』 순조 2년(1802) 2월 15일.

149 『은대편고』.

150 『육전조례』.

151 『승정원일기』 순조 2년(1802) 3월 3일.

152 『승정원일기』 순조 3년(1803) 윤 2월 6일.

153 『승정원일기』 순조 3년(1803) 2월 6일.

154 『비변사등록』 정조 20년(1796년 11월 3일.

155 『승정원일기』 정조 21년(1797) 3월 17일.

156 『승정원일기』 순조 7년(1807) 2월 19일.

157 『승정원일기』 순조 10년(1810) 1월 18일.

158 『승정원일기』 고종 23년(1886) 2월 5일.

159 김무진. 2011. 조선후기 식목활동에 관한 연구. 한국학논집 43 : 249~282.

160 배재수, 김은숙, 장주연, 설아라, 노성룡, 임종환. 2019. 『조선후기 산림과 온돌』 -온돌 확대에 따른 산림 황폐화-. 국립산림과학원 연구신서 119호.

161 Lester R. Brown. 2008. 『Plan B 3.0』. Norton & Company.

162 박경룡. 1990. 조선 전기의 잠업 연구. 국사관논총 12 : 77~102.

163 국사편찬위원회 『韓國森林調査書摘要』 [日本 農商務省 山林局 西田又二 등의 韓國森林에 대한 調査報告書].

164 https://www.britannica.com/science/forestry

165 https://www.togakushi-jinja.jp/okusha/cedar.pdf

166 임경빈 역, 오카 에이지(岡衛治). 2000. 『조선임업사』(1944). 산림청.

167 Conard Totman. 1989의 앞의 책.

168 『세종실록』 1년(1419) 8월 11일. 國家雖立禁伐之令, 未有培養之方。請申嚴禁伐禁火之令, 又於沿海閑曠之地, 使之栽植, 監司每當殿最, 憑考黜陟, 以備他日之用。

169 『광해군일기』 중초본 광해 8년(1616) 2월 15일.

170 『일성록』 정조 24년(1800) 3월 15일.

171 『忠淸南北道訴狀』 0015권 安民島 五里 民人의 等呈에 대해 苟無犯過면 不待訴辦하여 自當昭晰하라는 지령. 奎19150-v.1-17,

172 https://www.togakushi-jinja.jp/okusha/cedar.pdf

173 Totman, Conrad. 1989의 앞의 책.

174 이정수. 2011. 조선 후기 盧尙樞家의 재산변동과 농업경영. 지역과 역사 29 : 209~256. 부경역사연구소.

175 정해은. 2019. 노상추의 중앙 관료 생활 - '오위장과 금군장을 중심으로' 『노상추 일기』를 통해 본 조선후기 구미지역 생활사. 147~180. 영남대학교 민족문화연구소.

176 국사편찬위원회. 노상추 일기 해제.

177 『태종실록』 4년(1404) 3월 29일.

178 『예종실록』 1년(1469) 4월 22일.

179 『속대전』 형전 법뢰응금지지.

180 김준형 2017. '18·19세기 무관 노상추의 금양활동' 영남학 63호 : 263~301.

181 김경숙. 2002.『조선후기 산송과 사회갈등 연구』. 서울대학교 대학원 박사학위 논문.

182 김성우. 2010. 19세기 초반 노상추의 백운동 별업 조성과 경영. 역사와 현실(78) : 249~300.

183 비변사 편, 조영준 회주의 역해,『공폐(貢弊)』. 2019. 조선후기 공물 제도 운영의 병폐. 아카넷.

184 김성우. 2010. '19세기 초반 노상추(盧尙樞)의 백운동 별업(別業) 조성과 경영'. 역사와 현실 78 : 249~300.

185 김성우. 2010. 위의 논문.

186 김성우. 2010. 위의 논문.

187 국사편찬위원회. 2020.『국역 노상추 일기』10. 1803년 6월 6일자 일기.

188 이정수. 2011. 조선후기 盧尙樞家의 재산변동과 농업경영. 지역과 역사 29 : 209~256.

189 국사편찬위원회.『국역 노상추 일기』7-9. 1800년 1월 3일.

190 김준형. 2017. 18·19세기 무관 노상추의 금양활동. 영남학 63호 : 263~301.

191 이정수. 2011. 위의 논문.

192 한국고전종합DB 조근(趙根) 損菴集 卷之四 序 坡山禁松契帖序.

193 김준형. 2018. 19세기 마을단위 금양의 확산과 채초를 둘러싼 갈등. 남명학연구 57 : 235~267.

194 한국고전종합DB 조근(趙根) 損菴集 卷之四 序 坡山禁松契帖序.

195 『범허정집(泛虛亭集)』〈湖西巡撫使書啓〉.

196 John Lee. 2017. Pine Policies and Pine Associations: The Two Courses of Institutionalized Forestry in Late Chosŏn Korea, 1598-1876. AKSE 2017 Agenda. Harvard University.

197 한국고전종합DB『성호전집』제49권. 序 禁松契帖序.

198 배수호, 이명석. 2018.『산림공유자원관리로서 금송계 연구』: 公有와 私有를 넘어서 共有의 지혜로. 집문당. 배수호.

199 이용석 해제. 2007. 반곡식목서 고. 생활문명연구. 20호 : 103~125. 김호걸. 2007. 반곡식목서. 생활문명연구. 20호 : 95~102.

200 김호걸. 2007. 반곡식목서. 생활문명연구. 20호 : 95~102.

201 정해렴 편역주, 2002.『다산서간정선』, 현대실학사, 131쪽. 140쪽.

202 전영우. 2016.『한국의 사찰숲』. 모과나무, 전영우. 2019.『송광사 사찰숲』. 모과나무

203 『영조실록』21년(1745) 11월 21일

204 『승정원일기』영조 21년(1745) 11월 21일.

205 『승정원일기』영조 24년(1748) 5월 14일.

206 『승정원일기』영조 45년(1769) 8월 3일.

207 『승정원일기』순조 30년(1830) 3월 3일.

208 『續大典』工典 柴場 各陵寢香炭山,

209 전영우. 2013. 조선 시대 향탄산과 탄봉산과 향탄봉산에 관한 연구. 산림과학 25 : 5~30.

210 전영우. 2013. 조선 시대 향탄산과 탄봉산과 향탄봉산에 관한 연구. 산림과학 25 : 5~30.

211 한국학중앙연구원. 2010.『譯註獻陵誌』, 藏書閣.

212 『顯陵園謄錄』 권 1. 『園所定例』 "香炭山在江原道原州牧".

213 『일성록』 정조 19년(1795) 6월 23일.

214 『일성록』 정조 20년1796) 2월 11일.

215 『일성록』 순조 12년(1812) 7월 22일 임오.

216 『英宗大王國恤謄錄』 건(乾) 편. 한국학중앙연구원 장서각자료센터.

217 『英宗大王國恤謄錄』 건(乾) 편. 한국학중앙연구원 장서각자료센터.

218 조명제, 김탁, 정용범, 정미숙 역. 2009. 『역주 조계산송광사사고 산림부』. 혜안.

219 完文. 1891 奎 18287의4.

220 장례원 완문(http://www.yongmunsa.kr/).

221 전영우. 2013. 위의 논문.

222 금명 보정. 역자 김용태, 김호귀. 2020. 『조계고승전(한글본 한국불교전서 조선 55)』. 동국대학교 출판부.

223 朴昞璇. 2006. 朝鮮後期 願堂考. 백련불교논집 5-6집. 박병선. 2009. 조선후기 원당의 설립과 절차 및 구조. 주사학 29 : 53~98.

224 배재수. 1995. 조선후기 봉산의 위치 및 기능에 관한 연구. 산림경제연구 제3권(1) : 29~44.

225 박봉우. 1996. 봉산고. 산림경제연구 4권 1호.

226 이기봉. 2002. 조선후기 봉산의 등장 배경과 그 분포. 문화역사지리 제14권 제3호 : 1~18.

227 권순구. 2007. 조선후기 봉산정책의 분석. 한국정책과학회보 11(1) : 81~104.

228 『承政院日記』 정조 23년(1799년) 4월 19일.

229 송광연(宋光淵). 『泛虛亭集』 권5 書啓 湖西巡撫使書啓.

230 『備邊司謄錄』 숙종 21년(1695) 1월 23일.

231 『備邊司謄錄』 숙종 36년(1710) 11월 13일. '兩西兩湖巡撫使齎去應行節目'.

232 정해득. 2009. 『정조시대 현륭원 조성과 수원』. 신구문화사.

233 김재호. 2007. 조선후기 중앙재정의 운영: 『육전조례』의 분석을 중심으로. 경제사학회 43(3) : 3~40.

234 『承政院日記』 정조 23년(1799) 4월 19일.

235 도리스 라우테르트. 이선 옮김. 2021. 『나무 신화』. 수류산방.

236 임용한. 2012. 『박제가 욕망을 거세한 조선을 비웃다』. 역사의 아침.

237 전통건축수리기술진흥재단. 2021. 『전통건축에 쓰이는 우리 목재』. 전통건축수리기술진흥재단 부재조사연구팀.

238 『국역 노상추 일기』. 국사편찬위원회.

239 비변사 편, 조영준 역해, 2013. 『시폐』. 조선 후기 서울 상인의 소통과 변통. 아카넷.

240 『만기요람』.

241 박희진. 2014. 군제 개편이 17세기 서울의 인구와 상업 발전에 미친 영향. 역사와 현실, 94 : 157~188.

242 황미숙, 「조선 후기 목재 수요의 증대와 국용 목재의 조달」, 『전농사론』 2, 1996.

243 『고종실록』 43년(1906) 10월 15일.

244 『승정원일기』 영조 3년(1727) 8월 28일.

245 『순조실록』 2년(1802) 10월 19일.

246 『육선조례』.

247 전영우. 2014. 『궁궐건축재 소나무』. 상상미디어.

248 송은일. 2011. 조선 시대 전라좌수영의 군선 재목 관리와 조달. 2011. 해양문화연구 4호. 전남대 이순신해양문화연구원.

249 김동철, 「18·19세기 외도고공계의 성립과 그 조직」, 『한국사연구』 55, 1986.

250 『비변사등록』 영조 15년(1739) 10월 16일.

251 오미일, 「18•19세기 공인권•전계 창설운동과 난전활동」, 『규장각』 10, 1987.

252 오성. 1983. 朝鮮 後期 木材商人에 대한 一硏究. 동아연구 3 : 233~278. 서강대학교 동아연구소.

253 김동철. 1986. 18~19세기 외도고공계의 성립과 그 조직. 『한국사연구』 55.

254 『승정원일기』 영조 1년(1725) 6월 6일.

255 이욱. 1996. 18세기 서울의 목재상과 목재 공급, 『향토서울』 56호 : 129~153.

256 이욱. 1996의 앞의 논문.

257 『만기요람』 재용편.

258 『永寧殿修改都監儀軌』 奎14224.

259 『永寧殿修改都監儀軌』 奎14224.

260 비변사. 1753. 『공폐』(貢弊). 조영준, 최주희 번역 아카넷(2019).

261 이욱, 1996. 앞의 논문. 오성. 1983. 조선 후기 목재상인에 대한 일 연구, 동아연구 3, 1983.

262 『광해일기』 6년(1614) 7월 7일.

263 『비변사등록』 영조 5년(1729) 4월 19일.

264 『비변사등록』 영조 12년(1736) 6월 6일.

265 『승정원일기』 영조 13년(1727) 1월 7일.

266 『비변사등록』 영조 23년(1747) 5월 19일.

267 『비변사등록』 영조 42년(1766) 11월 12일.

268 『비변사등록』 정조 10년(1786) 9월 13일.

269 임용한. 2012. 『박제가 욕망을 거세한 조선을 비웃다』. 역사의 아침.

270 정연식. 1999. 조선 시대의 도로에 관하여. 한국사론, 42 : 541~583.

271 정연식. 1999. 조선 시대의 수레에 대하여. 인문논총 6 : 131~164.

272 薑集 附北學議(한국사료총서 제12집) 北學議內編 材木.

273 『정조실록』 7년(1783) 7월 18일.

274 『화성성역의궤』 1801. 奎14586.

275 장학근. 2006.『조선 시대 군사전략』국방부 군사편찬연구소.

276 김용만. 2010.『세상을 바꾼 수레』. 다른.

277 鋸の発達史-竹中大工道具館(https://www.dougukan.jp/)

278『성종실록』12년(1481) 2월 23일.

279 국립문화재연구소 고고학 전문사전 고분유물편 '가야농공구(伽倻農工具)'.

280 한국민족문화대백과사전 개정증보 '톱'.

281 한국민족문화대백과, '야금(冶金)'.

282 이종석. 1986.『한국의 목공예』. 열화당.

283 이정. 2012. 중국 전통 대목장 공구의 종류와 특징.『한중일 전통목조건축 대목장의 역사와 도구』. 76~97. 수원화성박물관.

284 와타나베 아키라. 2012. 일본 목조 건축에 사용하는 주요 도구의 역사.『한중일 전통목조건축 대목장의 역사와 도구』. 108~129. 수원화성박물관.

285『묵재일기』. 1546년 8월9일.

286『묵재일기』. 1548년 4월 1일.

287『묵재일기』. 1552년 4월 9일.

288『묵재일기』. 1536년 1월 20일.

289『묵재일기』. 1548년 2월 25일.

290 국사편찬위원회. 한국사 10 조선 - 양반관료국가의 사회구조. 민간수공업.

291『연산군일기』8년(1502) 3월 29일.

292『묵재일기』. 1536년 1월 7일.

293『묵재일기』. 1536년 1월 8일.

294 이왕기. 2012. '한국의 전통 건축도구'(『한중일 전통목조건축 대목장의 역사와 도구』. 64~75. 수원화성박물관).

295 이종석. 1986.『한국의 목공예』. 열화당.

296 우리말 찾기-집에서 사라진 우리말 블로그(https://blog.daum.net/shbaak/8931687).

297 비변사 편, 조영준 역해, 2013.『시폐』. 조선 후기 서울상인의 소통과 변통. 아카넷.

298『荷齋日記』. 二 壬辰陰晴錄二 / 壬辰年(1892) 八月 九日.

299『荷齋日記』二 壬辰陰晴錄二 / 壬辰年(1892) 十月 十四日.

300 국사편찬위원회, 韓國森林調査書摘要 [日本 農商務省 山林局 西田又二 등의 韓國森林에 대한 調査報告書] 1905년.

301 국사편찬위원회. 주제별연표 회사기업가연표. 1910년 新原製材所.

302 이헌창. 2012. 근대경제성장의 기반형성기로서 18세기 조선의 성취와 그 한계. 역사학보, 213 : 97~126.

303『화성성역의궤』재용편.

304 김동욱. 1884. 조선후기 건축공사에 있어서의 목재공급 체제. -수원성곽 공사를 중심으로-.대한건축학회지 28권 117호 : 45~51.

305 김재호. 2007. 조선후기 중앙재정의 운영: 『육전조례』의 분석을 중심으로. 경제사학회 : 43(3) : 3~40.

306 Osamu Saito, 2009. Forest history and the Great Divergence: China, Japan, and the West compared. Journal of Global History (2009) 4, pp. 379~404.

307 Osamu Saito, 2009의 앞의 논문.

308 Totman, Conrad. 1989. 앞의 책.

309 Totman, Conrad. 1995, 앞의 책.

310 김대길. 2005. 조선후기 송금정책에 관한 연구. 도시역사문화 3 : 95~126.

311 山本博一. 2013. 文化的価値のある木造建造物を維持するための木材確保について. 생명의 숲. 문화재 복원용 대경재 소나무 육성방안 보고서.

312 중앙일보 2021. 2. 5일자. 오항녕의 조선, 문명으로 읽다.

313 『문종실록』 즉위년(1450) 9월 8일에는 공물 대납에 대한 금액을 제시하고 있다.

314 배수호. 2019. 『한국적 지역공동체 사례연구』 – 복내 이리 송계(福內二里松契). 태학사.

315 국사편찬위원회. 2020. 국역 『노상추 일기』 10. 1815년 4월 2일자 일기.

316 국사편찬위원회. 2020. 국역 『노상추 일기』 10. 1803년 6월 6일자 일기.

317 전성호. 1996. 18세기(1726~1760) 조선의 물가수준과 물가정책에 관한 연구–『勝聰明錄』의 사례를 중심으로–경제사학회 제39회 전국역사학대회 8~21.

318 전성호. 1997. 18~19세기 물가 추세(1744-1862). 조선 시대사학보 제2집(1997. 6) 193~237.

319 [신병주의 역사에서 길을 찾다] (32) 조선 시대 화폐 이야기(세계일보 2009. 2. 18).

320 국립해양문화재연구소. 2012. 『전통선박 조선기술』 IV. 조운선. 국립해양문화재연구소.

321 김현구. 1998. 조선후기 조선업과 조선술에 관한 연구. 국사관논총 81. 국사편찬위원회.

322 국립해양문화재연구소. 2021. 『판옥선 학술복원보고서』. 전통선박조선기술 VII. 341pp.

323 김현구. 1998. 앞의 논문.

324 『승정원일기』 영조 1년(1725) 6월 19일.

325 이욱. 1996. 18세기 서울의 목재상과 목재공급. 향토서울 56호 : 129~153.

326 김현구. 1998. 앞의 논문.

327 도리스 라우데르트, 이선 옮김. 2021. 『나무 신화』. 수류산방.

328 『일성록』 정조 10년(1786) 5월 19일.

329 『명종실록』 9년(1554) 12월 10일.

330 비변사 편, 조영준 역해, 2013. 『시폐』. 조선후기 서울상인의 소통과 변통. 아카넷.

331 송기호. 2019. 『한국 온돌의 역사』. 서울대학교출판문화원

332 『승정원일기』 영조 16년(1740) 4월 11일.

333 『眉巖日記』 戊辰(1568) 8월 11일, 13일.

334 『비변사등록』 인조 19년(1641) 10월 21일.

335 『비변사등록』 숙종 16년(1690) 9월 7일.

336 『숙종실록』 23년(1697) 2월 11일.

337 『비변사등록』 영조 1년(1725) 6월 22일.

338 『비변사등록』 정조 14년(1770) 10월 21일.

339 이사벨라 B. 비숍 저. 신복룡 역. 2006. 『조선과 그 이웃나라들』. 집문당.

340 『경국대전』 공전 시장 조.

341 최주희. 2014. 17~18세기 왕실정부의 연료 소비 증대와 땔감 조달 방식의 변화. 역사와 현실(94) : 235~283.

342 Osamu Saito, 2009. Forest history and the GreatDivergence: China, Japan,and the West compared. Journal of Global History (2009) 4, pp. 379~404.

343 이헌창. 2012. 근대경제성장의 기반형성기로서 18세기 조선의 성취와 그 한계. 역사학보 213 : 97~126.

344 『비변사등록』 영조 12년(1736) 6월 6일.

345 정정남. 2018. 18세기 이후 조선사회의 온돌에 대한 인식변화와 난방효율 증대를 위한 건축적 모색. 건축역사연구 118 : 15~26.

346 송기호의 앞의 책.

347 박지원 『연암집』 11권 별집-『열하일기』 「도강록」.

348 서유구 『임원경제지』 「섬용지」 중 온돌 제도[堗制].

349 배재수, 김은숙, 장주연, 설아라, 노성룡, 임종환. 2019. 조선후기 산림과 온돌 -온돌 확대에 따른 산림 황폐화-. 국립산림과학원 연구신서 119호.

350 도리스 라우데르트의 앞의 책.

351 Morin, G-A., K. Kuusela, D. B. Henderson-Howat, N. S. Efstathiadis, S. Oroszi, H. Sipkens, E. v. Hofsten and D. W. MacCleery. 1996. Long-Term Historical in the Foresst Resource. Geneva Timber and Forest Study Papers, No. 10. United Nations.

352 Paul Warde. 2019. Firewood consumption and energy transition: A survey of sources, methods and explanations in Europe and North America. Historia Agraria 77 Abril 2019 pp. 7~32.

353 박정재. 2021. 『기후의 힘』. 바다출판사.

354 Mann Michael E. & Jones P. D. 2003. Global Surface Temperatures over the Past Two Millennia. Geophysical Research Letters 30(15).

355 계승우. 2021. 조선 시대 관련 소빙기 학설 재고. 한국사학사학회 제64회 전국역사학대회 및 제149회 연구발표회 자료집 18~30.

356 김연옥, 1984, 「한국의 소빙기 기후, 역사기후학적 접근의 일시론」, 지리학과 지리교육 14 ; 1~16.

357 김성우, 1997, 「17세기의 위기와 숙종 대 사회상」, 역사와 현실 25 : 12~47. 정형지, 2003, 「조선 시대 기근과 정부의 정책」, 이화사학연구 30 : 23~257.

358 박근필, 1997, 「19세기초 조선의 기후변동과 농업위기」, 조선시대사학보 2 : 123~191.

359 한희숙, 2002, 「17세기 후반 도적활동과 국가의 대책」, 조선시대사학보 21 : 67~105.

360 계승우. 2021. 조선 시대 관련 소빙기 학설 재고. 한국사학사학회 제64회 전국역사학대회 및 제149회 연구발표회 자료집 18~30.

361 Park, J. 2017. Solar and tropical ocean forcing of late-Holocene climate change in coastal East Asica. Palaeogeopgraphy, Palaeoeclology, 469 : 4~83

362 이현숙, 2003, 「조선 시대 차산지 연구: 소빙기를 중심으로」, 한국차학회지 92: 23~39.

363 Ian Campbell, John McAndrews. 1993. Forest Disequilibrium Caused by Rapid Little Ice Age Cooling. Nature 366(6453) : 336~338.

364 Houle, Daniel; Richard, Pierre J. H.; Ndzangou, Sabary Omer; Richer-Laflèche, Marc. 2012. Compositional vegetation changes and increased red spruce abundance during the Little Ice Age in a sugar maple forest of north-eastern North America. Plant Ecology 213 : 1027~1035.

365 최종남.류근배.박원규, 1992. 아한대 침엽수립 연륜연대기를 이용한 중부산간지역의 고기후복원. 한국제4기학회 6(1) : 21~32.

366 김문기. 2010. 17세기 중국과 조선의 소빙기 기후변동. 역사와 경계 77집 : 133~194.

367 이태진, 1996, 소빙기(1500~1750년)의 천체현상적 원인: 조선왕조실록의 관련 기록 분석, 역사학보 149 : 203~236

368 김문기. 2010. 17세기 중국과 조선의 소빙기 기후변동. 역사와 경계 77집 : 133~194.

369 김문기. 2010.의 앞의 논문.

370 이태진. 1996. 소빙기(1500~1750) 천재변이 연구와 조선왕조실록-global history의 한 장. 역사학보 149 : 203~236

371 김소라. 2022. 불과 물: 조선후기 이상저온 현상 속 한성부의 온돌 보급과 청계천 준설. 『기후와 인간, 그리고 재난: 생태환경사의 관점』. 제57회 국사편찬위원회 한국사학술회의 자료집.

372 『經國大典』工典 京工匠, 外工匠 條.

373 이정수. 2006. 『默齋日記』를 통해 본 지방 匠人들의 삶. 지역과 역사 18(18) : 183~232.

374 마크 쿨란스키. 2003. 『소금 : 인류사를 만든 하얀 황금의 역사』. 이창식 역. 세종서적.

375 한국민족문화대백과. 소금.

376 정낙추. 2002. 『태안 지방 소금 생산의 역사』. 태안문화원.

377 장경희. 2014. 조선 시대 철물 제작 장인 연구. 한국공예논총 제17집 1권 한국조형디자인학회.

378 국사편찬위원회. 2002. 신편한국사. 조선초기의 경제구조(철물수취제와 철광업).

379 주경미. 2011. 한국 대장장이의 역사와 현대적 의미. 역사와경계. 78 : 355~390

380 정해득. 2020. 조선 시대 철장(鐵場)의 운영과 제철(製鐵)기술에 대한 문헌적 검토. 한국중세고고학

(7) : 79~102.

381 John Perlin. 1989. 「A Forest Jurney」. The Role of Wood in the Development of Civilization. W. W. Norton & Company.

382 Louise Iles. 2019. Exploring the impact of iron production on forest and woodland resources: estimating fuel consumption from slag, Science & Technology of Archaeological Research 5(2) : 179~199,

383 Straka, T. 2017. Charcoal as a Fuel in the Ironmaking and Smelting Industries. Advances in Historical Studies. 6 : 56~64.

384 The Rise and Fall of Medieval Iron Technology Gerald Eggert Penn State University History Department

385 製鉄技術史(1) 古代のレン炉から近代製鉄法までの歴史(http://www.isc.meiji.ac.jp/~sano/htst/). たたら製鉄(https://ja.wikipedia.org/wiki/たたら製鉄) 참조

386 도리스 라우테르트의 앞의 책

387 Unasylva (http://www.fao.org/3/03500e/) No. 72. Use of charcoal in blast furnace operations.

388 이남규·신경환·최영민·강성귀. 2018. 「2018년도 울산쇠부리 제철기술 복원실험 연구보고서」. 울산쇠부리축제 추진위원회·울산쇠부리복원사업단.

389 김권일. 2019. 구충당 이의립의 쇠부리기술-토철제련법(土鐵製錬法). 2019년도 울산쇠부리축제 학술심포지엄 자료집. 69~83.

390 A. Saravanakumar, T.M. Haridasan, and R. Kasturi Bai. 2006. Technical and feasibility study of conversion of long-stick wood to charcoal in a partial combustion metal kiln. Energy for Sustainable Development. 2006(3) : 17~25.

391 정광중, 강창화, 강성기, 부혜진. 2016. 반도부의 숯가마 실태와 숯 생산 및 활용에 대한 예비 연구-충청북도 진천군 백곡면과 강원도 영월군 상동읍을 사례. 제주도연구 46 : 223~269.

392 http://lyuen.egloos.com/5266693

393 南滿州鉄道株式会社北満経済調査所編(E·フオン·アーネルト博士執筆), 滿州の探検と鉱業の歴史, 學藝社·興亞書院. (原典 E. Fon Ahnert, 1904, Reise in der Mandschurei),

394 김권일. 2019. 앞의 논문.

395 도리스 라우데르트. 이선 옮김. 2021. 『나무 신화』. 수류산방

396 김권일. 2015. 한국 고려~조선 시대의 제철기술. 철! 세계를 정복하다. 2015년도 울산쇠부리축제 학술심포지엄.

397 서유구. 2010. 『임원경제지』. 소아당

398 정해득. 2020. 조선 시대 철장(鐵場)의 운영과 제철(製鐵)기술에 대한 문헌적 검토. 한국중세고고학 (7) : 79~102.

399 『顯宗崇陵山陵都監儀軌』. 奎15076

400 『仁元王后 山陵都監儀軌』. 奎13560-v.1-2.

401 『華城城役儀軌』. 奎14929의1-v.1-6.

402 『日省錄』 133권, 奎12811.

403 김지현. 2018. 『조선 시대 유기(鍮器) 제작기술과 유기장』. 한국전통문화대학 대학원 석사학위 논문.

404 『동국문헌비고(東國文獻備考)』.

405 최성기. 1992. 朝鮮後期 鍮器 手工品: 奉化 놋점(鍮店)을 中心으로. 安東文化 13 : 안동문화연구소.

406 元裕漢. 1971. 朝鮮後期 貨幣政策에 대한 一考察. 韓國硏究院. pp. 75~105.

408 이규경. 『오주연문장전산고(五洲衍文長箋散稿)』「금은동광변증설(金銀銅鑛辨證說)」.

408 吉松憲郎. 1818. 朝鮮彙報. 1919年 8月號 p.88.

409 최성기. 1992. 朝鮮後期 鍮器 手工品: 奉化 놋점(鍮店)을 中心으로. 安東文化 13: 안동문화연구소,

410 한국민족문화대백과사전(수공업(手工業).

411 방병선. 2004. 조선 후기 사기장인 연구. 미술사학연구 241 : 193~216.

412 『육전조례』 권 2, 사옹원 분원.

413 윤용이. 1996. 『아름다운 우리 도자기』. 학고재.

414 위키 실록사전. 자기소. http://dh.aks.ac.kr/sillokwiki/

415 권병탁. 1993. 『전통도자기의 생산과 수요』. 영남대학교 출판부.

416 권병탁의 앞의 책.

417 『비변사등록』 영조 2년(1726) 2월 14일.

418 권병탁의 앞의 책.

419 김대길. 2006. 『조선후기 우금 주금 송금 연구』. 경인문화사.

420 안대회. 2002. 정약전의 『송정사의』. 문헌과 해석 20.

421 노성룡, 배재수. 2020. 조선후기 송정(松政)의 전개과정과 특성: 국방(國防) 문제를 중심으로. 아세아문제연구. vol.63, no.3, 통권 181호 pp. 39-78

422 이우연. 2003. 18·19세기 산림 황폐화와 농업생산성. 경제사학 34 : 31~57.

423 김대길. 2005. 조선후기 송금정책에 관한 연구. 도시역사문화 3 : 95~126.

424 재러드 다이아몬드. 강주헌 옮김. 2005. 『문명의 붕괴』 과거의 위대했던 문명은 왜 몰락했는가. 김영사.

425 위키페디아(https://en.wikipedia.org/wiki/Renewable_resource).

426 Webster Dictionary.

427 Donella Meadows, Jorgen Randers, Dennis Meadows. 2004. Limits to Growth: The 30-Year Update (English) Paperback 2004.

428 World Commission On Environment and Development. 1987. 『Our Common Future』 (Oxford Paperbacks) (English). World Commission On Environment and Development.

429 Ulrich Grober. 2013. Die Entdeckung der Nachhaltigkeit: Kulturgeschichte eines Begriffs. Kunstmann. 300pp.

430 Hans Carl von Carlowitz. 1713, Sylvicultura Oeconomica: haußwirthliche Nachricht

und Naturmäßige Anweisung zur Wilden Baum-Zucht. (Deutsch) Broschiert – 11. März 2012.

431 독일임업 홈페이지(https://www.forstwirtschaft-in-deutschland.de/).

432 『조선왕조실록』, 『승정원일기』, 『비변사등록』.

433 이우연. 2003. 18·19세기 산림 황폐화와 농업 생산성. 경제사학 34 : 31-57.

434 김경숙. 2002. 조선후기 산송과 사회갈등 연구. 서울대학교 대학원 박사학위논문.

435 비변사. 1753. 『공폐』(貢弊). 조영준, 최주희 번역 아카넷(2019).

436 비변사. 1753. 의 앞의 책.

437 정약전. 1804. 松政私議. 안대회 역, 「松政私議」 雲谷雜榰, 신안문화원, 2004, 116쪽.

438 박이택. 2003. 촌락내부계약에 있어서 지급표준과 지급수단(1667-2000)-영암 장엄리와 망호리 동계의 부의 지급품과 지급액을 중심으로-. 민족문화연구 38: 1-38. 고려대학교 민족문화연구원.

439 김대길. 2005. 조선후기 송금정책에 관한 연구. 도시역사문화 3 : 95~126.

440 한국인구학회. 2016. 인구대사전. 통계청. 인구대사전.

441 오기수. 2010. 조선 시대 각 도별 인구 및 전답과 조세부담액 분석. 세무학연구 27(3).

442 한국임업진흥원 2017. 숫자로 보는 우리나라의 산림 자원. 임업진흥원 자료집 90호.

443 국립산림과학원 2009. 산림 기능 및 생태환경 특성에 따른 광릉시험림 경영계획 수립. 산림과학원 연구보고 09~27.

444 김덕진, 2008. 『대기근, 조선을 뒤덮다 우리가 몰랐던 17세기의 또 다른 역사』. 푸른역사.

445 배재수 등. 2020. '조선후기 산림과 온돌, 온돌 확대에 따른 산림 황폐화' 보고서. 국립산림과학원.

446 조선총독부. 1927. 임업통계. 조선총독부.

447 배재수 등. 2020. 의 앞의 보고서.

448 영국 정부의 자원통계(https://www.forestresearch.gov.uk/tools-and-resources/statistics/).

449 『조선왕조실록』.

450 『성종실록』 성종 15년(1484) 9월 21일.

451 『성종실록』 1성종 23년(1492) 8월 5일.

452 『세종실록지리지』.

453 배상원. 2011. 『숲에서 만나는 세계』. 지오북.

454 이정호. 2013. 高麗時代 숲의 개발과 環境變化. 사학연구, (111), 1~40.

455 박원규·이광희, 2007, 우리나라 건축물에 사용된 목재 수종의 변천, 건축역사 연구 16(1) : 9~20.

456 연합뉴스 2016년 3월 24일 "수령 100년 청주 금관숲 참나무 외과수술 받는다".

457 임주훈의 조사 결과 개인적 정보 교환.

458 정해득. 2009. 『정조시대 현륭원 조성과 수원』. 신구문화사. 160p.

459 John S, Lee. 2018. Postwar Pines: The Military and the Expansion of State Forests in Post-Imjin Korea, 1598-1684. The Journal of Asian Studies 77(2) : 319~332.

460 https://en.wikipedia.org/wiki/Jacques_Derrida
461 서유구. 2010. 『임원경제지』 만학지 2. 소아당.
462 김삼식, 변수현, 홍성천. 1987. 『원색한국수목도감』 계명사.
463 국립수목원. 2009. 『식별이 쉬운 나무도감』 지오북.
464 김진석, 김태영. 2011. 『한국의 나무』. 돌배개.
465 『세종실록』 19년(1437) 6월 18일.
466 『세종실록』 20년(1438) 4월 8일.
467 『성종실록』 5년(1474) 3월 1일.
468 『성종실록』 22년(1491) 4월 17일.
469 『영조실록』 28년(1752) 12월 17일.
470 『정조실록』 11년(1787) 10월 10일.
471 『고종실록』 20년(1883) 11월 23일.
472 『세종실록』 27년(1445) 11월 17일.
473 『성종실록』 10년(1479) 윤10월 4일.
474 국사편찬위원회. 1980. 朝鮮前期 國防體制의 諸問題. 한국사연구회보 제31호.
475 『세조실록』 8년(1462) 1월 29일.
476 백제군사박물관(https://www.nonsan.go.kr/museum/). 고대의 무기.
477 국립국어원 표준국어대사전(https://stdict.korean.go.kr/main/main.do).
478 일본의 식물명사전(https://www.weblio.jp/content/)カバノキ科カバノキ属の落葉高木の総称.
479 『태종실록』 13년(1413) 9월 1일.
480 정우규. 2020. 자작나무 속의 세계적 분포 및 분류군의 목록과 이름 비교. 김기원 편 『자작나무와 우리 겨레』 도서출판 숲과문화.
481 한국고전번역원 고전종합DB의 『燕巖集』 卷之十五 別集 熱河日記.
482 원보영.. 2005. 지역 민간 의료체계의 발전사. 國史館論叢 第107輯.
483 국사편찬위원회 홈페이지에 게시된 법전.
484 『진찬의궤(進饌儀軌)』. 1829년.
485 신승운. 1982~1983. 해제 고전번역서 『산림경제』. 한국고전종합DB.
486 『山林經濟』 卷之二 / 養花. 한국고전종합DB.
487 『임원경제지』 「만학지」 권2 과일류(菓類)와 권4 나무류(木類). 한국고전종합DB.
488 이병훈 옮김. 강희안 저. 2000. 『양화소록』 을유문화사.
489 『지봉유설』 卷二十 卉木部 한국고전종합DB.
490 大場秀章. 黎明期の日本植物研究(http://umdb.um.u-tokyo.ac.jp/DKankoub/Publish_db/).
491 Shinobu Akiyamaa, Gerard Thijsse b, Hans Joachim Esserc. 2012. Siebold and Zuccarini's Type Specimens and Original Materials from Japan, Part 1. Gymnosperms J.

Jpn. Bot. 87 : 326~353.

492 『봉사일본시문견록(奉使日本時聞見錄)』. 곤(坤). 문견총록(聞見總錄). 한국고전번역원 한국고전종합DB.

493 정민. 2007.『18세기 조선 지식인의 발견』. 휴머니스트.

494 이정. 2012. 식민지 조선의 식물연구(1910-1945). 조일 연구자의 상호 작용을 통한 상이한 근대 식물학의 형성. 서울대학교 대학원 박사학위 논문.

495 Conrad Totman. 1989. 의 앞의 책.

찾아보기 /

ㅅ

ㅇ

ㅈ